普通高等学校公共基础课系列教材

大学体育与健康教程

主　编　王德平　黄　朕

副主编　张和峰　张成贵　杨　影　周俊海

江　监　王和鸣　高婷婷

参　编　刘开群　潘　舒　饶　霞

袁露露　陶　睿　蔡传喜

李连国　方　妮　潘文健

西安电子科技大学出版社

内 容 简 介

本书依据《全国普通高等学校体育课程教学指导纲要》和《学校体育工作条例》，针对普通高等学校体育教育工作的新形势、新特点和新需求编写而成。

本书共有十五章，内容主要包括：第一章体育概述；第二章体育运动与健康；第三章体育文化；第四章田径运动；第五章篮球；第六章排球；第七章足球；第八章乒乓球；第九章羽毛球；第十章网球；第十一章武术运动；第十二章健美操；第十三章游泳运动；第十四章体育舞蹈与其他操舞和第十五章跆拳道。

本书既可作为高等学校公共体育必修课教材，也可作为日常体育锻炼的参考书。

图书在版编目(CIP)数据

大学体育与健康教程 / 王德平，黄朕主编. —西安：
西安电子科技大学出版社，2020.9(2024.8 重印)
ISBN 978-7-5606-5856-8

Ⅰ. ① 大… Ⅱ. ① 王… ② 黄… Ⅲ. ① 体育—高等学校—教材 ② 健康教育—高等学校—教材 Ⅳ. ① G807.4 ② G647.9

中国版本图书馆 CIP 数据核字(2020)第 167667 号

策　　划　杨丕勇
责任编辑　杨丕勇
出版发行　西安电子科技大学出版社（西安市太白南路 2 号）
电　　话　(029)88202421　88201467　邮　　编　710071
网　　址　www.xduph.com　　电子邮箱　xdupfx001@163.com
经　　销　新华书店
印刷单位　咸阳华盛印务有限责任公司
版　　次　2020 年 9 月第 1 版　2024 年 8 月第 6 次印刷
开　　本　787 毫米×1092 毫米　1/16　印张　21
字　　数　499 千字
定　　价　48.00 元
ISBN 978 – 7 – 5606 – 5856 – 8
XDUP 6158001-6
*** * * 如有印装问题可调换 * * ***

前　言

大学体育作为我国现代教育的重要组成部分，担负着重要的历史使命。大学体育工作的好坏，直接关系到能否培养德、智、体、美、劳全面发展的合格人才。大学体育课程是根据国家制定的德、智、体、美、劳全面发展的教育方针以及社会的需要，依据学生身心发展的特点，以适当的身体练习和卫生保健措施为手段，通过多种组织形式所进行的一种有计划、有组织的教育活动。其目的是有效地锻炼大学生的身体，增强体质，培养大学生的体育能力，进行思想品德教育，提高运动技术水平，为培养身心全面发展的社会主义现代化建设人才服务。

为了使学生在体育锻炼时有据可查，有准可依，我们特精心编写了此书。同时，本书还兼顾了《全国普通高等学校体育课程教学指导纲要》和《学校体育工作条例》等对体育课程的要求，希望本书对教师的实际教学工作能有所帮助。

本书语言叙述简明扼要，通俗易懂。全书共有十五章，内容主要包括：第一章体育概述；第二章体育运动与健康；第三章体育文化；第四章田径运动；第五章篮球；第六章排球；第七章足球；第八章乒乓球；第九章羽毛球；第十章网球；第十一章武术运动；第十二章健美操；第十三章游泳运动；第十四章体育舞蹈与其他操舞和第十五章跆拳道。本书力图在尽可能全面介绍大学体育所涉及的体育教学项目的同时，又对个别群众基础广泛的项目作深入介绍，再配以形象直观的图示，便于读者理解和参照。

本书由武昌理工学院王德平、黄朕主编，具体分工如下：王德平编写第一章、第二章、第三章、第四章、第五章、第十三章，黄朕编写第十章，张和峰编写第八章、张成贵编写第九章，杨影、周俊海编写七章，江监编写第六章，王和鸣、饶霞、蔡传喜编写第十一章，高婷婷编写第十二章，刘开群编写第十五章，潘舒、袁露露编写第十四章。陶睿、李连国、方妮、潘文健参与了资料编辑及勘误工作。

书在编写过程中参考了相关专业书籍，在此向各位编者致以诚挚的谢意！

由于编者水平所限，书中不妥和疏漏之处在所难免，敬请广大同行和读者批评指正，以便本书的修订完善。

编　者

2020 年 5 月

目　　录

第一章 体育概述

第一节 体育与体育教学

一、体育

(一) 体育的概念

体育的概念是随着人类认识活动的逐步深入而逐渐变化的，尤其是随着现代生产生活方式和人文环境等客观环境条件的转变，体育的性质、内容、范围、对象以及时空关系也在不断地进行自我完善。根据我国体育发展的特点和规律，体育可分为广义体育和狭义体育。

1. 广义体育

广义体育是指以身体练习为基本手段，以增强体质、增进健康、促进人的全面发展、丰富社会文化生活和促进精神文明建设为目的的有意识、有组织的教育过程和社会文化活动。它包括体育教育、竞技运动和身体锻炼三个方面的内容，是一种特定的社会文化现象，属于社会文化教育的范畴，受社会政治和经济的制约，并为社会政治和经济制度服务。

2. 狭义体育

狭义体育是指促进身体发展，增强体质，传授身体锻炼的知识、技术和技能，培养道德和意志品质的教育过程。它是教育的组成部分，也是培养全面发展人才的一个重要方面。

(二) 体育的分类

广义的体育可分为学校体育、社会体育和竞技体育三类。

1. 学校体育

学校体育(school physical education)是指在各类学校中开展的，通过身体活动增强学生体质，并传授身体锻炼的知识、技术、技能，培养学生的道德和意志品质的有目的、有计划的教育过程。学校体育的目的是完善学生的自身发展，使学生具有良好的体质，掌握体育锻炼的相关知识、技能，使其终身受用，学校体育具有鲜明的教育性、健身性。

2. 社会体育

社会体育(sport-for-all)也称为大众体育、群众体育，是指为了达到强身健体、医疗保健和休闲娱乐等目的而进行的内容广泛、形式多样的体育健身活动，具有一定的健身性、休闲娱乐性及灵活自主性。社会体育作为我国体育事业的重要组成部分，关系到人民体质的增强、健康水平的提高和生活质量的改善，对现代社会的发展具有重要意义。

3. 竞技体育

竞技体育(sports)也称竞技运动，是指为了最大限度地发挥人在体格、体能、心理及运动能力方面的潜力，为了取得优异竞赛成绩而进行的科学、系统的训练和竞赛活动，既具有对抗性、竞争性和娱乐性，又具有规范性、组织性、国际性及公认性，还具有一定的教育意义，有利于推广普及全民健身活动。

(三) 体育的产生与发展

体育作为人类有目的、有意识的社会活动，是为了适应社会需要和人的生理、心理要求而产生的，其主要产生于生产劳动的过程中。然而由于原始社会生产力水平低下，因此人们还没有明确的社会职能分工，各种社会活动尚处在萌芽状态，原始社会的体育与教育、军事、医疗卫生、娱乐及宗教祭祀等活动相互关联、相互促进和发展，体育活动正是在人类生存进化的漫长过程中孕育、发展起来，并逐步独立于其他体系，逐渐呈现出竞技的形式，表现出多功能、多元化的形式及特点。

体育运动从萌芽阶段到逐渐成熟的过程中，一直伴随着人类的社会需要而成长、发展，它始终是人类满足自身生存、享受和发展需求的一种社会活动。现代体育正在朝着多样化的方向发展，如促进世界和平、民族团结、现代社会文明健康和谐发展，满足人类的生存与发展需求等。

(四) 体育的功能

体育的功能是指体育在社会进步和人类发展过程中所产生的各种效益的状况。随着社会的发展，人类对体育多元化需求层次不断提升，体育的功能也在逐步完善和发展，其功能可分为生物功能和社会功能。

1. 生物功能

体育的生物功能主要表现在健身养生、健美及健心三个方面。

(1) 生命在于运动，体育运动能促进各器官与系统的生长发育，促进人体各组织结构与机能的改善，还可全面发展身体素质，提高人体基本的活动能力、适应自然和抵抗疾病能力，达到防治疾病、强身健体、延年益寿的目的。

(2) 通过体育锻炼塑造出来的健康美具有恒久的魅力，参加体育活动可以塑造形体美、姿态美、健康美，使整个机体表现出蓬勃向上、充满朝气、青春飞扬的健康活力。

(3) 体育锻炼可以培养人的心灵美，调节人的情绪，培养人良好的心理素质和高尚的道德情操。

2. 社会功能

体育的社会功能主要表现在教育、政治、经济、娱乐、社会情感五个方面。

(1) 体育是教育的重要组成部分，是培养全面发展人才的重要手段。体育可以培养良好的道德品质，培养全面发展的人才，从而提高民族素质。现代体育融健身娱乐为一体，其教育功能早已扩展到整个社会，并在不断优化的过程中整合出新的内涵。

(2) 体育既受政治制度的制约，也为一定的政治服务。体育可使国家扩大国际影响，振奋民族精神；发展国际文化，服务外交事业；加强民族团结，促进国家统一和世界和平。

(3) 体育既受国家经济发展的制约，也为国家的经济发展服务，这是现代体育发展的主要特点和趋势。体育既能强身健体，提高劳动者的工作效率，促进产业及科学事业的发展，还能减少社会待业人口。体育产业作为一种新兴产业，以其独特的魅力和广阔的市场引起经济界的高度重视。体育旅游、体育表演、体育建筑和其他体育经营产业正以“朝阳产业”的姿态成为国民经济新的增长点，并不断彰显自身独有的风采和魅力。

(4) 体育为社会提供了娱乐场所，促进了文化形态的发展，满足了人们的精神需要，越来越受到人们的青睐。伴随着休闲体育时代的来临，它给人类提供全新的娱乐享受、减压和宣泄的方式，在促进家庭和睦、愉悦心情等方面带来了新的社会体验。例如，参加户外体育活动可以调节生活，享受大自然的乐趣，促进人际关系和谐。

(5) 体育可以促进社会心理的稳定性，还可以净化国民情感，激发民众的爱国热情。体育活动向来被人们视为加强人际交往及国际沟通的平台。

二、高等学校体育课程

(一) 高等学校体育课程的基本内容

教育部2002年发布的《全国普通高等学校体育课程教学指导纲要》(以下简称《纲要》)指出了体育课程的性质：“体育课程是大学生以身体练习为主要手段，通过合理的体育教育和科学的体育锻炼过程，达到增强体质、增进健康和提高体育素养为主要目标的公共必修课程；是学校课程体系的重要组成部分；是高等学校体育工作的中心环节。”

《纲要》中还指出：“体育课程是寓促进身心和谐发展、思想品德教育、文化科学教育、生活与体育技能教育于身体活动并有机结合的教育过程；是实施素质教育和培养全面发展的人才的重要途径。”

未来的身体健康教育绝不仅仅是单纯的生物本能性的运动锻炼，而是需要在潜移默化中赋予其丰富的思想和文化内涵的健康教育理念，是实现生物人向社会人终极转变的载体和媒介，最终实现人类的健康促进和全面发展。在此过程中，体育理念也随着人的认识及思维理念上的转变而不断更新。因此，高等院校体育教育必须树立“以人为本，健康第一”的教育理念，从而达到健身育人的教育目的。

(二) 高等学校体育课程的教学内容体系

世界卫生组织认为，健康是人的生理、心理、社会适应及道德同时达到完满的状态。因此，高等院校在体育与健康课程设置上将体育与健康教育两者有机结合，系统地从生理、心理、社会适应及道德层面综合增进学生的健康发展，是未来社会发展的需要，也符合“健康第一”的教育指导思想。

1. 注意体育教育与健康教育二元有机结合

传统体育教学主要以增强学生体质为指导思想，偏重于从生物学角度研究人的生理健康或生物体能的提高，忽视心理健康和社会适应这两个问题，而完善的体育和健康教育体系应包括生理健康、心理健康、社会适应状况良好及道德健康四个维度，应注重体育教学环节中健康教育思想的渗透，使二者能有机结合。

2. 培养学生的体育能力

高校体育应在教学实践与探索过程中解决学生未来健身需要的问题，即培养学生建立由学校体育转向终身体育的理念和行为模式。体育理论课的内容设置不但传授现实体育锻炼知识，还要积极探索传授未来社会所需的相关内容，找到高校体育与终身体育的对接点。未来社会人们对健康的追求会更为迫切。教学过程中也要考虑如何将身体健康教育、心理健康教育、社会健康教育及学生道德品质教育有机统一，通过体育教学实现教学效果的最优化，达到最佳的教育目的。

3. 注重加强学生的健康教育

“养生之道，常欲小劳，但莫大疲，及强所不能耳。且流水不腐、户枢不蠹，以其运动故也”的道理不言而喻，但是对自身而言很难合理把握，更谈不上养成终身体育锻炼的习惯了。尤其是到了休闲生活方式时代，人类面临的健康问题并非单纯依赖新医新药、新型医疗器械就能够解决；也不能依靠转基因、克隆这些先进的技术去完善，去弥补人类生活中的不足和缺憾；更不能寄希望于机器人、智能人这样的外界物质帮助人类构建、规划完美人生。人的体质发展需要靠积极主动的自觉行为去维护，而非强迫自己或者完全依赖外力。

4. 注重体育人文精神的培养和熏陶

体育作为一种群众广泛参与的社会活动，不仅可以增强人民体质，而且有助于培养人们勇敢顽强、超越自我的品质，有助于培养人们迎接挑战的意志和承担风险的能力，有助于培养人们的竞争意识、协作精神和公平观念。事实上，健康的体育人文精神培养和人格塑造是新时期体育教育应发挥校园体育文化建设作用的必然选择。

第二节　健康地生活和学习

一、健康

(一) 健康的概念

世界卫生组织很早就提出“21 世纪人人健康”的口号，但在高速度、快节奏的现代社会中，人类的健康发展面临着诸多挑战。大学生要灵活化解生活和学习中的压力，不仅要具有丰富的知识储备和文化积淀，更要为具备足够的生命长度和生命宽度做好心理、生理、社会适应等方面的多重准备，为成为符合 21 世纪人才发展战略要求的全方位、多维度、复合型人才而努力。

健康是一个极具时代特征的综合概念。世界卫生组织对健康的内涵和外延也在不断丰富和完善，并在 1989 年将健康的概念调整为：“健康应包括躯体健康、心理健康、社会适应良好和道德健康。”由此概念得出，评价一个人的健康状况需综合考虑这四个方面。

(二) 健康的标准

世界卫生组织提出的人体健康的十条标准如下：

(1) 精力充沛，能从容不迫地应付日常生活和工作的压力而不感到过分紧张。

(2) 处事乐观，态度积极，乐于承担责任，不挑剔。

(3) 善于休息，睡眠良好。

(4) 应变能力强，能适应环境的各种变化。

(5) 能够抵抗一般感冒和传染病。

(6) 体重适当，身材匀称，站立时头、臂、臀位置协调。

(7) 眼睛明亮，反应敏捷，眼不发炎。

(8) 牙齿清洁，无空洞，无疼痛，齿龈颜色正常，无出血。

(9) 头发有光泽，无头屑。

(10) 肌肉、皮肤富有弹性，走路轻松有力。

世界卫生组织提出衡量身心健康的八大标准，即“五快”(衡量身体健康)、“三良好”(衡量心理健康)。

(1) 食得快。进食时有很好的食欲，不挑食、不偏食，能快速吃完一餐饭，没有难以下咽的感觉；吃完后感到饱足，没有过饱感或不饱的不满足感。这说明口腔和内脏功能正常。

(2) 便得快。一旦有便意时，能很快排泄大小便，且感觉轻松自如，在精神上有一种良好的感觉，说明胃肠功能良好。

(3) 睡得快。上床能很快入睡，且睡得深，醒后精神饱满，头脑清醒。

(4) 说得快。语言表达正确，说话流利。这表示头脑清醒，思维敏捷，中气充足，心、肺功能正常。

(5) 走得快。行动自如，转变敏捷。这证明精力充沛旺盛。

(6) 良好的个性。性格温和，意志坚强，感情丰富，具有坦荡胸怀与达观心境。

(7) 良好的处世能力。看问题客观现实，具有自我控制能力，适应复杂的社会环境，对事物的变迁能始终保持良好的情绪，能保持社会外环境与机体内环境的平衡。

(8) 良好的人际关系。待人接物能大度和善，不过分计较；能助人为乐，与人为善。

(三) 影响健康的因素

影响人类健康的因素是多方面的，既有遗传、环境、卫生因素，又有心理、生活习惯等相关因素，归结起来可以概括为以下几个方面：

1. 环境因素

环境是影响人体健康的重要因素，包括自然环境和社会环境。自然环境是人体生存的物质基础，良好的自然环境对人体健康有促进作用；社会环境是指由政治、经济、文化、教育等因素构成的社会系统。

2. 生物因素

生物因素主要指影响人体健康的先天遗传因素和后天获得的各种致病因素，如各种病原微生物、寄生虫等。遗传是指亲代的特征通过遗传物质传递给后代的过程。DNA 是遗传的物质基础，遗传基因决定了人体各种遗传性状。目前已发现 5000 多种遗传病。随着科学技术的发展，一旦明确各基因功能，解密其基因组编码，未来有望治愈人体的遗传性疾病。

3. 心理因素

人的心理因素与健康长寿有着密切的关系，积极的心理是健康长寿的一个重要因素。人在愉快时，由于脑内内啡肽分泌增多，脑细胞活力得到保持，大脑功能得以改善，从而增强了免疫功能，提高了机体防病和治病的能力；如果闷闷不乐，常常处于忧虑、紧张和压抑的精神状态中，便容易引起疾病，而疾病又容易导致不良情绪，如此反复，形成恶性循环。

4. 行为和生活方式因素

行为和生活方式对人体的影响具有潜袭性、累积性、经常性、广泛性和持久性等特点。不良的行为和生活方式范围广泛，如不合理饮食、吸烟、酗酒、缺乏体育锻炼、药物成瘾等。改变引起疾病的不良行为和生活方式，养成健康的行为和生活方式，是保证身心健康、预防现代疾病的重要因素。

5. 卫生服务因素

卫生服务主要是向个人和社区提供范围广泛的促进健康、预防疾病的医疗与康复服务以保护和改善人体健康。健全的医疗卫生机构、完备的服务网络、一定的卫生投入以及合理的卫生资源配置可以促进健康。

二、亚健康

(一) 亚健康的概念

20世纪80年代苏联学者布赫曼(N. Berkman)研究发现，人体除健康和疾病状态外，存在一种既非健康又非疾病的中间状态，被称为“第三状态”。这一概念被王育学教授引入并创立亚健康(sub-health)理论，之后国内许多学者不断开展理论和实践研究，并将亚健康的内涵和外延进行提升和扩展，提出适合中国人群特点的亚健康概念和亚健康症状表征。赵瑞琴等指出，亚健康也称灰色状态、亚临床期、临床前期、潜病期及不定陈述综合征等，包括无临床症状或症状感觉轻微，但已有潜在的病理信息。

中华中医药学会亚健康中医临床研究指导小组起草发布的《亚健康中医临床指南》将亚健康状态界定为：亚健康是健康与疾病之间的中间状态，其特征为在内外环境不利因素的长期作用下，持续3个月以上反复出现不适状态或适应能力显著减退现象，同时无明确疾病诊断，或有明确诊断但所患疾病与目前不适状态或适应能力减退现象没有直接因果关系。

(二) 亚健康的成因及症状表现

1. 亚健康状态的成因

亚健康状态是指由于心理、生理、社会等因素造成人体的神经、内分泌、免疫系统整体协调失衡、功能紊乱，导致机体的内稳态和阴阳平衡出现失调，从而引起机体出现暂时的不稳定状态的现象。因此，亚健康的成因大致可归纳为心理、生理、社会环境等因素综合影响机体的健康、协调发展。

(1) 中医研究指出，个人的体质状态与体质类型有很大的关系，不良、偏颇体质的人不但处于躯体亚健康状态，而且心理状态也多不健康。

(2) 亚健康的发生与个体的性格、个性等心理因素有关。一般个体的认知模式、认知理念等都在某种程度上反映机体的心理水平，心理不健康者对社会变化的适应能力较差，因此敏感、内向、多疑者出现亚健康概率较高。

(3) 生存危机、家庭责任、工作压力等社会因素经常使现代人有不堪重负的感觉。长期处于这种高压之下，对身心两方面的健康都会产生一定的危害，其结果将导致亚健康甚至疾病的出现。

(4) 三高饮食(高热量、高脂肪、高蛋白)，缺乏运动，再加上吸烟、过量饮酒、熬夜等不良生活方式，都将在某种程度上影响机体的健康水平，使得目前人群发生亚健康的概率明显增加，并呈现年轻化的发展态势。总之，亚健康状态的产生并非是单一因素作用的结果，很可能是个人本质的“禀赋”，加上外界负载在人们身上的各种隐形“压力”和“负担”，综合造就了亚健康状态的出现。

2. 亚健康状态的临床症状表现

亚健康状态的临床表现主要有以下三种：

(1) 躯体亚健康(physiological sub-health)，以疲劳、睡眠紊乱或疼痛等躯体症状表现为主。

(2) 心理亚健康(psychological sub-health)，以郁郁寡欢、焦躁不安、急躁易怒、恐惧胆怯、短期记忆力下降、注意力不集中等精神心理症状表现为主。

(3) 社会交往亚健康(social interaction sub-health)，以人际交往频率降低、人际关系紧张等社会适应能力下降表现为主。

上述三项中的任意一项持续发作 3 个月以上，并经过系统的检查排除可能导致上述表现的疾患者，可判为躯体、心理或社会交往亚健康。但是亚健康状态的发生及表现不是单方面的，它是多方位、综合性的，具体在躯体、心理或社会适应等方面都可能出现不适应症状。

(三) 亚健康诊断标准与方法

国内外针对亚健康状态的测评方法主要有五类，分别为体质测量法、血液生化检测法、健康评估法、症状标准评价法和问卷评定量表法，在此并不作详细介绍。目前我国医学界普遍接受的亚健康诊断参考标准为：

(1) 持续 3 个月以上反复出现不适状态或适应能力显著减退，但能维持正常工作。

(2) 无重大器官器质性疾病及精神心理疾病。

(3) 尽管有明确的具有非重大器官器质性疾病或精神心理疾病诊断，但无须用药维持，且与目前不适状态或适应能力的减退无因果联系。

延伸阅读

亚健康简易评定量表

下面提供一种简单易操作的亚健康诊断方法。以下 30 项现象中，您感觉自己存在 6 项或 6 项以上，则可视为进入亚健康状态。

(1) 精神焦虑，紧张不安。
(2) 忧郁孤独，自卑郁闷。
(3) 注意力分散，思维肤浅。
(4) 遇事激动，无事自烦。
(5) 健忘多疑，熟人忘名。
(6) 兴趣变淡，欲望骤减。

(7) 懒于交际，情绪低落。
(8) 常感疲劳，眼胀头昏。
(9) 精力下降，动作迟缓。
(10) 头昏脑胀，不易复原。
(11) 久站头晕，眼花目眩。
(12) 肢体酥软，力不从愿。
(13) 体重减轻，体虚力弱。
(14) 不易入眠，多梦易醒。
(15) 晨不愿起，昼常打盹。
(16) 局部麻木，手脚易冷。
(17) 掌腋多汗，舌燥口干。
(18) 自感低烧，夜常盗汗。
(19) 腰酸背痛，此安彼起。
(20) 舌生白苔，口臭自生。
(21) 口舌溃疡，反复发生。
(22) 味觉不灵，食欲不振。
(23) 反酸胀气，消化不良。
(24) 便稀便秘，腹部饱胀。
(25) 易患感冒，唇起疱疹。
(26) 鼻塞流涕，咽喉疼痛。
(27) 憋气气急，呼吸紧迫。
(28) 胸痛胸闷，心区压感。
(29) 心悸心慌，心律不齐。
(30) 耳鸣耳背，晕车晕船。

(四) 亚健康干预方法

1. 认知行为疗法

现代社会已进入到“生活方式时代”，人类面临的最大挑战是不健康行为和生活方式对机体造成的危害。当然，健康生活方式的建立并非依靠新医新药、新型医疗器械就能够解决，但不健康行为和生活方式确实与疾病发生存在微妙的因果关系，从某种意义上说是疾病发生的预兆和前因，也是预防疾病、促进健康的首要改善环节。

2. 运动疗法

运动疗法作为治疗亚健康的主要方法之一，正越来越受到重视。它被视为一种健康积极的康复治疗方法。“流水不腐，户枢不蠹，动也”“生命在于运动”，当前体育锻炼被认为是促进健康的有效的手段和方法之一。

3. 心理疗法

有研究表明，采取一定的心理疗法对于亚健康的缓解和改善有良好的促进作用。亚健康者多不能及时、灵活地适应周围环境的变化，或应付“危机”的能力较差，使自身处在一种“身心不和谐”“内稳态不平衡”状态之中，此时就需通过多种途径或手段进行调节，如加强亲人间关怀、寻求心理医生疏通指导等。

4. 中医疗法

中医对亚健康状态者的治疗多采用针灸、导引、推拿、按摩、中草药补剂治疗等方法，给予体外调整和体内调和，达到扶正祛邪、平衡阴阳、调节脏腑气血功能，从而使机体各脏腑组织器官的功能调节到或接近最佳生理状态。

此外，还有行为干预、营养、免疫疗法等，这些疗法都可以同健康教育相结合，以促进亚健康状态的转归和改善。

三、体适能

(一) 体适能的概念

体适能(physical fitness)简称体能，是指身体适应生活与环境的能力，即通过心脏、血管、肺等脏器及肌肉所展现出有效率的机能运作，使个人能够适应日常工作和生活上的活动，并且足够应付情急状况的身体活动需求而不致感到力不从心。

(二) 体适能的分类

每个人要获得健康都必须具备一定的体适能，但每个人的体能水平不尽相同，一个人良好的体能与其年龄、性别、体型、职业和生理机能水平等有关。身体锻炼是提高体能水平必不可少的重要途径。但需注意的是，良好的体能并不是完全靠身体锻炼就可达到的，还与科学的饮食方法、良好的生活方式、充足的休息时间和身心放松调养等方面有关。

体适能可分为三类：与健康有关的体适能、与动作技能有关的体适能和代谢性体适能。体适能是三类参数的综合表现。

1. 与健康有关的体适能

(1) 心肺耐力(cardiorespiratory endurance)。心肺耐力是指一个人持续进行身体活动的能力。心肺和血管的功能对于氧和营养物的分配、清除体内垃圾具有重要作用，尤其是在进行有一定强度的活动时，良好的心肺功能则显得更加重要。

(2) 柔韧性(flexility)。柔韧性是指身体各个关节的活动幅度以及跨过关节的肌肉、肌腱、韧带、皮肤和其他组织的弹性和伸展能力，可通过经常性的身体练习来提高。柔韧性是绝大多数的锻炼项目所必需的体适能成分之一，它对于提高身体活动水平、预防肌肉紧张以及保持良好的体态等具有重要作用。

(3) 肌肉力量(muscle strength)。肌肉力量是指一块肌肉或肌肉群一次竭尽全力从事抵抗阻力的活动能力。所有的身体活动均需使用肌肉力量。肌肉强壮有助于预防关节的扭伤、肌肉的疼痛和身体的疲劳。需注意的是，不应在强调某一肌肉群发展的同时而忽视另一肌肉群的发展，否则会影响身体的结构和形态。

(4) 肌肉耐力(muscular endurance)。肌肉耐力是指一块肌肉或肌肉群在一段时间内重复进行肌肉收缩的能力，与肌肉力量密切相关。一个肌肉强壮和耐力好的人更易抵御疲劳，因为这样的人只需花很少的力气就可重复收缩肌肉。

(5) 身体成分(body composition)。身体成分包括肌肉、骨骼、脂肪等。体适能与体内脂肪比例之间的关系最为密切，脂肪过多者在活动时比正常人需要消耗更多的能量，心肺的负担也更重，因此心脏病和高血压发生的可能性更大。要维持适宜的体内脂肪就必须注意能量吸收和能量消耗之间的平衡，体育锻炼是控制脂肪增加的重要手段。

2. 与动作技能有关的体适能

(1) 速度(speed)。速度是指快速移动的能力，即在最短的时间内移动一定的距离。在许多竞技运动项目中，速度对于个人取得优异成绩至关重要。

(2) 力量(power)。力量是指短时间内克服阻力的能力，举重、投铅球、掷标枪等项目均能显示一个人的力量大小。

(3) 灵敏性(agility)。灵敏性是指在活动过程中，既快速又准确地变化身体移动方向的能力。灵敏性在很大程度上依赖于神经肌肉的协调性和反应时间，可以通过提高这两方面的能力来改善人的灵敏性。

(4) 协调性(coordination)。协调性主要反映一个人的视觉、听觉和平衡觉与熟练的动作技能相结合的能力。在球类运动中，这种体适能成分显得尤为重要。

(5) 平衡性(balance)。平衡性是指当运动或静止站立时保持身体稳定性的能力。滑冰、滑雪、体操、舞蹈等是很好的提高平衡能力的运动项目，闭目单足站立练习也有相当好的效果。

(6) 反应时(reaction time)。反应时是指对某些外部刺激作出生理反应的时间。反应快速是许多优秀运动员的特征。特别是在短跑的起跑阶段，反应时间的作用更大。

3. 代谢性体适能

代谢性体适能是近年来提出的新的体质参数，主要包括血糖、血脂、血胰岛素、骨密度等。它反映的是一种机能状态，同许多慢性疾病的发生或发展直接相关，且与运动锻炼的效果直接相关。运动锻炼可以降低血脂水平，控制血糖，提高骨密度；增强机体代谢性体质，减少各种运动不足性疾病的发生，并影响机体整体体质水平。

(三) 体适能、体质与健康

1. 体质的含义与范畴

体质(physique)是人体的质量，它是在遗传性和获得性的基础上表现出来的人体形态结构、生理功能和心理素质的综合及相对稳定的特征。

体质的范畴包括体格、体适能和适应能力几个方面。体格是指人体的形态结构方面，包括人体生长发育的水平、身体的整体指数与比例(体型)以及身体的姿态。体适能是指人体各器官系统的机能在肌肉活动中表现出来的能力，它包括身体素质和身体基本活动能力。体质是人的生命活动和工作能力的物质基础，是选择健身运动的依据。

体质的综合评价指标包括以下几个方面：

(1) 身体形态发育水平，即体格、体型、姿势、营养状况及身体组成成分等。

(2) 生理生化功能水平，即机体的新陈代谢功能及各器官、系统的工作效能。

(3) 身体素质和运动能力水平，即身体在运动中表现出来的力量、速度、耐力、灵敏性、柔韧性等素质及走、跑、跳、投、攀等身体运动能力。

(4) 心理发展状态，包括本体感知能力、个体意志力、判断能力。

(5) 适应能力，如抗寒、抗热能力，对疾病的抵抗力等。

2. 体质与健康的关系

体质和健康的概念不同。同样是健康的人，其体质却千差万别。对一个人的体质强弱要从形态、功能、身体素质、对环境气候适应能力和抗病能力等多方面进行综合评价。影响体质强弱的因素是多方面的，它与遗传、环境、营养、体育锻炼等有着密切的关系。遗传只对体质的状况和发展提供了可能性前提条件，体质的强弱则有赖于后天环境、营养、卫生和身体锻炼等因素。因此有计划、有目的地进行体育锻炼是增强体质最积极有效的手段。

从体质范畴来看，它更趋向于人体的形态发育、生理机能、心理发展、身体素质、运动能力以及对内外环境的适应和抵抗疾病的能力等。从健康范畴来看，它强调了从环境适应、心理卫生疾病预防、卫生保健以及生活方式对健康的影响等多角度去关注、把握健康的内涵及意义。

3. 体适能与健康的关系

体适能是机体对于生活、劳动的总体适应能力，体适能良好的人可以获得真正意义上的健康，具有与健康有关的一切正常功能，具有充足的体力和活力，能够轻松完成工作，愉快进行休闲活动，并能应付不可预测的突发状况。

四、健康文明的生活方式

1992 年，国际心脏保健会议提出的维多利亚心脏保健宣言指出健康的四大基石是：合理饮食，戒烟限酒，适当运动，心理平衡。参照国外经验，结合我国特色，可将健康四大基石的内容进行丰富与扩充，用于指导国民健康文明的生活。

(1) 合理膳食两句话，“一、二、三、四、五，红、黄、绿、白、黑”。

“一”指每日饮一袋牛奶，可有效改善我国膳食钙摄入量普遍偏低的现象；

“二”指每日摄入碳水化合物 250～350 g；

“三”指每日进食 3 份高蛋白食品；

“四”指饮食要有粗有细、不甜不咸、少量多餐、七八分饱；

“五”指每日摄取 500 g 蔬菜及水果，对预防高血压及肿瘤至关重要；

“红”指每日可饮红葡萄酒 50～100 mL，每日进食红色食物；

“黄”指黄色蔬菜，如胡萝卜、红薯、南瓜等，能提高免疫力；

“绿”指绿茶及深绿色蔬菜，具有防感染、防肿瘤的作用；

“白”指燕麦粉或燕麦片，食燕麦对糖尿病患者效果更显著；

“黑”指黑木耳，有助于预防血栓形成。

(2) 适量运动三五七。

“三”指每次步行 30 min 或 3000 m 以上；

“五”指每周至少有 5 次运动时间；

“七”指中等强度运动，即运动时心率不超过 170 减去运动者年龄所得值。

(3) 戒烟限酒。每日酒精摄入量不超过 15 g。

(4) 心理平衡。只要做到心理平衡，就是掌握了健康的钥匙。

第三节　学生体质健康标准与评价

一、体质基本概念

世界卫生组织对“健康”的定义是：“健康不仅仅是没有疾病或不虚弱，而是生理、心理的健康和社会适应的完好状态。”结合其对健康含义的概括，形成体质的概念，即机体在遗传变异和后天获得的基础上所表现出来的人体形态结构、生理功能和心理素质综合的、相对稳定的特征。

体质是构成人体各要素能力的一种综合体现。体质学研究强调人体身心两个层面紧密相关，强调在遗传性获得的基础上后天练习对身体的影响。目前的体质学主要是建立在解剖学、生理学、生物化学、运动医学、心理学和社会科学等基础理论之上的一门综合性营养学科。

二、大学生体质测试项目及评定标准

(一) 大学生体质测试项目内容

《国家学生体质健康标准》里设置了符合我国学校实际情况、简便易行的测试项目。它们的准确性、可靠性、客观性和可操作性在学校体育实践中得到了有效证明，这些测试指标也涵盖了人体形态、机能、身体素质和运动能力等多个方面的内容。大学生体质健康测评的指标有 5 项。身高标准体重、肺活量体重指数两项为必评指标，其余 3 项为选评指标(见表 1-1)。具体评分结果可以到中国学生体质健康网查询《国家学生体质健康标准》评分表。

表 1-1　大学生体质测试内容及各项测试所占权重系数

项　　目	类别	权重系数	备　　注
身高	必测项目	0.10	身高标准体重
体重	必测项目		
肺活量	必测项目	0.20	肺活量体重指数
台阶试验、1000 m 跑(男)、800 m 跑(女)	选测项目	0.30	选测一项
50 m 跑、立定跳远、跳绳、篮球运球、足球运球、排球垫球	选测项目	0.20	选测一项
坐位体前屈、握力、掷实心球、引体向上(男)、仰卧起坐(女)	选测项目	0.20	选测一项

(二) 大学生体质测试评定标准

(1) 大学男生身高体重评定标准见表 1-2。

表 1-2　大学男生身高标准体重(体重单位：公斤)

身高段(厘米)	营养不良	较低体重	正常体重	超重	肥胖
	50 分	60 分	100 分	60 分	50 分
144.0～144.9	<41.5	41.5～46.3	46.4～51.9	52.0～53.7	≥53.8
145.0～145.9	<41.8	41.8～46.7	46.8～52.6	52.7～54.5	≥54.6
146.0～146.9	<42.1	42.1～47.1	47.2～53.1	53.2～55.1	≥55.2
147.0～147.9	<42.4	42.4～47.5	47.6～53.7	53.8～55.7	≥55.8
148.0～148.9	<42.6	42.6～47.9	48.0～54.2	54.3～56.3	≥56.4
149.0～149.9	<42.9	42.9～48.3	48.4～54.8	54.9～56.6	≥56.7
150.0～150.9	<43.2	43.2～48.8	48.9～55.4	55.5～57.6	≥57.7
151.0～151.9	<43.5	43.5～49.2	49.3～56.0	56.1～58.2	≥58.3
152.0～152.9	<43.9	43.9～49.7	49.8～56.5	56.6～58.7	≥58.8
153.0～153.9	<44.2	44.2～50.1	50.2～57.0	57.1～59.3	≥59.4
154.0～154.9	<44.7	44.7～50.6	50.7～57.5	57.6～59.8	≥59.9
155.0～155.9	<45.2	45.2～51.1	51.2～58.0	58.1～60.7	≥60.8
156.0～156.9	<45.6	45.6～51.6	51.7～58.7	58.8～61.0	≥61.1

续表

身高段(厘米)	营养不良	较低体重	正常体重	超重	肥胖
	50 分	60 分	100 分	60 分	50 分
157.0～157.9	<46.1	46.1～52.1	52.2～59.2	59.3～61.5	≥61.6
158.0～158.9	<46.6	46.6～52.6	52.7～59.8	59.9～62.2	≥62.3
159.0～159.9	<46.9	46.9～53.1	53.2～60.3	60.4～62.7	≥62.8
160.0～160.9	<47.4	47.4～53.6	53.7～60.9	61.0～63.4	≥63.5
161.0～161.9	<48.1	48.1～54.3	54.4～61.6	61.7～64.1	≥64.2
162.0～162.9	<48.5	48.5～54.8	54.9～62.2	62.3～64.8	≥64.9
163.0～163.9	<49.0	49.0～55.3	55.4～62.8	62.9～65.3	≥65.4
164.0～164.9	<49.5	49.5～55.9	56.0～63.4	63.5～65.9	≥66.0
165.0～165.9	<49.9	49.9～56.4	56.5～64.1	64.2～66.6	≥66.7
166.0～166.9	<50.4	50.4～56.9	57.0～64.6	64.7～67.0	≥67.1
167.0～167.9	<50.8	50.8～57.3	57.4～65.0	65.1～67.5	≥67.6
168.0～168.9	<51.1	51.1～57.7	57.8～65.5	65.6～68.1	≥68.2
169.0～169.9	<51.6	51.6～58.2	58.3～66.0	66.1～68.6	≥68.7
170.0～170.9	<52.1	52.1～58.7	58.8～66.5	66.6～69.1	≥69.2
171.0～171.9	<52.5	52.5～59.2	59.3～67.2	67.3～69.8	≥69.9
172.0～172.9	<53.0	53.0～59.8	59.9～67.8	67.9～70.4	≥70.5
173.0～173.9	<53.5	53.5～60.3	60.4～68.4	68.5～71.1	≥71.2
174.0～174.9	<53.8	53.8～61.0	61.1～69.3	69.4～72.0	≥72.1
175.0～175.9	<54.5	54.5～61.5	61.6～69.9	70.0～72.7	≥72.8
176.0～176.9	<55.3	55.3～62.2	62.3～70.9	71.0～73.8	≥73.9
177.0～177.9	<55.8	55.8～62.7	62.8～71.6	71.7～74.5	≥74.6
178.0～178.9	<56.2	56.2～63.3	63.4～72.3	72.4～75.3	≥75.4
179.0～179.9	<56.7	56.7～63.8	63.9～72.8	72.9～75.8	≥75.9
180.0～180.9	<57.1	57.1～64.3	64.4～73.5	73.6～76.5	≥76.6
181.0～181.9	<57.7	57.7～64.9	65.0～74.2	74.3～77.3	≥77.4
182.0～182.9	<58.2	58.2～65.6	65.7～74.9	75.0～77.8	≥77.9
183.0～183.9	<58.8	58.8～66.2	66.3～75.7	75.8～78.8	≥78.9
184.0～184.9	<59.3	59.3～66.8	66.9～76.3	76.4～79.4	≥79.5
185.0～185.9	<59.9	59.9～67.4	67.5～77.0	77.1～80.2	≥80.3
186.0～186.9	<60.4	60.4～68.1	68.2～77.8	77.9～81.1	≥81.2
187.0～187.9	<60.9	60.9～68.7	68.8～78.6	78.7～81.9	≥82.0
188.0～188.9	<61.4	61.4～69.2	69.3～79.3	79.4～82.6	≥82.7
189.0～189.9	<61.8	61.8～69.8	69.9～79.9	80.0～83.2	≥83.3
190.0～190.9	<62.4	62.4～70.4	70.5～80.5	80.6～83.6	≥83.7

注：身高低于表中所列出的最低身高段的下限值时，身高每低 1 厘米，实测体重需加上 0.5 公斤。实测身高需加 1 厘米，再查表确定分值。身高高于表中所列出的最高身高段时，身高每高 1 厘米，其实测体重需减去 0.9 公斤，实测身高需减去 1 厘米，再查表确定分值。

(2) 大学女生身高体重评定标准见表 1-3。

表 1-3　大学女生身高标准体重(体重单位：公斤)

身高段(厘米)	营养不良	较低体重	正常体重	超重	肥胖
	50 分	60 分	100 分	60 分	50 分
140.0～140.9	<36.5	36.5～42.4	42.5～50.6	50.7～53.3	≥53.4
141.0～141.9	<36.6	36.6～42.9	43.0～51.3	51.4～54.1	≥54.2
142.0～142.9	<36.8	36.8～43.2	43.3～51.9	52.0～54.7	≥54.8
143.0～143.9	<37.0	37.0～43.5	43.6～52.3	52.4～55.2	≥55.3
144.0～144.9	<37.2	37.2～43.7	43.8～52.7	52.8～55.6	≥55.7
145.0～145.9	<37.5	37.5～44.0	44.1～53.1	53.2～56.1	≥56.2
146.0～146.9	<37.9	37.9～44.4	44.5～53.7	53.8～56.7	≥56.8
147.0～147.9	<38.5	38.5～45.0	45.1～54.3	54.4～57.3	≥57.4
148.0～148.9	<39.1	39.1～45.7	45.8～55.0	55.1～58.0	≥58.1
149.0～149.9	<39.5	39.5～46.2	46.3～55.6	55.7～58.7	≥58.8
150.0～150.9	<39.9	39.9～46.6	46.7～56.2	56.3～59.3	≥59.4
151.0～151.9	<40.3	40.3～47.1	47.2～56.7	56.8～59.8	≥59.9
152.0～152.9	<40.8	40.8～47.6	47.7～57.4	57.5～60.5	≥60.6
153.0～153.9	<41.4	41.4～48.2	48.3～57.9	58.0～61.1	≥61.2
154.0～154.9	<41.9	41.9～48.8	48.9～58.6	58.7～61.9	≥62.0
155.0～155.9	<42.3	42.3～49.1	49.2～59.1	59.2～62.4	≥62.5
156.0～156.9	<42.9	42.9～49.7	49.8～59.7	59.8～63.0	≥63.1
157.0～157.9	<43.5	43.5～50.3	50.4～60.4	60.5～63.6	≥63.7
158.0～158.9	<44.0	44.0～50.8	50.9～61.2	61.3～64.5	≥64.6
159.0～159.9	<44.5	44.5～51.4	51.5～61.7	61.8～65.1	≥65.2
160.0～160.9	<45.0	45.0～52.1	52.2～62.3	62.4～65.6	≥65.7
161.0～161.9	<45.5	45.5～52.5	52.6～62.8	62.9～66.2	≥66.3
162.0～162.9	<45.9	45.9～53.1	53.2～63.4	63.5～66.8	≥66.9
163.0～163.9	<46.4	46.4～53.6	53.7～63.9	64.0～67.3	≥67.4
164.0～164.9	<46.8	46.8～54.2	54.3～64.5	64.6～67.9	≥68.0
165.0～165.9	<47.4	47.4～54.8	54.9～65.0	65.1～68.3	≥68.4
166.0～166.9	<48.0	48.0～55.4	55.5～65.5	65.6～68.9	≥69.0
167.0～167.9	<48.5	48.5～56.0	56.1～66.2	66.3～69.5	≥69.6
168.0～168.9	<49.0	49.0～56.4	56.5～66.7	66.8～70.0	≥70.1
169.0～169.9	<49.4	49.4～56.8	56.9～67.3	67.4～70.7	≥70.8
170.0～170.9	<49.9	49.9～57.3	57.4～67.9	68.0～71.4	≥71.5
171.0～171.9	<50.2	50.2～57.8	57.9～68.5	68.6～72.1	≥72.2
172.0～172.9	<50.7	50.7～58.4	58.5～69.1	69.2～72.7	≥72.8

续表

身高段(厘米)	营养不良	较低体重	正常体重	超重	肥胖
	50 分	60 分	100 分	60 分	50 分
173.0～173.9	<51.0	51.0～58.8	58.9～69.6	69.7～73.1	≥73.2
174.0～174.9	<51.3	51.3～59.3	59.4～70.2	70.3～73.6	≥73.7
175.0～175.9	<51.9	51.9～59.9	60.0～70.8	70.9～74.4	≥74.5
176.0～176.9	<52.4	52.4～60.4	60.5～71.5	71.6～75.1	≥75.2
177.0～177.9	<52.8	52.8～61.0	61.1～72.1	72.2～75.7	≥75.8
178.0～178.9	<53.2	53.2～61.5	61.6～72.6	72.7～76.2	≥76.3
179.0～179.9	<53.6	53.6～62.0	62.1～73.2	73.3～76.7	≥76.8
180.0～180.9	<54.1	54.1～62.5	62.6～73.7	73.8～77.0	≥77.1
181.0～181.9	<54.5	54.5～63.1	63.2～74.3	74.4～77.8	≥77.9
182.0～182.9	<55.1	55.1～63.8	63.9～75.0	75.1～79.4	≥79.5
183.0～183.9	<55.6	55.6～64.5	64.6～75.7	75.8～80.4	≥80.5
184.0～184.9	<56.1	56.1～65.3	65.4～76.6	76.7～81.2	≥81.3
185.0～185.9	<56.8	56.8～66.1	66.2～77.5	77.6～82.4	≥82.5
186.0～186.9	<57.3	57.3～66.9	67.0～78.6	78.7～83.3	≥83.4

注：身高低于表中所列出的最低身高段的下限值时，身高每低 1 厘米，实测体重需加上 0.5 公斤。实测身高需加 1 厘米，再查表确定分值。身高高于表中所列出的最高身高段时，身高每高 1 厘米，其实测体重需减去 0.9 公斤，实测身高需减去 1 厘米，再查表确定分值。

(3) 大学男生身体素质评分标准见表 1-4。

表 1-4 大学男生身体素质评分标准

等级	单项得分	肺活量体重指数	1000 米跑(分、秒)	台阶试验	50 米跑(秒)	立定跳远(米)	掷实心球(米)	握力体重指数	引体向上(次)	坐位体前屈(厘米)	跳绳(次/1 分钟)	篮球运球(秒)	足球运球(秒)	排球垫球(次)
优秀	100	84	3′27″	82	6	2.66	15.7	92	26	23	198	8.6	6.3	50
	98	83	3′28″	80	6.1	2.65	15.2	91	25	22.6	193	9	6.5	49
	96	82	3′31″	77	6.2	2.63	14.4	90	24	22	186	9.6	6.9	46
	94	81	3′33″	74	6.3	2.62	13.6	89	23	21.4	178	10.3	7.3	44
	92	80	3′35″	71	6.4	2.6	12.5	87	22	20.6	168	11.1	7.7	41
	90	78	3′39″	67	6.5	2.58	11.5	86	21	19.8	158	12	8.2	38
良好	87	77	3′42″	65	6.6	2.56	11.3	84	20	18.9	152	12.4	8.5	37
	84	75	3′45″	63	6.8	2.52	10.9	81	19	17.5	144	12.9	8.9	34
	81	73	3′49″	60	7	2.48	10.5	79	18	16.2	136	13.5	9.3	32
	78	71	3′53″	57	7.3	2.43	10	75	17	14.3	124	14.3	9.9	29
	75	68	3′58″	53	7.5	2.38	9.5	72	16	12.5	113	15	10.4	26

续表

等级	单项得分	肺活量体重指数	1000 米跑(分、秒)	台阶试验	50 米跑(秒)	立定跳远(米)	掷实心球(米)	握力体重指数	引体向上(次)	坐位体前屈(厘米)	跳绳(次/1 分钟)	篮球运球(秒)	足球运球(秒)	排球垫球(次)
及格	72	66	4′05″	52	7.6	2.35	9.3	70	15	11.3	108	15.6	10.7	25
	69	64	4′12″	51	7.7	2.31	8.9	66	14	9.5	101	16.6	11.2	23
	66	61	4′19″	50	7.8	2.26	8.5	63	13	7.8	94	17.5	11.7	21
	63	58	4′26″	48	8	2.2	8	59	12	5.4	85	18.8	12.3	18
	60	55	4′33″	46	8.1	2.14	7.5	54	11	3	75	20	12.9	15
不及格	50	54	4′40″	45	8.2	2.12	7.3	53	9	2.4	71	20.6	13.3	14
	40	52	4′47″	44	8.3	2.09	7	51	8	1.4	64	21.6	13.8	12
	30	51	4′54″	43	8.5	2.06	6.7	49	7	0.5	58	22.5	14.3	10
	20	49	5′01″	42	8.6	2.03	6.2	47	6	−0.8	49	23.8	15	8
	10	47	5′08″	40	8.8	1.99	5.8	44	5	−2	40	25	15.7	5

(4) 大学女生身体素质评分标准见表 1-5。

表 1-5 大学女生身体素质评分标准

等级	单项得分	肺活量体重指数	800 米跑(分、秒)	台阶试验	50 米跑(秒)	立定跳远(米)	掷实心球(米)	握力体重指数	仰卧起坐(次/分钟)	坐位体前屈(厘米)	跳绳(次/1 分钟)	篮球运球(秒)	足球运球(秒)	排球垫球(次)
优秀	100	70	3′24″	78	7.2	2.07	8.6	74	52	21.1	190	11.2	7.3	46
	98	69	3′27″	75	7.3	2.06	8.5	73	51	20.8	184	11.5	7.8	44
	96	68	3′29″	72	7.4	2.05	8.4	72	50	20.3	175	12	8.6	41
	94	67	3′32″	69	7.5	2.03	8.2	71	49	19.8	166	12.6	9.4	38
	92	65	3′35″	64	7.7	2.01	8	69	47	19.2	154	13.3	10.5	34
	90	64	3′38″	60	7.8	1.99	7.8	67	45	18.6	142	14	11.5	30
良好	87	63	3′42″	59	7.9	1.97	7.7	66	44	17.7	137	14.6	11.9	29
	84	61	3′46″	57	8	1.93	7.6	63	43	16.3	130	15.6	12.5	27
	81	59	3′50″	55	8.2	1.89	7.5	61	42	15	122	16.5	13.2	25
	78	57	3′54″	52	8.3	1.84	7.4	58	40	13.1	112	17.8	14	23
	75	54	3′58″	49	8.5	1.79	7.2	55	38	11.3	102	19	14.9	20
及格	72	53	4′03″	48	8.6	1.76	7.1	53	37	10.1	98	19.8	15.6	19
	69	51	4′08″	47	8.7	1.72	7	50	35	8.3	92	20.9	16.7	17
	66	49	4′13″	46	8.8	1.69	6.8	48	33	6.5	86	22	17.8	15
	63	46	4′18″	44	8.9	1.63	6.6	44	31	4.1	78	23.5	19.3	13
	60	43	4′23″	42	9	1.58	6.4	40	28	1.7	70	25	20.8	10
不及格	50	42	4′30″	41	9.1	1.56	6.2	39	27	1.5	66	25.8	21.2	9
	40	41	4′37″	40	9.3	1.53	6	38	26	1.3	59	26.9	21.9	8
	30	39	4′44″	39	9.5	1.5	5.7	36	25	1	53	28	22.5	7
	20	37	4′51″	38	9.8	1.46	5.4	34	23	0.6	44	29.5	23.4	6
	10	35	5′00″	36	10	1.42	5	32	21	0.2	35	31	24.3	4

三、国民体质检测的内容

体质检测(constitutional examination)主要包括形态、机能和素质检测 3 个方面的内容。

1. 体质检测的形态指标

形态指标(index of morphology)主要包括身高、体重。身高是反映人体骨骼纵向生长水平的指标，而体重是反映人体发育程度和营养状况的指标。

身体形态评价方法主要有身高标准体重法和身体质量指数(BMI)法。

(1) 世界卫生组织计算标准体重的方法。

$$\text{男性：标准体重(kg)} = [\text{身高(cm)} - 80] \times 0.7$$

$$\text{女性：标准体重(kg)} = [\text{身高(cm)} - 70] \times 0.6$$

注：在标准体重±10%的范围内都是正常的，超过或者低于 10%～19%的为过重或过瘦，超过或低于 20%的为肥胖或体重不足。

(2) 身体质量指数(BMI)法。

$$\text{BMI} = \frac{\text{体重(kg)}}{\text{身高的平方(m)}^2}$$

注：BMI＜18.5 为体重偏轻；18.5≤BMI < 24.0 为正常体重；24.0≤BMI＜28.0 为超重；BMI≥28.0 为肥胖。

2. 体质检测的机能指标

机能指标(index of physical function)测试主要包括肺活量测试和台阶试验。

(1) 肺活量是人尽最大努力吸气后再尽最大努力呼气所能呼出的气体量，它代表人呼吸系统的最大工作能力，反映了肺的容积和扩张能力。肺活量的大小与性别、年龄、身高、体重、胸围及体育锻炼等因素有关。

(2) 台阶试验反映了人体心血管机能水平，是运动负荷试验的一种形式，应用相对广泛。台阶试验是以台阶指数来评定人体的心血管功能的一项实验，台阶指数越高，表明心血管机能水平越好。

3. 体质检测的素质指标

素质指标(index of constitutional diathesis)包括力量素质、耐力素质、爆发力素质、反应能力素质、柔韧性素质、平衡能力素质等内容，分别用握力、仰卧起坐(女)/俯卧撑(男)、纵跳、反应时、坐位体前屈、闭目单足站立等指标来衡量。

(1) 力量素质的评估方法通常是通过握力测试来反映前臂及手部肌肉的力量素质。

(2) 肌肉耐力的评定有助于了解学生目前的肌力水平，判断肌肉力量训练的效果。男子常用俯卧撑，女子常用 1min 仰卧起坐。

(3) 爆发力素质主要通过纵跳的测试来评估。纵跳是通过测试受试者的纵跳高度，反映下肢的爆发性力量，可以通过跳绳、蛙跳等方式的训练来提高爆发力。

(4) 反应能力主要是通过反应时的测试来评估。反应时是反映机体神经系统动态反应速度的重要生理指标，反应时越短，说明机体对刺激反应越快。

(5) 身体柔韧性是指人体各主要关节的最大活动能力，主要由关节的骨结构和周围组织体积的大小，跨关节的韧带、肌腱、肌肉与皮肤的伸展性 3 个方面决定。其中，韧带和肌腱对于提高身体柔韧性素质尤为重要。一般选择坐位体前屈来测定身体的柔韧性素质。

(6) 平衡能力素质是指身体对来自器官、肌肉、肌腱、关节内的感受器及视觉各方面刺激的协调能力，这种能力有助于人体对各种感觉信息进行接收。闭目单足站立可用来评价姿势的协调性，前庭功能、视觉及机体本体感觉之间互相协调的能力。

第四节　终 身 体 育

一、终身体育概念

终身体育(lifetime sports)是 20 世纪 90 年代以来伴随体育改革发展而产生的一个新理念，是指一个人终身进行身体锻炼和接受体育教育。其含义包括两个方面的内容：一是指终身坚持学习与参加身体锻炼，将体育视为一生生活中始终不可缺少的重要内容；二是指在终身体育思想的指导下，以体育体系化、整体化为目标，为个人在不同时期、不同生活领域中提供参加体育活动机会的实践过程。

二、终身体育的特点及内容

1. 终身体育的特点

(1) 自觉性。国家将终身体育教育作为高校体育教育的目标之一，使学生能够培养终身体育的思想，并将其内化为自身生活的组成部分，主动、自觉参加各种体育锻炼、健身活动。

(2) 经常性。现在人们的闲暇时间增多，为了充实自己的业余生活，可以选择利用业余时间去参加各种健身活动，从而达到增进健康、娱乐身心、扩大交际范围、陶冶情操的目的。

(3) 生活性。参加有益身心的健身活动是提高生活质量的一个重要途径，未来社会，体育将成为人们日常生活不可或缺的一部分。

(4) 社会性。随着群众体育的兴起和发展，体育活动日益成为人们社会交往中的一个重要手段。

(5) 普及性。现代社会，不管是男女老少都更加重视健康、健美和长寿，身体的健康就是最大的人生财富。因此，参加体育锻炼的人群将越来越大，进行体育锻炼的项目、方式、方法也将更加多元化。

(6) 科学性。生命在于科学运动，在进行体育锻炼前必须掌握科学运动锻炼的原则、方法和理论。

2. 终身体育的内容

(1) 长期坚持体育锻炼。锻炼者能积极地长期坚持体育锻炼。

(2) 保持稳定持久的体育兴趣。无论是在校期间，还是走上工作岗位，都能对体育表现出极大的热情和毅力，并长期坚持锻炼。

(3) 掌握体育基础知识、技术和技能。“三基”的掌握是培养终身体育观的基础和关键。

(4) 参加体育活动时伴有快乐的情感体验。在参加体育锻炼过程中能产生愉悦、酣畅淋漓的情绪感受，从而消除忧郁、烦闷等不良心境。

(5) 把体育活动作为日常生活的必要组成部分。树立良好的自我体育锻炼意识，养成科学的健康观，培养健康文明的生活方式。

三、加强学生终身体育意识的培养

学校是进行终身体育教育的最有利场所。学生走向社会，能否继续经常地从事体育锻炼取决于自身的终身体育意识。大学体育作为学校体育的最后一站，作为学校体育和社会体育的衔接点，对培养学生终身体育意识具有特别的意义。

1. 加强终身体育思想教育

牢固树立体育意识，做好体育宣传工作是培养学生自觉参加各种课内外体育活动，实现家庭、社会参与学校体育教育的重要手段。学校可以充分利用橱窗板报、广播多媒体等宣传媒介，拓展学生体育知识面；定期举办知识讲座，组织各种形式的竞赛活动，增强学生锻炼的自觉性，激发体育锻炼热情。

2. 激发终身体育锻炼动机

自我体育意识是从自我意识衍生出的对终身体育的理解，学校体育教育的关键就是体育意识的培养。引申体育意识是人脑对体育客观事物的反应，是对体育的感觉、思维等多种心理过程。动机和目标是唤起人们参加体育活动、坚持体育锻炼的内在驱动力。

学生良好的体育动机需要靠提升自我体育意识去培养。体育教师要利用丰富的教学设施和教学条件创设引人入胜的教学情境，使学生获得愉悦的情感体验，激发学生的体育动机，从而完成使学生终身受用的基本知识、技术和技能的体育教学。

3. 重视体育兴趣培养

随着终身体育思想的确定，体育兴趣的培养更加引起社会的重视。体育兴趣的培养需通过锻炼加以维持和巩固，只有持续地接触才能产生心理上的共鸣和互融。在持之以恒的锻炼中，才能看到锻炼的作用和效果，才能对体育锻炼及其方法产生深刻认识，从而形成稳固的体育兴趣爱好。在此过程中，一方面学生可通过学习多样化的知识、技能和周围媒介的广泛宣传，加强巩固自己的体育兴趣爱好；另一方面体育教师也可通过灵活多样的教学手段和模式激发学生的体育兴趣爱好，体验体育运动的快乐和价值，自觉地投入到运动中去。

4. 注重体育能力培养

教师在学校体育教学中加强终身体育意识及兴趣培养的同时，要注重对学生体育能力的培养，应注意培养学生制订计划、积极组织和参加群体活动、进行体育理论知识指导等能力，多途径、多渠道地培养学生自觉地锻炼身体。

思考与练习

(1) 请结合自己的锻炼情况谈谈体育的功能。

(2) 谈谈你对健康的认识，想想哪些因素影响了健康，并对自己的健康现状进行评估。
(3) 导致亚健康的因素是什么？如何才能避免亚健康状态？
(4) 谈谈体适能、体质与健康之间的关系，并评价一下自己的体质现状。
(5) 结合你的体质测试结果对自己的体质状况进行评价。
(6) 什么是终身体育？谈谈当代大学生如何培养终身体育意识。

第二章　体育运动与健康

第一节　体育运动与心理健康

一、心理健康的含义及大学生心理健康标准

1. 心理健康的含义

心理健康(mental health)从广义上讲是指一种高效且满意、持续的心理状态；从狭义上讲是指生活在一定的社会环境中的个体，在高级神经功能正常的情况下，智力正常、情绪稳定、行为适度，具有协调关系和适应环境的能力及性格。心理健康并非是一种固定不变的绝对状态，而是一种不断发展的动态变化过程。心理健康也不是心情愉悦地接受任何事物，而是能积极主动适应各种环境和问题冲突，并恰当地给予处理及解决。

世界卫生组织认为心理健康包括：身体、智力、情绪调和；适应环境，人际关系中彼此能谦让；有幸福感；在工作和职业中，能充分发挥自己的能力，过着有效率的生活。1946年，第三届国际心理卫生大会指出："所谓心理健康，是指在身体、智能以及情感上与他人的心理健康不相矛盾的范围内，将个人心境发展成最佳的状态。"目前尽管没有公认的心理健康表达公式，但人们对心理健康的定义存在一定程度的共识，即心理健康并不仅仅是没有心理疾病，更重要的是具备一种积极向上、适应性良好、能充分发展其身心潜能的丰富状态；心理健康是个体内部协调与外部适应相统一的良好状态。

2. 大学生心理健康标准

大学生心理健康的标准主要包括以下几个方面：

(1) 智力正常。智力正常是大学生学习、生活与工作的基本心理条件，也是适应环境变化所必需的心理保证。衡量智力正常的关键在于是否正常充分地发挥了效能，即有强烈的求知欲，乐于学习，善于学习，积极主动参与学习活动。

(2) 情绪健康。情绪健康的标志是情绪稳定和心情愉快，表现为正面情绪多于负面情绪，乐观开朗，富有朝气，对生活充满希望，情绪较稳定；善于控制与调节情绪，既能克制又能合理宣泄；情绪反应与周围环境相适应。

(3) 意志健全。意志健全的大学生在各种活动中都有自觉的目的性，能适时做出决定并运用切实有效的方式解决问题；在困难和挫折面前，能采取合理的反应方式，能在行动中控制情绪，而不是行动盲目，畏惧困难，顽固执拗。

(4) 人格完整。人格完整是指有健全统一的人格，即个人的想、说、做协调一致。具

有正确的自我意识，不产生自我同一性混乱，以积极进取的人生观作为人格的核心，并以此为基点将自己的需求、目标与行动统一起来。

(5) 自我评价正确。正确的自我评价是大学生心理健康的重要条件。大学生能在自我观察、认定、判断和评价上做到自知，正确地认识自己，既不自高自傲，也不自惭形秽，能够自我悦纳，自我欣赏；自尊、自强、自制、自爱；正视现实，接受现实，积极进取。

(6) 人际关系和谐。乐于与人交往，既有广泛的交际面，又有知心朋友；在交往中保持独立而完整的人格，有自知之明，不卑不亢；能客观评价别人和自己，善取人之长，补己之短，宽以待人，乐于助人；积极交往态度多于消极态度，端正交往动机。

(7) 社会适应良好。个体与周围环境保持良好的协调对等关系；以积极有效的态度，根据环境特点和自我意识情况努力进行协调，主动应对周围环境中的各种变化及困难。

(8) 心理行为符合年龄特征。大学生是处于特定年龄阶段的特殊群体，大学生应具有与年龄、角色相一致的心理行为特征。

二、体育对心理健康的影响

目前国内外一些研究表明，体育锻炼项目、锻炼强度、练习时间及频度 4 个因素对心理健康能产生一定的影响。例如，参加休闲娱乐性、审美性强的有氧健身运动、户外运动对情绪的改善会起到明显的效果；每周参加 3 次以上的运动，每次练习时间控制在 30 分钟到 1 小时，对身心健康也有一定的促进作用。另外，研究指出，竞技性强、争抢对抗激烈、负荷高的运动不利于身心的健康发展，甚至会起到一定的反向阻碍作用，如严重的运动损伤会导致负向心理效应的产生，甚至会使人患上运动强迫症。体育对心理健康的影响主要表现在以下几个方面：

1. 促进智力发展

经常参加体育运动可以提高运动者的注意力、记忆力、反应力、思维能力和想象力等。首先表现在可促进人大脑的开发和利用，锻炼右脑，提高人的记忆力、思维能力和想象力；其次表现在可增强大脑兴奋和抑制过程的转化能力，加强神经系统的稳定性，提高反应性和灵活性；再次表现在可减缓应激对心理的刺激效应，有效淡化甚至弱化应激因素对应答反应的强度和频度，提高心理应激水平，使心理承受能力和健康状况都处在较高的水平，从而保持心理健康、平衡、稳定。

2. 调节情绪

体育运动是集身体、心理活动和情绪体验于一体的复杂活动，参与锻炼者不仅可改善自身紧张烦躁、压抑纠结的情绪状态，还可培养积极、乐观、自信开朗的情绪品质。体育教学内容的综合性、时代性、多样性、复杂性和多变性等也会使学生有满意、快乐、紧张、兴奋等不同程度的情感体验。

延伸阅读

情绪的自我调控

学会控制情绪，需要弄清某种情绪存在及产生的原因，对于不愉快的情绪要寻求适当的途径去克服或避免它。

(1) 理智。在挫折面前需要以理性的认识来控制情绪。通过辩证性的深思、审时度势，从不同的角度进行思考而避免发生不良的情绪反应。

(2) 转移。当不良情绪产生时，可采取看电影、听音乐、散步、打球等有积极意义的活动来缓解。

(3) 幽默。高尚的幽默是精神的消毒剂，当发现某种不协调或对自己不利的情况出现时，为使自己不陷入激动或被动场面，最好的方法是以超然洒脱的态度积极应对，此时得体的幽默往往会消解掉窘迫。

(4) 升华。将不被社会认可的动机或欲望导向比较崇高的方向，使其具有深远的创造性、建设性，即将情绪进行更高层次和更深水平的升华。

(5) 自慰。酸葡萄和阿Q心理有时可帮助人在挫折面前自我调适。

(6) 放松。积极的自我放松疗法会帮助人积极地调控情绪，从而取得良好的效果。

3. 培养意志能力

意志品质如自觉性、果断性、坚韧性、自制力是在克服困难的过程中表现出来的，顽强拼搏精神也是在克服困难的过程中培养起来的。长期坚持体育运动，要克服各种主客观上的困难，如思想上的惰性、技能形成过程中的困难、场地设施的局限、时间或气候条件的限制等，这个过程既是身体锻炼的过程，也是意志行动实现的过程。特别是参加竞争性激烈的竞赛活动，能够激励、培养人参与竞争、奋发向上的精神，培养人形成克服困难、争取胜利的自信心及坚强的意志品质。

4. 改善人际关系

体育活动具有实践性和社会性，能增加人与人之间的接触和交往机会，加之体育活动中群体活动较多，故可增进学生学习团结合作、协调一致、相互帮助、彼此鼓励、竞争向上的人际交往技巧，增强学生的社会适应能力及处理各种人际关系的能力。

5. 确定自我意识能力

一些研究表明，经常参加体育运动的人有较强的自尊心和较为积极的自我概念。经常参加体育运动可以促使人勇于接受某种挑战，使人积极进取，渴望和追求成功，使人不怕失败并勇于接受失败，保持进取精神，形成良好的自我认识和自我评价意识。

6. 消除疲劳感

疲劳是人在工作学习之后，人体组织器官甚至整个机能能力出现下降的现象，疲劳与人的生理和心理状态有关。紧张的脑力劳动和长时间的伏案学习常会使大脑供氧不足，人感到疲劳，记忆力减退，学习、工作效率下降，参加体育运动可以改善神经系统的功能，达到消除疲劳的目的。

7. 消除心理障碍

在美国，体育疗法已作为心理障碍治疗的一种手段，心理医生认为体育运动是治疗抑郁症和焦虑症的有效方法，有不少抑郁症和焦虑症患者通过体育运动来消除或减缓某些心理压力；经常参加体育运动的人在精神上会得到美的享受；体育运动能为人带来愉快的感受，陶冶情操，发展情感，完善自我。

三、心理疾病的体育疗法

体育疗法又称医疗体育，是以体育为手段，通过特殊的身体练习达到防治疾病、促进功能恢复、增进健康的治疗方法。不同体育运动项目具有不同的特点，因此针对不同心理倾向者可采取不同形式的运动项目，以此改善其原有的不良心理倾向，从而完善、优化其心理品质，培养健康完美人格。

(一) 体育疗法调节心理疾病的原理

大脑与运动系统的信息传导是双向性的，神经兴奋可从大脑传至骨骼肌肉等运动系统，也可从运动单元传递至大脑，运动单元活动积极，从骨骼肌肉传入到大脑的神经冲动就会增大，大脑的兴奋水平就高，情绪也会高涨；反之就会下降。

大脑中的神经核团的丘脑和下丘脑不仅能控制情绪，还会激发交感和副交感神经，而交感和副交感神经又会反过来支配影响内脏器官等系统的机能水平，即心理水平也会影响生理水平。而体育活动正是通过大脑对情绪的调控达到对人的注意力转移、情感宣泄，从而有效消除情绪障碍，缓解和治疗心理疾病。

(二) 几种常见心理疾病的体育疗法举例

1. 易躁易怒者的体育疗法

相关研究资料表明，有氧运动及中小强度运动对长期性的轻微或中度的焦虑症和抑郁症有一定的治疗作用，针对易躁易怒者，可采取节奏缓慢、时间较长的运动项目，如慢跑、游泳、下棋等，助其进行自我控制，这种重复性和有节奏的体育锻炼不需要消耗太多的精力便能有效促进思维的清醒和脑力的恢复，有利于情绪恢复健康。

2. 紧张胆怯者的体育疗法

针对紧张胆怯者，如在公开场合易面红耳赤、讲话结巴、手心出冷汗的人，可建议其多参加竞争性强的运动，如球类运动、郊游登山等，因其可有效调节中枢神经系统的活动，使紧张的情绪得到缓解。

3. 内向腼腆者的体育疗法

针对内向腼腆的学生，可建议其参加一些群体性、合作性较强的项目，在活动中尽可能争取多的表现机会，使其在团队协作中锻炼内心，敢于在公众面前表现自己；另外，在与他人协调配合过程中，心理上也能够得到安慰和满足，享受与他人交流的乐趣。

4. 人际关系紧张者的体育疗法

人际关系紧张或处理不当者，可以多参加群体性合作项目，如球类运动、拓展训练等，通过协作、配合，学会与人交际，懂得换位思考，通过群体生活来磨炼自己与同伴的交际沟通能力，从而克服孤僻的心理。

5. 神经衰弱症状的体育疗法

神经衰弱是指由持续的精神紧张和长期的内心冲突状态引起的一种以脑和躯体功能衰弱为主的神经症，临床表现为头痛、失眠、记忆力下降、易疲劳、情绪不稳定等，伴随相应的自主神经功能紊乱，如心慌、口干、尿频等现象。针对这种情况，可选择一些能凝神聚气的运动项目，如太极拳、瑜伽、气功等，能有效改善和加强大脑兴奋或抑制过程的相互转换能力和稳定性，对活动紊乱的皮层有一定调节作用，对治愈神经衰弱也有一定效果。

6. 互联网成瘾综合征患者的体育疗法

针对那些网络成瘾的大学生，最好的方法是在规定时间内帮其迅速摆脱电脑的诱惑，将其注意力转移到其他感兴趣的事物中；也可通过专门的拓展训练锻炼其坚韧、顽强、果敢的意志品质。

第二节　体育运动与身体健康

一、身体素质及其生理学基础

身体素质是指肌肉在活动中所表现的力量、速度、耐力、灵敏性、协调性、柔韧性、平衡性、反应能力、无氧功率(爆发力)和协调性等，身体素质的优劣与人体各器官系统功能的强弱有关，可在走、跑、跳、投、爬等方面表现出来。测定身体素质不仅可以从一个方面了解人体的健康状况，而且对评定运动锻炼效果有重要意义。

(一) 身体素质

1. 力量素质

力量是肌肉紧张或收缩时对抗阻力的能力，人体所有的运动几乎都是对抗阻力而产生的。根据运动中肌肉的收缩形式，可将肌肉力量分为静力性力量和动力性力量。

(1) 静力性力量(static strength)是肌肉主要以等长收缩时所产生的力量。它使肢体维持或固定于一定位置和姿势，而无明显的位移运动。

(2) 动力性力量(dynamic strength)是肌肉在紧张收缩时所产生的力量。它使肢体产生明显的位移运动，并使人体或器械产生加速运动。

2. 速度素质

速度是用最短时间完成一定运动的能力，按其在运动中的表现可分为反应速度、动作速度和位移速度三种形式。

3. 耐力素质

耐力是人体长时间进行肌肉活动的能力，评估人体健康状态时可依据运动中能量供应的特点，把耐力分为有氧耐力和无氧耐力。

4. 灵敏性素质

灵敏性是人体迅速改变体位、转换动作和随机应变(特别是在对抗性项目中)的能力。它是运动者多种运动技能和整体素质在运动中的综合表现，是一种较为复杂的素质。

5. 柔韧性素质

柔韧性是各关节运动的幅度或活动范围。

6. 平衡性素质

平衡包括静态平衡(static equilibrium)和动态平衡(dynamic equilibrium)。静态平衡是指

人体在相对静止的状态下，保持姿势稳定的能力；动态平衡是指人体在运动过程中，维持平衡的能力。

7. 反应能力素质

反应包括反应时、动作时和应答时。反应时是指从刺激出现到开始反应所需要的时间，又称反应潜伏期；动作时又称运动时，是指从开始反应到动作完成所需要的时间；应答时是指从刺激出现到完成动作所需要的全部时间，是反应时与动作时之和。

8. 无氧功率(爆发力)素质

无氧功率是在最短时间内，在无氧条件下，发挥出最大力量和速度的能力。

9. 协调性素质

协调性是人体各肌肉同步活动的能力。例如，伸肌与屈肌、上肢与下肢、躯干与肢体等。协调性是完成动作的重要素质之一。

延伸阅读

不同年龄阶段的运动方式

(1) 20 岁：多增强力量训练，通过全身性锻炼，提高心搏能力、反应能力及柔韧性。

(2) 30 岁：要有意识地锻炼柔韧性，提高肌肉的伸展力。可做器械练习，以增加肌肉的含量，保持肌肉的韧性与弹性。

(3) 40 岁：要注意保持体形，锻炼重点应放在腹部、大腿上，可做哑铃操、垫上练习。

(4) 50 岁：要多做增强背肌的练习，防止脊椎变形和椎间盘损伤，运动时要循序渐进。

(5) 60 岁：要进行小运动量的锻炼，可进行慢步走、倒着走等运动。

(二) 身体素质的生理学基础

1. 力量素质的生理学基础

肌肉力量的大小主要取决于以下两方面：

(1) 肌肉横断面(muscle cross-sectional)。肌肉横断面越大，肌肉收缩时产生的力量也越大。体育锻炼可增加肌肉生理横断面，主要是由肌纤维增粗、肌肉蛋白含量增加、毛细血管增多、肌结缔组织增厚、糖原的含量增加所致。

(2) 神经系统的调节(regulation of the nervous system)。在神经系统的调节支配下，运动可改善主动肌与协调肌之间的协同作用。

2. 速度与速度耐力素质的生理学基础

在速度和速度耐力运动中，肌纤维内肌糖原含量及其无氧酵解能力是其物质基础，神经系统的灵活性是速度素质的基础，各种神经中枢间的协调配合，兴奋与抑制间的交替是肢体快速运动的前提。跑速的步频、步幅等受大脑皮质运动中枢兴奋与抑制的转换能力及中枢神经系统耐受酸性代谢产生刺激等因素的影响。

3. 耐力素质的生理学基础

影响耐力素质的因素主要有肌肉中蛋白的含量，糖原和脂肪的储存、动员能力，肌肉中线粒体及酶的活性等。运动锻炼可提高人体的有氧代谢能力，提高大脑皮质神经细胞的工作能力。

4. 灵敏素质的生理学基础

发展灵敏素质主要是提高中枢神经系统的生理机能，包括神经中的机能和分析综合能力、完善大脑皮层运动性动力定型、协调肌肉活动和内脏器官机能。

5. 柔韧素质的生理学基础

影响柔韧性的因素包括关节的骨结构，关节周围组织的大小，跨关节的韧带、肌腱、肌肉等的伸展性，神经系统对骨骼肌的调节及年龄因素，一般年龄越小，发展柔韧性素质越佳。

二、常见的运动性生理反应

(一) 极点和第二次呼吸

体育锻炼中，人体的生理平衡受到暂时性破坏，可能出现某些生理反应，如极点(the utmost)和第二次呼吸(the second wind)是长距离运动中常见的生理现象。只要坚持运动和处理得当，极点现象是可以得到延缓和减轻的。

1. 极点

训练不足及体适能状态较低的人，通常在运动开始后不久(特别是中长跑)会有两膝发软、全身乏力、呼吸困难等感觉，运动生理学中，将这种现象称为极点。

极点是一种正常的生理现象，主要是由内脏器官的生理惰性引起的，体内各器官及系统都需要一段时间来适应剧烈运动。人体从相对安静状态到剧烈运动时，四肢肌肉能迅速适应，进入工作状态，而内脏器官，呼吸、循环系统等，都不能很快发挥其最高的机能水平，造成体内缺氧，大量的乳酸和二氧化碳积聚，使自主神经中枢和躯体性神经中枢之间的协调遭到暂时破坏，表现为极点现象的产生。

极点的出现与训练水平、运动前的准备活动有关，训练水平低或运动前准备活动不充分也会出现极点反应。经常参加锻炼的人，极点出现较晚，持续时间较短，身体反应较轻。

2. 第二次呼吸

极点出现后，如依靠意志力和调整运动节奏继续运动，不久不适应症状将消失或减轻，动作变得轻松有力，呼吸也均匀自如，这种状态称为第二次呼吸。

第二次呼吸产生的原因：由于内脏器官的功能惰性逐步得到缓解，氧供应量增加，使乳酸得到逐步清除；同时，运动速度的下降使运动的每分钟需氧量下降，减少了乳酸的产生，从而改善了机体的内环境，使先前受到破坏的动力定型重新得到恢复。

(二) 运动性腹痛

运动性腹痛(exertional abdominal pain)是中长距离运动中常见的一种生理反应，是在运动过程中或结束时产生的腹部疼痛，经检查无其他疾病原因。

1. 症状

运动中出现腹痛，其特点为除腹痛外一般不伴随其他症状。多数安静时不痛，运动时才痛，它与运动过程中肝脏淤血、呼吸肌痉挛或活动紊乱、胃肠道痉挛或功能紊乱有关，疼痛程度与运动量大小和强度成正比，一般活动量小、强度低时疼痛不明显，随负荷量加大时疼痛才逐渐加剧；调整运动量和强度，做深呼吸或按压腹部，疼痛会有所缓解。

2. 处理及预防

一旦运动中出现酸痛，则应减慢运动速度，降低运动强度，加深呼吸，调整呼吸与动作节奏，用手按压疼痛部位，一般疼痛即可减轻。如无效或疼痛剧烈时则应停止运动，同时可针刺或点揉内关、足三里等穴位以缓解疼痛，必要时口服止痛药。

延伸阅读

常见的内科现场急救——腹痛

(1) 将病人衣服松解，让病人安静地躺在清静的房间中休息，保持舒展的姿势，同时注意一定不要在不明原因情况下热敷腹部。

(2) 如果病人出现恶心、呕吐等症状，一定要将病人的头偏向一侧，以防呕吐物误吸入气道引起窒息或吸入性肺炎，同时不要马上给予食物。

(3) 严密观察病人呼吸、体温、血压及脉搏情况。

(4) 可给病人服用解痉止痛药来止痛。

以下几种腹痛现象称为急性腹痛，可服用阿托品或颠茄片来止痛。但是一般的紧急处置是难以治愈的，应及时送往医院，如耽搁在 24 h 以上，可能会有生命危险。

(1) 由于剧烈的腹痛伴有出冷汗甚至疼到满地打滚或捂住腹部屈膝蹲倒难以站立，或服用止痛药不能缓解。

(2) 由于剧烈的腹痛引起意识模糊、脸色苍白、出冷汗、脉搏变弱。

(3) 腹痛伴有腹部坚硬如板。

(4) 反复呕吐而无排便、排气现象。

(三) 肌肉痉挛

肌肉痉挛(muscle spasticity)俗称抽筋，是指肌肉不自主地突然性强直收缩，肌肉变得异常坚硬，引起局部疼痛和活动障碍的现象。运动中最容易发生痉挛的肌肉是小腿腓肠肌，其次是足拇屈肌和趾屈肌等。

1. 原因

肌肉痉挛发生的原因有下列几种：

(1) 肌肉受低温影响，兴奋性增高，易发生强直性收缩，因此寒冷刺激或准备活动不充分，易引发肌肉痉挛。

(2) 运动中大量排汗，特别是长时间的剧烈运动或高温季节运动时，人体内电解质易从汗液中大量流失，电解质与肌肉的兴奋性有关，流失过多，肌肉兴奋性增高过快，可发生肌肉痉挛。

(3) 肌肉连续过快收缩而放松时间太短促，以致收缩与放松不能协调。

(4) 身体疲劳会影响肌肉的正常生理功能，疲劳的肌肉往往血液循环和能量物质代谢有改变，肌肉中会有大量的乳酸堆积，乳酸不断地对肌肉的收缩物质起作用，致使痉挛产生。

2. 处理及预防

轻微的肌肉痉挛，以相反方向用力牵引痉挛的肌肉，一般都可缓解。牵引时用力需均匀、缓慢，以免造成肌肉拉伤，在处理过程中要注意保暖。

运动前必须做好充分准备活动，对容易发生抽筋的肌肉可事先做适当的按摩。冬季锻炼要注意保暖；夏季运动时，尤其是进行剧烈运动或长时间运动时，要注意电解质的补充和维生素 B_1 的摄入。疲劳和饥饿时不宜进行剧烈运动。在运动过程中要学会掌握肌肉放松的方法和技巧。

延伸阅读

常见的内科现场急救——胸痛

(1) 将病人衣服松解，让病人安静躺下休息。如在寒冷环境中，要马上将病人搬移到温暖安静的房屋中。

(2) 如果病人左前胸部疼痛，多考虑心绞痛或心肌梗死，如果病人带有硝酸甘油或速效救心丸，马上给病人服下，硝酸甘油每次 1 片，速效救心丸每次 10 粒，通常在 2～3min 可缓解。

(3) 如果病人感到呼吸困难或者咳嗽，而且咳出白色泡沫样或粉红色泡沫样痰，考虑可能有心功能不全，除了让病人取半卧位或坐位姿势外，有条件者应吸氧，服用地高辛和呋塞米片。

(四) 肌肉酸痛

一次运动量较大的锻炼以后，或是停止锻炼很长时间又开始锻炼之后，往往会出现肌肉酸痛。这种酸痛发生在运动结束 1～2 天后，因此也称运动性延迟肌肉酸痛(delayed-onsetmuscles soreness)。

1. 症状及原因

肌肉酸痛常见的症状除了酸痛外，还有肌肉僵硬，轻者仅有压痛，重者可能肌肉肿胀，妨碍正常活动，任何骨骼肌在剧烈运动后均可发生延迟性肌肉酸痛，尤其是长距离跑后更易出现。

引发肌肉酸痛的原因主要有以下几个方面：

(1) 肌肉的张力和弹性的急剧增加，引起肌肉结构的物理性损伤。

(2) 新陈代谢增加，代谢废物在组织内堆积导致毒性增加。

(3) 肌肉的神经调节发生改变，使肌肉发生痉挛而致疼。

2. 处理及预防

锻炼安排要合理，根据不同的体质、不同健康状况，科学地安排肌肉锻炼负荷，做好准备活动和整理活动。准备活动中，注意让练习时负荷重的局部肌肉活动得更充分，整理运动除进行一般性放松练习外，还应重视进行肌肉的伸展、牵拉练习，这有助于预防局部肌纤维痉挛。

锻炼时尽量避免长时间集中练习身体某一部位，以免局部肌肉负担过重，对酸痛局部进行静力牵拉练习；口服维生素 C 有助于促进结缔组织中胶原的合成，加速受损组织的修复和缓解酸痛。

延伸阅读

坐姿时减轻颈、肩、腰部疼痛的方法

(1) 保持正确坐姿。上半身应保持颈部直立，使头部获得支撑，两肩自然下垂，上臂贴近身体，手肘弯曲呈 90°，操作键盘或鼠标，尽量使手腕保持水平姿势，手掌中线与前臂中线应保持高度一致，下半身腰部挺直，膝盖自然弯曲呈 90°，并维持双脚着地的坐姿。

(2) 必须选择符合人体工学设计的桌椅，使用专用的电脑椅，坐在上面遵循“三个直角”：电脑桌下膝盖处形成第一个直角，大腿和后背是第二个直角，手臂在肘关节形成第三个直角。肩胛骨靠在椅背上，双肩放下，下巴不要靠近脖子。两眼平视计算机屏幕中央，座椅最好有支持性椅背及扶手，并能调整高度。

(3) 应在工作 1～2 h 后有目的地让头颈部向前后左右转动数次，转动时应轻柔、缓慢，以达到各个方向的最大运动范围为准，这样可以使颈椎关节疲劳得到缓解。

(五) 运动性贫血

运动性贫血(exertional anaemia)是指由于运动引发的血液中血红蛋白含量减少的现象。

1. 症状及原因

运动性贫血发病缓慢，其症状主要表现为头晕、恶心、呕吐、气喘、体力下降，以及运动后心悸、心率加快、面色苍白等。

长期进行高强度的耐力训练会引起血浆容量增加，高强度的运动会引起红细胞破坏加剧，大量出汗会加快铁的流失，再加上铁摄入量不足等原因，容易导致运动员发生“运动性贫血”。通常情况下，发生运动性贫血症状的，女生多于男生；从事中长跑项目的运动员发生运动性贫血的概率较大；而女性运动员，由于生理周期的原因，通过经血流失铁较多，更容易发生贫血症状，从而影响训练效果和运动员的身体健康。

2. 处理及预防

如果运动中出现头晕、无力、恶心、呕吐等相关症状，应适当减小运动量，必要时需要停止训练，并适当补充富含蛋白质和铁的食物，口服硫酸亚铁、生血中药等，以期得到缓解。

预防运动性贫血，需在运动训练后及时补充水分、电解质和维生素，也可选取一些专业运动饮料；另外，还要加强训练期间的营养补充。

三、运动处方

运动处方(exercise prescription)是个体化的运动方案，即每个人在运动中根据个人不同的体质状况和身体机能，采取不同的运动训练方法、训练内容等。在实际操作中，基本情况接近的人群可以采取类似的运动处方，同时在实践过程中，根据不同人的具体情况进行

适当调整。本节主要介绍运动处方的概念、分类、制定原则和程序、格式及内容。要求同学们能够结合身体状况，开出适合自己健身锻炼的运动处方。

(一) 运动处方要素

运动处方要素包括运动形式(项目)、运动强度、运动频率、运动持续时间、运动进度等。

1. 运动形式

运动形式是根据参加者不同的目的而选取的具有针对性的运动项目，现代处方运动形式可分为三大类，即：

(1) 有氧耐力运动项目。例如，步行、慢跑、游泳、户外运动等形式。

(2) 伸展运动及健身操运动。例如，体操、形体操、有氧健身操、武术、舞蹈等项目。

(3) 力量性运动项目。例如，负重练习、专门的力量拉伸练习等。

2. 运动强度

运动强度是在单位时间内完成的运动量，可用最大摄氧量、心率、代谢当量(MET)等来表示。表 2-1 列举了持续进行 60 min 以上体能活动为基础的活动强度的分类情况。

(1) 心率(HR)。一般根据最大心率(HR_{max})或最大心率储备(HRR)进行确定。

① 最大心率。最大心率的值为 220 与年龄之差。有氧运动的运动处方一般采用 40%～60%的最大心率来确定运动强度。

② 最大心率储备。一般根据靶心率来确定，靶心率由储备心率和安静心率确定，即靶心率 = (最大心率 − 安静心率) × (0.6～0.8) + 安静心率，通常采用 60%～80%的最大心率储备来确定有氧运动强度。

(2) 代谢当量(MET)。代谢当量是以安静时的能量消耗为基础，表示进行各种活动时的相对能量代谢水平。机体处于安静状态下的耗氧量绝对值约为 250 mL，相对值为 3.5 mL/ (kg • min)，将安静状态下的能耗值规定为 1MET。

(3) 主观体力感觉(RPE)。RPE11～RPE16 与心率 110～160 次/min 相当。

(4) 最大摄氧量($V_{O_2.max}$)。有氧运动强度多采用 40%～60%的 $V_{O_2.max}$。

表 2-1 持续进行 60 min 以上体能活动为基础的活动强度分类

强度	HRR/%	HR_{max}/%	RPE
非常轻微	<20	<35	<1
轻微	20～39	35～54	2
中等	40～59	55～69	3～4
高	60～84	70～89	5～6
极高	≥85	≥90	7～9
最高	100	100	10

3. 运动频率

运动频率指每周运动次数。研究表明每周运动 3～5 次为适宜运动频率，中间间隔时间不超过 3 天。

4. 运动持续时间

每次运动所持续的时间可根据个人基本情况进行确定。一般来讲，运动强度与运动时间成反比关系，运动强度越大，运动时间反而越短。有氧运动一般需要达到 30 min 以上，才能达到较好的运动训练效果。

5. 运动进度

运动进度需根据个人的基本运动能力、体质状况等进行综合评估和运用(见表 2-2)。

表 2-2　健康人运动锻炼的运动进度表

项目内容	起　始　期	改　进　期	维　持　期
运动目标	产生极少肌肉疼痛、不适及创伤等	逐渐增加整体运动刺激，以显著改善心肺功能	长期维持心肺功能
运动强度	55%～70%HR_{max}	60%～80%HR_{max}	7%～85%HR_{max}
所需时间	4 周时间	4～5 个月	持续
每周次数	3～4 次/周	3～5 次/周	3～5 次/周
运动进度	缓慢	较快	缓慢

(二) 运动处方的制定及实施

1. 一般检查

通过一般检查可以了解参加锻炼者或病人的基本健康状况和运动情况，一般检查包括询问病史及健康状况，了解运动史，了解健身或康复的目的和社会环境条件等。

2. 健康检查

健康检查主要包括运动系统的检查、心血管系统的检查、呼吸系统的检查、神经系统的检查等。

(1) 运动系统的检查包括肌肉力量的检查和评定、关节活动度的检查等。

(2) 心血管系统检查的常见指标为心率、心音、血压、心电图等。心血管系统的功能检查一般采取定量负荷试验，常用的有哈佛台阶试验、联合机能试验等。

(3) 呼吸系统的检查包括肺容量的测定、通气功能检查、呼出气体分析、屏气试验、日常生活能力评定等(常用指标有肺活量、5 次肺活量试验、时间肺活量、最大通气量、闭气试验、呼吸气体测定)。

(4) 神经系统的功能检查包括植物神经系统的功能检查、体表感觉神经功能检查、反射、神经肌肉功能检查等。

另外，健康检查还涉及功能检查、肝功能检查、代谢功能检查等全面综合系统的检查。

3. 运动试验

运动试验是评价心脏功能、制定运动处方的重要依据，一般采用跑台或者功率自行车进行，逐缓递增运动负荷。

4. 体力测试

运动负荷试验无异常的人才可以进行体力测试。体力测试包括运动能力测试和全身耐力测试。目前较多采用的体力测试方式为 12 min 跑测试。

5. 制定运动处方

根据不同的健身锻炼目的，确定运动的类型、运动时间、运动强度、运动频度和注意事项等。

6. 运动中的医务监督

处方实施过程中，应对受试者进行医务监督，以确保处方的安全性。健康状况好的锻炼者，可在自我监督的情况下进行运动；心血管系统疾病、呼吸系统疾病、慢性病、临床症状不稳定的患者等，在实施运动处方时，应在有医务监督的情况和条件下进行运动。

7. 运动处方的修改和微调

运动处方的制定最初并不固定，应先设置一个“观察期”，观察实施运动处方之后的反应；再在“调整期”内进行反复调整、修改；最后在“相对固定期”内实施最佳的运动处方。

(三) 运动处方的内容与格式

1. 运动处方的内容

目前运动处方没有统一规定，但是处方的制定需要遵循全面、简明易懂的原则，主要包括以下内容：① 一般资料；② 临床诊断结果；③ 临床检查和功能检查结果；④ 运动试验和体力测试结果；⑤ 运动目的和要求；⑥ 运动内容；⑦ 运动强度；⑧ 运动时间；⑨ 运动频度；⑩ 注意事项；⑪ 医师签字；⑫ 运动处方的制定时间。

2. 运动处方的格式

运动处方可根据不同的需要采用不同的格式，但在处方中，必须指出禁止参加的运动项目、锻炼的自我监控指标及出现异常情况时停止运动的准则等。大学生常见的锻炼处方卡如表 2-3 和表 2-4 所示。

表 2-3 大学生运动锻炼处方卡(正面)

姓名：	性别：	年龄：
健康状况：		
功能检查：20 次/30 s 蹲起、30 次/30 s 下蹲、哈佛台阶试验、功率自行车(以上测试项目可任选)		
测试结果：		
运动内容：		
每次运动持续时间：		
运动时最高心率(次/min)：	每周运动次数：	
注意事项：	禁忌运动项目：	
复查日期：	自我检查：	

医生(健身指导老师)签名： 年 月 日

表 2-4　大学生运动锻炼处方卡(背面)

锻炼情况内容介绍：
身体反应具体情况说明：

签名：　　　　　　　　　　　　　　　　　　　　　　　年　　月　　日

3. 简易运动处方表举例说明

简易运动处方表见表 2-5。

表 2-5　简易运动处方表

项目	准备部分	正式练习部分			缓和部分
模式	柔韧性伸展运动或低强度运动，如慢跑、拉伸运动	有氧运动，如快走、慢跑、骑自行车、游泳、有氧操	肌力练习运动，如负重阻力运动、器械负荷	静止肌肉伸展运动(身体柔韧性练习)	柔韧性伸展运动或低强度运动
强度	低强度	中低强度	最大负荷为 8～12 RM 负重练习	有轻微不适，但无疼痛感	低强度
时间	5～10 min	20～60 min	取决于运动次数	伸展肌肉保持 10～30 s	5～10 min
次数	正式运动前	中等强度运动每周至少 3 次，较低强度运动每周 3 次以上	每周至少 2 次	每周至少 3 次	每次运动结束部分
进度	无须安排	参照运动进度表	从低强度运动开始，每隔 10～12 周渐增负荷	无须安排	无须安排
目的	为正式锻炼做充足准备，防止运动损伤	发展心肺功能，改善心脏健康及体重	保持、改善肌肉力量	保持、改善肌肉弹性及关节活动能力	放松拉伸、缓解疲劳

注：RM 为练习强度，1RM 为某肌群只能重复一次的最大重量。

(四) 常见的运动处方样例

1. 提高肌肉力量和耐力的运动处方

(1) 运动形式。依据不同的锻炼目的，采取的练习方式也有所不同(见表 2-6)。

表 2-6　力量练习负荷与作用

重量负荷/%	组数	每组重复次数/次	间隔时间/s	动作节奏/(次/min)	主要作用	适用等级水平
80～100	4～6	3～5	60～120	15～20	提高最大力量及肌肉力量素质	高中级
60～80	3～5	8～12	45～60	8～10	发达肌肉，增长力量	中初级
<50	4～6	20～30	30～40	>25	提高肌肉力量和耐力、减脂、提高心肺功能	初级

① 腹肌肌力练习方式：仰卧起坐；悬垂摆腿或抬腿；仰卧抬腿；俯卧撑；杠铃提放。

② 腰背肌肌力练习方式：背屈；仰卧抬腿；侧屈。

③ 腿部肌力练习方式：负重下蹲；负重跳台阶；仰卧屈小腿；仰卧上下摆腿；立姿屈小腿。

以上各动作均以 10～20 个为一组进行练习。

(2) 运动频率和运动持续时间。每周锻炼 3～5 次，每次锻炼时间为 1 h 左右。

(3) 运动强度。每次练习可以选取 2～3 个动作，每个动作练习 4～6 组，每组练习 15～20 次，组与组的间歇时间一般为 30～40 s，最多不超过 50 s。

(4) 运动处方的实施。每次运动前需要做好充分的准备活动，避免肌肉或韧带的拉伤。开始练习时，负荷不一定大，随着练习的加大，可以逐渐增加负荷量和练习强度。

(5) 注意事项。肌力练习需要长时间的练习才能达到目的，锻炼时需要注意局部锻炼和全身锻炼相结合，力量锻炼和耐力锻炼相配合，使得全身各部位的肌肉都能够得到锻炼和提高；同时还需要在锻炼的过程中加强营养，保证充足的睡眠和休息，避免机体出现过度疲劳。

2. 提高心肺功能的运动处方

心肺功能的训练效果是由心肺功能系统所承受的负荷来决定，即运动形式、运动强度、运动持续时间和运动频率。

(1) 运动形式。常见的有益于提高心血管功能的运动以耐力性运动为主，如步行、跑步、骑自行车、游泳、登山或爬楼梯、划船、有氧舞蹈等项目。练习者在选择时可结合个人的身体特点和兴趣爱好，选择一种或多种活动形式。

(2) 运动强度。在健身运动中能够达到提高心肺功能水平的运动强度为 50%～85% $V_{O_2.max}$。通常这个强度值范围的下限是用于那些经常处于静坐状态的人群，而它的上限则是用于体质较好的人，但对于大多数人而言，最佳运动强度通常是 60%～80% $V_{O_2.max}$。

(3) 运动持续时间。最佳运动持续时间是由运动强度来决定的，当达到最小强度阈值时，运动的总工作量就是决定心肺功能效应的重要因素。如果运动强度为每分钟消耗热量 10 kcal(1 cal = 4.1868 J)，耗氧量为每分钟 2 L，要达到 300 kcal 的总量，运动的持续时间则是 30 min。

当以较大的强度(75% $V_{O_2.max}$)持续运动时，时间超过 30 min 可能产生一些不利因素，如疲劳和受伤概率增加等。

(4) 运动频率。一般情况下，心肺功能的提高会随着运动频度的增加而增加，但在运动频度超过每周 4 天时，心肺功能的提高呈现平稳状态。开始参加运动健身计划时的运动频度要以每周 3～4 次为宜，在以后长期的运动中，以隔天运动的频度进行锻炼会明显改善心肺功能，而且可有效减少损伤的发生和控制体重。尽管每周锻炼少于 3 次时也能改善心肺功能，但必须采用较大的运动强度，才能达到减重的效果。超过每周 4 次的运动频度对于经常处于静坐的人来说有些过多。

3. 提高有氧工作能力的运动处方

(1) 运动形式。运动形式的选择最好结合自己的兴趣爱好，首选感兴趣并且能够长期坚持的运动项目。常见的有氧运动项目有步行、散步、慢跑、骑自行车、游泳、健身操、太极拳等。

(2) 运动频率。最好是每隔一天进行 1 次，一周 3 次，每次 20～45 min 就可以促进有氧运动能力的提高。但是随着负荷和运动持续时间的增加，要继续改善有氧运动能力，运动频率需有所增加，一周 3～5 次为佳。

(3) 运动强度。强度的控制需要结合个人的主观感觉进行判断，也可以结合运动适宜心率表格进行确定。一般运动强度需要以 70%～85%HR_{max} 或 50%～70%$V_{O_2.max}$ 为目标心率范围。

(4) 运动持续时间。运动持续时间取决于运动强度，低强度的运动每次活动时间必须超过 30 min，而高强度的运动，至少需要持续 20 min 甚至更长的时间。

(5) 运动处方的实施。每次开始活动前需要做好充分的准备活动以减少肌肉酸痛，避免受伤。锻炼后期，随着有氧运动能力的增强，处方也需要进行适当的调整，如改变处方的强度、持续时间、频率等。

第三节　运动与养生保健

一、养生保健概述

养生即保养、调养、颐养生命，“养”即保养、调养、培养和护养之意；“生”即生存、生命、生长之意。养生以调阴阳、和气血、保精神为原则，运用调神、导引吐纳、四时调摄、食养、药养、节欲、辟谷等多种方法，以期达到健康长寿的目的。

养生学历史悠久，最早又称为“导引”或“吐纳”，意思是引导气流，运行全身或配合呼吸，吐故纳新，以达到健康长寿之效。从出土的《导引图》的图像和文字说明来看，它包括呼吸、肢体及导引运动。在肢体运动图像中，有七个动作很像现在广播体操中的上肢、扩胸、踢腿、体侧、体转、腰背和类似跳跃运动。由此来看，最早的养生导引学已经注意到采取动静结合的养生方法，才能真正促进健康，达到延年益寿的目的。

中国养生学属于保健医学的范畴，其中的导引、按摩、气功疗法，对于目前解决一些疑难杂症有一定的疗效，堪称中华民族的文化瑰宝。它不仅注重养生的整体性、主动预防性和动静结合性，还从情志、环境、睡眠、起居饮食、运动等多方面阐述养生的原则和要义。

二、运动性损伤及治疗

运动性损伤是指在参与体育运动过程中发生的身体损伤。其发生多与运动训练安排、运动项目的技术动作特点、运动训练水平、运动环境和条件等因素有关。运动性损伤的种类很多，不同的运动项目各有其发生损伤的症状特点。

(一) 运动性损伤分类

运动性损伤分类方法很多，常用分类方法是将其分为软组织损伤、关节脱位和骨折三大类；按照有无创口分为开放性软组织损伤、开放性关节脱位、开放性骨折和闭合性软组织损伤、闭合性关节脱位、闭合性骨折。

(二) 运动性损伤发生的原因

造成运动性损伤的原因很多，既与锻炼者自身的体质状况、心理状态、运动锻炼方法有关，也与运动项目的战术特点、技术的难度及运动环境有关系，同时还与运动内容的安排、运动量及运动强度、运动负荷(密度)等有一定关系。

1. 主观因素

造成运动性损伤的主观因素如下：

(1) 思想认识不足。面对危机情况缺乏必要的运动性损伤急救常识；不注意事先检查场地、器材设施是否到位。

(2) 准备活动不合理。运动前的准备活动过小，导致肌肉弹性差，韧带和关节活动性小而出现肌肉、韧带拉伤；准备活动量过大易致运动性疲劳。

(3) 身体素质较差，身体状况不佳，运动负荷过大，缺乏运动经验和自我保护意识。

(4) 运动心理状态不良。伴有畏惧、恐惧、害羞、过分紧张等情绪，注意力不能集中。

2. 客观因素

造成运动性损伤的客观因素主要有保护不当、不及时，动作粗野、违反活动规则，场地设施老化损坏，运动服装和设备不佳，不良的气候环境等。

(三) 运动性损伤预防

运动性损伤的预防要在思想、场地设施等多个方面进行强化，避免在运动中出现运动性损伤。具体可从以下几方面着手：

(1) 牢固树立安全意识。克服麻痹大意的思想，提高预防损伤的危机意识。

(2) 认真做好准备活动。运动前要做好准备活动，充分活动关节，提高肌肉的温度，使全身产生温热感。

(3) 加强运动中的保护和帮助。对具有危险性的运动项目，如体操中的杠上项目，要树立相互保护和帮助的意识并提高保护能力。

(4) 合理安排每次活动的运动量和运动内容。每次运动锻炼前，根据机体的整体状况合理安排运动强度、休息间歇时间等，并在运动前、中、后补充适量的糖、水和无机盐等。

(5) 加强医务监督及自我监督。一段时间大负荷运动后，要适时检查机体的整体状况，是否存在疲劳、生理机能下降等情况，对健康状况作出合理评估。

延伸阅读

休息时“健身操”放松练习

(1) 手部运动。手握紧成拳头，然后放松，舒展手指，重复若干次；转动手腕 1 min。

(2) 背部和肩部运动。身体站直，右手放在左肩上，慢慢转头。同样的方式左手放置右肩，转头。如此重复 1 min。

(3) 头部和颈部运动。头先从左向右转，再向左转，头前倾，后仰。重复做 1 min。

(4) 伸展运动。两臂前举，左脚向前一步，重心随着前移，同时稍低头，两臂经侧向后、下再向前绕至侧上举，抬头，两臂经前还原成直立；换右脚时动作相同。

长时间坐在计算机或屏幕前会造成颈部、肩部和腰部僵硬疼痛，每日坚持做操，就会感觉轻松很多。

(四) 常见的运动性损伤与急救

1. 软组织损伤

软组织损伤是运动性损伤中常见的一种情况。根据损伤组织是否有创口与外界相通分为开放性损伤和闭合性损伤。前者主要有擦伤、撕裂伤、刺伤等，后者有挫伤、肌肉及筋膜拉伤、关节囊和韧带扭伤、腱鞘炎和滑囊损伤等。

(1) 擦伤。擦伤是指皮肤受到外力急剧摩擦引起表面被擦破出血或者组织液渗出的现象。小面积擦伤可用生理盐水或冷开水洗净创伤口或用 70%酒精棉球消毒，然后涂抹红药水或紫药水即可；大面积擦伤需先消毒处理，再用消毒布遮盖，最后用纱布包扎。

(2) 撕裂伤、刺伤、切伤。撕裂伤主要是剧烈运动中受到钝物击打引起皮肤和软组织撕裂的现象，伤口边缘不规则，常见损伤有眉际、跟腱撕裂等。刺伤是因尖细物件刺入体内所致伤口。切伤是因锐器切入皮肤造成。这些伤口，轻者可用消毒液涂抹伤口，创伤面较大者需手术缝合，必要时注射破伤风疫苗(如生锈物体刺入体内)，如跟腱断裂，则需手术缝合治疗。

(3) 挫伤。挫伤是因练习者与撞击器械之间相互碰撞而造成的损伤。单纯挫伤损伤处出现红肿，皮下淤血，并伴有疼痛，但是当内脏器官出现损伤时，易导致面色苍白、心慌气短、四肢发凉、烦躁不安等症状，严重者甚至休克，遇到此种情况，需在 24 h 内冷敷或加压包扎，24 h 之后可进行按摩或物理治疗，恢复期内可进行一些功能性锻炼以促进康复。如果出现严重的内脏损伤，需在临时性处理后，立即送至医院作进一步检查和治疗。

(4) 肌肉拉伤。肌肉拉伤通常是因外力作用导致肌肉过度收缩或被动拉长引发肌肉损伤，尤其是准备活动不充分、动作不协调时更易拉伤。损伤后伤处出现肿胀、压痛、肌肉痉挛，触摸时会发现硬块。常见的拉伤部位是大腿后群肌、腰背肌、大腿内收肌等，严重的肌肉拉伤可导致肌肉撕裂。轻者需立即进行冰袋冷敷或者流水冲洗，局部加压包扎，抬高患肢，24 h 后再进行按摩理疗。如果肌肉出现断裂，在急救处理之后，需立即送往医院作进一步的处理。

延伸阅读

常见的外科现场急救——打伤和撞伤

(1) 头部。头部即使受到小伤也易出血，应采取直接压迫法来止血，让病人以平躺或头部稍高的舒适姿势躺着，不要让病人行走。头部打伤即使没有特别症状，也要到医院就诊，不可自行服用止痛药和止吐药，并安静休息 24 h，观察无不良症状为佳。

(2) 胸部。提高上半身，保持坐立姿势，可减轻呼吸困难，用宽阔的布包扎胸部，以减轻呼吸时的胸痛。

(3) 腹部。如果发现肠管等内脏突出时，不要强行将突出部分送回腹腔，先小心用布盖好，再用宽布包扎好，并立即请医生来诊治。病人虽无外伤，但也可能发生腹腔内的损伤或内出血，应密切观察病人脸色、脉搏，注意有无恶心、呕吐、尿血、便血等症状，注意不能给此类患者任何食物。

2. 关节、韧带的损伤

关节、韧带损伤是指在外力作用下，关节骤然向一侧活动而超过其正常活动范围时，引起关节周围软组织如关节囊、韧带、肌腱等发生撕裂伤。常见的关节损伤或扭伤主要表现在几个关节活动度较大的关节，如肩关节、膝关节、踝关节等。

(1) 肩关节扭伤。肩关节扭伤一般是因关节用力过猛及反复劳损所致，或训练时因技术上的失误，违反解剖学规则而造成的。症状主要表现为压痛，急性期甚至出现肿胀、酸痛。单纯的韧带扭伤，可采取冷敷、加压包扎进行紧急处理，出现严重的韧带断裂时，需要在紧急处理之后，立即送往医院进行处理。当关节肿胀和疼痛适当减轻后，可适当进行功能性锻炼康复。

(2) 髌骨劳损。髌骨劳损也称“骨软化”或“髌骨软骨病”，主要是因膝关节长期负重或反复损伤累积而成，如经常进行弹跳易导致髌骨损伤。髌骨劳损是膝关节常见的损伤，受伤初期应减少剧烈运动和下蹲以保护膝关节；另外可采用中药外敷、针灸、按摩等手段进行康复理疗。

(3) 踝关节扭伤。踝关节扭伤主要是因弹跳落地时失去平衡，使关节过度内翻或外翻所致，尤其易在准备活动不充分、场地不平的情况下发生。症状表现为伤处肿胀、疼痛、皮下淤血等。早期可抬高患肢，进行冰敷(用冰袋冷敷或喷氯乙烷喷雾剂)，包扎以缓解疼痛和减少出血、肿胀；24 小时后可用针灸、理疗等消肿、止痛；损伤严重者需要进行绷带包扎固定。

(4) 腰闪伤。腰闪伤主要是因重力超过躯干一时所能承受的压力，腰部突然发力引起部分肌纤维撕裂，造成腰肌急性拉伤，或脊柱运动一时超过正常的生理范围。腰部出现损伤后，患者需要平卧，一般不能立即搬动或移动，如剧烈疼痛，需要用担架抬往医院诊治，也可采用针灸、拔火罐、外敷伤药或按摩进行治疗。治疗期间避免体力劳动，卧床休息。可选用跌打丸、三七片、紫金丹、三黄宝蜡丸等药物配合治疗。

(5) 腕关节韧带损伤。腕关节损伤多有明显的外伤史，伤后出现腕部无力、关节活动不灵活等症状。轻者一般无明显肿胀，仅在大幅度活动时出现疼痛；严重扭伤者，腕部会出现肿胀，疼痛较重。损伤处理见踝关节扭伤。

3. 脑震荡

脑震荡主要是脑受到外力打击后，脑意识和功能出现暂时性障碍，不久即可恢复，无明显的解剖病理的改变。

受伤者会出现神志昏迷、脉搏徐缓、呼吸表浅、肌肉松弛、神经反射减弱或消失等症状。清醒后，患者会有头痛、头晕、恶心、呕吐等症状。急救时，应让伤者平卧、保持镇定，不可坐或站立；头部冷敷，身上保暖；若出现昏迷可用手指掐人中、内关等穴位；呼吸障碍时，可进行人工呼吸。

如果昏迷时间超过 4 min，或两侧瞳孔大小不对称，或耳、鼻、口内出血及眼睛紫青，或清醒后剧烈头痛、恶心、呕吐，说明损伤严重，应立即送往医院诊治。

4. 骨折

骨折是指骨或骨小梁发生断裂。体育运动中发生的骨折，多为暴力作用引起的外力性骨折。骨折是较严重的损伤，常见的骨折有肱骨、前臂骨、手骨、大腿骨、小腿骨、肋骨、脊柱和头部骨折等。骨折发生后，患处立即出现肿胀、皮下淤血，活动时剧烈疼痛，肢体失去正常功能，肌肉产生痉挛，有时骨折部位发生变形，甚至有骨摩擦声。严重骨折时，还会伴有出血和神经损伤、发烧、口渴、休克等全身性症状。

一旦发生骨折宜就地检查，紧急处理。若有休克或脏器损伤者，应先予抗休克治疗及脏器的修复处理。在送医院时宜临时固定骨折部位，可防止骨折端再次损伤软组织，利于抗感染、止痛和抗休克的治疗。

开放性骨折的伤口可采用加压包扎法。对离断肢体可用洁净的布包好，外面可加冰袋以降温，为断肢再植创造条件。若为闭合性骨折，畸形较明显，宜牵引伤肢远端纠正畸形，然后用夹板固定。经初步固定后疼痛可减轻，可立即给予吗啡等止痛药，或针刺镇痛。

闭合性骨折的治疗原则是复位、固定和功能锻炼，开放性骨折在全身情况改善、纠正休克后尽早进行清洁创面，用手法使之成为闭合性骨折。复位的方法一般常用手法复位法、牵引复位法及手术切开复位加用内固定法等。小夹板的应用提高了骨折疗效。固定后可辅以中药外敷、内服或熏洗，有助于骨折愈合和功能的恢复。

延伸阅读

几种常见骨折的现场固定方法

(1) 上臂骨折：从肩部到肘部用加垫的夹板固定；腕部用窄带吊于颈部。

(2) 膝部骨折：如果伤腿僵直，可将夹板置于腿后，膝部加垫。如有条件，用冰块冷敷膝部。如果伤腿弯曲，不要强行拉直，可将双腿并拢，腿之间加垫，绷带扎牢。

(3) 腿部或者大腿骨折：将一块夹板放于腿内侧，另一块更长的夹板放于伤肢外侧，由胯部至足踝部，用绷绳捆扎固定。如没有夹板，在两腿之间夹上衬垫、折叠的毛毯或者衣物都可以，伤肢绑扎固定于另一条腿上。

(4) 小腿骨折：从膝上部开始固定夹板，或者在双腿间加垫、捆绑。

(5) 足部或踝部骨折：抬高足部以缓解肿胀。用枕垫或折叠毛毯包裹踝部及足部。另外，如果没有出现伤口，可不必脱鞋，以起到固定作用。

(6) 脊椎骨折：如颈背部疼痛，且下肢失去感觉，应判断为脊椎骨折。使伤者平卧在硬板床上，身两侧用枕头、砖头、衣物塞紧，固定脊柱为正直位。

三、常见疾病防治

(一) 慢性病的综合防治

1. 慢性病概述

慢性病是指使身体结构及功能发生改变，无法彻底治愈，需要长期治疗、护理及特殊康复训练的疾病。慢性病包括心脑血管病(如高血压、冠心病、脑卒中等)、恶性肿瘤、代谢综合征(如糖尿病、血脂异常等)、精神异常和精神病、慢性气管炎和肺气肿等疾病。

2. 慢性病的发病历程

慢性病具有病因相似、起病隐匿、病程长、不可逆、并发症多、致残致死率高等特点。慢性病发病分三个阶段：

第一阶段为单纯不健康生活方式和心理阶段。处于此阶段的人尚未患有任何慢性病，但如果不注意改变不良生活习惯，不注意调整心理，就会导致机体生物学指标出现异常，直至器质性病变——慢性病。

第二阶段为生物学指标异常阶段。此时血压、血糖、血脂、体重等生物学指标开始出现异常，但通过行为改变、心理调节或药物治疗，可将生物学指标控制在正常水平内，有效防止慢性病发生。

第三阶段为慢性病阶段。此时机体已经出现器质性病变，且病变多不可逆，如冠状动脉狭窄、脑动脉血栓形成等，此时最需控制病情进一步恶化以及预防突发性心脑血管病。

3. 慢性病的影响因素

慢性病不再是单纯的“富贵病”，很多中低收入群体的患病率也逐步增高，80%以上的心脑血管疾病、40%以上的肿瘤都可得到有效预防。预防慢性病的观念需要从儿童时代开始树立，从行为习惯、生活习惯、生活方式等方面入手，进行健康教育，培养其自我健康维护及健康促进的意识。

(1) 遗传。高血压、糖尿病、血脂异常、肥胖、冠心病、脑卒中和肿瘤均为多基因遗传病，即其遗传受很多对基因控制，每个基因作用都很微弱，但具有累加效应，即致病基因越多，患病可能性越大。

(2) 年龄。年龄越大，各种慢性病发生的可能性越大，但是慢性病一般始发或积累于中青年时期，故其防治越早越好。

(3) 性别。与绝经前女性相比，男性有更多危险因素，患心血管疾病的可能性更大，且患病时间更早。除少数妇科肿瘤外，多数男性罹患肿瘤的可能性也高于女性。但是绝经后女性，其心血管病发病率会急剧上升。

(4) 环境、心理因素。这类多基因遗传病同时还受环境、心理等因素影响，如长期生活在空气污染严重、嘈杂的环境中更易患慢性病。再如，研究表明，脾气急躁者冠心病发病率更高，且更易患强迫症、焦虑症、高血压等。

(5) 生活方式。膳食结构不合理，如水果、蔬菜摄入严重不足，高油脂、高糖、高盐(三高)膳食，缺乏身体活动，吸烟酗酒、睡眠不规律、长期熬夜通宵等都是慢性病的“隐形杀手”。

4. 慢性病防治

慢性病防控的“五驾马车”——教育心理、饮食治疗、运动治疗、药物治疗和综合监控，且这五步需同时进行，不可偏颇其一。非药物治疗是慢性病防控的基础和关键，在药物治疗的同时，从其他四个方面同步加强。

(二) 高血压病的防治

高血压病是一种以动脉压增高为特征的疾病，是以动脉血压持续增高为主的临床症状群，是目前世界公认的心脑血管疾病中最具危险因素的疾病。

1. 高血压病的症状及分类

高血压病是一个长期逐渐进展的慢性疾病。早期患者血压波动大，血压时高时正常，有头晕头痛、眼花耳鸣、心悸、注意力不集中、记忆力减退、手脚麻木、疲乏无力等表现，多为高级神经功能失调所致，且轻重与血压增高程度不一致。后期血压持续处于较高水平，还伴有心脏、脑、血管、肾等脏器并发症，常见的有脑卒中、肾动脉硬化和尿毒症、高血压性心脏病、冠心病等。

高血压可分为原发性高血压和继发性高血压。原发性高血压病因不明，是以血压升高为主要表现的一种独立疾病，占高血压的 95%以上；继发性高血压有明确而独立的病因，血压升高是某些疾病的一种临床表现，如慢性肾病、肾动脉狭窄等，在高血压中不足 5%。高血压水平定义及分类如表 2-7 所示。

表 2-7　高血压水平定义及分类

分　类	收缩压/mmHg		舒张压/mmHg
正常血压	<120	和	<80
正常高值	120～139	和/或	80～89
高血压	≥140	和/或	≥90
1 级高血压(轻度)	140～159	和/或	90～99
2 级高血压(中度)	160～179	和/或	100～109
3 级高血压(重度)	≥180	和/或	≥110
单纯收缩期高血压	≥140	和	<90

注：当收缩压与舒张压属不同级别时，应该取较高的级别分类。

2. 高血压病的发病原因

原发性高血压发病原因通常被认为是遗传与环境等因素长期作用的结果，包括年龄、性别、遗传因素和不良饮食习惯、超重肥胖、缺乏体力活动和长期精神紧张等因素。

(1) 年龄。随着年龄增加，血压高的人所占的比例也在升高。

(2) 遗传。如果父亲或母亲患有高血压，则自己也易患高血压；如果父亲和母亲都患有高血压，自己患高血压的概率更大。家族里患高血压的人与自己的亲缘关系越密切、人数越多、发病越早，自己患高血压的风险就会越大。

(3) 超重或肥胖。大量研究证实，超重或肥胖是血压升高的重要因素，超重人群患高血压的危险是体重正常者的3～4倍，而高血压病人有60%以上体重超重或肥胖。男性腰围不小于85 cm，女性腰围不小于80 cm，患高血压的危险会高出3.5倍。

(4) 不良饮食习惯。高钠饮食是促进血压升高的因素之一。相关研究证实，不同地区人群血压水平与食盐摄入量成显著相关。一般而言，人均食盐摄入量越高，高血压的发病率也越高。目前世界卫生组织建议人均每日食盐摄入量控制在 6 g 以下。另外过量饮酒也会使血压升高，研究资料证实，长期饮酒与不饮酒的男性相比，四年内发生高血压的危险性增加40%。

(5) 长期精神紧张。长期心理应激或心理压抑、紧张也会增加高血压的罹患率。

(6) 体力活动不足。长期就座者患高血压的风险会高出20%～50%，有规律地参加有氧运动，对预防高血压有一定疗效。

(7) 药物。有些药物也会引起高血压，如糖皮质激素(如泼尼松、地塞米松、氢化可的松)、中药甘草、口服避孕药、麻黄碱等。

3. 高血压病患者的膳食安排

高血压病患者需严格遵循膳食安排，否则易导致发病，对健康很不利。

(1) 控制进食总量，保持标准体重。每减重10 kg，收缩压可降低5～20 mmHg。

(2) 减少盐的摄入。高血压患者盐的摄入量应在1.5～3 g。除盐以外还要减少摄入含钠的调味品及盐腌制品，如酱油、味精、咸菜、咸鱼、咸肉、酱菜等。

(3) 适当增加钾、钙、镁的摄入。多吃新鲜蔬菜和水果以及牛奶、豆类等。钾、钙、镁能与钠竞争，起到降压作用。服用利尿剂降压的患者多吃蔬菜、水果还可减少低钾血症的发生。

(4) 多吃蔬菜、水果和其他含膳食纤维多的食物，如芹菜、茄子、大蒜、葱、海带、香菇、苹果、山楂、糙米、燕麦等食品，可促进胆固醇排泄，降低血脂。

(5) 多食豆类食物。豆类食品可使低密度脂蛋白明显降低，降低动脉硬化形成率。

(6) 减少膳食脂肪摄入。脂肪摄入量应控制在总能量的 25%或更低，少吃肥肉、荤油和甜点以限制饱和脂肪酸摄入。减少脂肪、胆固醇含量高的食物的摄入量。

(7) 戒烟、限酒。长期大量饮酒，会使血液中低密度脂蛋白的浓度增高，引起高血脂症。中等量以上饮酒可使血压显著升高。吸烟可降低血清高密度脂蛋白胆固醇水平。

4. 高血压病患者的治疗

高血压病患者应进行积极的治疗，并且应从改善生活方式开始养成健康的生活习惯。一般治疗方法如下：

(1) 建立健康的生活方式。包括减轻精神压力，保持心理平衡，控制体重，减少食盐摄入量(最好减少到每天1.5～3 g)，注意补充钾和钙，多吃蔬菜水果，避免过量饮酒，同时要适量运动，不吸烟。非药物治疗不仅是高危对象和轻型患者的主要防治手段，而且是药物治疗的基础。

(2) 药物治疗。当前降压药物有六大类，即利尿剂、β受体阻滞剂、血管紧张素转化酶抑制剂(ACE- I)、血管紧张素Ⅱ受体拮抗剂(ARB)、钙拮抗剂和α受体阻滞剂。具体可在医生指导下选择服用药物。

(3) 运动疗法。患者可结合兴趣爱好选择一到两种形式的运动，如步行、慢跑、游泳、登山、爬楼梯、有氧舞蹈、健身操等。一般每周运动 5 天，每次持续 20～30 min，保持中等强度(60%$V_{O_2.max}$)运动为宜。

(三) 糖尿病的防治

糖尿病是由于体内胰岛素缺乏或胰岛素不能发挥正常生理作用而引起的葡萄糖、蛋白质及脂质代谢紊乱的一种综合征，主要特点为高血糖及尿糖。

1. 糖尿病的症状及分类

Ⅰ型糖尿病可发生在任何年龄阶段，以青少年居多，症状表现为短期内出现明显的小便频繁、极度饥饿和口渴、体重减轻、虚弱和疲乏；Ⅱ型糖尿病占糖尿病的 90%左右，以中老年居多，且多为体胖者：Ⅱ型糖尿病起病缓慢，早期病情相对较轻甚至无明显糖尿病症状，后期症状表现为“三多一少”，即多尿、多饮、多食及体重减轻。

糖尿病还有以下临床表现：乏力；皮肤瘙痒(外阴瘙痒)，易感染；视物模糊；肢体麻木；皮肤感觉异常；因血糖过高而昏迷等。

世界卫生组织在 1985 年规定的糖尿病的诊断标准包括三种情况。

(1) 有糖尿病症状，且具备下列任何一项即可诊断为糖尿病：

① 空腹血糖≥7.8 mmol/L；

② 一日中任何时候的血糖不小于 11.1 mmol/L；

③ 空腹血糖小于 7.8 mmol/L，但口服 75 g 葡萄糖耐量试验 2 h 血糖大于 11.1 mmol/L。

(2) 无糖尿病症状，具备下列任何一项即可诊断为糖尿病：

① 两次空腹血糖不小于 7.8 mmo/L；

② 第一次口服 75 g 葡萄糖耐量试验的 1～2 h 血糖均不小于 11.1 mmol/L，重复一次葡萄糖耐量试验 2 h 血糖不小于 11.1 mmol/L 或重复一次空腹血糖不小于 7.8 mmol/L。

(3) 糖耐量减低的诊断：空腹血糖小于 7.8 mmol/L，口服 75 g 葡萄糖后 2 h 血糖为 7.8～11.1 mmol/L。

2. 糖尿病患者的饮食疗法

糖尿病患者的饮食疗法主要有以下几个方面：

(1) 宜食五谷杂粮。如莜麦、荞麦、燕麦、玉米等富含维生素 B 族、微量元素及食物纤维，长期食用可降低血糖、血脂。

(2) 宜食适量豆类及豆制品(但已有糖尿病肾病患者除外)。豆类食品富含蛋白质、无机盐和维生素，且豆油含不饱和脂肪酸，具有降低血清胆固醇及甘油三酯的作用。

(3) 宜食多种新鲜蔬菜及食用菌类。如绿叶蔬菜、海带、木耳、魔芋等，含丰富维生素、无机盐和膳食纤维。

(4) 宜适当食动物蛋白质。如肉、蛋、奶等，尤其是鱼类、贝壳类等海鲜食物，富含人体所必需的氨基酸。

(5) 宜食植物油。植物油多富含不饱和脂肪酸，可在体内帮助胆固醇运转，防止其在血管壁沉积，有防治心血管病的作用。

3. 糖尿病患者的运动疗法

糖尿病患者的运动疗法需要注意运动方式的选择、运动量及运动强度的控制、运动时间的选择。

(1) 运动方式。运动方式可多样化，一般Ⅰ型糖尿病可选择散步、爬楼梯、跳舞、打太极拳等低强度运动；而Ⅱ型患者可进行慢跑、登山、滑冰等中等强度运动，一般不进行举重、拳击、比赛等重体力或竞技性活动。

(2) 运动量及运动强度。运动可经常进行，每周至少 3 次，每日运动最好；每次运动至少持续 20～30 min，且运动前、后做好充分的准备、放松活动。

(3) 运动时间选择。尽可能在饭后 1～2 h 运动，尤其早餐后是最佳运动时间，此时可能是一天之中血糖浓度最高的时刻。

运动前及运动中的注意事项主要有：

(1) 运动前进行必要的医学检查，与医生讨论运动种类及运动量。病情严重者最好在家人陪伴下进行。不可选择偏僻、荒远地段运动。

(2) 运动应循序渐进，运动量由小到大，运动中出现呼吸困难、头晕眼花、胸口压迫、出大汗、面色苍白等不良症状时应立即停止运动。

(3) 胰岛素注射应避免在患者运动部位注射，最好选在腹部。一般每运动 30 min 额外进食 10～15 g。

(4) 避免在药物作用高峰时进行剧烈运动，以免造成低血糖，且最好随身携带易吸收糖果，一旦发生低血糖，立即进食。

(5) 随身携带病历卡及个人基本信息、紧急联系方式等。

(四) 肥胖的防治

肥胖是一种常见的、明显的、复杂的代谢失调症，是一种可以影响整个机体正常功能的生理过程。一般以身体质量指数(BMI)作为衡量肥胖或超重的指标：BMI 大于或等于 24 者为超重；BMI 大于或等于 28 者为肥胖。

1. 肥胖对身体健康的影响

肥胖是高血压、糖尿病、血脂异常等心脑血管疾病的危险致病因素，是代谢综合征(代谢综合征是以肥胖为核心，伴随高血压或糖、脂代谢紊乱)的核心环节，并最终增加心脑血管病的发病危险，被称为是继心脑血管病和癌症之后威胁人类健康的“第三大敌人”。

肥胖易引起肝胆疾病，并发胆固醇结石；引起骨关节病变，体重过度增加能使关节(如脊椎、肩、肘、髋、足关节)磨损或撕裂而致疼痛；此外，肥胖者易患某些癌症，如结肠癌、直肠癌、乳腺癌、子宫癌等。

2. 肥胖成因

能量摄入过多、身体活动较少是导致超重及肥胖的主要原因，其他原因包括遗传、不良饮食及行为习惯、代谢紊乱、长期精神刺激及药物诱发等。

3. 肥胖的防治

减轻体重需要遵循能量消耗大于能量摄入的原则。合理膳食、有氧运动是减重的法宝。表 2-8 中指出单纯控制饮食与控制饮食结合有氧运动对机体各个健康指标的影响。依据此表可知，防治肥胖的最科学的方法是合理膳食结合有氧运动。

表 2-8 单纯控制饮食与控制饮食结合有氧运动对健康指标的影响

指　标	单独控制饮食	控制饮食＋运动
肺活量	降低	改善
肌肉	损失	增加或保持
脂肪	丢失少	丢失多
营养缺乏	容易发生	一般不发生
胰岛素敏感度	降低	改善
肌肉和韧带力量	降低	改善
体力	下降	改善，提高耐力水平
精神状态	压力大	改善，对减体重有信心
基础代谢率(BMR)	下降	保持或增加
血清 HDL-C 水平	下降	提高

减肥的运动处方以有氧运动为主，如长距离步行、慢跑、游泳、球类运动、健身操等；结合抗阻力量练习，根据脂肪堆积的部位选择练习，如腹部可做仰卧起坐及抬腿练习，在肩、胸、背部可做哑铃操或拉力器练习。每次运动前需做好准备活动，运动结束需进行放松活动，运动量和强度以主观感觉吃力为准。

(五) 便秘的防治

便秘是指大便次数太少，或排便困难、不畅，粪便干结、太硬、量少。严格来说，便秘是一种症状，而非一种疾病。

1. 便秘的发生原因

(1) 精神心理性便秘。见于长期精神紧张、工作压力较大、体育活动量较少者。

(2) 饮食不良性便秘。膳食过于精细，长期缺乏膳食纤维，饮水较少，加之喜静不喜动，使得对肠道的刺激不足，引起便秘。

(3) 长期服用某些药物导致的便秘。见于长期服用止痛药、降压药、利尿剂、部分钙制剂、抗抑郁药和麻醉药的人群。

(4) 肠道疾病引发的便秘。见于患有肠道激惹综合征者，症状表现为腹痛、腹胀、便秘、腹泻及腹泻与便秘交替等。此外，肠道肿瘤、炎症粘连、手术等都可造成肠道的机械性狭窄，使肠道内容物的运行受阻，引发便秘。

(5) 全身性疾病引发的便秘。如糖尿病患者、尿毒症患者、甲亢患者等排便功能受损害，可造成控制胃肠道自主神经病变，导致便秘。

(6) 无力性便秘。常见于老年人，因肌肉力量减弱、营养不良、慢性消耗性疾病等造成与排便有关的肌无力，引起排便困难。

2. 便秘的治疗及饮食调控

对引起便秘的原发病应予以积极有效的治疗，如机械性便秘，须先解除肠道梗阻；对糖尿病患者，应先控制好血糖，延缓或减轻自主神经的病变等；对不存在肠道狭窄等器质性病变的便秘患者，可采取下列方法：

(1) 增加膳食纤维摄入量，多吃纤维含量高的蔬菜、水果，如芹菜、韭菜、白菜、油菜等。

(2) 多饮水，晨起饮 1 杯淡盐水、蜂蜜水、牛奶或酸奶(不宜空腹饮用，配一定淀粉类食品)等。

(3) 适量增加运动，以增强腹肌力量，同时改善自主神经对肠道的调节功能。

(4) 不食用刺激性食物和调味品，如辣椒、咖喱等。

(5) 适量增加烹调用油量，可选用豆油、花生油、芝麻油等，作为肠道润滑剂以利通便。

(6) 可采用通便措施，包括服用通便剂，如通便灵、番泻叶、果导片等，但应注意量不宜过大，以免引起腹泻；开塞露等外用药亦可。

(7) 养成定时排便的良好习惯，这对于有粪便嵌塞的老年患者尤为重要。

(六) 痛经的防治

痛经是妇科常见症状之一，尤其是未婚女子及月经初期少女较为普遍。常见临床症状为女子行经前后或月经期间面色苍白、手足冰冷、冷汗淋漓、虚脱晕厥、下腹剧烈疼痛、坠胀等。

1. 痛经的分类

根据经期女性盆腔脏器有无器质性疾病，可将痛经分为原发性痛经和继发性痛经两种。

(1) 原发性痛经。自月经初潮起便有疼痛，多见于青春期女性，原因可能是精神因素，子宫发育不良、宫颈口或子宫颈狭窄、子宫过度屈曲等都会使经血流出不畅，造成经血滞留，从而刺激子宫收缩引起痛经。原发性痛经多能在生育后缓解。

(2) 继发性痛经。多见于生育后及中年妇女，因盆腔炎、肿瘤或子宫内膜异位症等器质性疾病引起，月经期因血不能外流而引起疼痛。

2. 痛经的健康管理及治疗

痛经的健康管理及治疗有以下几个要求：

(1) 合理安排饮食。经期应特别注意饮食调节，进食清淡、易于消化的食物，保持大便通畅；不吃过咸食物；不喝浓茶、咖啡、酒精类饮料；不吃生冷食物，不喝过冷饮料；不吃刺激性强的食物。

(2) 保持良好心理状态。经期保持情绪稳定，心情愉悦。可听轻音乐以放松身心、减轻痛感，正确对待痛经，以便顺利度过这段时期。

(3) 适当休息，劳逸结合。经期前后可适度参加运动，如散步、慢跑、瑜伽等，既利于下肢和盆腔的血液循环，又能增强身体抵抗力；不做跳跃类运动和游泳。同时注意保持日常生活规律，劳逸结合，保证充足的睡眠和营养。

(4) 注意经期卫生。经期使用消毒的柔软棉质卫生巾并注意及时更换，定时用温开水清洗外阴部，淋浴最佳；勿穿紧身衣裤；贴身衣裤最好选择纯棉制品且勤洗勤换。

(5) 注意防寒防潮。经期注意保暖，尽量提高室内温度，适当增加穿着衣物；不饮凉水，洗脸刷牙或洗衣时用温水；夏季注意勤换洗衣物，勤晒被褥；防止淋雨涉水，不用冷水洗澡。

(6) 简单护理治疗。经期疼痛可按压气海、关元穴；按摩合谷、三阴交穴；热敷小腹正中。疼痛无法缓解者可饮用益母草颗粒、月月舒冲剂或口服元胡止痛片、布洛芬等药物。

① 对于尚未来潮但已觉腰酸腹痛的，需以养血、活血为主，调节情绪、缓解精神紧张为辅，如口服乌鸡白凤丸、逍遥丸等；物理热疗宜每天 1 次，每次进行 30 min，直至经期来临。

② 月经即将来潮或月经刚来且经血量少的患者，以活血化瘀为主，如口服当归精、金鸡片等；物理热疗每天 30 min，做 1～2 天，必要时服用止痛药止痛。

③ 行经期且经血量较多或经后期发病的痛经患者，采用对症处理、预防感染为主，如口服宫血宁胶囊、卡巴克洛等及抗生素类药物，以减轻盆腔充血，达到止痛目的。

(7) 体操疗法。可采取以下步骤进行治疗：

① 仰卧位屈腿腹式深呼吸 10 次左右。

② 立位，两手扶椅背，轮流提起和放下两足跟，20 次左右。

③ 两腿深蹲 20 次左右。

④ 仰卧位，提腿屈膝收腹，尽量使膝接近下颌，10 次左右。

四、运动医务监督概述

运动医务监督是运用医学和生理学的知识和方法，对体育参加者的健康和机能进行监护，预防锻炼中各种有害因素可能对身体造成的危害，督导和协助科学的锻炼和训练，使之符合人体生理和机能发展规律。

(一) 运动医务监督的内容

(1) 环境卫生，主要为环境对人体健康的影响和运动建筑设备等体育卫生方面的内容。

(2) 健康与体适能，主要为现代健康观、体育运动与健康间的关系、健康与体适能等内容。

(3) 不同年龄阶段和不同性别人群体育锻炼的医务监督，如儿童、少年、中老年人、女性等体育锻炼的医务监督。

(二) 运动锻炼的医务监督

1. 运动医务监督中的常用指标

运动锻炼过程中的医务监督常用指标可参考本章第二节的内容。

2. 自我监督

自我监督是利用主观反应及简单的医学指标对自身的健康状况、身体状况进行观察的方法，用于评价某个阶段运动的效果、身体的机能状况及疲劳程度等。

自我监督内容，可参考表 2-9，有主观感觉和客观检查等相关指标。

表 2-9　自我监督表

主观感觉		客观检查	
自我感觉	① 良好；② 一般；③ 欠佳；④ 不好	晨脉	次数。① 规律；② 不规律
运动心情	① 渴望锻炼；② 厌恶锻炼；③ 一般	体重	重量。① 无变化；② 增减数
睡眠	① 良好；② 一般；③ 不佳	血压	血压。① 无变化；② 增减数
食欲	① 良好；② 一般；③ 不佳；④ 厌食	肌肉水平	握力。① 无变化；② 增减数
排汗量	① 一般；② 增多；③ 盗汗	伤病情况	① 有；② 无
RPE	① 轻松或稍累；② 累；③ 精疲力竭	锻炼成绩	① 增长；② 稳定；③ 下降
不良感觉	① 头痛；② 恶心；③ 眩晕；④ 胸痛	其他	
医生指导建议：			

第四节 科学地进行体育锻炼

实践证明，适宜的身体锻炼活动对学习、工作与生活都有积极的促进作用。这就需要制订一个切实可行的锻炼计划，并且要在不同的阶段、不同的环境条件下进行反复的修改和调整，使身体锻炼与人的一切正常活动融为一体，成为人体健康生存的有机联合体。

一、体育锻炼概述

体育锻炼是以身体练习为运动手段，以增强体质、促进身心健康为目的，达到身体、心理、社会适应和道德完美发展的一种综合性的社会实践活动过程。体育锻炼是人体未来发展过程中最积极、最有效的因素，它有益于人类向进化的更高水平发展。

二、体育锻炼的内容

常见的体育锻炼内容包括健身健美运动、医疗康复运动、休闲娱乐运动和身体防卫运动。

1. 健身健美运动

健身健美运动是指健康者为强身健体、增加身体美感而进行的健身健美锻炼。健身者在锻炼过程中，经常采用各种竞技运动项目或者日常生活中一些有价值的动作进行锻炼。健美运动的针对性较强，一般是结合锻炼者不同的目的，需要专门性、针对性的练习。

2. 医疗康复运动

医疗康复运动是指患者为治愈某些疾病而进行的医疗锻炼或为弥补身体某些方面的缺陷、克服功能障碍而进行的康复训练。在医疗运动过程中，锻炼者需要针对不同疾病的特点、性质采用相应的锻炼手段，避免运动中避重就轻、本末倒置。进行矫正训练者，其训练内容可根据身体的特殊情况进行专门安排，如轻度驼背可采用脊柱矫正操进行锻炼。

3. 休闲娱乐运动

休闲娱乐运动是指为丰富业余文化生活、调节情绪、缓解精神紧张、善度余暇而进行的身体放松性的休闲娱乐活动，如攀岩、蹦极、定向越野、游泳、钓鱼、棋牌等运动项目。

4. 身体防卫运动

身体防卫运动是指为防范各种自然和人为危害、提高人的应变能力和机体适应能力而进行的身体自我防卫锻炼，如女子防身术、擒拿、摔跤等。

延伸阅读

护胸养生法

古代养生家十分重视胸腔保养，认为保养得当，可抗邪防病，强身健体。胸背部的保护以保暖避寒为主，此外还要加强胸部的锻炼。古代医学家在实践中创造的以按摩和击打并重的护胸养生法，能宽胸顺气，活血提神，延缓衰老。现代医学研究表明，如经常按摩或拍打胸部，能提高机体抗病能力，预防冠心病、肺气肿、肌肉发育不良，并能治疗胸闷、心慌、气急、肋痛等症。其具体做法是：

(1) 捶胸。站立，全身自然放松，双手握拳，先用左拳捶右胸，由上至下，再由下至上；然后再用右拳捶左胸，左右各 200 次。捶胸后，接着捶几下背，深呼一口气或长啸一声，有助于呼吸吐纳。捶胸时动作要先慢后快，快慢适中，不要过猛。

(2) 拍胸。五指并拢，手掌微屈，用掌拍击胸部。既可单手交替拍胸，亦可双手同时拍击两侧胸部。自上而下，反复数遍。

(3) 擦胸。两手搓热，先右手后左手自上而下平擦胸部，使胸部微热。两手再呈梳子状，分别自上而下在两侧胸部梳理，反复 10 次。

三、体育锻炼的原则和方法

(一) 体育锻炼的原则

体育锻炼的原则归纳起来主要有以下几个方面：

1. 积极主动性原则

体育锻炼是一个自我锻炼、自我完善、自我发展的过程，因此锻炼过程中一方面需要把其内化为生活的必要组成部分，激发锻炼的主动性、积极性和自觉性，另一方面还需要培养自己对体育的兴趣和爱好，适当发展一到两项自己喜欢并擅长的体育项目，作为自己步入社会、参加工作之后的一个兴趣点和开拓点。

2. 循序渐进性原则

在锻炼过程中需严格遵守人体的生理解剖特点和生理适应性及动作技能形成规律，从不同的主、客观条件出发，安排适宜的运动负荷，在渐进性练习的基础上提高训练效果和水平。训练过程中，练习者需依据个人的年龄、性别、健康状况、体质水平、项目特点和锻炼目的等，动作由易到难，运动负荷由小到大，做到锻炼的科学性、合理性和连贯性。

3. 持之以恒原则

体育锻炼贵在持之以恒，养成良好的运动习惯。如果锻炼过程中“三天打鱼，两天晒网”“一曝十寒”间断进行，练习效果很难在一定的时间段内显现出来。因此锻炼者在练习中需要不断强化体育锻炼意识，不断培养自己对体育运动的热爱，从而达到理想的锻炼健身效果。

4. 运动适宜原则

锻炼者在锻炼中需要恰当、合理地安排运动负荷，使之既能达到运动训练的目的，又符合自身的实际接受能力。运动负荷安排得当与否直接影响运动训练的效果；负荷过小，不能刺激引起机体的反应，达不到强身健体的目的；负荷过大，很可能引发运动损伤。因此运动一定要实事求是，从实际出发，切忌盲目求高求大。

5. 全面锻炼原则

全面锻炼要求锻炼者需追求身心的全面协调统一发展，使身体形态机能、各种身体素质以及心理素质得到全面和谐的发展。要求锻炼者在运动中尽可能考虑身体的全面发展，努力掌握多种运动技能，切忌以偏概全。

延伸阅读

足浴养生法

"足浴"即用热水泡脚。经络医学理论认为，五脏六腑自足三阴经(脾、肝、肾)始，踝部以下有66个穴位。在中医看来，热水泡脚如同用艾条炙这些穴位一样，有推动血运、温煦脏腑、健身防病的功效。现代医学测定，人脚的温度保持在28～33℃时感到最舒服。部分老年人动脉硬化，供给脚的血量减少，比年轻人怕冷，脚底受寒发凉，会使机体抵抗力下降，罹患疾病。因此经常保持双足温暖，每天晚上用热水泡脚，可使全身血脉流通，利于身心健康。

其具体做法："足浴"要求热水泡脚时间长些，必须感到全身热乎乎，额头有汗感，水温最好保持在60～70℃，开始时水温可在40～50℃，边泡边加热水。

(二) 体育锻炼的科学方法

体育锻炼的方法是根据人体发展规律，运用各种身体练习和自然因素以发展身体的途径和方法。常见的体育锻炼方法有以下几种：

1. 重复锻炼法

重复锻炼法是指锻炼者在相对固定的条件下，按照锻炼计划和要求多次重复某种练习的方法。重复的次数和时间是决定健身效果的关键。锻炼时，要注意合理安排重复练习的要素，如练习的次数、强度、间歇时间等；切实保证每次重复练习的质量和效果；注意克服反复练习造成的枯燥、厌烦情绪，防止机械呆板。

2. 间歇锻炼法

间歇锻炼法是指两次练习之间，有合理规定的休息时间，在锻炼者机体尚未完全恢复的情况下，接着进行下一次练习的方法，它是提高锻炼效果的一种常用方法。锻炼时，需要注意正确确定间歇时间，可根据个体的身体状况和锻炼水平决定，但是下一次练习前最好将心率控制在120次/分钟左右；同时在训练间歇期内安排轻微的活动，如慢跑、按摩、深呼吸等，进行积极性的休息和放松。

3. 变换练习法

变换练习法是指在改变训练内容、强度和环境的条件下变换锻炼项目、练习要素、改变运动负荷等，以提高锻炼效果的一种方法。锻炼时，需注意以锻炼的实际需要为前提，特别是结合锻炼的长期和近期目标针对性地变换；变换中需要灵活掌握变换锻炼的计划，注意积累有关材料和反馈信息，及时观察，不断总结，为制订新的锻炼计划提供参考依据。

4. 持续锻炼法

持续锻炼法是指在较长的时间内，锻炼者采用较小的运动强度不断进行身体锻炼的方法。采取持续锻炼法时应注意：选择锻炼的项目要适合锻炼者的年龄、生理解剖特点和体质基础。初次锻炼者或体弱者，练习的时间不宜过长，经过一段时间的练习之后，可以适当加大练习强度，同时还需要在练习中充分结合自己的体力状况和身体反应，及时调整运动强度和练习方法，以防过度疲劳出现运动损伤。

5. 循环练习法

循环练习法是指把各种类型的动作、具有不同练习效果的手段组成一组锻炼项目，按照一定顺序循环往复进行锻炼的方法。注意要合理安排各个练习点，安排的内容需简单易行，合理规定各个练习点的次数、规格和要求，同时还要注意不同练习项目之间的衔接。

6. 竞赛表演法

竞赛表演法是指锻炼者面对观众，在相互比较、彼此竞争的情况下进行锻炼的方法。但是它不同于正式的竞技体育比赛，对于培养锻炼者的锻炼热情，巩固锻炼效果，培养团结、合作、顽强、果断的个性，提高自信心和自制力等方面具有特殊的价值和意义。

7. 直观法

传统的直观法有示范、挂图、电视、模型等，现在可利用电子计算机、高仿真模型来分析发展运动能力，或通过网络视频、影像资料进行模仿学习。

思考与练习

(1) 体育锻炼与心理健康之间有什么关系？大学生如何通过体育锻炼来促进心理健康？
(2) 什么是运动性疲劳？可采取哪些手段来促进运动性疲劳的恢复？
(3) 运动中常见的生理现象有哪些？如何做到更好的处理及预防？
(4) 什么是运动处方？可分为哪几类？
(5) 常见的运动性损伤有哪些？应该如何进行科学预防？
(6) 结合自己的认识谈谈什么是体育锻炼，并说明如何正确地进行体育锻炼。

第三章 体育文化

第一节 体育文化概述

体育文化(physical culture)是人类文化百花园中毫不逊色的一枝文化奇葩。从猿到人的漫长演化过程中奔跑、攀爬、投掷、跳跃等身体活动中孕育着它的传承基因；从野蛮蒙昧到文明的进程中，祭祀、民俗、庆典、舞蹈、宴乐、私塾、武学、戎马、养生的历代传承中不时涌动着它的生鲜血液；工业信息化浪潮汹涌澎湃的今天，现代文明在召唤它，休闲生活需要它，甚至和平与发展的主题也缺少不了它。体育文化，一种无时不在、无处不在的文化，伴随着人类生存、生产活动过程的始终。

一、体育文化的内涵及表现形式

(一) 体育文化的内涵

体育文化的概念表现在三个层面。首先，它是一种主体参与的运动文化，体现主体在运动中的智慧，体现着运动参与主体的思想及对周围环境的反应；其次，它是一种深含各种品质的文化，如竞争、公平、公众、团队协作等精神品质蕴含其中；最后，它是一种广泛因果联系的文化。体育文化的孕育演变过程也是长期的积累、选择、变化冲突、交融的承载着深厚文化积淀的社会文化活动，其底蕴与文化内涵是一脉相承的。

1. 体育文化的本质含义

体育是人类身体运动发展的产物，是人们在自我意识支配下将运动作为一种形式和手段，追求身心全面发展的一种社会实践活动，它具有广泛的超越物质功利性的精深内涵和超越分散状态的系统性内涵。

体育文化是人们在以主客体一致的身体练习为基本手段，以超越自我或挑战人类身体极限为直观结果，以理性指导感性体验帮助人性塑造，体悟人类社会实践活动中核心价值理念——自由、公平、和谐，所达到的思想高度及与之相匹配的实际创造和积累起来的有形与无形的财富总和。

体育的文化哲理就在于其酣畅淋漓地揭示了体育中蕴含着的、一般感性所不具备的人类核心价值理念——自由、公平、和谐。它既深埋于人类灵魂深处，又处于检讨人类实际行动之中；它屹立于东方，向彼岸世界发出璀璨夺目的“真善美”的光芒；只有在它的关照引领下，人类才能从善如流，才能恰如其分地以“灵肉合一”的方式通达人性。

2. 体育文化的三要素

体育视野下的文化内涵也不外乎心理、行为制度及物质三要素：体育文化隶属于文化范畴，是人类发展过程中形成的有关体育物质文化、行为制度文化和心理文化的总和。

(1) 体育文化的物质要素是文化的物质实体层面，即物质文化包括凝结在体育文化特质中的各种物质产品。如传统的体育服装、体育场馆、体育器材等都属于物质形态的体育文化。

(2) 体育文化的行为制度要素是文化的行为方式和制度规范层面，即体育制度文化。它既是体育文化的组织形式，也是体育意识的体现，如体育教学、课余体育活动、体育科研、体育竞赛等。

(3) 体育文化的心理要素是文化的精神和观念层面，即体育视野下的体育精神文化。其中体育健康价值观是高校体育文化的本质和核心。

一般而言，体育物质文化是外表层面，行为制度文化次之，精神文化则构成体育文化的核心层面。

(二) 体育文化的表现形式

体育文化有三种表现形式，即校园体育文化、竞技体育文化和社会体育文化。

1. 校园体育文化

校园体育文化是在学校这一特定的范围内，通过对体育文化和校园文化的选择、重构，并在不断建构自我的同时，聚合出校园文化与体育文化交融的交汇点。这个交汇点既是校园文化的重要组成部分与表现形式，也是学校体育文化的重要内容。

2. 竞技体育文化

竞技体育文化是礼仪文化、审美文化、道德文化、情感文化和创新文化等的交融体。现代竞技体育体现的是竞技选手超越自身极限、敢于面对和接受挑战的体育精神，“更快、更高、更强”成为竞技体育追求的目标，竞技成为体育活动中最鲜明、最突出的特点。无论是竞技运动本身，还是对人们的社会文化生活，竞技体育所表现出的不断超越、顽强拼搏、公平竞争和团结友爱的精神品质演变为一种深层次的文化内涵。

3. 社会体育文化

现代体育文化除了具有健身、娱乐、教育、经济、政治功能以外，还具有促进人的社会化、调节人的情感等多元功能。体育文化的传播就是大力弘扬符合社会发展的人文精神，而群众体育文化中更多地显现出体育的健身、休闲、娱乐等文化精神内涵，尤其是伴随着小区体育活动、体育俱乐部等形式的出现，社会体育也以其蓬勃的态势积极发展。

二、校园体育文化

校园体育文化是维系学校社团的一种精神力量，在培育校园精神、大学精神，促进精神文明建设、营造学校人文气息和人文氛围方面起着重要的作用。

(一) 校园体育文化的内涵

校园体育文化是指在学校这一特定范围内所呈现的一种特定的体育文化氛围，是在教学和科研实践过程中所创造的体育精神财富和物质财富的综合；是以校园为空间，以学生、教师为主体，以参与各种体育锻炼项目为主要内容，以体现校园精神为主要特征的一种群体文化，集竞技、健身、消遣、娱乐、审美、传播文化等多元功能为一体；是一个系统开放的文化体系，既有严谨的科学方法、健全的组织机构，又有丰富的人文资源及丰富的文体活动。它使校园内呈现出一种体育文化环境。

校园体育文化包含学校的师生在体育教学、健身运动、运动竞赛、体育设施建设等活动中形成和拥有的所有的物质和精神财富，以及体育观念和体育意识，它是以学生为主体，以课外体育文化活动为主要内容，以校园为主要空间，以校园精神为主要特征的一种群体文化，这种特定的文化氛围是和学校的培养目标、校规校纪、生活方式等内容相联系的。校园体育文化是一种有着深刻内涵和丰富外延的独特的文化现象，校园体育文化和校园德育、智育、美育文化等一起构成校园文化群，它又与竞技运动文化、社会体育文化一起组成了广义的体育文化群。

(二) 校园体育文化的人文精神

校园体育文化凝结、渗透出体育风尚，能够活跃校园生活的精神氛围，使校园充满生机活力和健康向上的体育风气，有助于在此氛围中的师生形成积极进取的心境和奋发努力的情感，能优化心态，陶冶情操，促进良好校风、学风的形成。校园体育文化的人文精神表现在：

1. 塑造顽强的意志品质和拼搏精神

自从体育从社会生产劳动中剥离出来以后，人们就不断地利用它向自身极限挑战，每个人在任何一次冲击极限的过程中，不仅需要非凡的体能和体力，更需要顽强的意志品质和拼搏精神。

2. 塑造公平的竞争意识和精神

公平竞争是所有体育活动的基本表现形式，公平竞争精神包括两方面的内容：一方面是不畏强者、敢于竞争、敢于胜利、善于竞争、善于胜利的优秀品质；另一方面，公平竞争精神倡导“公开、公平、公正”的行为规范，以此表现出参与者良好的竞争道德。

3. 塑造集体主义和团结协作精神

任何形式的体育运动都是积极倡导个性的张扬和集体的配合相结合，既展示个体特征和个体才能，又相互支持、相互配合、团结协作，融小我于大家之中，为共同目标努力。

(三) 校园体育文化的人文价值

校园体育文化活动中，每个成员既是体育文化的创造者和传播者，又是体育文化的接受者和享用者。校园体育文化的重要意义在于受教育者的主动参与，并置身其中积极开展创造性活动。

1. 提高大学生思想道德素质

高校是知识、人才、信息高度密集的社会群体，高校学生的思想道德水平，直接影响未来社会主义事业的发展方向。由于校园体育文化具有教育性、导向性、感染性等特点，可通过组织丰富多彩的体育活动，来提高学生的思想道德素质；另外体育活动的群体性特征，为培养大学生的群体意识、发扬团队精神提供了条件，通过群体比赛，能有效培养大学生的集体主义精神。

2. 增强学生体质，维护学生健康

校园体育活动具有强身健体的功能，通过体育教学和各种喜闻乐见的群众性体育活动，既能增强学生体质，还可培养学生的终身体育意识、兴趣、习惯及能力，使学生走向社会后，不仅拥有健康的体魄，还具有一定的体育及健康素养，以适应现代生产方式和生活方式。

3. 增强大学生的竞争意识和进取精神

当今社会是充满竞争和挑战的时代，积极的竞争意识和进取精神，可使人在竞争中立于不败之地。体育运动是人与人之间的体力、智力和能力的竞争，是最富有竞争性的领域，体育运动以其竞争的魅力吸引着学生参与，成为学生学习公平竞争、不断进取的最好课堂和演练场。

4. 锻炼大学生的心理素质

心理素质对人的整体素质有重要调节作用，它不仅影响人的生理机能，还直接关系到能力素质的提高。大学生通过参加校园体育文化活动，能促进自身各种心理素质的不断发展和个性的日趋完善，培养锻炼勇敢、坚强、机智、果断、开朗和热情的心理品质。

5. 促进学生个体的社会化

从社会文化的视角来看，体育运动利于培养学生学习掌握社会规范和良好的社会公德、责任感，形成健康人格，全面提高其意志力、抗挫折能力、合作精神以及人际交往能力等素质水平。

6. 培养学生健康的审美观念和审美能力

在多姿多彩的校园体育文化中，学生受到外在美和内在美的熏陶，获得丰富多样的美的情感体验，能够提高学生鉴赏美、创造美和表现美的能力，进而使学生更加自尊、自爱、自信和自强。

三、中国传统体育文化

中国传统体育文化表现在几种思想精髓中，如天人合一，顺应自然；礼仪为先，道德先行；修身养性，愉悦身心；心静神凝，延年益寿。中国传统文化的“天人合一”的传统伦理思想所体现的人与自然、人与社会和谐共处的思想及重人格的观念，形成了中国人独特的体育价值观。

中国传统体育文化，尤其是武术文化和养生文化，以其深层次的哲学思想、成熟的训练方法、完美的艺术形象和回归大自然的情趣为世人所瞩目，这两种文化虚实相宜，实用性与观赏性并举，浅表行为与深层哲理紧密衔接，为全人类的发展提供了极好的运动方式和思维轨迹，至今仍不失为人类体育文化中的精品，值得弘扬与发展。

(一) 中国传统体育的文化特征

中国传统体育的文化特征孕育、涵盖于传统文化之中，由传统思想文化决定体育文化的内涵及要义，主要表现在三个方面：突出“天人合一，天人相应”的和谐观；主张身心一体，肉体与精神的有机结合；强调动静结合、刚柔相济，讲究从阴阳五行、经络脏腑理论到养生保健。

中国文化强调天人合一、情景合一、知行合一，突出展示了中国古人朴素的整体观。以崇尚礼让、宽厚、平和为价值取向的体育形态，不主张事物的极限发展，没有对自然躯体的支配欲，而是强调人与自然的和谐，在宁静、冥想中悟道。导引、气功、太极、武术等传统体育项目，其动作结构特点都以平衡统一为精要，体现“好静”特点。而西方体育文化无论是从人文精神、健身方法、健身理念及运动形式和内容上都与中国传统体育文化大相径庭，体现着现代竞技体育的本色情怀。表 3-1 列举了中西两种体育文化各个方面的比较。

表 3-1 中西两种体育文化比较

内容	中国传统体育文化	西方体育文化
目的	保持体内稳定平衡，增智益寿	提高运动能力，增强体质
原理	阴阳五行学说，经络学说等	现代生理学、解剖学、物理学等
特点	加强精、气、神的锻炼和修养	根据不同情况选择不同锻炼
方法	注意调息、调身、调心	掌握某项运动技能、技术等
功能	祛病强身、娱乐、技击自卫等	健身、健心、教育、娱乐等多维目的
评价	定性、疏通经络、动力的大小等	定量、运动负荷大小，体适能水平
标准	气血运行、动作娴熟、准确程度等	素质增长，体适能水平提高

(二) 中国传统体育的文化价值

中国传统体育文化与世界历史上任何一种体育文化形态一样，具有鲜明的历史和时代精神特征。其文化价值表现在：中国传统体育文化是中华文明的主要载体之一，传统母体文明中的许多观念，如儒家倡导的“天人合一”，道家的“人与自然和谐统一”，墨家的“兼爱交利”等文化内涵和哲理思想，都不可避免地成为传统体育文化的哲学基础，都能在传统体育项目中找到相应的继承和发展载体，它像一条坚韧无比的纽带，将儒家、道家、法家等的思想内涵包括其中，将其他风格各异的民族体育活动串联成一个完整的统一体，成为中华民族精神的集中体现，见证着中华民族的成长与发展。

传统体育文化是世界体育走向新时代的起点，是建设绿色体育文化生态体系的重要资源。传统体育文化中蕴含的丰富优秀的中华民族文化思想，随着时代发展，将影响世界体育文化的文化内涵。有关专家指出，中国传统体育文化在化解、协调现代西方体育文化所面临的人文危机中，正发挥着独特的魅力和价值，逐渐走向全球化和现代化。

第二节 奥林匹克文化

一、奥林匹克运动

(一) 奥林匹克运动概述

奥林匹克运动(Olympic Games)是在奥林匹克主义指导下，以体育运动和四年一度的奥林匹克庆典为主要活动内容，促进人的生理、心理和社会道德全面发展，使各国人民相互了解，在全世界普及奥林匹克主义，维护世界和平的国际社会运动。

奥林匹克运动是一种融体育、教育和文化为一体的综合性、持续性的世界范围内的体育文化传播活动。1896年在希腊雅典举行的首届现代奥运会，标志着现代奥林匹克运动正式诞生。21 世纪，“地球村”一词形象地描述了当今世界各民族间的密切联系，现代文明在给予人类更多力量的同时，也赋予其更多的职责和任务。

(二) 奥林匹克运动组织体系

奥林匹克运动的组织体系在保证百年奥运蓬勃发展、各项体育活动井然有序开展中起到了关键的作用。奥林匹克的组织体系包括国际奥林匹克委员会、国际单项体育联合会和各个国家(或地区)的奥林匹克委员会三部分。

1. 国际奥林匹克委员会

国际奥林匹克委员会(简称国际奥委会，英文缩写：IOC)于1894年6月23日成立，是现代奥林匹克运动的最高权力机构，是国际奥林匹克运动的领导者、指导者、捍卫者和仲裁人。国际奥委会总部最初设在法国巴黎，为避免第一次世界大战，1915年总部迁至瑞士洛桑。

2. 国际单项体育联合会

国际单项体育联合会(简称国际单项体联，英文缩写：IF)是指在世界范围内管辖一项或几项运动项目，并接纳若干管辖这些项目的国家或地区级团体的非官方国际组织，如国际体操联合会、国际田径联合会、国际足球联合会等。

3. 国家(或地区)奥林匹克委员会

国家(或地区)奥林匹克委员会(简称国家奥委会，英文缩写：NOC)是指按照《奥林匹克宪章》的规定建立起来的，并得到国际奥委会承认的负责一个国家或地区开展奥林匹克运动的组织机构。

(三) 现代奥林匹克运动会

被誉为“现代奥林匹克之父”的法国社会活动家、历史学家和教育家顾拜旦向全世界提出恢复奥运会的倡议，经其多方奔波和积极周旋，1894 年 6 月 16 日在法国巴黎召开了恢复奥运会的代表大会。6月23日，国际奥林匹克委员会成立，希腊诗人维凯拉斯成为第一任国际奥委会主席，顾拜旦任秘书长，会议决定于1896年4月在希腊雅典举行第1届现代奥林匹克运动会。

《奥林匹克宪章》是国际奥委会制定的关于奥林匹克运动的最高法律文件，宪章规定了奥林匹克运动的组织宗旨、原则、成员资格、机构和各自的职权范围、奥林匹克各种活动的基本程序等，是约束所有奥林匹克运动参与者最基本的行为准则。

现代奥运会分为夏季奥运会和冬季奥运会。

1. 夏季奥运会

自1896年举行的第1届夏季奥运会到2016年为止，按4年1届计算，已举办31届(中间因两次世界大战，停开第6、12和13届奥运会)。目前举行的夏季奥运会的比赛项目包括田径、游泳(含跳水、花样游泳、水球)、体操(含艺术体操)、足球、篮球、排球(含沙滩排球)、曲棍球、举重、自行车、摔跤、柔道、射击、射箭、击剑、皮划艇、赛艇、帆船(含帆板)、马术、拳击、手球、现代五项、乒乓球、网球、棒球、垒球和羽毛球等。

竞赛时间包括开幕式、闭幕式在内不得超过 16 天，节假日不进行比赛，期限顺延。根据国际奥委会规定，得到国际奥委会承认的各国际单项体育组织及其所管辖的运动项目，才能列入奥运会比赛。

2. 冬季奥运会

第 1 届冬季奥林匹克运动会于 1924 年在法国的霞慕尼举行。1925 年国际奥委会决定每 4 年举行 1 次冬季奥运会，在夏季奥运会的同年举行。1986 年，国际奥委会决定将冬季奥运会和夏季奥运会从 1994 年起分开每两年间隔举行，因此 1992 年冬季奥运会是最后一届与夏季奥运会同年举行的冬奥会。冬季奥运会的主要比赛项目有：冰球、冰壶、滑冰、速度滑冰、花样滑冰、短道速滑、滑雪、速度滑雪、高山滑雪、越野滑雪、跳台滑雪、自由式滑雪、滑板滑雪、北欧两项、现代冬季两项、雪车、钢架雪车、雪橇等。

赛期包括开幕式在内，不得超过 16 天。根据国际奥委会规定，要列入冬季奥运会比赛的男子项目，至少须在两大洲、25 个国家和地区广泛开展；女子项目至少须在两大洲、20 个国家和地区广泛开展。

二、奥林匹克精神及文化内涵

“奥林匹克主义是超越竞技运动的，特别是从最广泛、最完整的意义上来说，它是不能与教育分离的，它将身体活动、艺术和精神融为一体而造就一个完整的人”。奥林匹克运动的文化独特性在于它深厚的文化力量，这种文化力量对于人们的行为意识、伦理道德、心理情感等诸多方面都具有巨大的影响力和征服力。

1. 礼仪

东道国的国家元首或首脑主持奥运会开幕式。当东道国元首或首脑抵达运动会会场时，由国际奥委会主席和本届奥运会组织委员会主席站在运动场入口处迎接，然后引导到运动场荣誉席上就座，同时奏东道国国歌。

在开幕式上，各个国家和地区的运动员按拉丁文字母的顺序排列入场。希腊运动员排在整个运动员队伍的最前面，东道国运动员排在队伍最后面。运动员入场完毕之后，由本届奥运会组委会主席和国际奥委会主席分别讲话，东道国国家元首或首脑宣布奥林匹克运动会开幕，奏《奥林匹克圣歌》，升起奥运会会旗。

2. 圣火

1912 年顾拜旦提出燃烧火焰的建议。1928 年，在荷兰举行的第 9 届奥运会开幕式上，第一次点燃象征团结、和平、友谊的圣火。以后无论在哪个国家举行奥运会，都要进行隆重的火种点燃仪式及传递仪式。举行开幕式时，由东道国著名运动员接最后一棒火种进入主运动场，绕场一周，再在点燃塔上点燃圣火，圣火一直燃烧到运动会闭幕时熄灭。

3. 会徽

奥运会徽从左到右依次为蓝、黄、黑、绿、红 5 种颜色的相互套连的 5 个环圈。它象征着五大洲的团结，全世界的运动员在友好和平的世界中以公正、坦率的比赛和友好的精神，在奥运会上相聚在一起，充分体现了奥林匹克主义的内容——所有国家、所有民族的“奥林匹克大家庭”主题思想。

4. 会旗

奥运会旗是白色的，旗的中央是会徽，它是根据顾拜旦 1913 年的构思设计的。1914 年为庆祝复兴奥运会 20 周年，在法国巴黎召开的国际奥委会的会址上首次升起奥运会会旗。1920 年比利时奥委会向国际奥委会赠送一面同样的会旗，后来成为了奥运会的正式会旗。

5. 誓词

在古代奥运会开幕式上，运动员要进行宣誓。现代奥运会开幕式上的运动员宣誓是从 1920 年第 7 届奥运会上得到恢复的。开幕式上点燃焰火和放飞鸽子之后，各国家和地区的会旗面向主席台，围成半圆形，东道国一名运动员走上主席台，左手拿本国会旗的一角，代表全体运动员宣誓。誓词：“我代表全体运动员宣誓，为了体育的光荣和本运动队的荣誉，我们将以真正的体育精神，参加本届奥林匹克运动会的比赛，并尊重和遵守各项规则。”

从 1968 年第 19 届奥运会开始，运动员宣誓之后进行裁判员宣誓，东道国一名裁判员走上主席台宣誓。誓词：“我代表全体裁判员和工作人员宣誓，我们在本届奥林匹克运动会上，将以真正的体育精神，尊重和遵守奥林匹克运动会的一切规则，公正无私地履行自己的职责。”

6. 格言

奥运会格言有“重要的是参与，而不是取胜”、“更快、更高、更强”。前一条格言是启迪运动员要为团结、友谊而参加体育盛会；后一条格言是激励运动员要努力提高运动水平，树立高度的思想境界和不断进取的精神。也就是说，运动员在拼搏中要勇于向困难挑战，在竞争中展示蓬勃的青春活力和永远向上的奋斗精神。

第三节　体育中的美学及欣赏

人类在漫长的社会实践中创造出体育，并使体育的审美价值与日俱增。2008 年北京奥运会开幕式美轮美奂的场景布局使体育之美达到了一个新的高度。

一、体育与美概述

(一) 体育美的展现

体育之美是借助人的自然实体来表现的。法国著名艺术大师罗丹说：“自然界中没有任何东西比人体更美。”前苏联的马雅可夫斯基也说：“世界上没有任何一件衣衫比健康的皮肤和发达的肌肉更美。”这些观点精辟地指出了人体与健康美的关系。

体育运动是以人体美的运动形式来表现和创造美的。如健美运动，当运动员在比赛时，根据音乐节奏充分展现自己强健的肌肉，隆起的肌肉群、雕塑般的身躯、匀称的线条、优美的造型，无不是体育美的优美展现，使人陶醉于体育美中。几乎任何一项体育项目都能展现人体的力量、速度、灵巧、耐力和青春活力，展现人类的形态美与心灵美。

(二) 体育美的本质

体育是一种特殊的生命现象，体育美就是对生命现象进行的一种文化哲学解释，是人的本质力量对象化的产物。体育美的本质就是在自由、自觉的活动中，将聚集在体育运动中的思想、情感、毅力、智慧等本质的力量集中体现出来的过程，给人强烈的美感体验。

1. 体育是一种艺术美

体育首先是一种艺术，具有欣赏艺术和实用艺术的特性，如米隆的雕塑品“掷铁饼者”被公认为体育运动和健美体魄的象征。当人们为健康生活进行身体活动时，体育运动就具备了实用艺术的特性；当体育舞蹈、健美操、大型广场操表演等活动作为欣赏对象时，体育便成了欣赏艺术。

2. 体育运动过程塑造人体美

体育运动使人们把理想中的美自然贯穿在体育锻炼过程中，从身体美的追求与塑造，到体育美的获得与享受，人体都在不断完善人的自然实体，造就完美的人体美。

(三) 体育审美

体育运动的美感不是人意识单方面的产物，而是以体育运动美的客观存在为基础，经过一定审美需要、审美能力和审美理想的主体进行自由关照而达到的一种情感契合。如体育雕塑、体育文学、体育摄影、体育题材的绘画、电影、音乐等形式，从不同的侧面反映和揭示了体育运动美客观存在的丰富性和多元化。

人类本身的自然属性和社会属性必然要在运动中展现出来。人在运动中要拥有最大的空间，达到最高速度，显示最大力量，是对人体极限的冲击，是人的自我超越。人体始终按照平衡—不平衡—平衡的运动法则，从而达到一种和谐境界，给人以和谐愉快之感。观赏体育比赛，本质上是一种审美活动。体育运动是一种感性和理性直接统一的直观认识。它不借助抽象概念，而是在活动的直观形式中演化理性内容。从理论实践看，体育运动具有一定理性目的的社会功利价值，如中国女排和田径“马家军”取得的巨大成功，对促进我国社会发展起到了巨大的推动作用。

2008 年北京奥运倡导的渴望生活、热爱生命和酷爱运动成为“同一个梦想”，发展与和平同步和谐、“地球村”和“世界公民”同步概念成为“同一个世界”，共同酝酿、礼赞着体育审美的无上追求。

二、体育欣赏

体育运动展现给人的是一个绚丽多姿的艺术世界，它能使人们得到精神上的愉悦。运动员在体育比赛中表现出的高超技艺，是体育运动中美的体现，给人以美的享受。

(一) 体育欣赏内容

体育欣赏的基本内容包括：对运动员动作美的欣赏，对运动员在比赛中所表现出的品德的欣赏，对运动员的比赛技战术运用和临场发挥的欣赏，对竞技运动比赛中裁判执法水平的欣赏，对竞技运动比赛中教练员临场指挥风格的欣赏，对比赛中评论员精湛评说的欣赏，对有关体育的书籍、报刊、摄影作品的欣赏，对体育运动场馆的建筑艺术风格的欣赏，对体育运动的器材、服装的欣赏，体育健身者在运动中的自我欣赏，对人体形体美的欣赏，对体育音乐的欣赏，对赛场周围景致的欣赏等。

(二) 体育比赛欣赏意义

1. 体验不同的体育文化

体育比赛作为人类智慧的结晶，集中反映不同国家、民族的风俗民情和观念意识形态，体育文化与人的体育生活紧密联系在一起，它反映本民族传统的体育特征，而传统的体育文化又规范、内化着本民族的行为方式，影响着人们的价值观及世界观。

2. 陶冶情操

通过欣赏体育比赛，观众不仅能欣赏到运动员健康强壮、匀称优美的体形，还可欣赏到运动员展现出来的准确干净、利落洒脱、新颖独特、优雅娴熟的动作造型，从而产生愉悦的情感体验，能激发欣赏者热爱体育、追求美好生活的愿望。

3. 振奋民族精神

欣赏体育比赛，尤其是团体类项目，可强化集体观念，激发爱国主义热情，振奋民族精神。

4. 激发体育意识

体育意识是客观存在的体育现象在人脑中的反映，是人们对体育感觉、思维和判断的总和，是人们对体育运动总体的认识和看法。体育比赛可启迪和激发人们潜在的体育意识，如健康拼搏、创新、道德、遵规和竞争意识等。

(三) 体育比赛欣赏条件

1. 熟悉比赛项目的特点及规则

任何一项运动项目都有独特的技战术体系、场地和比赛规则，而且其技战术和比赛规则也在不断的演变和发展，因此在观看比赛前，欣赏者需做足充分的“功课”，了解详细的规则、流程、方法等，以更好地帮助欣赏者了解比赛，欣赏比赛。如欣赏世界排球锦标赛前，就需了解当前的排球比赛规则、计分方法及轮次换场顺序等。

2. 拓展对体育内涵的认识和理解

现代体育所涉及的项目领域越来越广，其功能已明显超越自身的生物学范围，延伸至社会、政治、经济、文化、外交、教育等领域。欣赏者要认识到体育作为一种文化现象的内在实质，体悟体育运动凸显出的文化特征，如价值观念、精神文化等。此外，还应充分理解体育在促进社会进步、政治稳定、民族团结、世界和平等方面的独特价值。

(四) 大学生体育欣赏能力的构成要素

1. 体育文化素养

体育文化素养包括广博的社会文化知识和丰富的体育理论知识，体育美学认知水平及对体育文化事务产生共鸣和认同感的能力，对体育运动发展史及未来发展趋势的认知度等。

2. 体育心理和道德素养

体育心理和道德素养是个体在体育欣赏活动中获得的心理体验能力。如个体对集体、国家、民族的认同感、荣誉感和自豪感，对比赛胜败的心理承受能力，对体育事物的好恶倾向及辨别能力，参与体育活动过程中情绪培养、表达及调控能力等。

3. 体育运动素养

体育运动素养是个体从事体育运动的能力。如个体的身体素质、思维能力和肌肉操作能力，对技术和运动技能的学习运用能力，在体育运动中获得的心理体验和心理感受的能力，对体育规则的了解掌握和运用能力等。

(五) 体育比赛欣赏方法

1. 做足准备工作

(1) 了解该比赛项目的历史发展和特点。如观赏篮球比赛前，就需了解篮球运动的起源、发展情况、目前比赛基本情况等。

(2) 尽量掌握一些该项比赛的规则和裁判知识。如篮球比赛中什么是犯规，什么是违例，三秒、五秒又是怎么回事，裁判员的常用手势都表示什么等。

(3) 了解具体比赛场次的背景信息。如是预赛还是决赛，该场比赛的胜负对双方有何影响等。

(4) 掌握参赛队或队员的情况。如观赏篮球赛冠军争夺战时，要掌握两个队的风格特点、基本战术、主力阵容、突出人物及两个队教练用兵布阵、临场指挥特点等。

2. 把握观赏角度

从不同角度欣赏体育比赛会有不同收获，既可侧重性欣赏，也可全面欣赏。

(1) 从技术角度观赏。技术是以运动员的身体条件为基础，使运动员体能得以最大限度发挥的动作方法。如足球运动员威猛有力的凌空抽射、鱼跃冲顶，篮球运动员雷霆万钧的扣篮、变幻莫测的运球，跳高运动员灵敏矫健的过杆瞬间等，都是精彩之处。

(2) 从战术角度观赏。战术指运动员将基本技术方法有目的地组合起来运用。观赏运动员们默契的战术配合，场上运动员的明确分工、密切合作便于现代人认识团队合作的目的及意义。

(3) 从运动员角度观赏。人们经常会由欣赏某一运动员的运动技能而扩展到其性格、爱好、外貌、风度等。另外对运动员比赛中表现出的勇于克服困难、顽强拼搏、锐意进取的精神，尊重裁判、尊重对方、团结友谊的道德风貌等，观后会受益匪浅，产生人格上的高度升华。

3. 观后回顾

在观赏体育比赛之后，注意查阅相关报刊、电视、广播、手机 App 中的报导评论，同其他人互相交换赛场看法，加深观赏印象，提高观赏水平。赛后如果兴犹未尽，还可动笔写博客日志，拓深对某项运动的感悟，提升情感体悟。

4. 注意事项

观赏体育比赛要有明确清晰的态度。可以有倾向性，但不要有偏激情绪，更不要有偏激行动，如在赛场谩骂裁判、运动员，起哄打架等。可以与持不同见解的人互相争论，但要适可而止，以免影响队员比赛和其他人观赏。

三、体育比赛的组织编排

体育竞赛是各种体育运动项目比赛的总称。学校定期开展体育竞赛活动，可丰富校园文化生活，促进学生之间的交流，提高运动技能水平和裁判水平。体育竞赛顺利进行的基础是科学合理的竞赛编排。

(一) 体育比赛组织编排的基本原则

1. 公正性

公正是竞赛编排的灵魂，但竞赛的公正性不是无条件的。依据不同的标准，公正性总是相对的，贯彻公正性原则时应该对此有清醒的认识和科学的态度。

2. 合理性

运动竞赛的过程是“选优”，故竞赛的编排应保证竞赛过程实现优胜劣汰，使竞赛结果符合或基本符合参赛者的竞技水平。若竞赛无法客观反映参赛者的真实水准，那么这样的竞赛不仅毫无价值，还会造成不良影响，因此合理性是竞赛编排的又一重要原则。

3. 效益性

体育竞赛不仅要公正、合理，还须创造一定的效益，要以较小投入获得较大产出。竞赛的产出，主要包括竞赛效益、经济效益和社会效益等。在校园体育竞赛活动中，应将产出的重心放在竞赛效益和社会效益上，同时兼顾经济效益，使体育竞赛尽量固定举办，形成传统。

(二) 体育竞赛的分类

根据竞赛方法的不同，可以将体育竞赛分为竞争性体育竞赛和对抗性体育竞赛两大类。

1. 竞争性体育竞赛

竞争性体育竞赛指参赛各方在尽可能不受干扰的条件下，发挥自身能力去夺取某种时空参数，以获得时空参数的大小来选择优胜排列名次的竞技活动，如田径、游泳、自行车、举重等一大批运动项目的竞赛。

2. 对抗性体育竞赛

对抗性体育竞赛是指在竞赛过程中，竞赛双方均在对手的干扰和破坏下去夺取比赛胜利，同时要竭尽全力阻止对方获得胜利。大多数球类竞赛、击剑、摔跤等均属于对抗性体育竞赛。对抗性体育竞赛又可分为同场对抗性竞赛和隔网(区)对抗性竞赛。

(三) 体育比赛欣赏常用的名词术语

1. 篮球比赛常用术语

(1) 扣篮(dunks)。运动员单手或双手持球，跳起在空中自上而下直接将球扣进篮圈。

(2) 补篮(follow-up shot)。投篮不中时，运动员跳起在空中将球补进篮内。

(3) 卡位(jockey for position)。进攻人运用脚步动作把防守者挡在自己身后，这种步法称为卡位。

(4) 接应(scoop-out)。无球进攻队员，主动抢位接球。

(5) 错位防守(dislocation defense)。防守人站位在自己所防守的进攻人身侧，阻挠他接球。

(6) 要位(take position)。进攻人用身体把防守人挡在身后，占据有利的接球位置。

(7) 突破(breakthrough)。运球超越防守人。

(8) 空切(aerial slice)。进攻人空手向篮圈跑动。

(9) 一传(outlet pass)。获球者由守转攻的第 1 次传球。

(10) 盖帽(blocking a shot)。进攻人投篮出手时，防守人设法在空中将球打掉的动作。

(11) 补位(plug a hole)。当一个防守人失掉正确防守位置时，另一个防守人及时补占其正确防守位置。

(12) 协防(double cover)。协助同伴防守。

(13) 紧逼防守(defence by pressing on)。贴近进攻人，不断运用攻击性防守动作，威胁对方持球的安全或不让对方接球。

(14) 突分(break and pass)。持球进攻队员突破后传球配合。

(15) 时间差(time differential)。在投篮时，为躲避对方防守封盖，利用空中停留改变投篮出手时间。

(16) 关门(close down)。邻近的两名防守持球者的队员，向进攻者突破的方向迅速合拢，形成“屏障”，堵住持球进攻者的突破路线。

(17) 换防(screen-switch defense)。防守队员交换防守。

(18) 策应(support by coordinated action)。进攻队员在前场或全场通过中间队员组织接应和转移球的战术配合，造成空切、绕切以及掩护等进攻机会。

(19) 掩护(cover up)。进攻队员以合理的技术动作，用身体挡住防守同伴的对手的去路，给同伴创造摆脱防守的机会的一种进攻配合。

(20) 补防(filling-in)。当一名防守队员失去位置，进攻队员持球突破有直接得分的可能时，邻近的另一名防守队员立即放弃自己的对手，去防持球突破的进攻者。

(21) 传切(passing and cutting)。持球进攻队员利用传球后立即空切，准备接球进攻。

(22) 夹击(double team)。两名防守队员共同卡住一名进攻队员，封堵其传球路线。

2. 排球比赛常用术语

(1) 二传手(second transmitter)。接对方来球后专门担任第二次传球组织进攻的队员，是场上组织进攻、实施战术的组织者，要求除有娴熟的二传技术外，还善于随机应变，团结队友，发挥全体队员的特点以及组织本队的进攻力量。二传手应意志坚强、头脑冷静、视野宽广并具有很强的作战意识以及贯彻作战意图的决心。通常每队配备一至二名二传手。

(2) 主攻手(chief spiker)。场上的主要攻击手，防守反击中的主要得分队员。一般站在 4 号位或换位到 4 号位。要求队员身材高大，弹跳力强，拥有强劲的扣杀力，擅长强攻，善于突破对方的防御，精于扣调整球和各种战术球。

(3) 副攻手(second spiker)。进攻中站在 3 号位的队员。要求队员身材高大，具有较强的冲跳弹跳力和变向跑能力。以快攻为主，并以快攻掩护队友组成各种快速多变进攻战术。防守时善于拦截和配合两侧队友拦网，以阻遏对方的各种快攻战术。

(4) 自由人(free man)。防守反击中的后排专职防守队员。根据战机的需要和防守的要求，无须请求裁判员的许可，即可随时自由地取代后排中的任一队员出场参赛。要求队员身材相对矮小、灵活、快速，应变能力强，掌握出色的防守技术并具备良好的心理素质。自由人着装的颜色必须有别于其他队员，以便辨认。

(5) 一攻(serve receive attack)。在接起对方发球后所组织的第一次进攻。

(6) 交叉进攻(alternating attack)。在快球掩护下运用的进攻战术。扣快球队员和另一队员的助跑路线相交叉，并作跑动扣球。

(7) 立体进攻(stereoscopic attack)。排球运动战术之一。为了突破拦网，进攻队在快球掩护下，有意识地将球传到进攻线附近，由后排队员在进攻线后起跳，突然发动进攻。

(8) 边跟进防守(side-cover defense)。当对方进攻时，由前排组成双人拦网，另一不拦网的前排队员后撤，协同后排 3 人组织防守。

(9) 强攻(force attack)。扣球队员利用身高、弹跳优势，充分发挥个人的力量和技巧为突破对方防御强行扣杀。

(10) 中一二进攻(setter-in-FC formation side-pass position offense)。前排 3 号位队员充当二传手，2、4 号位队员作攻手，当二传队员轮转到 2 或 4 号位时，可换位到 3 号位作二传手。

(11) 边一二进攻(setter-in-FR formation side-pass offense)。排球运动进攻战术之一。前排 2 或 4 号位队员充当二传手，其他两名队员作攻手，一般是二传手在 2 号位组织进攻，如二传手在 4 号位组织进攻，则称为“反边一二进攻”。

(12) 两次球进攻(second hit attack)。排球运动战术之一。 接对方来球时，队员直接将球垫或传到网前适当位置，供前排队员跳起扣球，称为“两次球进攻”。

(13) 调整进攻(adjust the attack)。当接对方来球一传不到位、球的落点离网较远、无法组成预定的战术时，由二传手或其他队员把球高弧度传起(调整传球)，从而给同伴创造扣球进攻的机会，称为“调整进攻”。

(14) 后排进攻(back-row attack)。组织后排队员在进攻线后跳起或向前冲跳，进行大力扣杀。

3. 足球比赛常用术语

(1) 弧线球(curving ball)。使球呈弧线运行的踢球技术。足球在运行中，由于强烈旋转，使两侧的空气发生差异而形成。由于球呈弧线形运行，故俗称“香蕉球”。

(2) 鱼跃扑球(dive for the ball)。守门员的一种难度较高的接球技术。以与球同侧的一脚用力蹬地，异侧腿屈膝提摆，使身体跃出接球。接球后落地时，双手按球，用前臂的侧面先着地，团身护球。

(3) 清道夫(sweeper)。足球比赛中承担特定防守任务的拖后中卫之别称。

(4) 自由人(free man)。足球比赛“一三三三”阵形中拖后中卫的别称。防守时无固定的看守对象，可机动灵活地补位救险，从而使其他队员，特别是 3 个后卫在盯人时无后顾之忧。

(5) 全攻全守(total football)。一个队除守门员之外的 10 名队员都在进攻和防守中承担职责，称为“全攻全守”。

(6) 沉底传中(drive down the side-lines before centering the ball)。边线进攻中，通过个人带球突破，或集体配合把球推到对方端线附近，然后长传至对方球门前的战术方法。

(7) 外围传中(peripheral biography)。也称“45° 角传中”。当攻方有球队员在边线附近与对方球门约成 45° 角的区域时，用过顶长传把球传向处于对方罚球区附近的同伴，供同伴用头顶球连续进攻，称为“外围传中”。

(8) 交叉换位(coordinated transposition)。比赛中进攻队员为了摆脱对方的防守，在跑动中左右换位的战术配合方法。

(9) 长传突破(breakthrough in a long pass)。运用远距离传球突破对方防线的战术方法。

(10) 插上进攻(plug-in attack)。位于第二第三线的前卫、后卫队员，插入第一线参加进攻的战术方法。

(11) 区域防守(zone defense)。每名队员根据位置划分一定的防守区域，在划定的范围内，主要采用站位的防守方法，而不紧逼盯人。

(12) 补位(cover a position)。比赛中集体防守的一种配合方法，指防守中本队一个队员被对手突破时，另一队员前去封堵。

(13) 密集防守(blankct dcfcnsc)。比赛中，双方为了稳固防守，往往组织相当多的人把守这一区域，形成密集状态，以加强保护，减少空隙，阻住对方的突破，称为密集防守战术。

(14) 造越位(offside trap)。进攻队员在接球时，如与对方端线之间防守队员不足 2 人时则为越位。防守队员利用这一规定，在对方传球中，另一队员将触及球的瞬间，突然向前一跑，造成对方接球队员与本方端线之间只有一个防守队员的局面，使对方越位犯规。

(15) 反越位战术(offside tactics)。是针对对方“造越位”战术而采取的进攻战术。当进攻队员觉察到防守者用制造越位的战术破坏本方的进攻时，及时改变传球方向，让后面队员插上接球或自己直接带球快速推进射门，从而使对方退防不及。

思考与练习

(1) 什么是体育文化？有哪几种表现形式？

(2) 什么是校园体育文化？校园体育文化具有哪些人文价值？

(3) 什么是现代奥林匹克文化？

(4) 谈谈你对体育美学的认识。

(5) 体育竞赛有几种分类形式？

第四章 田径运动

第一节 田径运动概述

一、田径运动的演变

田径运动的演变，大致经历了原始社会的雏形期、古希腊的开创期和19世纪到20世纪现代田径运动的形成和发展期。

远古时代，人类为了获得生活资料，为了生存，在日常劳动生活中，在与禽兽及大自然的抗争中，在部落的战争中，逐步掌握了快速奔跑、敏捷跳跃和准确投掷等技能，并有意识地把这些技能传授给下一代。同时，为了获得乐趣和抒发情感，人们又将这些技能发展成娱乐活动和比赛，但这只是后来田径运动的雏形。

真正意义上的古代田径运动产生于公元前776年的第1届古奥林匹克运动会，比赛只有一个距离约192米的短跑项目。在随后的古奥林匹克运动会中，比赛项目逐渐多了起来，陆续出现了长跑、持物跳远、掷铁饼、掷标枪等项目。经过漫长的岁月，这些比赛才慢慢演变成现代田径运动项目。

(一) 现代田径运动的发展

与古代奥林匹克运动一脉相承，现代田径运动也起源于西欧。19世纪，处于工业革命时代的欧洲，人们的物质文化生活日益丰富，一些源于生产生活的运动项目逐步发展成型。例如，原来在牧场里盛行的跨栏运动开始流行于英国的大学；煤矿工人喜爱的链球运动在法国大学也受到了欢迎；起源于军营士兵之手的铅球，则被英国的大学移植过来；而接力跑、障碍跑、撑杆跳高以及竞走等项目，都是在这一时期的欧洲大学里形成和发展起来的。

1896年，第1届现代奥林匹克运动会在希腊雅典举办。这届奥运会设有100米、400米、800米、1500米、马拉松、100米栏、跳高、撑杆跳高、跳远、三级跳远、铅球、铁饼等12项田径比赛项目，这可以看作是现代田径运动成熟的标志。进入20世纪，田径运动竞赛在世界各国和国际间广泛开展。1912年，国际业余田径联合会成立，并做出了设立田径竞赛项目世界纪录的决定，这一举措对田径运动的发展起到了积极的推动作用。1928年，在荷兰阿姆斯特丹举办的第9届奥运会上，首次将5个女子项目列为田径比赛项目。到2016年的里约奥运会，4年一次的现代奥林匹克运动会已经举办了31届，田径运动竞赛项目由第 1 届的男子 12 项(无女子项目)发展到第 31 届的男子 24 项，女子 23 项。

除奥运会之外，其他国际性、地区性的田径运动会也应运而生，如每两年一次的世界田径锦标赛，每年举行的 15 场田径系列大奖赛，每两年或四年举行一次的各种洲际田径锦标赛以及世界室内田径赛等，田径运动得到了空前发展。

现代田径运动经历了百余年的发展，运动员逐渐职业化，在现代科技和多学科理论的支持下，人类的运动能力不断超越极限，田径比赛的激烈程度越来越高，观赏性也越来越强。尤其是近年来，田径运动各项目的技术已相当成熟，世界田径竞技运动的实力格局正向着多极化方向发展，个别国家一枝独秀的格局受到挑战。可以预见，未来世界田径运动的发展还将有更多的新变化，将更加符合人们观赏、娱乐和健身的需要。

(二) 我国田径运动的发展

在中国古代，军队通常也是用走、跑、跳、投来训练士兵的体能和作战能力的。而在民间，则有“饭后百步走，能活九十九”的养生谚语。但真正意义上的田径运动，则出现于 19 世纪末。

19 世纪末，以田径、球类运动为主要内容的欧美体育，由基督教的传教士传入我国，教会学校的田径教学和比赛逐渐向全国其他学校扩展，现代田径运动在中国得到初步发展。进入 20 世纪，我国各类学校普遍开设了体育课，校际间的田径比赛不断增多。1910 年 10 月 18 日～22 日，在南京举行的“全国学校区分队第一次体育同盟会”(简称“全国学界运动会”)，被公认为全国第 1 届运动会，这也是中国历史上首次举办的全国性田径比赛，是田径运动由学校向社会发展的标志。

1949 年以前，我国共举办了 7 届以田径项目为主要比赛内容的全国运动会，并组团参加了第 10 届(1 人)、第 11 届(23 人)和第 14 届(3 人)奥林匹克运动会的田径项目比赛。1913～1934 年间，还组团参加了 10 届远东运动会。

中华人民共和国成立后，我国田径运动得到迅速发展。全国各地普遍建立了青少年业余体育学校田径班，国家和各省、自治区、直辖市设立了田径代表队，全国性田径竞赛逐渐制度化。1953 年，新中国举行了第一次全国性的田径竞赛(全国田径赛、体操、自行车运动大会)。1959 年、1965 年举行了包括田径项目在内的第 1、第 2 届全国运动会和多次全国性的田径比赛。到 1966 年，我国田径运动员不断打破全国纪录，少数项目的成绩已经达到或接近世界水平。

1978 年以后，改革开放使中国的田径运动得到更为迅速的发展，并且逐步冲出亚洲、走向世界。30 年来，我国田径运动员在奥运会、亚运会、世界田径锦标赛、田径世界杯赛等重大赛事中，战绩卓著，书写了中国田径的新篇章。

我国学校体育中的田径运动，在新中国成立后也进入了稳定发展期，各种田径项目在各级各类学校得到普遍开展，学生们借此强健身体，磨练意志，体味运动带来的快乐，终身受益。不仅如此，在普及田径运动的同时，遍布全国大中小学的田径运动业余训练队，则成为后备运动人才的培养基地。

二、田径运动的概念

田径运动的英文全称是 Track and field sport，Track 是小路(径)，field 是田地，仅从字面上理解，Track and field sport 的意思就是田径赛、田径运动。但同时，从这个看似简单的词汇中我们也不难发现，这种起源于山间小径和广阔田野中的运动，就是从人类走、跑、跳、投等生产生活技能中发展起来的。因此，它的属性和功能，也就必然包括了竞技和健身两种，而这两种属性和功能，决定了田径运动的两种不同形式，即田径竞技运动和田径健身运动。在我国，将其统称为“田径运动”。

田径竞技运动，国际田联手册 2006 版的表述是：“包括径赛和田赛、公路跑、竞走、越野跑和山地赛跑。”人们通常将其理解为在教练员、教师的指导下，运用专门的训练原理和方法，针对专业运动员、业余运动员和田径爱好者，以提高运动成绩、参加比赛、获取优胜、全面发展身心素质为目的的训练和竞赛过程。田径竞技运动对运动项目、形式、方法、竞赛规则和场地器材都有严格统一的规定。

田径健身运动，则是指面向大众，以锻炼身体、增进健康、增强体质为目的的运动。与田径竞技运动不同，田径健身运动对运动场地、器材规格并没有严格的限制，但参与者也需掌握一些田径运动的基本技术，科学训练，保证安全。因此，为了追求锻炼身体的最佳效果，田径健身运动也需根据参与者的年龄、性别、健康状况，确定锻炼的内容、形式和方法，要符合健身的原理和原则，从而达到增进健康、增强体质的目的。

三、田径运动的分类

根据田径运动的概念，以前人们一般将其分为田径竞技运动项目、田径健身运动项目两大类。随着时代的变迁和发展，一些田径创新项目不断涌现，这些创新项目，现在被列为田径运动的第三类。

(一) 田径竞技运动项目

以时间计算成绩的竞走、跑、接力跑和跨栏跑等项目称之为“径赛”；以远度和高度计量成绩的跳跃和投掷项目称之为“田赛”；以查分表计算成绩，并按规定组合的跑、跳、投项目，称之为“全能运动”。田径竞技运动一般分为竞走、跑步、跳跃、投掷和全能运动等 5 大类，国内外一般都是按这些分类和男女性别来设置比赛项目的。

1. 竞走类

类别	成 人 男 子	成 人 女 子
场地赛	20 000 米、30 000 米、50 000 米、2 小时竞走	5000 米、10 000 米、20 000 米竞走
公路赛	20 公里、50 公里竞走	10 公里、20 公里竞走

2. 跑步类

类别	成 人 男 子	成 人 女 子
短距离跑	100 米、200 米、400 米	100 米、200 米、400 米
中距离跑	800 米、1000 米、1500 米、2000 米、3000 米、1 英里	800 米、1000 米、1500 米、2000 米、3000 米、1 英里
长距离跑	5000 米、10000 米、20000 米	5000 米、10 000 米、20 000 米
超长距离跑	马拉松(42.195 公里)、半程马拉松	马拉松(42.195 公里)、半程马拉松

续表

类别	成人男子	成人女子
跨栏跑	110 米、400 米	100 米、400 米
障碍跑	3000 米	—
接力跑	4×100 米、4×200 米、4×400 米、4×800 米、4×1500 米	4×100 米、4×200 米、4×400 米、4×800 米
公路赛、越野赛	由大会决定的各种距离不等的公路赛和越野赛	

3. 跳跃类

类别	成人男子	成人女子
高度	跳高、撑杆跳高	跳高、撑杆跳高
远度	跳远、三级跳远	跳远、三级跳远

4. 投掷类

类别	成人男子	成人女子
短投	推铅球	推铅球
长投	掷铁饼、掷标枪、掷链球	掷铁饼、掷标枪、掷链球

5. 全能运动类

类别	男子十项全能	女子七项全能
第一天	100 米、跳远、推铅球、跳高、400 米	100 米栏、跳高、推铅球、200 米
第二天	110 米栏、掷铁饼、撑杆跳高、掷标枪、1500 米	跳远、掷标枪、800 米

(二) 田径健身运动项目

按照人体自然运动的方式，田径健身运动分为健身性走步运动、健身性跑步运动、健身性跳跃运动、健身性投掷运动 4 大类。而每一类也都根据参与者的性别、年龄、兴趣爱好的不同，分化出更多的健身类田径运动。

(三) 田径创新项目

任何事物的发展都离不开创新，田径运动也不例外。近年来，田径运动又分化出一些新的创新项目，从目前的发展趋势来看，田径创新项目有野外生存、定向越野、心理拓展、健身路径和趣味田径等。

四、田径运动的功能

田径运动是体育运动的基础。“田径是体育运动之母”、“得田径者得天下”等体育格言，都清晰地表述了田径运动的重要作用。田径运动的主要功能如下：

(1) 具有锻炼身体、增强体质的健身功能。大多数田径运动都是在户外进行的，明媚的阳光、清新的空气，可以提高人体的适应能力，经常系统地参加田径运动，能促进人体的新陈代谢，提高心血管系统、呼吸系统及其他内脏器官的机能，全面发展力量、速度、耐力、灵巧、协调等身体素质，促进正常发育，增进健康水平，从而保持和提高人体在生活和工作中对外界环境变化的适应能力，延缓人体的衰老过程。田径运动项目选择余地大，适合不同性别、不同年龄、不同身体状况的人群，因此成为广泛普及、健身价值较高的运动项目，也是学校体育规定的重点教学内容。

(2) 具有激烈竞争、提高凝聚力的竞技功能。田径运动项目多、内容丰富、奖牌多、影响大，一直是奥运会、全国运动会、省市区运动会设项最多的运动，在学校和企事业的综合运动会上也是主体竞赛项目，已成为社会文化不可缺少的组成部分，在推动田径运动的普及，加强国际间交往，提高国家威望，振奋民族精神方面具有不可替代的作用。对于一个学校、一个企业而言，田径运动也具有提高团队凝聚力和竞争力的作用。而国内外著名田径运动员的榜样力量，则会产生巨大的社会效应和商业价值，对普通观众产生深刻的影响。

(3) 具有集体、个人思想品德教育的功能。田径运动的激烈竞争，要求运动员和锻炼者必须具有面对挑战、争取胜利的勇气和信心，并且能够承受一定的生理、心理负荷，因此，它能培养人们拼搏进取的意志品质和坚韧不拔的精神，不断超越自我、完善自我。同时，对于一个集体而言，田径运动还能提高人们的责任感和集体主义精神，在潜移默化中实现思想品德的教育功能。

第二节　田径竞技运动

一、田径竞技运动概述

田径竞技运动水平是一个国家体育运动发展水平的主要标志之一，它通常是指在教练员、教师的指导下，运用专门的训练原理、原则和方法，针对专业运动员、业余运动员和田径爱好者，以提高运动成绩、参加比赛、获取优胜、全面发展身心素质为目的的训练和竞赛过程。

田径竞技运动的主要特征，是运动员通过刻苦的训练，以激烈比赛的形式，不断挑战人类走、跑、跳、投能力的极限。无论是以速度和力量为主的短距离径赛和跳跃、投掷项目，还是比拼耐力的中长距离走、跑项目，都要求运动员发挥最佳体力和最大意志力，竭尽全力地为创造最好成绩而竞争，比赛的胜负常常只在 1/100 秒或毫厘之间，但这恰恰是运动员身体训练、技术水平、心理训练、战术训练效果的综合反映。

除了竞技方面的特性，田径竞技运动对锻炼人的身体素质有着显著的效果。同时，田径运动有较强的运动刺激性和比赛观赏性，因此也担负着重要的健身和娱乐功能，成为学校体育教学的重点内容、各类各级运动会的主体竞赛项目和全民健身的有效手段，有着广泛的社会基础。但近年来，受多种因素的影响，田径竞技运动在我国普通人群中的开展受到了一定的冲击，有观点甚至认为，田径竞技运动是精英体育，从大众化、普及化的角度来看，它与全民健身运动的初衷互相抵触，因而对田径竞技运动的社会价值、文化价值持否定的态度。一段时间以来，在很多大中专院校或中小学，田径课的开课率都比较低。可事实上，田径竞技运动有它不可替代的作用，它的地位不是轻易就能取代的。我们相信，经过不断创新和发展，田径竞技运动在我国各级各类学校中一定能够得到更好的发展，它对普通大众的吸引力也会越来越强，只要舆论支持、引导到位，就会有更多的人愿意参与到田径竞技运动中来。

二、田径竞技运动的训练内容

田径竞技运动训练主要包括身体训练、技术训练、战术训练、心理训练和恢复训练五个方面。

(一) 身体训练

身体训练，是指在运动训练中运用多种有效手段和方法，增进运动员的身体健康，全面发展身体素质和身体基本活动能力，为掌握运动技术、战术和创造优异运动成绩打好基础的训练过程。

身体训练包括一般身体训练和专项身体训练两个方面。在身体训练过程中，业余运动员和田径爱好者应侧重于一般身体训练，专业运动员应侧重于专项身体训练。一般身体训练和专项身体训练总的目标是一致的，在训练实践中往往很难截然分开。因此，要遵循一般训练与专项训练相结合原则，将两者有机地结合起来。

田径身体训练包括力量、速度、耐力、灵敏和柔韧训练等，不同的运动项目对体能的要求各不相同，每种身体素质的训练方法和手段也不同。因此，无论是田径爱好者还是专业运动员，身体训练都是训练的核心内容。

延伸阅读

身体素质与训练方法

1. 力量素质

力量素质是人体或身体某部位肌肉收缩和舒张时克服阻力的能力，肌肉力量是人们完成各种动作的动力来源，特别是在以体能为主导因素的田径运动中，大多数项目都把力量素质视为决定运动成绩的关键因素。主要训练方法有：

■ 负重抗阻力训练：利用杠铃、壶铃、哑铃、实心球、沙衣等器械为负重物，结合身体各种姿势和不同重量来发展力量。如杠铃半蹲起、杠铃深蹲起、壶铃蹲跳、哑铃摆臂、前后抛实心球、双手接实心球头上抛或体侧抛、双手接抛实心球、跳起转体接实心球等。

■ 对抗性训练：利用对抗双方的相互力量，结合身体各种姿势来发展力量。如各种姿势的角力、肩负同伴的蹲起等。

■ 克服弹性物体阻力训练：利用拉力器、橡皮带等弹性物体的变形产生的阻力，结合身体各种姿势来发展力量。如拉力器体前扩胸、拉力器头上或体后伸展、橡皮带前后牵引跑等。

■ 克服外部阻力训练：利用水中、上坡、台阶、沙地等外部环境和条件，结合各种身体姿势来发展力量。如水中跳跃、水中抬腿、上坡跑、台阶跳、沙地跑跳等。

■ 专门力量器械训练：利用力量训练组合器械，结合身体各种姿势的练习发展力量。

■ 克服自身体重训练：利用自身的体重为阻力，结合身体各种姿势来发展力量。如立定跳远、立定三级跳远、跨步跳、单腿跳、连续蛙跳、直膝跳深、跳栏架、垫上后空翻、双腿起跳背跃过杆、连续左右转髋、连续交叉步、俯卧撑、抱头旋转等。

2. 速度素质

速度素质是指人体快速运动的能力。按不同的表现形式，速度能力可分为反应速度能力、动作速度能力和位移速度能力三种能力。反应速度能力是指人体对各种信号刺激的快速应答能力；动作速度能力是指人体快速完成某一动作的能力；位移速度能力是指在单位时间内人体快速位移的能力。主要训练方法有：

■ 反应速度训练：听信号起跑、各种姿势的听信号启动、听信号抓手等。

■ 动作速度训练：负重或徒手快速完成专项技术的完整与分解动作。

■ 位移速度训练：加速跑、追逐跑、行进间跑、重复跑、下坡跑等。

3. 耐力素质

耐力素质是指有机体在较长的时间内，保持特定强度负荷或动作质量的能力。从事任何项目都要求运动员具有相应的耐力，尤其是以有氧代谢为主要功能来源的项目，耐力素质对提高运动成绩更有直接的意义。主要训练方法有：

■ 有氧耐力训练：匀速连续跑、越野跑、变速跑、间歇跑、高原训练等。

■ 速度耐力训练：固定间歇时间跑、逐渐缩短间歇时间跑、短段落间歇跑、长段落间歇跑等。

■ 有氧和无氧混合耐力训练：反复跑、间歇快跑、力竭重复跑、短距离重复跑、持续接力等。

4. 灵敏素质

灵敏素质是指在各种突然变化的条件下，运动员迅速、准确、协调地改变身体运动的能力，它是人的运动技能、神经反应和各种身体素质的综合表现。灵敏能力是一种综合能力，它与人对空间定位和对时间的感觉能力有关，也与速度和力量的发展有关，同时，它与协调能力和反应能力也有着直接联系。主要训练方法有：

■ 各种调整身体方位的练习：前后左右快速移动、徒手体操、各种滚翻、健美体操等。

■ 各种专门设计的复杂多变的练习：之字跑、躲闪跑、图形跑、折返跑等。

■ 各种变换方向的追逐性游戏。

■ 各种非常规姿势完成的练习：侧向或倒退跳远、跳深、倒退大步走等。

5. 柔韧素质

柔韧素质是人体各肌肉、关节、韧带等组织的伸展活动能力和弹性的总称。柔韧素质包括两方面的含义：一个是关节活动幅度的大小；另一个是关节的肌肉、肌腱、韧带等组织的伸展性。柔韧能力在人年龄较小的时候较容易发展，但随着人体的成长呈逐步下降趋势。主要训练方法有：

■ 静力性伸拉练习：原地或利用肋木进行正压腿、侧压腿、后压腿、高弓步压腿、拉肩、体侧屈、坐立交叉压腿等。

■ 动力性伸拉练习：行进间或利用肋木进行正摆腿、侧摆腿、后摆腿、左右转髋跳(走)等。

(二) 技术训练

技术训练是指学习、掌握和提高先进运动技术的训练过程。技术是提高运动成绩的重要因素，运动员只有掌握合理的技术，才能充分发挥身体能力，创造优异成绩。运动员的技术训练，要全面、实效、准确、熟练，要与身体训练相结合，符合运动生物力学规律，同时要具有时代性，允许形成个人技术特点。

(三) 战术训练

战术是运动员在比赛中为战胜对手、取得比赛胜利而采用的计谋和行动，由战术意识、指导思想、知识、形式和行动等构成，是在身体训练和技术训练的基础上，根据比赛需要制定的。比赛中，正确地运用战术，斗智斗勇，往往能给对手造成较大的心理压力，如中长跑中正确分配体力、采用领先跑或跟随跑战术，如跳高中的免跳战术，接力跑中的棒次分配等，都是常用的战术。

(四) 心理训练

心理训练是指在运动训练中，有意识地对运动员的心理过程和个性特征施加影响，学会在训练和比赛中调节自己心理状态的训练过程。在田径竞技训练中，针对运动员不同年龄、性别、训练水平等实际情况，有目的、有计划、有措施地加强心理训练，可以培养运动员稳定的心理素质，使其在任何情况下都能充分发挥最佳训练水平。

(五) 恢复训练

恢复训练是指在训练和比赛后，使用合理的手段方法，消除运动员体力、精神的疲劳。恢复训练常用的方法有放松性练习、调整运动负荷、补充营养、按摩、沐浴、催眠、心理调整等。

三、田径竞技运动的训练方法

田径竞技运动的训练方法，是指为发展运动员的竞技能力而采取的途径、步骤、手段等，这些方法主要有重复训练法、间歇训练法、持续训练法、变换训练法、循环训练法、竞赛训练法、高原训练法等。运动训练的效果，在很大程度上取决于训练方法的正确运用，在具体实践中，应根据训练任务、对象水平、项目特点、季节气候和场地设备等条件，灵活地加以运用。

(一) 重复训练法

重复训练法的特点是多次反复，适用于任何项目的技术训练和身体训练，有利于运动员掌握技术动作，发展和提高身体素质，提高相应的或整体的竞技能力和水平。

(二) 间歇训练法

间歇训练法，是指严格规定重复练习之间的间歇时间，在机体还未完全恢复时就开始下一次训练。间歇训练法适用于速度耐力和耐力项目的技术训练和身体训练，间歇时间一般以心率计算，每分钟不低于 120 次。其主要作用是帮助运动员形成在较高负荷强度、较长负荷时间、较短间歇时间的条件下技术动作的稳定性，以及在较高强度下持续运动的能力。

(三) 持续训练法

持续训练法，是一种负荷强度较低、负荷时间较长、练习过程无间歇的练习方法，主要适用于耐力项目的技术训练和身体训练。这种训练方法可以最大限度地发展有氧代谢水平及其工作能力，有利于技术动作形成技巧化，也有利于机体运动机能产生稳定的训练适应，对负荷强度不高但过程细腻的技术动作的条件反射具有独特的功能。

(四) 变换训练法

变换训练法，是指对练习内容、练习形式、运动负荷进行变换，以提高运动员的积极性、适应性及应变能力的训练方法。变换训练法适用于任何项目的技术训练和身体训练，其主要的作用是在不同状况、不同环境下高质量、高数量、高效率地完成某一训练内容和任务。

(五) 循环训练法

循环训练法，是指根据训练的具体任务，建立若干练习站，运动员按照既定的顺序、路线，依次完成每站的练习，周而复始地进行训练的一种方法。这种训练方法适用于任何项目的身体训练。在进行循环训练时，应考虑练习内容及循环顺序、每站练习的负荷量和强度、站与站之间的间歇时间、每次循环的间歇时间、站的数量和循环的次数等。

(六) 竞赛训练法

竞赛训练法，是指运动员在竞赛的条件下进行训练的方法。常用的竞赛训练法有游戏性竞赛、训练性竞赛、身体素质竞赛、测验性竞赛和适应性竞赛等。竞赛训练法不仅有利于提高训练水平，也有利于比赛所需心理品质的培养。

四、田径竞技运动的项目

田径竞技运动的项目按大类分，有竞走、跑步、跳跃、投掷和全能运动 5 大类，每一大类又派生出不同的小类和诸多具体的比赛项目。每种竞赛项目都有不同的技术要求，技术训练和身体训练的方法也各有侧重。

(一) 竞走

竞走属于发展耐久力的运动项目。竞走的技术不难掌握，练习不受气候、场地、器材和季节的限制。这项运动起源于 19 世纪前叶英国中上层人士郊外的并肩走游戏和快走比赛，后逐渐演变成竞走。

从竞走运动的发展水平来看，男子竞走水平较高的国家有意大利、德国、俄罗斯、墨西哥；女子竞走水平较高的国家有俄罗斯、中国、瑞典、澳大利亚和西班牙。

■ 小资料

国际田联承认的第一个 20 英里竞走世界纪录是 2 小时 47 分 55 秒，是 1870 年由英国运动员托马斯创造的。1908 年，第 4 届伦敦奥运会将 3500 米竞走和 10 英里竞走正式列为比赛项目，金牌都落入英国运动员乔治·拉尔纳手中。1980 年国际田联正式将女子竞走列为世界性比赛项目。1992 年第 25 届巴塞罗那奥运会将女子 10 公里竞走列为比赛项目，中国运动员陈跃玲摘走金牌。

1. 技术特征

竞走技术的起动、起动后加速走和终点走基本与长跑相似，而途中走技术最为关键。竞走时，两脚必须与地面轮换接触，不能有两脚同时离地的腾空动作。支撑脚离地之前，摆动脚必须着地，在垂直部位时必须有瞬间的伸直。身体重心在整个竞走过程中不能有明显的起伏，尽量做向前的直线运动。

竞走时，上体保持正直，颈部自然放松，上体和肩部要沿身体纵轴稍加转动，随着摆动腿向前迈步。同时，两臂半握拳在体侧前后摆动，轻松而有力。前摆时，手摆到胸骨前方不超过身体中线，高度不超过下颌；后摆时，肘稍向外，摆到大臂几乎与肩齐平。竞走时的呼吸要保持自然，应用鼻子和半张开的嘴同时进行，并与步数相配合，两步一呼气，两步一吸气，尽量做到深呼吸，如图 4-2-1 所示。

图 4-2-1

2. 竞走训练

现代竞走技术的关键，是要掌握大步幅、高步频、骨盆绕垂直轴旋转的动作，以省力不犯规为原则，可形成个人技术风格。

1) 技术训练

(1) 60～100 米沿跑道线脚跟先着地大步走、脚跟先着地小步走、足跟小步走练习。

(2) 800 米的重复中速竞走、快速竞走、变速竞走练习。

(3) 中等速度匀速走 400 米，在最后 100～200 米处适当加速通过终点。

2) 身体训练

(1) 以接近比赛的速度持续走比赛距离的 1/2 或 3/4，进行速度耐力训练。

(2) 规定每圈或者每 1000 米走的时间，匀速走完超过比赛的距离。

3) 力量训练

(1) 半蹲、深蹲、向前弯腰、杠铃负重左右侧转体练习。

(2) 前后抛球、坐姿双脚颠球、仰卧双腿夹球回旋摆动等实心球练习。

4) 灵敏柔韧训练

(1) 不同路面的竞走、不同路线的竞走、不同速度上下坡竞走、单独或集体竞走。

(2) 髋关节的动力或静力伸拉练习、左右转髋跳。

(二) 短跑

短跑是田径径赛中距离最短、速度最快的运动项目。运动中，人体器官和内脏在大量缺氧的情况下，完成极限强度的无氧代谢周期。短跑历史悠久，古希腊奥林匹克运动会最初的比赛项目就是短跑。19 世纪，在近代田径运动形成初期，短跑也是基本项目。短跑运动的代表项目 100 米的角逐，在任何时候都是比赛中最吸引眼球的项目，人们将它视为向人类自身极限挑战的标志。

纵观世界短跑历史，美国男、女短跑选手占有明显优势。但意大利、加拿大、德国、波兰、牙买加等国的选手也显示出超强的实力。

■ 小资料

1896 年，在第 1 届雅典奥运会上，男子 100 米和 400 米比赛金牌由美国运动员托·伯克一人独揽，100 米成绩为 12 秒 0，400 米成绩为 54 秒 2。托·伯克还首创了“蹲踞式起跑”。

国际田联承认的第一个男子 100 米世界纪录，是美国运动员利平科特 1912 年在第五届斯德哥尔摩奥运会上创造的 10 秒 6。

1951 年，美国运动员托·史密斯创造的 19 秒 5，是男子 200 米直道跑最后的世界纪录；1951 年美国运动员创造的 20 秒 6，是第一个 200 米弯道跑世界纪录。

1900 年美国运动员马克西·朗创造的男子 400 米第一个世界纪录是 47 秒 8。

1928 年第 9 届阿姆斯特丹奥运会将女子 100 米列为比赛项目，美国 17 岁的运动员伊丽莎白·鲁宾逊以 12 秒 2 取胜。

1934—1935 年，波兰运动员斯坦尼斯拉娃·瓦拉谢维奇以 11 秒 7 和 23 秒 6 分别创造了女子 100 米和 200 米世界纪录。

1957 年，女子 400 米设置世界纪录，澳大利亚运动员马修斯创造的成绩是 57 秒 0。

1. 技术特征

短跑技术由起跑、起跑后加速跑、途中跑和终点跑等四个紧密相连的阶段组成。

(1) 起跑技术包括“各就位”“预备”“鸣枪”(或“跑”)三个环节。起跑的任务是使身体迅速摆脱静止状态，必须使用蹲踞式起跑和起跑器。安装起跑器要适合个人特点，使髋、膝、踝三关节均处于最有利于爆发用力的角度。起跑情况对起跑后的加速跑有直接影响。

(2) 起跑后的加速跑是在最短时间内尽快地发挥出较高的跑速，迅速过渡到途中跑。这一阶段要求迅速增加步长和步频，要充分利用重力的作用，并配合速度的增长，使上体从较大前倾状态逐渐抬起，随着身体重心逐渐升高和速度的迅速提高，两脚的着地点逐渐靠近一条直线。弯道起跑时，右手紧贴起跑线后沿，左手距离起跑线后沿 5～10 厘米。起跑器则应该靠近外侧分道线并正对内侧分道线的切点方向安装。

(3) 途中跑是运用合理的技术动作继续提高跑速或保持高速跑进，它的技术与速度对成绩起主要作用。为节省能量消耗，途中跑时要善于放松不参加工作的肌群，同时还要努力保持好正确的技术动作和适宜的节奏。弯道途中跑时，身体要向左倾斜，倾斜的程度取决于跑速、弯道半径和弧度的大小。

(4) 终点跑是全程最后一段距离的奔跑，要尽量保持途中跑的速度并进行冲刺。在距离终点线前一步时，尽快以躯干接触终点线，通过缩短时间来取得最佳成绩。

短跑技术图如图 4-2-2 所示。

图 4-2-2

2. 短跑训练

在短跑技术训练中，应着重身体各部位的正确姿势和跑的协调放松能力的训练。突出对脚的着地方式、蹬伸速度、蹬摆配合、步频与步长的适宜比例等关键技术的训练，加强起跑与加速跑技术和全程跑节奏训练。

1) 起跑、起跑后加速跑技术训练

(1) 各种姿势(站立、下蹲、坐地、俯卧)的起跑及加速跑。

(2) 起跑后做最大速度跑、快慢速度变化跑和快速跑接惯性跑。

(3) 弯道上 30 米、50 米、80 米的起跑和加速跑练习。

(4) 上坡起跑、负重起跑等。

2) 途中跑技术训练

(1) 60～80 米的加速跑。

(2) 各种距离的快速跑。

(3) 80～100 米弯道进直道和 80～100 米直道进弯道加速跑。

(4) 各种距离的重复计时跑。

3) 终点跑技术训练

(1) 走或慢跑中练习撞线动作。

(2) 30 米快速跑，在终点前一步做撞线动作。

延伸阅读

跑的辅助练习

● 小步跑

目的：体会和改进、完善跑时摆动腿积极下落着地的技术，发展跑的步频。

要求：小步跑的特点是步幅小、步频快，动作放松自然。跑时，上体正直或稍前倾，摆动腿大腿抬起与水平线约成 35°～45°角，膝关节放松。然后大腿下压，小腿随大腿下压的惯性前伸，并很快以前脚掌积极着地。着地后膝关节伸直，踝关节弯曲缓冲。两臂与腿部动作配合做前后摆动。

练习方法：先原地做小步跑，然后在行进间做。在慢节奏小步跑掌握较好的基础上，逐渐加快频率，然后过渡到途中跑的方法进行练习。

● 高抬腿跑

目的：体会和改进、完善跑时摆动腿前摆高抬的技术，发展抬腿肌肉群的力量和跑的频率。

要求：上体正直或稍前倾，身体重心保持较高部位。摆动腿前摆至大腿抬平，膝关节放松，小腿自然下垂，然后大腿积极下压，小腿自然伸开并用前脚掌着地。支撑腿髋、膝、踝三关节伸直，骨盆前送。两臂屈肘并配合腿部动作做前后摆动。

练习方法：先原地做，然后在行进间做。在慢节奏高抬腿跑掌握较好的基础上，逐渐提高频率。最后可采用高抬腿跑 20～30 米，然后过渡到途中跑的方法进行练习。

- **后蹬跑**

目的：体会和改进、完善跑时支撑腿后蹬的技术，发展后蹬肌肉群的力量。

要求：上体稍前倾，支撑腿三关节充分蹬直，最后用脚尖蹬离地面。摆动腿以膝带动髋部向前摆出，然后大腿积极下压，用前脚掌着地。两臂配合腿部动作做有力的前后摆动。

练习方法：先做原地单腿交换跳，动作幅度逐渐加大，然后过渡到行进间跨跳步，再由跨跳步过渡到后蹬跑。最后可采用后蹬跑30～40米，然后过渡到途中跑的方法进行练习。

- **后踢脚跟跑**

目的：训练后支撑阶段，小腿向臀部高摆。

要求：小腿有意识地快速轻松地后踢到臀部，大腿垂直向下，腿部和臂部动作协调一致。

练习方法：先原地做，然后在行进间做。在慢节奏掌握较好的基础上，逐渐提高频率。最后可采用后踢脚跟跑20～30米，然后过渡到途中跑的方法进行练习。

4) 力量训练

短跑运动员的典型力量素质是爆发力，初学者可运用小强度间歇负荷法，首先着重发展力量耐力，打好一般力量基础。经过一定训练的运动员，以大强度间歇负荷法为主，也可运用重复负荷法。

(1) 负重(实心球、壶铃、沙袋)或不负重的仰卧起坐、侧屈体、双腿高抬和放下双腿回旋摆动、双腿依次打水、双腿后屈等动作。

(2) 拉胶皮带跑，距离为30～100米。

(3) 台阶跑和台阶跳。

5) 速度训练

(1) 蹲踞式或站立式起跑后快速跑。例如20～40米、50～80米快速跑。

(2) 加速跑100～150米，中途有20～30米以最快或次最快速度跑，最后接放松跑。

(3) 各种距离的下坡跑、顺风跑、牵引跑。

6) 耐力训练

(1) 高和中等强度的重复快速跑。

(2) 加速跑150～200米，最后60～80米为快速跑。

(3) 规定时间的快速跑。

7) 协调、柔韧性训练

(1) 不同条件下的快速跑，如弯道、草地、上下坡、顶风顺风，单独成组。

(2) 采用体操练习提高伸展能力和柔韧性。

(三) 中长跑

中长跑是指距离800米以上的跑步，是有氧代谢周期性和耐力性运动项目，健身价值显著。在两千多年前的古代奥林匹克运动会上，就有沿跑道往返跑的中长跑比赛，中国古代也有以长跑选拔和训练士兵的记载。19世纪，近代田径运动在英国形成的初期，中长跑便是基本项目。中长跑的热门项目马拉松跑，不仅观众多，有时运动员就达万人之众，尤其是运动员的顽强拼搏精神，使人们的崇敬之情油然而生。

在现代体育男子中长跑的百年历史中，前七十年一直是欧洲、美国的白人运动员称雄天下，后三十年则刮起了“黑旋风”，非洲运动员一统跑道。而女子中长跑则由俄罗斯、德国、罗马尼亚、挪威、日本、中国、肯尼亚、埃塞俄比亚的运动员各领风骚一二年。

■ **小资料**

1896 年，第 1 届雅典奥运会将男子 800 米和 1500 米正式列为比赛项目，澳大利亚运动员弗拉克获得两金。马拉松跑也在这一届奥运会上亮相，希腊运动员斯皮里东·鲁伊斯获得冠军。

1912 年，在第 5 届斯德哥尔摩奥运会上，美国运动员梅雷迪思创造了第一个 800 米世界纪录，成绩 1 分 51 秒 9；美国运动员基斯特创造了第一个 1500 米世界纪录，成绩 3 分 55 秒 8。

1912 年，在第 5 届斯德哥尔摩奥运会上，男子 5000 米和 10 000 米正式列为比赛项目，芬兰运动员科勒赫迈一举夺得两项冠军，5000 米成绩 14 分 36 秒 6 被确认为第一个世界纪录。

1911 年，法国运动员让·布安创造了 10 000 米世界纪录，成绩 30 分 58 秒 8。

1928 年，第 9 届阿姆斯特丹奥运会将女子 800 米列为比赛项目，德国运动员拉德克以 2 分 16 秒 8 夺得金牌并创造第一个世界纪录，但因为当时运动员身体的原因，女子中长跑比赛被迫取消，到 1960 年才恢复。

1967 年，英国运动员史密斯创造了女子 1500 米第一个世界纪录，成绩 4 分 17 秒 3。

1982 年，美国运动员尤金创造了女子 10 000 米世界纪录，成绩 31 分 35 秒 03。

1984 年，第 23 届洛杉矶奥运会女子 3000 米首次立项，冠军是罗马尼亚运动员玛·普埃克。

1985 年，南非运动员巴德创造了女子 5000 米第一个世界纪录，成绩 14 分 48 秒 07。

1983 年，马拉松首次列入世界性比赛，挪威运动员格雷特·瓦伊茨创造了第一个世界最好成绩 2 小时 25 分 26 秒。

1. 技术特征

中长跑技术由起跑、起跑后加速跑、途中跑和冲刺跑四个阶段组成。

(1) 起跑采用站立式起跑，包括“各就位”和“鸣枪”两个环节。任务是使身体迅速摆脱静止状态，对起跑后的加速跑有直接影响。

(2) 起跑后的加速跑按最短距离原则迅速朝弯道“切点”方向跑去，或根据战术需要迅速占据有利的战术位置。

(3) 途中跑是运用技术和战术合理分配体力，最大限度地减少耗时或争取有利于取得好名次的“跑位”。途中跑距离长，为节省能量消耗，要善于放松不参加工作的肌群，同时还要努力保持正确的技术动作和适宜的节奏。

(4) 冲刺跑要求动员全身力量，加强摆臂、摆腿与后蹬，以接近短跑技术的要求，一鼓作气地向终点冲去。冲刺跑的时机，应根据比赛项目、训练水平、战术要求及比赛情况而定。一般情况下，800 米跑可在最后 200 米到 250 米处进入冲刺跑，1500 米跑可在最后 300 米到 400 米处进入冲刺跑，3000 米跑以上的项目可在最后 400 米或更长一些距离处进入冲刺跑。耐力占优势的运动员，冲刺距离可长一些，速度占优势的运动员，冲刺时机可稍晚一些。

(5) 中长跑时呼吸的节奏应和跑的步调配合起来，一般是跑两三步一呼气，跑两三步一吸气。随着跑速的加快和疲劳的出现，呼吸的频率也应增加，可以采用跑一步一呼气，跑一步一吸气的方法。呼吸一般用鼻子与半张开的嘴同时进行，应有一定的深度，而且要着重呼气。

中长跑时，由于内脏器官的惰性，使氧气供应暂时落后于肌肉活动的需要，再加上肌肉活动的大量代谢物得不到及时运走，因此跑一段时间后，就会不同程度地出现呼吸困难、胸部发闷、四肢无力、跑速下降，产生难以继续跑下去的感觉，这种现象就是所谓的“极点”。当“极点”产生后，只要坚持继续跑下去，经过一段时间，这种现象就会减轻，身体机能就会得到明显好转，这就是生理上的“第二次呼吸”。“极点”的克服，不仅是提高训练水平和锻炼效果的过程，也是培养顽强意志的过程。

中长跑技术图见图 4-2-3。

图 4-2-3

2. 中长跑训练

中长跑技术训练应以途中跑技术为主。

1) 途中跑技术训练

(1) 跑走交替。

(2) 匀速跑，中等以下速度到中等以上速度跑 80～100 米。

(3) 定时或定距跑。

(4) 重复跑。例如，由站立式起跑出发，进行 6 × 200、400 或 600 米的反复跑。

(5) 800 米以上距离的匀速跑。

(6) 按个人计划的体力分配方案跑。

(7) 全程跑。

2) 终点跑技术训练

(1) 中等速度匀速跑 400 米，在最后 100～200 米处开始适当加速通过终点。

(2) 中等速度匀速跑 800 米，在最后 300～400 米处开始适当加速通过终点。

3) 耐力训练

中长跑的身体训练要在全面发展各项身体素质的基础上，重视专项耐力、速度耐力训练。

(1) 持续训练：长时间持续跑 40～120 分钟(中等强度)。

(2) 间歇训练：短距离要短间歇重复次数多，脉搏 150～168 次/分，例如 300 米快跑 +

100 米慢跑间歇 × (20～30)次；长距离要短间歇重复次数少，脉搏 168～180 次/分，如 1000 米快跑 + 200 米慢跑间歇 × (10～12)次。

4) 速度训练

一般中跑常以行进间 100 米和 400 米作为衡量速度的标准；长跑以 1500 米衡量速度；马拉松则以 5000 米衡量速度。

(1) 反复跑(30～60)米 × 5 次 × 3 组。

(2) 上坡跑、下坡跑 60～80 米。

(3) 让距追逐跑 60～100 米。

(4) 20 米加速跑之后惯性跑 30～60 米。

5) 力量训练

中跑运动员采用负重练习；长跑和马拉松运动员做在困难条件下的组合练习。

(1) 负重练习。中长跑运动员采用器械重量较轻、重复次数较多的练习。中跑一般为(60%～80%) × (8～15)次；长跑一般为(40%～60%) × 15 次以上。

(2) 各种大强度的短跳跃练习，如立定跳、立定三级跳、五级跳、单足跳、蛙跳等。

(3) 各种中上强度的长跳跃练习，如 100～200 米跨跳、200 米单足跨跳交替跳、100 米单足跳。

(4) 软地、沙滩、草地、雪地、泥地等困难条件下的大量跑训练。

(四) 跨栏跑

跨栏跑是人在快速跑动中连续跨越固定数量、固定高度和固定间隔距离的栏架的短距离田径运动径赛项目。跨栏跑集速度、力量、柔韧、灵敏、耐力于一体，具有技术性强、竞争激烈、极具观赏性的特点。

跨栏跑是从英国牧场非常流行的跳越羊圈的游戏发展起来的，经历了 100 多年的变迁与发展。男子跨栏几乎一直都是美国人的天下，欧洲、中国、牙买加只占一席之地。女子跨栏优势则集中在俄罗斯、波兰、德国和保加利亚。

■ 小资料

1864 年，英国牛津大学与剑桥大学进行的一场田径赛中，首次设置了跨栏项目，距离为 120 码，运动员要跨过十个间隔相等的障碍物，形如羊圈栅栏。剑桥大学的丹尼尔取得优胜，成绩 17 秒 75。

1896 年，第 1 届雅典奥运会上美国运动员托·柯蒂斯以 17 秒 6 获冠军。

1908 年，第 4 届伦敦奥运会上美国运动员弗·史密森以 15 秒获金牌，这是 110 米栏第一个正式的世界纪录。

1900 年，第 2 届巴黎奥运会首次设 400 米栏，美国运动员瓦布图克斯伯里以 57 秒 6 获金牌。

1908 年，第 4 届伦敦奥运会上美国运动员培根以 55 秒获冠军，创造了第一个 400 米栏世界纪录。

1932 年，第 10 届洛杉矶奥运会上美国运动员迪德里克森以 11 秒 7 获得第一个女子 80 米栏金牌。

1934 年，德国运动员英格尔哈德以 11 秒 6 创造了第一个女子 80 米栏世界纪录。

1969 年，女子 80 米栏改为 100 米栏，同年民主德国运动员巴尔策创造了第一个 100 米栏世界纪录，成绩为 13 秒 3。

1970 年，中国台湾运动员纪政以 12 秒 8 的成绩破世界纪录。

1974 年，波兰运动员卡斯佩尔奇以 56 秒 51 创造了第一个女子 400 米栏世界纪录。

1984 年，第 23 届洛杉矶奥运会上摩洛哥运动员埃穆塔瓦尔基获得女子 400 米栏的第一个奥运会金牌，成绩为 54 秒 61。

1. 技术特征

跨栏跑属于非对称的周期性运动项目，对技术的要求非常高。跨栏跑的全程技术可分为起跑至第一栏技术、过栏(跨栏步技术)、栏间跑技术和终点跑技术 4 个部分。

(1) 起跑至第一栏的技术要点是快速起动，积极加速，为顺利跨过第一栏和建立全程跑节奏打好基础。跨栏跑的起跑采用蹲踞式起跑，起跑器的安装方法和起跑动作与短跑基本相同。110 米栏和 100 米栏起跑至第一栏一般跑 8 步，起跨腿在前；少数身材比较高大的运动员跑 7 步，摆动腿在前。栏前最后两步要更为积极，最后一步靠加快两腿的剪绞动作和起跨腿积极着地而较前一步缩短步长约 10～20 厘米，准确踏上起跨点，加快起跨速度。

(2) 过栏，是指从起跨脚踏上起跨点到过栏后摆动腿的脚接触地面的过程，通常被叫作跨栏步。过栏的任务是使身体迅速越过栏架，为栏间跑创造条件。

跨栏步技术分为起跨攻栏、腾空过栏、下栏着地三个阶段。起跨攻栏，是指从起跨脚踏上起跨点到后蹬结束离地时止的整个支撑过程。腾空过栏，是指从起跨腿离开地面到过栏后摆动腿着地为止的技术阶段。下栏着地，是指从摆动腿过栏后的着地到栏间跑的第一步离地瞬间。

(3) 栏间跑技术，是指过栏后摆动腿的脚着地点至起跨腿的脚踏上下一个起跨点这段距离中所表现出来的技术动作特征。栏间跑的主要任务是尽可能地加快栏间跑节奏，准确地运用栏间距离，提高跑速，为顺利跨过下一栏创造条件。

(4) 终点跑技术与短跑基本相同。

全程跨栏跑技术，是指合理地将跨栏步技术与快速的栏间跑技术紧密结合起来，保持正确的节奏和最快的速度跨越全部栏架，到达终点。全程跑是一个整体，但各阶段也有差异。过好第一栏，对于速度的发挥、节奏的建立以及运动员自信心的建立至关重要。全程跑的前三栏属于加速阶段，第四至第六栏达到最高速度，第七至第九栏由于运动员体力下降，所以此时运动员应注意在技术上控制动作不变形，在速度上避免下降过快。第十栏是最后一个障碍，过此栏时，运动员要加快下栏动作的速度，过栏后把跨栏节奏调整为短跑节奏，注意用力蹬地和摆臂。

(5) 400 米跨栏跑的关键是要注意合理分配体力，这对提高全程跑成绩有直接作用。在保持合理的栏间跑节奏和顺利过栏的前提下，400 米栏全程采用匀速跑对提高成绩比较有利，后半程慢于前半程不超过 2～3 秒。从最后一栏到终点为 40 米，在此期间运动员都会感到疲劳，运动能力下降。此时，也是争取比赛胜利的重要时刻，要特别注意保持正确的技术，加强摆臂、抬腿动作，以顽强的毅力冲向终点。

跨栏跑技术图见图 4-2-4。

图 4-2-4

2. 跨栏跑训练

在跨栏跑技术训练中，应着重身体各部位的正确姿势和跑的协调放松能力的训练；突出跨栏步技术训练，加强起跑至第一栏技术和全程跑节奏训练。

1) 起跑至第一栏技术训练

(1) 站立式起跑跨越横杆或橡皮筋练习。

(2) 站立式起跑跨越第一栏。

(3) 蹲踞式起跑跨越第一栏。主要检查步长与起跨距离，建立栏前 8 步步长的空间定位感。

(4) 弯道上蹲踞式起跑过第一栏。按照 400 米起跑后加速跑的技术要求，反复练习确定个人适宜步数、步长、速度与节奏。

2) 跨栏步技术训练

(1) 原地做摆动腿模拟练习。

(2) 原地支撑提拉起跨腿的模拟练习。

(3) 走动中做摆动腿“鞭打”动作。

(4) 模拟跨栏步练习。

(5) 走动或慢跑中由栏侧做摆动腿攻摆过栏练习和起跨腿栏侧过栏练习。

(6) 栏间跑一步连续跨栏。栏间距离约 3.5 米，用较快速度跑向栏架时做好两腿和两臂的配合，下栏后跑一步接着跨下一栏。

(7) 跑动中做起跨腿栏侧过栏练习和栏侧做摆动腿攻摆过栏练习。在跑道上摆放 3～5 个栏架，栏间距 6～7 米，小步跑或中速跑过栏侧练习。栏间跑可先用 5 步然后过渡到 3 步。

3) 栏间跑技术训练

(1) 站立式或蹲踞式起跑反复跨 3～5 个栏。栏间由 5 步过渡到 3 步。

(2) 弯道上站立式起跑跨越 3～5 个栏。栏间距离在男 12 米、女 11 米基础上调整。

(3) 采用 5 步的栏间节奏连续用中等速度跨越 3～5 个栏架，体会弯道“跨栏步”技术和跑跨结合的特点。

(4) 全程栏侧跑。

(5) 全程跨栏跑。

4) 终点跑技术训练

(1) 走或慢跑中练习撞线动作。

(2) 跑动中过最后一栏接冲刺跑和撞线动作。

5) 力量训练

(1) 负重下蹲起、半蹲跳、弓箭步交换跳等，与同伴相互骑肩做下蹲负重练习。

(2) 立定跳、立定三级跳、蛙跳、单足跳、跨步跳、障碍跳等跳跃练习。

6) 速度和速度耐力训练

(1) 距离不同、方式多样的加速跑，短距离变速跑，提高频率的下坡跑，提高步幅的上坡跑、顺风跑，踏标志的计时跑，行进间计时跑等。

(2) 栏侧、栏中的一步跨栏跑，加长栏距增加步数的跨栏跑，缩短栏距加快频率的跨栏跑，行进间跨栏跑，在斜坡跑道上跨栏跑，听发令计时跨一、三、五、八、十栏的跨栏跑。

7) 柔韧性训练

前后、左右踢腿，前后、左右劈叉腿，坐位体前屈等练习。

(五) 跳远

跳远是人体通过快速助跑和有力的起跳，采用合理的空中姿势和动作，使身体腾越水平距离的运动项目。早在古希腊的奥林匹克运动会上就有跳远比赛，当时的跳远与现在有很大差别，运动员两手各持重物，从稍高于地面的物体上起跳，下落时将手中物体向后尽力抛出，然后落在挖松的土地上。在公元前 656 年的古代奥运会上，一位名叫戚奥尼斯的运动员用这种借助重物的跳法跳了 7.045 米。现代跳远是 19 世纪中叶以后在英国的大学田径比赛中出现的，并于 1886 年起开始使用跳板。美国一直都是男子跳远的强国，女子跳远水平较高的国家有俄罗斯、德国、罗马尼亚和美国。

■ 小资料

1860 年，跳远被英国牛津大学列为田径比赛的竞赛项目，冠军是帕乌尔，成绩为 5.28 米。

1896 年，第 1 届雅典奥运会上美国选手埃·克拉克夺得跳远比赛冠军，成为现代奥运会田径比赛男子跳远第一块金牌获得者。

1901 年，英国运动员奥索纳以 7.61 米的成绩创造了第一个正式世界纪录，这项纪录整整保持了 20 年。

1928 年，日本运动员人见绢枝以 5.98 米创造了女子跳远第一个世界纪录。

1948 年，第 14 届伦敦奥运会，女子跳远被列入奥运会比赛项目，冠军是匈牙利运动员奥·贾尔马蒂，成绩为 5.695 米。

目前的男子跳远世界纪录是由美国运动员鲍威尔创造的 8.95 米，女子跳远世界纪录是由俄罗斯运动员契斯佳科娃创造的 7.52 米。我国现在的男子跳远纪录是由李金哲创造的 8.47 米，女子跳远的全国纪录是由姚伟丽创造的 7.01 米。

1. 技术特征

跳远技术由助跑、起跳、腾空和落地四个部分组成，这是一个紧密连贯的动作。现代跳远技术强调高速助跑和起跳衔接，落地前两腿尽量向前摆出。3 步半的走步式是当今跳远竞技场上最流行的姿势。

(1) 助跑的距离与运动员跑的能力有关，一般男子的助跑距离为 35～45 米，跑 18～24 步；女子的助跑距离为 30～40 米，跑 16～22 步。助跑时，身体重心要移动平稳，步长和节奏要保持稳定，便于在助跑结束时能准确踏上起跳板。助跑的最后几步加速节奏明显，适当降低身体重心，为起跳后改变人体运动方向创造条件。

延伸阅读

助跑步点的测定

助跑步点的测定，有走步丈量和跑步丈量两种。

走步丈量的方法，是根据全程助跑的步数每走两步算作一步，比如采用 12 步助跑的运动员，丈量步点时就走 24 步。当丈量完步点后应反复试跑几次，对步点进行适当的调整。

跑步丈量的方法，是在跑道上起跑反复做加速跑，找出从起跑线到自己所确定的助跑步数脚印的相对集中点，用皮尺丈量下这段距离，然后移到跳远助跑道上反复练习，并进行适当调整。

(2) 起跳是跳远的关键技术。起跳时，应充分利用助跑所获得的速度，完成一系列正确的起跳动作，获得尽可能大的腾起初速度和适宜的腾起角度向空中腾起。起跳动作分为起跳脚着地、缓冲和蹬伸三个阶段。起跳脚着地动作要积极、快速，以脚跟接触地面后应迅速滚动至全脚掌着地；屈膝缓冲是踏跳腿肌肉完成退让性收缩，为用力蹬伸做好充分准备的过程。这时，膝关节弯曲要适度，身体重心要快速前移，以缩短缓冲时间，加强缓冲效果并获得蹬伸动作前的合理身体姿势；蹬伸动作要快速、有力、充分，要使蹬伸动作的反作用力尽可能地通过身体重心，同时，摆动腿和两臂的摆动要积极、迅速、有力，并与蹬伸动作密切配合。

(3) 腾空阶段的主要任务是利用起跳时的身体重心运动轨迹，做出一定的姿势和动作，抑制身体的前旋，为下落着地动作创造条件。因此，腾空初始，身体保持着起跳结束时出现的跨步姿势，称为“腾空步”。腾空步之后的空中动作有“蹲踞式”、“挺身式”和“走步式”三种。

蹲踞式：起跳腾空后，上体正直，保持腾空步，当身体达到最高点后，起跳腿开始向前上方提举，逐渐向摆动腿靠拢，形成“蹲踞”姿势，随后两腿向上收，两臂由前向下、向后摆动，同时前伸小腿落地。

挺身式：起跳腾空后，起跳腿蹬直自然留在身后，摆动腿膝关节放松，下放后摆到身体的垂直面之后，整个身体充分伸展，形成“挺胸展髋”的挺身姿势，两臂自然后摆，收腹举腿，双腿前伸落地。挺身式的优点在于空中能充分拉长整个身体，加大了身体前旋半径，减慢了身体前旋角速度，有利于维持身体平衡，动作自然舒展。

走步式：起跳腾空后，摆动腿以髋为轴下放并向后摆动，同时起跳腿大腿带小腿屈膝前摆，在空中完成一个自然的换步动作，随后摆动腿继续前摆靠拢起跳腿接着完成落地动作。空中完成一个换步动作的为两步半走步式，空中完成两个换步动作的为三步半走步式。走步式的摆臂是以直臂大幅度环绕动作的形式与下肢走步动作协调配合完成的。走步式动作的特点是助跑起跳、蹬伸与摆动各部分技术动作衔接紧密，动作自然连贯。

(4) 落地动作对运动成绩会产生一定的影响。因此，即将着地前，两腿要上举、前伸，两臂后摆；在两脚接触沙坑瞬间，身体总重心距离地面的高度越低，两腿触地点距身体重心投影点越远，就越能取得好成绩。着地时，要迅速屈膝、团身、两臂前摆，使身体重心尽快通过着地点，也可采用侧倒或向前滑倒在落地点前面的动作，避免身体后倒或坐入沙坑影响成绩。

走步式跳远技术图见图 4-2-5。

图 4-2-5

2. 跳远训练

现代跳远技术应体现“快速力量”专项技术的特点，训练内容、负荷、方法和手段要更具针对性。

1) 起跳技术训练

(1) 原地起跳动作模拟练习。

(2) 行进间起跳动作模拟练习。

2) 助跑结合起跳技术训练

(1) 一步助跑起跳练习。

(2) 三步助跑起跳练习。

(3) 6～8 步助跑起跳练习。

(4) 全程助跑起跳练习。

3) 腾空和落地技术训练

(1) 原地空中动作模拟练习。

(2) 6～8 步助跑起跳空中技术练习。

(3) 6～8 步助跑踏俯角板起跳空中技术练习。

(4) 立定跳远、立定三级跳练习落地技术。

4) 完整技术训练

(1) 全程助跑起跳计时、变换助跑节奏练习。

(2) 全程助跑跳远。

5) 速度训练

(1) 30 米起跑。

(2) 60 米放松节奏跑。

(3) 100 米计时跑。

(4) 牵拉 30 米行进间跑。

(5) 橡皮筋牵拉摆腿练习。

(6) 负重摆动练习。

(7) 各种距离的下坡跑、顺风跑、牵引(引导)跑。

6) 力量训练

(1) 杠铃抓举、提拉、快速负重半蹲、沙坑内快速起跳、深蹲、半蹲、负重腰腹肌练习。

(2) 立定跳、立定三级跳、蛙跳、单足跳、跨步跳、障碍跳等跳跃练习。

7) 灵敏度训练

灵敏、协调能力是跳远运动员的重要运动素质，训练方法、手段很多，如各种球类活动、体操练习和柔韧性练习，这些练习大部分在准备活动、整理活动和调整训练中进行。

(六) 跳高

跳高是人体通过快速的助跑和有力的起跳，采用合理的过杆姿势，使身体腾越尽可能高的垂直障碍的运动项目。跳高运动历史悠久，18 世纪时德国一些学校就曾用跳高来锻炼学生的身体。跳高比赛极具欣赏性，尤其是运动员以失败作为最后胜利的比赛形式，让人印象深刻。美国、俄罗斯、瑞典、中国、古巴的男子跳高成绩突出，女子跳高东欧的运动员则表现出色。

■ 小资料

在 1864 年以前，跳高是体操比赛的一个项目，1864 年才被正式列入田径比赛。这一年，英国人迈契尔用跨越式跳过了 1.67 米，这是世界上第一个男子跳高最好成绩。

1912 年，美国大学生霍林第一次采用滚式跳过了 2 米，创造了第一个正式世界纪录。

1928 年，女子跳高被列为第 9 届阿姆斯特丹奥运会田径比赛的正式项目。在这届奥运会上，加拿大选手卡瑟伍德以 1.59 米的成绩成为世界上第一个女子跳高奥运会冠军。

1932 年，美国选手希利越过 1.65 米的高度，创造了国际田联正式承认的第一个女子跳高世界纪录。

1957 年，中国运动员郑凤荣采用剪式跳高姿势以 1.77 米的成绩刷新了世界纪录。

1970 年，中国运动员倪志钦以 2.29 米的成绩打破了男子跳高世界纪录。

1. 技术特征

在跳高技术 100 多年的发展过程中，曾出现过跨越式、剪式、滚式、俯卧式、背越式 5 种姿势。目前，背越式是最流行的姿势。跳高技术分为助跑、起跳、过杆和落地 4 部分。

(1) 助跑：助跑的目的，是为了获得适合自己力量与技术的理想速度，获得良好的阶段节奏，进入适宜的起跳位置，为起跳做好准备。背越式跳高运动员采用弧线助跑，大多数运动员跑 8～12 步，助跑的长度为 16～30 米。起动时助跑方向在 70° ～90° 之间，在开始进入弧线时的助跑方向在 25° ～35° ，放脚方向在 15° ～35° 或与横杆平行。

延伸阅读

助跑步点的丈量与确定

起跳点的确定：以起跳脚侧的立柱为准，沿横杆向内走 2.5～3.5 脚长(60～90 厘米)，然后背对横杆向前走2.5～4.5脚长(60～115厘米)，此点为起跳点。

走步丈量法：以起跳点为准，沿横杆平行方向，向前走5步，然后垂直向助跑方向走6步，该点与起跳点的弧线为助跑的弧线段，此点为进入弧线段标记，继续向前走7步为助跑的起点，该段为直线助跑。

皮尺丈量法：沿立柱垂直面量出1米，以此点沿横杆平行向内量出1米，此处为起跳点。再继续向前量出1～1.5米，以此点与横杆垂直向前量出5米，再沿横杆平行方向量出5.5～6米，最后沿助跑方向量出7米距离，此点为助跑的起点。

(2) 起跳：起跳时尽力获得最适宜的身体重心腾起角，在起跳离地瞬间使运动员获得最高的身体重心高度，并获得较快的起跳垂直速度，以便获得最高的身体重心腾起高度。

(3) 过杆：过杆是指从起跳脚离地至两小腿过杆阶段。起跳结束后身体在摆动侧臂的引导下，保持起跳结束时的身体姿势(此时身体的倾角为94°)，以头顶部和脊椎为冲击轴向横杆上方腾起并完成背对横杆的旋转动作。当头部超越横杆后，两肩开始放松，头部积极后仰，两臂也由肩上方开始向身体两侧下放，当胸部越过横杆后积极向上顶髋，头和两肩继续后仰，两大腿下放，两小腿放松下垂完成杆上“桥”的动作。

(4) 落地：落地是指过杆后身体重心下落到身体着地的过程。当臀部和大腿越过横杆后，身体重心已经下落，此时应在挺髋的基础上，以大腿带动小腿加速向后上方甩腿，使整个身体脱离横杆，然后低头含胸，屈肩伸膝，以肩背部及双臂着垫并借过杆旋转力顺势后翻，做好缓冲。

背越式跳高技术图见图4-2-6。

图4-2-6

2. 跳高训练

背越式跳高技术的特点是“快速”，即在快速助跑的前提下完成快速起跳和快速过杆。

1) 起跳技术训练

(1) 原地起跳动作模拟练习。

(2) 行进间起跳动作模拟练习。

2) 助跑结合起跳技术训练

(1) 背对皮筋原地起跳、2～3步弧线助跑双脚起跳越过皮筋。

(2) 小弧线2～4步助跑起跳技术练习，主要练习放脚踏跳、摆动腿和两臂的摆动，保持良好身体姿态和助跑节奏下快速起跳的能力。

(3) 4～6步弧线节奏跑接起跳练习。

(4) 8～10步全程助跑起跳练习。

(5) 全程助跑加轻起跳练习。

(6) 全程助跑起跳摸高练习，主要练习在全程快速助跑下全力起跳的能力。

(7) 全程助跑起跳练习。

3) 过杆和落地技术训练

(1) 原地、双脚连续起跳，背对肋木或双杠做挺身展髋。

(2) 站在弹跳板上做跳上海绵垫的练习。要求：两脚开立同肩宽，充分向上蹬起，不要倒体过早，以免影响送髓展体动作，肩背着垫落地。

(3) 4 步助跑过低杆练习、全程助跑过低杆练习。

(4) 2～4 步助跑跳上矮高台或仰卧练习，体会身体各部位的肌肉感觉。

(5) 全程助跑完整技术训练。

4) 速度训练

跳高运动员的速度素质包括位移速度、动作速度和反应速度，结合跳高的技术特点，重点发展跳高专项速度素质。

(1) 30 米弯道、直道计时跑。

(2) 30 米直道 + 30 米弯道计时跑。

(3) 上坡跑或下坡跑。

(4) 150～200 米跑。

(5) 各种快速重复动作的练习，如原地快速摆臂和摆腿练习，快速高抬腿练习，起跳腿踏上跳箱盖快速蹬伸练习等。

(6) 持轻器械或轻负重的快速摆动和起跳练习。

(7) 各种活动性游戏、球类、体操等练习。

5) 力量训练

(1) 杠铃负重深蹲、半蹲、提踵、卧推、抓举。

(2) 弹性负重深蹲：练习负荷为最大负荷的 40%～60%，要求运动员在深蹲的最低部位时依靠重力在下肢肌肉不主动发力的情况下，做 2～3 次振幅为 10 厘米左右的连续起伏振动动作(上体的形态保持不变)，然后借肌肉弹性发力蹬伸。

(3) 跳深练习：从台阶上连续向下跳的练习，利用运动员自身体重在向下跳的过程中的重力作用，刺激肌肉中的弹性成分。着地时以前脚掌着地，膝关节角度为 140°～150°，膝关节角度尽量保持不变，以便保证肌腱等弹性成分所受的刺激强度。

(4) 各种负重或徒手的腰腹肌练习。

(5) 负重快速踏上跳箱盖蹬伸练习。

(6) 前抛或后抛铅球。

(7) 各种跳跃练习。

6) 灵敏性、协调性和柔韧性训练

(1) 准备活动中的游戏、各种球类运动、简单的练习体操。

(2) 各种拉长练习、摆振练习、背桥练习等。

7) 耐力训练

(1) 长时间、小强度的各种形式跑的练习，各种组合式循环练习。

(2) 长时间的球类活动。

(3) 长时间、小强度的各种跳跃练习。

(七) 三级跳远

三级跳远是人体经过快速助跑后，由单足跳、跨步跳和跳跃所组成的连续 3 次向前腾越水平距离的运动项目。三级跳远的历史可以追溯到远古时代，在公元前的古奥运会上，就设有五级跳远比赛项目。后来，以 3 次完成整个跳跃的比赛活动逐渐普及，并在苏格兰、爱尔兰和英格兰地区广为流行。

由于三级跳远要经历 3 次起跳，其中还要经历 2 次在坚硬的跑道上落地，对人体产生的震动较大，对支撑器官要求较高，因此长期以来只在男子中开展。直到 1991 年，国际业余田径联合会才决定将三级跳远列为女子比赛项目。男子三级跳远成绩突出的国家有美国、日本、俄罗斯、巴西等国家，乌克兰、俄罗斯和东欧一些国家的女子三级跳成绩突出。

■ 小资料

在 1896 年第 1 届奥运会上，三级跳远被列为正式比赛项目，美国选手詹姆斯·康诺利以 13.71 米夺得金牌，成为现代奥运会的第一个三级跳远冠军。

1911 年，美国选手艾亨创造了被国际田联正式承认的第一个三级跳远世界纪录，成绩为 15.52 米。

1996 年，在第 26 届亚特兰大奥运会上，乌克兰运动员克拉维茨成为第一个女子三级跳远奥运会冠军，成绩为 15.33 米。

1. 技术特征

200 年来，三级跳远技术不断变化发展，由最初的自由式跳法逐渐发展到高跳型和平跳型两种技术，之后又出现了速度型技术。现代三级跳远技术已朝着充分发挥助跑速度，三跳紧密衔接和尽量减少各跳中水平速度的损失，并根据运动员的自身特点确定三跳长度的比例关系和最佳节奏方向发展。合理的“三跳比例”是取得优异运动成绩的保证。现代三级跳远技术的发展趋向是适当减少第一跳的远度，加大第三跳的远度。

三级跳远的技术是由助跑和连续三次跳跃组成的。第一跳(单足跳)必须用起跳腿着地，第二跳(跨步跳) 必须用摆动腿着地，第三跳(跳跃)是双脚落入沙坑。

三级跳远的助跑距离一般为 35～40 米，跑 18～20 步。业余运动员和女子运动员一般跑 8～12 步。

三级跳远技术图见图 4-2-7。

图 4-2-7

2. 三级跳训练

三级跳远技术训练是为了提高助跑速度、踏板准确性和节奏感，保持助跑与三次跳跃的直线性，完善起跳技术和三跳的最佳比例，维持三跳平衡。重点是助跑与起跳相结合的技术。训练方法如下：

(1) 原地、上一步、走动、行进间跨步跳的动作模拟。

(2) 2～4 步助跑单足跳、跨步跳、助跑后单足跳接跨步跳。

(3) 4～6 步助跑后单足跳接跨步跳。

(4) 4～6 步助跑起跳跨进沙坑，摆动腿着地向前跑出。

(5) 4～6 步助跑跨步跳，摆动腿着地起跳，两脚落入沙坑。

(6) 短、中、长助跑起跳练习。

(7) 短、中、长助跑的三级跳远。

(8) 全程助跑练习、全程助跑起跳练习、全程助跑三级跳远。

三级跳远是一个对身体素质要求高、技术复杂、身体素质与技术须高度统一的田径项目。因此，身体训练必须全面发展，必须拥有良好的弹跳力、跳跃的灵敏性、弹跳的耐力，以及良好的短跑速度。身体素质的训练可参照跳远和短跑的训练方法。

(八) 铅球

推铅球是单手持球置于肩上锁骨处，在直径 2.135 米的投掷圈内通过滑步或旋转，集中全身力量以最快的出手速度将铅球推出，以获得尽可能远度的投掷项目。世界男子优秀铅球运动员的身高大多在 1.90 米以上，体重多在 120 公斤以上；女子铅球运动员身高大多在 1.80 米以上，体重多在 90 公斤以上，可以说是一群巨人在比赛，极具观赏性。女子铅球、男子铅球历来都是欧美运动员的天下，其他国家能进入世界大赛的前 8 名是非常不容易的。

铅球是一项古老的投掷项目。早在原始社会，就有投掷石块的游戏，它是人类与大自然抗争的产物。大约在公元 1150 年，希腊雅典曾举行过一次规模盛大的投掷重圆石的比赛，大力士们把圆石举起再掷向远方，以投掷距离的远近来决定名次，这就是推铅球比赛的前身。公元 1340 年左右，欧洲出现了火炮，在士兵中出现了投掷炮弹的比赛，最早的炮弹是圆形的，重量为 16 磅，约合现在的 7.26 公斤，因此现代的铅球依然沿用了这个形状和重量。19 世纪末，推铅球成为体育比赛项目，最初的铅球是铅制的，所以中文称作铅球。

■ 小资料

1896 年，在第 1 届希腊雅典现代奥运会上，铅球成为投掷比赛正式项目，美国运动员加雷特以 11.22 米获得冠军。

1909 年，美国运动员拉·罗斯以 15.54 米的成绩创造了第一个铅球世界纪录，这个纪录保持了 19 年。

1926 年，奥地利运动员海德·克普尔在维也纳以 9.57 米创造了第一个女子铅球世界纪录，当时使用的铅球重量是 5 公斤。

1934 年，德国选手吉·毛厄尔迈尔以 14.38 米的成绩，创造了 4 公斤女子铅球第一个正式世界纪录，这项纪录保持了 14 年。

1948 年，第 14 届伦敦奥运会将女子铅球列为奥运项目，法国运动员米·奥斯特迈尔以 13.75 米获得金牌。

1. 技术特征

推铅球技术由最初的原地推球，逐步发展为上步推球、侧向滑步推球、半背向滑步推球，直至现代采用的背向滑步和旋转推铅球技术。现代推铅球技术包括准备阶段、滑步、最后用力以及维持身体平衡四部分。

1) 握持铅球、预备姿势(准备阶段)

握持铅球的方法和预备姿势，应做到自然、放松，为预加速阶段和最后用力创造良好条件。

2) 滑步(预加速阶段)

通过侧向滑步、背向滑步或旋转的形式，使人体和器械获得一定的速度。预加速阶段的动作要自然协调，应充分利用场地，均匀加速并保持一定的节奏，要能控制住器械，维持好身体平衡。此外，预加速的速度大小要与运动员的技术和身体素质水平相适应，并与投掷的最后用力阶段紧密结合，不应出现减速和停顿现象。预加速阶段结束时，身体应形成良好的超越器械的姿势。

3) 最后用力阶段

在预加速阶段结束时身体取得超越器械姿势的基础上，合理调动全身各运动器官协调用力，最后通过投掷臂和手的动作，以最快的速度将力量集中到铅球上，并以适宜的角度把器械投掷得更远。最后用力动作的要点是：蹬、转、送、抬、挺、撑、推、拨。

4) 维持身体平衡(结束阶段)

器械出手后，要通过降低身体重心、交换两腿位置和改变身体运动方向等动作，维持器械出手后的身体平衡，避免犯规。

推铅球技术图见图 4-2-8。

图 4-2-8

2. 推铅球训练

1) 握持铅球、预备姿势技术训练

(1) 半蹲、深蹲蹬腿伸臂高推铅球。

(2) 双臂在体前弯曲至胸高处，双手用手指用力来回倒球。

(3) 身体直立，在腿部轻微用力配合下，右手将铅球高抛超过左肩，然后用左手接球。

2) 滑步技术训练

(1) 徒手模拟侧向、背向滑步技术。

(2) 行进间连续侧向、背向滑步。

(3) 持球练习侧向、背向滑步技术，铅球不出手。

3) 最后用力和维持身体平衡技术训练

(1) 原地正面左、右单臂或双臂推橡胶球、实心球或铅球。

(2) 原地侧向推铅球。

(3) 原地背向推铅球。

(4) 侧向滑步推铅球完整技术练习。

(5) 背向滑步推铅球完整技术练习。

4) 力量训练

(1) 杠铃练习：卧推，后颈负杠铃深蹲起和半蹲起，深蹲或下蹲时抬脚后跟，有或无弓箭步的抓举，抓提杠铃至颚部，在体前和体后双臂提铃，在体前和体后双臂举铃，负铃 1/4 转体，提铃至胸，从胸部前推杠铃，高举小杠铃，双臂提器械交替屈伸同时蹲起等。

(2) 实心球、壶铃和沙袋练习：后抛或向前高抛实心球，侧臂高举壶铃，负器械腰回环和转体，仰卧起坐和俯卧抬体。

(3) 立定三级跳，助跑三级跳，跳高，跳越障碍，台阶跳，跳绳。

(4) 负沙袋或杠铃的各种跳：50 米单腿跳，30～100 米跨步跳等。

(5) 推加重铅球练习。连续推一些相同和不同重量的铅球，双手头上掷铅球。

5) 速度训练

深蹲式、站立式或行进中起跑后直至 40 米的快跑，100～200 米变速跑、加速跑等。

(九) 标枪

掷标枪是投掷者以一手握持器械，经直线助跑和投掷步后，以最快的出手速度和最适宜的出手角度，将标枪从体后经肩上向前掷出并尽可能获得远度的投掷项目。在原始社会，人们就用“标枪”作为狩猎、获取生活资料的工具和与野兽搏斗保护自身安全的武器。在古代，掷标枪不仅是古希腊奥运会五项运动的比赛项目之一，也是各国统治者对国民进行身体训练和军事训练的一种手段。近代标枪运动最早是在北欧的挪威、芬兰、瑞典等国开展起来的；1886 年，欧洲进行了第一次标枪比赛，瑞典人维格特以 35.81 米获得胜利，而当时投掷标枪的方法则是五花八门的。欧洲运动员在标枪比赛中一直占据着领先地位，尤其是芬兰被誉为“标枪之国”。

■ 小资料

1908 年，在英国伦敦第 4 届奥运会上，瑞典运动员埃·勒明成为现代奥运会的第一个标枪冠军。1912 年，在瑞典斯德哥尔摩举行的第 5 届奥运会上，埃·勒明蝉联冠军，成绩为 60.64 米。同年 9 月，他以 62.32 米创造了男子标枪的第一个正式世界纪录。

女子标枪运动开展较晚，1920 年才在世界范围逐渐推广，标枪重量 800 克，以左、右手投掷的总远度之和定名次。1932 年，在第 10 届洛杉矶奥运会上，女子标枪被列为正式比赛项目。美国运动员米·迪德里克森以 43.68 米获得冠军，并创造了第一个女子标枪世界纪录。

1. 技术特征

掷标枪是一个比较复杂的多轴性旋转项目，技术性非常强，要想获得好成绩，就需从助跑到最后用力，保持动作的连贯性，不能有丝毫停顿，要把从助跑获得的能量完全转化到标枪纵轴上，并以最快的速度、最大的弧度作用于标枪的纵轴。掷标枪技术一般由准备阶段、助跑、最后用力阶段和结果阶段四个部分组成。

1) 持握标枪、预备姿势(准备阶段)

持握标枪包括握枪和持枪，握枪有普通式和现代式，持枪有肩上式和肩下式。持握器械必须做到稳固，能充分利用投掷臂的长度，对器械有良好的肌肉感觉，能控制住器械。整个准备阶段应自然放松，为助跑阶段和最后用力阶段创造条件。

2) 助跑

助跑的任务是使人体和器械获得一定的速度，标枪的助跑由预跑和投掷步组成，动作应自然、协调，要充分利用场地，均匀加速并有一定节奏，能控制住器械，维持好身体平衡。另外，助跑的速度大小要与运动员的技术和身体素质水平相适应，并与投掷的最后用力阶段相结合，不应出现减速和停顿现象。助跑阶段结束时，应形成良好的超越器械的身体姿势。

3) 最后用力阶段

最后用力阶段是在助跑阶段结束时身体取得超越器械姿势的基础上，合理调动全身各运动器官协调用力，最后通过投掷臂和手的动作，以最快的速度将力量集中到器械上，并以适宜的角度把器械投掷得更远。

4) 结束阶段

器械出手后，要通过降低身体重心、交换两腿位置和改变身体运动方向等动作，维持器械出手后的身体平衡，避免犯规。

掷标枪技术图见图 4-2-9。

图 4-2-9

2. 投标枪训练

1) 助跑技术训练

(1) 徒手交叉步练习。

(2) 持枪交叉步练习。

(3) 以各种速度做持枪助跑练习和持枪助跑接投掷步练习。

(4) 全程助跑，采用不同的助跑速度做引枪练习。

2) 最后用力和维持身体平衡技术训练

(1) 原地和上步插枪、投小球或石块、掷标枪。

(2) 原地侧向掷轻标枪、标准枪或投掷其他器械。

(3) 投掷步掷标枪或投掷其他器械。

(4) 短程、半程、全程助跑掷标枪或投掷其他器械。

(5) 原地或上步做大幅度、快速度的展体“拉弓”动作。

3) 速度训练

(1) 短、中、长距离持枪快跑，利用下坡持枪快跑，持枪跑接投掷步的节奏跑。

(2) 手扶肋木做快速的蹬腿、送髋和挺胸、拉肩练习。

(3) 原地正面、原地侧向和上步，徒手或手持软树枝做各种“鞭打”练习。

(4) 原地侧向、交叉步、助跑，对挡墙或挡网掷垒球、小沙包和轻橡皮球。

4) 力量训练

(1) 杠铃负重练习：单臂或双臂从头后屈肘拉起杠铃片；坐凳肩负杠铃转体；单手或双手持杠铃片，单臂或双臂向不同方向绕肩转动或绕肘、腕转动；单手或双手持杠铃片做右腿蹬转展体拉“满弓”的练习；俯卧在跳箱或“山羊”上，两手肩后持轻杠铃片，上体尽量前屈，两腿由同伴压住，然后上体充分后屈抬起成反弓形，抬上体时可结合做向左、右转体动作。

(2) 单杠悬垂，两腿后摆并充分展体挺髋，然后快速收腹举腿使两脚触及头上方的单杠。

(3) 实心球练习：正面单手或双手从头后向前上方掷实心球；正面上一步、上两步、助跑以单手或双手从头后向前上方掷实心球；侧向站立，原地或上步蹬腿、送髋、转体用力，以单手或双手从头后向前上方掷实心球；两膝弯曲跪在体操垫上，上体面对投掷方向充分后仰成反弓形，双手从头后向前上方挡墙掷实心球。

(4) 一手抓住胶带(胶带另一端固定)，原地、上一步或交叉步用力拉成“满弓”。

(5) 原地、上步、投掷步或短程助跑掷橡皮球、小铁球或加重标枪。

(十) 铁饼

掷铁饼是单手握持铁饼站在投掷圈后缘，经旋转后充分发力，以最快的出手速度和最适宜的出手角度，将铁饼从体侧后方向前掷出，并尽可能获得远度的投掷项目。公元前 5 世纪，古希腊的伟大雕塑家米开朗基罗的杰作“掷铁饼者”，将这一项目瞬间的运动之美刻画得惟妙惟肖。米开朗基罗的掷铁饼者，上体前倾，持饼臂后摆，两腿分开站立，间距与胸同宽，这与当代掷铁饼技术中用力前的预备姿势极其相似。

在人类的运动史上，掷铁饼是最古老的运动项目之一。远在古奥运会前，投掷圆石片的游戏已广为流传，后来古代奥运会把它作为正式比赛项目。在古希腊，掷铁饼还是统治者对国民进行身体训练的一种手段，但比赛所用的扁圆石块，重量和大小没有统一的标准。比赛时，运动员站在一个石台上，做几次预摆后将铁饼掷出，运动员不准离台，投掷的方向不受限制，以掷远为目的。关于古代奥林匹克运动会的成绩，没有确切的记载。据说，当时有一位名叫福莱盖依的运动员，曾把铁饼掷过宽约 50 米的阿尔菲奥斯河，可见当时的运动员已有相当高的水平。

在男子世界铁饼运动纪录中，美国占尽优势，曾获得 13 届奥运会冠军，25 次创世界纪录，50 米、60 米、70 米大关都是由美国运动员率先突破的。女子铁饼的优势国是俄罗斯，她们在奥运会、世界杯以及世界田径锦标赛上，一直居领先地位。

■小资料

1896 年，美国运动员罗·加勒特在第 1 届雅典奥运会上以 29.15 米获金牌。

1928 年，在第 9 届阿姆斯特丹奥运会上，女子铁饼成为正式比赛项目，波兰运动员哈·科诺帕茨卡以 39.62 米获得冠军。

1936 年，德国著名投掷运动员吉·毛厄尔迈尔以 48.31 米的成绩，创造了第一个女子铁饼世界纪录。

1. 技术特征

掷铁饼技术经历了原地掷、上步掷、侧向旋转掷、背向旋转掷等阶段，大幅度、快速度、低重心的换步式背向旋转掷铁饼技术是当今最流行的技术。完整的掷铁饼技术由准备阶段、预摆铁饼、旋转、最后用力和出手后维持身体平衡 5 个部分组成，如图 4-2-10 所示。

图 4-2-10

2. 掷铁饼训练

1) 技术训练

(1) 徒手模拟练习和原地投掷短木棒等辅助器械。

(2) 正面原地掷铁饼，原地侧向掷铁饼，原地背向掷铁饼。

(3) 正面旋转模拟练习，背向旋转模拟练习。

(4) 正面、侧向、背向旋转掷辅助器械或铁饼。

(5) 在投掷圈内练习完整技术，采用不同重量的器械进行完整技术练习。

2) 力量训练

(1) 各种姿势、重量的杠铃负重练习。

(2) 各种姿势的原地和旋转抛实心球。

(3) 发展各关节小肌群力量的练习，膝关节、踝关节、脚部、前臂、手腕和手指的屈伸。

3) 速度训练

(1) 完整技术的逐渐加速练习。

(2) 快速抛掷各种轻器械练习。

(3) 跑和跳跃的练习。

(十一) 接力跑

接力跑是田径径赛项目中以规定人数、限定距离并以接力棒、接力带(公路接力跑)为传接工具的集体项目。由于竞争的激烈性和比赛结果的难预测和多变性，接力跑成为田径运动赛场上最令人兴奋的项目之一。长期以来，美国一直是男子接力的霸主，女子接力则由欧美体育强国平分秋色。

接力跑的起源有多种说法，有的认为源于古代奥运会祭祀仪式中的火炬传递，有的认为与非洲盛行的“搬运木料”或“搬运水坛”游戏有关，也有的认为是从传递信件的邮驿演变而来的。

■ 小资料

1911 年 9 月，美国队在一次 4 × 440 码接力赛中，跑出了 3 分 18 秒 2 的成绩，后被国际田联批准为 4 × 440 码和 4 × 400 米接力的第一个世界纪录。

1912 年，在第五届斯德哥尔摩奥运会上，男子 4 × 100 米、4 × 400 米接力被首次列为奥运会项目，英国队以 42 秒 4 获得 4 × 100 米冠军，德国队在预赛中以 42 秒 3 创造了这个项目第一个正式世界纪录，而美国队则以 3 分 16 秒 6 获得 4×400 米冠军。

1928 年，在第 9 届阿姆斯特丹奥运会上，首次进行了女子 4×100 米接力赛，加拿大获得冠军，成绩为 48 秒 4。

1936 年，在柏林奥运会上，德国队在预赛中以 46 秒 4 创造了该项第一个女子正式世界纪录，但是决赛中该队脱棒，未获得名次。

1969 年，苏联莫斯科队创下了第一个女子 4 × 400 米正式世界纪录，成绩为 3 分 47 秒 4，1972 年，在第 20 届慕尼黑奥运会上，女子 4 × 400 米接力正式成为比赛项目，民主德国队以 3 分 23 秒夺得金牌。

接力跑成绩的好坏，不仅取决于每个队员的成绩，而且在很大程度上取决于队员之间的密切配合和传接棒技术的好坏。接力跑时，跑的技术与短跑途中跑技术相同。

1) 4 × 100 米接力跑技术特征

起跑：第 1 棒运动员采用蹲踞式起跑，通常用右手持棒，接力棒不得触及起跑线或起跑线前的地面。第 2、3、4 棒运动员在预跑线以内自己确定的起跑位置上，用站立式或一手撑地的半蹲踞式起跑。第 2、4 棒运动员应站在各自分道中线外侧用左手准备接棒，第 3 棒运动员站在自己分道中线内侧用右手准备接棒。

传接棒方法：传接棒的方法有上挑式和下压式两种。上挑式接棒人的手臂自然向后伸出，掌心向后，虎口张开朝下，传棒人将棒由下向上传到接棒人手中。下压式接棒人的手臂后伸，掌心向上，虎口张开朝后，拇指向内，其余四指并拢向外，传棒人将棒的前端由上向前下方传到接棒人手中。

传接棒的时机与位置：传接棒应该在传棒人跑速不下降和接棒人已发挥出接近自己最高跑速，两人相距约 1.50 米，跑速相等的瞬间完成。这个时机的位置应在接力区前段约 16 米处为宜。

2) 4 × 400 米接力跑技术特征

4 × 400 米接力跑运动员的跑速相对较慢，而且每名运动员跑到最后时速度还会下降，因此对传接棒技术的要求相对降低。第 1 棒运动员用蹲踞式起跑，第 2、3、4 棒运动员用站立式起跑。传接棒方法可采用上挑式，也可以采用下压式，但都是右手传棒，左手接棒。因此，第 2、3 棒运动员在途中跑时，应将接力棒由左手换到右手。接棒运动员接棒前，头转向后方，密切注意本队运动员的跑进情况。如果传棒运动员最后仍保持一定的跑速，则应该早些起动；如果传棒运动员跑速较慢，起动则应该晚些，甚至等待接棒。传棒运动员将棒传出后，应在不影响其他运动员跑进的情况下退出跑道。

(十二) 3000 米障碍跑

3000 米障碍跑是在田径场的跑道上跑越一定障碍的竞赛项目，它要求运动员具有长跑的耐力和技术，掌握跨越障碍和水池的技能，同时还要求运动员有刚毅果敢、顽强拼搏的意志品质。目前，这个项目只有男运动员的比赛。

障碍跑起源于英国人的猎狐游戏。19 世纪中叶，英国最早举行障碍跑比赛。1900 年，在巴黎举行的第 2 届奥运会上，2500 米、4000 米障碍跑首次列为比赛项目。1904 年，在美国圣路易斯市举行的第 3 届奥运会上，只设置了 2500 米障碍赛。1908 年，在英国伦敦举行的第 4 届奥运会上，障碍赛的距离为 3200 米。1920 年，在比利时安特卫普举行的第 7

届奥运会上，障碍赛的距离被确定为3000米，迄今未变。到了1954年，国际业余田径联合会才正式承认3000米障碍跑的世界纪录。

障碍跑全程总共要35次跨越91.4厘米高的障碍，7次涉过3.66米长的水池。运动员每跑一圈，都要越过5个栏架，而越过最后一个栏架后紧接着要涉过水池。越过障碍栏架的方法有两种：一种是直接跨越，另一种方法是踏上跳下。

(十三) 撑杆跳高

撑杆跳高是田径运动中技术最复杂，看起来也最为惊险、刺激的项目之一。现代撑杆跳高运动是由原始的撑杆跳跃演变而来的。在古代，人们为了适应生活和生产的需要，在交通设备极不完善的条件下，就用木棍撑着跳过河沟和不高的障碍，后来在军队中，人们用撑长杆跳过战壕、矮墙等方法训练士兵的战斗技能。到18世纪中叶，德国学校体育教材中出现了撑杆跳高的内容。

从1896年的第1届雅典奥运会开始，撑杆跳高就一直是正式比赛项目。在第1届奥运会上，美国选手威·霍伊特以3.0米的成绩获得冠军。1912年，美国运动员赖特以4.02米首破4米大关，创造了第一个正式的世界纪录。从第1届奥运会开始，美国运动员垄断撑杆跳高这个项目长达72年之久。直到上世纪80年代后，东欧的一些运动员才开始超过美国选手。从1984年开始，撑杆跳高进入了“布勒卡”时代。

女子撑杆跳高是在2000年的第27届悉尼奥运会上被列为正式比赛项目的，美国运动员斯泰西·德拉吉拉获得冠军。

撑杆跳高技术图见图4-2-11。

图 4-2-11

(十四) 链球

链球是田径运动中唯一用双手持器械进行投掷的运动项目。比赛时，在周围设有U字形护笼、直径为2.135米的圆圈内，运动员借助快速的连续旋转将球掷出。被掷出的链球球体必须落在40°角的扇形区内方为有效。链球从把手内侧至球体远端全长为117.5～121.5厘米，球体直径为102～120毫米，重量为7.26公斤。

链球起源于中世纪苏格兰矿工在劳动之余用带木柄的生产工具铁锤进行的掷远比赛，后逐渐在英国流行。19世纪后期，链球成为英国牛津大学和剑桥大学运动会的比赛项目。当时使用的器械是拴木柄的铁球，后来为了便于投掷，将木柄改为钢链，链球之名由此而来。掷链球最初采用原地投，后逐渐改进为侧向投、旋转一圈投、两圈投、三圈投，现在的运动员多采用四圈投。

掷链球的技术要点在于旋转，即通过运动员的连续加速旋转，使链球产生越来越大的离心力，这个离心力的大小直接关系着掷球的远近。把 7.26 公斤的链球掷到 70～80 米远，作用在人体的离心力可达 350 公斤。因此，使链球有效地加速，同时又维持好身体的平衡，处理好离心力与向心力的关系，是掷链球技术的关键所在。

掷链球技术图见图 4-2-12。

图 4-2-12

■ 小资料

1900 年，在第 2 届巴黎奥运会上，掷链球被列为男子比赛项目。1900—1924 年，连续 6 届奥运会上，美国人成为这个项目的主宰，其中著名选手约·弗拉纳根一人就 3 次蝉联奥运冠军，这也是奥运会链球史上唯一取得这样成绩的选手。

从 20 世纪 60 年代开始到 90 年代，苏联运动员逐渐占据了上风，除了 1968 年、1984 年未参加的两届奥运会之外，苏联包揽了这个项目的全部金牌，特别是在 1976 年、1980 年、1988 年这三届奥运会上，链球的金牌、银牌、铜牌全部为苏联获得。

女子链球是在 2000 年的第 27 届悉尼奥运会上被列为比赛项目的，波兰运动员卡米拉·斯科里莫夫斯卡获得冠军。

(十五) 全能运动

全能运动是将跑、跳、投等各种不同田径单项在规定日期内，按一定顺序进行比赛的综合性运动项目。国际田联规定的奥林匹克运动会正式全能比赛项目为男子十项全能和女子七项全能。男子十项全能要求运动员必须在两天内按顺序完成十项比赛。第一天：100 米跑、跳远、铅球、跳高、400 米跑；第二天：110 米跨栏、铁饼、撑杆跳高、标枪、1500 米跑。女子七项全能比赛的顺序为第一天：100 米跨栏、跳高、铅球、200 米跑；第二天：跳远、标枪、800 米跑。男子十项全能和女子七项全能的比赛成绩都是按照国际业余田径联合会制定的专门田径运动全能评分表，将各个单项成绩所得的评分加起来计算的，总分多者为优胜。

田径全能运动曾经历过多次演变和不断增大难度的过程。在公元前 776 年开始的古希腊运动会上，就举行过包括场地跑(约 192.27 米)、跳远、掷铁饼、掷标枪和角力的古代五项全能运动。古希腊人把全能运动的优胜者看成是最光荣的“武士”，而现代奥运会也把全能运动称为“运动皇冠”，把全能运动员称为“田径之王”。

■ 小资料

1904 年，第 3 届美国圣路易斯奥运会将古代五项全能中的角力改为 1500 米跑，新的男子五项全能被列为比赛项目。同时，这届奥运会还首设了男子十项全能比赛，英国人凯利以 6036 分夺得金牌。当时十项全能的项目是 100 码(91.44 米)跑、推铅球、跳高、880 码(804.60 米)竞走、掷链球、撑杆跳、120 码(118.87 米)跨栏、跳远、掷壶铃、一英里(106.34

米)跑，项目设置与后来的十项全能有较大区别。

1912年，第5届奥运会在瑞典的斯德哥尔摩举行。在这届奥运会上，男子十项全能的比赛项目是100米跑、跳远、铅球、跳高、400米跑、110米栏、铁饼、撑杆跳高、标枪、1500米跑。这些项目从那时起便固定下来，沿用至今。当时这些项目分三天进行，后来改为两天完成。

1922年，爱沙尼亚的克鲁姆贝格以7481的总分创造了第一个正式的世界纪录。从1922年开始设立世界纪录至今，男子十项全能的项目没有发生变化，但计分方法却经历了数次改动，有1920年、1934年、1950年、1962年和1986年5种计分法。

1963年4月，我国台湾选手杨传广一举打破了世界纪录，按1960年计分法，成绩为8089分，若按原来的计分法，则达到9121分，第一次突破9000分大关。

女子全能运动是发展较晚、变化最多的田径项目。早期是三项全能，1923年开始采用五项全能，在1980年第22届莫斯科奥运会后，国际田联决定将女子五项全能改为女子七项全能，并从1981年起设置世界纪录。

五、田径世界纪录

男子田径世界纪录(截至2008年)见表4-1。

表4-1　男子田径世界纪录

项目	成绩	创造者	国籍	时间	地点
100米	9秒69(+0.0)	乌塞恩·博尔特	牙买加	2008.8.16	北京
200米	19秒30	乌塞恩·博尔特	牙买加	2008.8.20	北京
400米	43秒18	迈克尔·约翰逊	美国	1999.8.26	塞维利亚
800米	1分41秒11	威尔逊·基普凯特	丹麦	1997.8.24	苏黎世
1000米	2分11秒96	诺·恩吉尼	肯尼亚	1999.9.5	列蒂
1500米	3分26秒00	西查姆·埃尔·奎罗伊	摩洛哥	1998.7.14	罗马
2000米	4分44秒79	西查姆·埃尔·奎罗伊	摩洛哥	1999.9.8	柏林
3000米	7分20秒67	丹·科曼	肯尼亚	1996.9.1	列蒂
5000米	12分37秒35	贝克勒	埃塞俄比亚	2004.5.31	荷兰
10 000米	26分17秒53	贝克勒	埃塞俄比亚	2005.8.26	布鲁塞尔
3000米障碍	7分53秒64	沙希恩	卡塔尔	2004.9.3	布鲁塞尔
马拉松	2小时3分59秒	格布雷西拉西耶	埃塞俄比亚	2008.9.27	柏林
20 000米竞走	1小时17分25秒6	塞桂拉	墨西哥	1994.5.7	卑尔根
50 000米竞走	3小时40分57秒9	图坦	法国	1996.9.29	埃利库尔
20公里竞走	1小时16分43秒	谢尔盖·莫洛佐夫	俄罗斯	2008.6.8	萨兰斯克
30公里竞走	2小时01分44秒	毛里齐奥·达米拉诺	俄罗斯	1992.10.3	库内奥
50公里竞走	3小时34分13秒	尼泽戈罗托夫	澳大利亚	2008.5.11	澳大利亚
110米栏	12秒87	罗伯斯	古巴	2008.6.12	捷俄斯特拉发

续表

项目	成绩	创造者	国籍	时间	地点
400 米栏	46 秒 78	凯文·扬	美国	1992.8.6	巴塞罗那
4×100 米接力	37 秒 10		牙买加	2008.8.22	北京
4×400 米接力	2 分 54 秒 20		美国	1998.7.22	纽约
4×800 米接力	7 分 2 秒 43		肯尼亚	2006.8.25	布鲁塞尔
10 公里	27 分 01 秒	格布雷西拉西耶	埃塞俄比亚	2002.12.11	多哈
20 公里	55 分 31 秒	旺吉鲁	肯尼亚	2007.3.17	海牙
半程马拉松	58 分 35 秒	旺吉鲁	肯尼亚	2007.3.17	海牙
1 英里	3 分 43 秒 13	西查姆·埃尔·奎罗伊	摩洛哥	1999.7.7	罗马
2 英里	7 分 58 秒 61	丹尼尔·科门	肯尼亚	1997.7.19	肯尼亚
跳高	2 米 45	哈维尔·索托马约尔	古巴	1993.7.27	萨拉曼卡
跳远	8 米 95(+0.3)	鲍威尔	美国	1991.8.30	东京
三级跳远	18 米 29(+1.3)	埃德沃兹	英国	1995.8.30	哥德堡
撑杆跳高	6 米 14	谢尔盖·布勃卡	乌克兰	1994.7.31	塞斯特列雷
铅球	23 米 12	兰迪·巴恩斯	美国	1990.5.20	洛杉矶
铁饼	74 米 08	丁尔根·舒尔特	前东德	1986.6.6	新勃兰登堡
标枪	98 米 48	扬·泽莱兹尼	前捷克	1996.5.26	耶拿
链球	86 米 74	尤里·谢迪赫	前苏联	1986.8.30	斯图加特
十项全能	9026 分	塞布尔勒	捷克	2001.5.28	福拉尔贝格

女子田径世界纪录(截至 2008 年)见表 4-2。

表 4-2 女子田径世界纪录

项目	成绩	创造者	国籍	时间	地点
100 米	10 秒 49(0.0)	格里菲斯·乔伊娜	美国	1988.7.16	印地安纳波利斯
200 米	21 秒 34(+1.3)	格里菲斯·乔伊娜	美国	1988.9.29	汉城
400 米	47 秒 60	马里塔·科赫	前东德	1985.10.6	堪培拉
800 米	1 分 53 秒 28	娅尔米拉·克拉托赫维洛娃	前捷克	1983.7.26	慕尼黑
1000 米	2 分 28 秒 98	斯·玛斯科特娃	俄罗斯	1996.8.23	布鲁塞尔
1500 米	3 分 50 秒 46	曲云霞	中国	1993.9.11	北京
3000 米	8 分 06 秒 11	王军霞	中国	1993.9.13	北京
5000 米	14 分 11 秒 15	蒂努内塞·迪巴巴	埃塞俄比亚	2008.6.8	奥斯陆
10000 米	29 分 31 秒 78	王军霞	中国	1993.9.8	北京
2000 米障碍	6 分 11 秒 84	玛琳娜·普鲁兹尼科娃	俄罗斯	1994.7.25	圣彼得堡

续表

项目	成绩	创造者	国籍	时间	地点
3000 米障碍	8 分 58 秒 81	萨米托娃	俄罗斯	2008.8.17	北京
马拉松	2 小时 15 分 25 秒	保拉・拉德克里夫	英国	2003.4.13	伦敦
2 英里	8 分 58 秒 58	梅塞莱特・德法尔	埃塞俄比亚	2007.9.14	布鲁塞尔
5000 米竞走	20 分 02 秒 60	吉兰・奥苏利文	爱沙尼亚	2002.7.13	都柏林
10000 米竞走	41 分 56 秒 23	雷斯基娜	前苏联	1990.7.24	西雅图
20000 米竞走	1 小时 26 分 52 秒 3	伊万诺娃	俄罗斯	2001.9.6	布里斯班
5 公里竞走	20 分 13 秒 26	克里・萨克斯比 琼娜	澳大利亚	1996.2.25	霍巴特
10 公里竞走	41 分 04 秒	叶琳娜・尼科拉耶娃	俄罗斯	1996.4.20	阿德勒
20 公里竞走	1 小时 25 分 11 秒	奥尔加・卡尼斯基娜	俄罗斯	2008.2.23	俄・阿德列尔
100 米栏	12 秒 21(+0.7)	约丹卡・东科娃	保加利亚	1988.8.20	旧扎格拉市
400 米栏	52 秒 34	尤里娅・佩奇昂基娜	俄罗斯	2003.8.8	图拉
4 × 100 米接力	41 秒 37		前东德	1985.10.6	堪培拉
4 × 200 米接力	1 分 27 秒 46		美国	2000.4.29	宾夕法尼亚
4 × 400 米接力	3 分 15 秒 17		前苏联	1988.10.1	汉城
4 × 800 米接力	7 分 50 秒 17		前苏联	1984.5.8	莫斯科
10 公里	30 分 38 秒	麦科尔根	英国		
20 公里	1 小时 3 分 21 秒	洛娜・基普拉加特	荷兰	2006.10.8	匈・德布勒森
半程马拉松	1 小时 06 分 43 秒	千叶正子	日本	1997.1.19	东京
1 英里	4 分 12 秒 56	斯・玛斯科特娃	俄罗斯	1996.8.14	苏黎世
1 小时跑	18517 米	图内	埃塞俄比亚	2008.6.12	捷俄斯特拉发
跳高	2 米 09	斯特夫卡・科斯塔迪诺娃	保加利亚	1987.8.30	罗马
跳远	7 米 52(+1.4)	加利娜・奇斯佳科娃	前东德	1988.6.11	列宁格勒
三级跳远	15 米 50(+0.9)	因尼萨・克拉维茨	乌克兰	1995.8.10	哥德堡
撑杆跳高	5 米 05	伊辛巴耶娃	俄罗斯	2008.8.18	北京
铅球	22 米 63	纳塔利娅・利索夫斯卡娅	前苏联	1987.6.7	莫斯科
铁饼	76 米 80	加布里尔・赖因施	前东德	1988.7.9	新勃兰登堡
标枪	72 米 28	斯波塔科娃	捷克	2008.9.13	斯图加特
链球	78 米 67	莱森科	俄罗斯	2007.5.26	索契
七项全能	7291 分	杰基・乔伊娜 克西	美国	1988.9.24	汉城

第三节　田径健身运动

一、田径健身运动概述

田径健身运动，是当今最为流行的健身运动方式之一，由于不受场地、器材的限制，田径健身运动深受大众欢迎，在世界各国、各个社会阶层、各个年龄段的人群中，十分普及。事实上，田径健身运动既包括一些田径竞技项目的内容，也有降低难度的亚竞技项目内容，运动形式接近于人体的各种自然走、跑、跳跃、投掷等，能全面有效地发展身体素质和基础运动能力，在学校体育教学和大众健身中都具有重要的基础地位。

田径健身运动的内容丰富，形式多样，供各类人群选择的余地较大，运动负荷可控，安全性较强，是全民健身运动的一种有效手段。经常进行田径健身运动，可全面发展人体的力量、速度、耐力、灵敏、柔韧等素质和多种综合能力，提高机体对外界环境变化的适应能力，提高机体对疾病的防御能力，它对促进青少年生长发育，维持和提高成年人旺盛的生命活力，延缓老年人的衰老过程，都有积极的作用。同时，它还可以为人们进行其他竞技运动或健身运动打下良好的体能基础。

二、田径健身运动锻炼的方法

在参加田径健身运动时，要注意锻炼的方法，方法得当，则事半功倍；方法不当，则可能事与愿违，无法达到预期的目标。体育锻炼不可能一蹴而就，要掌握科学的方法。

(一) 重复锻炼法

重复锻炼法是指在一次锻炼过程中，反复练习某个简单的走、跑、跳、投的动作，通过多次重复练习来增加机体的总负荷，使机体受到刺激并产生适应性变化，达到增强体质的目的。例如，一定距离的快速跑、匀速跑、障碍跑、集体跑等若干次；某个跳跃动作若干次或组；某一个投掷动作投若干次等等。锻炼时，要根据完成该动作所需要的体能和承受的负荷来确定重复次数，同时要保证练习的质量。

(二) 间歇锻炼法

间歇锻炼法是指严格控制重复练习之间的休息时间，在机体尚未完全恢复的状态下就进行下一次练习，以形成对机体的刺激，从而使机体产生适应性变化和超量恢复。间歇锻炼的方案，可根据锻炼者的练习次数、负荷、间歇时间和休息方式等来组合。间歇时间，则可根据每次练习后的心率恢复情况来确定，正常情况下每分钟不低于 120 次，但也应根据锻炼者的年龄、性别、体能和体质健康状况而有所区别，因人而异。

(三) 变换锻炼法

变换锻炼法是指变换锻炼的环境和条件，改变运动的负荷量和强度，以及动作的难度、速度和组合，这样做可能对中枢神经系统的协调性和机体调节的灵活性产生特殊作用。例如，在跑的锻炼中增加跑的距离或提高跑的速度，在跳的锻炼中增加高度或远度，在连续跳跃中增加跳跃的次数，在投的锻炼中增加器械的重量或由原地投变为上步、助跑投，由在运动场锻炼变为到公园、野外锻炼等等。这种锻炼方法尤其符合儿童和青少年的心理特征，因此在学生中使用效果显著。在使用这种方法时，要注意处理好负荷量和负荷强度的变化关系，通常负荷量增加时，就应适当降低负荷强度；负荷强度增加时，就要适当降低负荷量。

(四) 持续锻炼法

持续锻炼法是指在相对较长的时间内，用较低和较稳定的强度，不间断地连续地跑完一定距离或一定时间，有效地增强呼吸系统和血管系统的功能，发展一般耐力。持续锻炼法属于有氧锻炼，在运用持续锻炼法时，心率通常为130次/分钟左右，或在集体跑行进中同伴之间能交谈而不觉气急来控制负荷强度。用持续锻炼法减肥时，跑的时间必须在20分钟以上，因为20分钟以内的持续运动的能量来自糖类的分解，只有持续运动20分钟以后才能进入脂肪分解时期。

(五) 综合锻炼法

综合锻炼法是指把前几项锻炼手段进行不同的组合运用，或将走、跑、跳、投的练习和动作合理搭配、组合，进行循环锻炼。运用综合锻炼法，可以在有限的时间内使身体得到较全面的锻炼，同时，变换项目还能起到休息的作用。

三、田径健身运动锻炼的负荷

(一) 田径健身运动负荷的概念

运动负荷，是指锻炼者所承受的生理负荷，是由运动量(运动数量、持续时间、休息间歇的时间)、运动强度(神经、肌肉的用力程度和心理的紧张程度)、运动难度(协调动作的质量)等组成的。

锻炼中，如果运动负荷太小，有机体的机能就得不到提高；如果运动负荷太大超过了承担能力，就会产生过度疲劳；如果停止在一个水平上，有机体的机能和身体素质就不能进一步发展。所以，运动负荷的安排，应根据锻炼任务、锻炼者的水平，逐步地、有节奏地加至所能承担的最大限度。加大运动负荷不是目的，只是提高锻炼水平的一个手段。运动负荷的大小是相对的，所谓“最大限度”也没有一个固定的、适用于所有人的统一标准，要依具体情况而定。一般情况下，我们可以参考以下标准对运动负荷的大小进行判断：

小运动量(初级)：采用最大心率×60%的强度进行锻炼，每周锻炼3～4次，每次20～30分钟。

中运动量(中级)：采用最大心率×70%的强度进行锻炼，每周锻炼5～7次，每次30分钟。

大运动量(高级)：采用最大心率×80%的强度进行锻炼，每周锻炼5～7次，每次30～60分钟。

(二) 田径健身运动负荷的最佳区间

与田径竞技运动相比，田径健身运动负荷的量与强度要小很多，因此，在进行田径健身运动时，运动负荷应该由小到大，并且形成一个适应—再加大—再适应的过程。也就是说，锻炼应从小运动量开始，当身体健康状况有所改善，身体机能有所提高，身体确实感觉良好时，再增加运动量。

其实，田径健身运动的负荷有一个最佳区间，即：锻炼的有效心率在120次/分钟～140次/分钟范围之间。因为，心率在110次/分钟以下时，机体的血压、血液成分、尿蛋白和心电图等都没有明显变化，健身价值不大；心率在130次/分钟左右时，每搏输出量接近和达到一般人的最佳状态，健身效果明显；心率在150次/分钟左右时，每搏输出量开始出现缓慢下降；心率增加到 160 次/分钟～170 次/分钟之间时，也许不会出现太严重的不良反应，但这样也不会达到更好的健身效果。所以，我们通常把健身效果的最佳区间，确定为心率在 120 次/分钟～140 次/分钟之间，但这一范围专指提高有氧代谢能力的体育锻炼，不包括最大无氧代谢能力的锻炼。

在控制健身锻炼负荷时，选择难度不大，稍加努力便可达到要求的练习内容，可始终对所练内容充满兴趣与信心，有助于养成自觉锻炼的习惯。

(三) 田径健身运动负荷的测定方法

进行田径健身运动，每一次锻炼的负荷不宜过大，最好是在上次锻炼的疲劳与酸痛基本消除、人的身体感到比较舒适时，再进行下一次锻炼。我们可以通过以下两种方法，对运动负荷进行测定。

1. 观察法

观察法就是通过对锻炼者的面色、排汗量、呼吸频率、动作、表情等进行观察，来判断运动负荷是否合适。如果锻炼以后面色微红，排汗不多，呼吸中速或者稍快，动作准确，步态轻盈，表情愉快，属轻度疲劳，运动负荷不大；如果锻炼以后面色很红，排汗较多，呼吸显著加快，动作步子不稳，身体摇晃，自控力较差，表情略有倦意，则属中度疲劳，运动负荷较大；如果锻炼以后面色很红或苍白，大量出汗，呼吸急促，节律紊乱，动作失调，步态不稳，身体颤抖，反应迟钝，表情疲乏，则是重度疲劳，这种情况属于运动负荷过量。

2. 心率指标测定法

锻炼结束后，立刻测定颈动脉或腕动脉脉搏 10 秒钟，再乘以 6，得出每分钟的心率，然后计算出与最高心率相对应的百分数。一个人的最大心率等于 220 减去年龄(最大心率=220－年龄)。用这个办法，每个健身者都可以根据自己锻炼后的即刻心率数得出自己的运动强度，待脉搏恢复到最大心率的一半时，再进行下一次练习。

一个人接近极限负荷的脉搏次数，减去安静时脉搏次数之后的 70%，再加上安静时脉搏次数，是对身体影响最好(能获得最大摄氧量和心输出量)的运动负荷。而以 180 减去年龄数，则可以得出自己锻炼应该达到的适合心率。

四、锻炼效果的评价

经过田径健身运动锻炼后，为了判断锻炼内容、方法是否适当，运动负荷是否合理，锻炼的效果是否有效，可进行主客观方面的评价。

主观评价包括锻炼者自我评价和指导者(体育教师或社会体育指导员)的评价。

自我评价：锻炼后自我感觉身心愉快、精神振奋、情绪高涨，说明锻炼效果显著；如果身心疲劳、抵触惧怕、情绪低落，则说明锻炼效果较差；如果感觉介于两者之间，就需要对选择的内容、方法、手段、负荷等进行必要的调整。

指导者的评价：通过观察和询问，了解锻炼者的身体反应、心理反应、运动能力等，经过综合分析后，做出锻炼方法是否恰当、运动负荷是否合理、学习与生活安排是否有序等方面的指导性评价。

客观评价是参照国家颁布的相关项目的评分标准，如《国家体育锻炼标准》、《全国田径业余锻炼等级标准》和《大学生体质测试标准》，以及体育课的考试标准等进行评价。

表 4-3 所示是《全国田径业余锻炼等级标准》(部分)。

表 4-3 全国田径业余锻炼等级标准

项　目	男　子			女　子		
	一级	二级	三级	一级	二级	三级
100 米	12 秒 8	13 秒 6	14 秒 6	14 秒 2	15 秒	16 秒
200 米	26 秒 5	28 秒	30 秒	30 秒	31 秒 8	33 秒 8
400 米	1 分	1 分 5 秒	1 分 10 秒	1 分 10 秒	1 分 15 秒	1 分 20 秒
800 米	2 分 20 秒	2 分 30 秒	2 分 56 秒	2 分 45 秒	2 分 56 秒	3 分 30 秒
1500 米	5 分	5 分 30 秒	6 分 10 秒	5 分 50 秒	6 分 20 秒	7 分
3000 米	10 分 50	11 分 30 秒	13 分	12 分 40 秒	13 分 40 秒	14 分 40 秒
跳高	1.55 米	1.40 米	1.20 米	1.35 米	1.20 米	1.05 米
跳远	5.20 米	4.50 米	3.80 米	4.20 米	3.60 米	3.10 米
三级跳远	11.30 米	10 米	8.50 米	8.80 米	7.60 米	6.20 米
铅球	10.50 米	9 米	7.50 米	9.50 米	8 米	6.80 米

注：铅球重量为男子 5 公斤，女子 3 公斤。

五、田径健身运动项目

田径健身运动形式多样，内容丰富，可分为健身性走步、跑步、跳跃和投掷 4 大类。

(一) 健身性走步运动

健身性走步属于时间长、运动量大的有氧代谢耐力练习。依据地形，健身性走步有上下楼梯、过独木桥、趟小河沟、上下坡走等；依据身体姿势来划分，有后退走、侧身走、足尖走、弓箭步走、半蹲走等；如果是团队配合锻炼，有协同走、往返走、击掌接力和走盲道等。此外，还可以将锻炼的地点安排在环境优美的大自然中，如散步、疾走、远足等。总之，健身性走步可以在任何时候、任何地方、与任何人一起进行活动，技术非常简单，不需要什么特殊装备，容易被各年龄段的人接受，这种锻炼方式可以融入日常生活，长期坚持下去。

从锻炼的效果来看，健身性走步是一种全身性的缓和运动，可以使所有的身体器官和组织活跃起来，增加能量(体内多余脂肪)的消耗，有保持正常体重和减肥的功效。同时，这种锻炼方式还可以提高腿部骨骼和肌肉的力量，能缓和神经和肌肉的紧张，增强肌肤的弹性，促进骨骼的正常发育，延缓和防止骨质疏松，校正不良的行走姿势；可以保持良好的心血管、呼吸系统的机能，增强心肺功能，预防心脑血管和呼吸系统疾病。

健身性走步一般是在环境宜人的地方进行，益智怡情，可以缓解工作学习和生活带来的压力，有助于消除身心疲劳，解除忧虑紧张的情绪，对防治神经衰弱、改善睡眠、保持心理健康有较好的效果。所以，健身性走步被称为最完美的运动，已成为一种生活时尚。

1. 健身走(疾走)

目的：改善心肺功能，发展有氧耐力，培养走步能力和意志品质。

场地：平坦的地面即可。

方法：头摆正，肩要平，挺胸抬头，眼看前方，自然收腹，两臂靠近体侧前后自然摆动，两脚沿一条直线向前行。时间控制在30分钟以内，速度大约每分钟150～200米。

疾走是介于普通走步和竞走之间的一种健身性运动方式，步频和步幅也介于二者之间，详见表4-4。

表4-4 健身走与普通走、竞走的区别

	步 频	步 幅
普通走	每分钟100～120步	70～80厘米
健身走(疾走)	每分钟130～170步	90～110厘米
竞走	每分钟180～200步	100～120厘米

2. 散步

目的：保持有氧耐力和腿部肌肉力量。如结伴散步，说笑聊天，可调节情绪、改善心境。

场地：最好选择环境幽静、空气新鲜的地方，如在人行道、公园小道、社区街道、绿化地悠闲地散步，如果有明媚的阳光则更好。

方法：随便地慢慢地向前迈步，一边走一边观光，也可以伴随着迈步做一做深呼吸、哼哼小曲，还可以结伴散步，边走边聊。散步活动时间长短要因人而异，建议散步30分钟以上。

3. 远足

目的：发展和保持有氧耐力和腿部肌肉力量，调节情绪、改善心境、陶冶情操、培养意志品质。

方法：以步行的方式到野外去游玩，远足前应当做好准备工作，包括选择时间、选择地点、组织准备和必备用品准备。

远足最好选择在天气较暖而又非雨季时进行，单纯的远足活动，时间不宜拖得太长，在组织准备上要有明确分工，各尽其责，互相帮助，活动安排要紧凑。必备用品准备包括衣着、鞋袜、帽子、眼镜、雨具、背袋、日用品、医药品、卫生用品等。远足地点要选择生态环境较好的地方，远离被污染的地区和嘈杂的地区，建议选择比较开阔、干燥的地方，最好既有草地、日照，又有适当的林木，应该尽量避开山谷和密林。如果想在远足活动中获得更大的收获，还可以考虑选择具有生态考察、文物考察、景点观光、植物观察、化石学习、登山等活动条件的地方。

远足活动应注意行走方法和行走速度，中间可酌情适当休息。为了使行程更富有情趣，可适当安排一些游戏活动、唱歌比赛、植物观察、景点观光等，但不能过分影响行进速度，不能过于疲劳。如果是一日往返的远足，不必安排过多内容。

4. 上下楼梯走

目的：改善心肺功能，发展有氧耐力，增强腿部肌肉力量。

方法：上楼梯时，身体稍前倾，重心前移，前腿用力登楼梯，后腿离地屈膝前上摆，也可以用一只手扶着楼梯扶手；下楼梯时，身体正直或稍后仰，前腿踏上楼梯后再向前移重心，后腿自然屈膝前下摆，用一只手扶着楼梯扶手更安全。建议控制在10～20分钟，然后根据体能逐渐增加时间和距离。

5. 过独木桥

目的：发展身体平衡能力，增强腿部肌肉力量。

方法：过独木桥前应当把鞋底下的露水、泥巴等擦干净，防止打滑；过独木桥时要眼看脚下，防止踩空，脚成外八字形着地，随着两脚的交替行进，手臂自然外张，维持身体平衡。

6. 上下坡走

目的：改善心肺功能，发展有氧耐力和适应环境的能力，增强腿部肌肉力量。

方法：上坡走时，迈步时要看路，上体稍前倾，摆腿要屈膝，脚着地时要踩实后再用力，用前腿支撑体重，后腿离地时要自然屈膝；下坡走时，迈步时要看路，上体正直或稍后仰，摆腿幅度小，脚着地时要踩实后再移重心，后腿离地时要自然屈膝。下坡走时不要跑，不要跳。建议控制在10～20分钟，然后根据体能逐渐增加时间和距离。

7. 倒退走

目的：发展有氧耐力、腰背肌和大腿后侧肌肉力量，减轻腰背疼痛，提高小脑平衡能力。

场地：在田径跑道上或在人群较少的地方进行，保证运动安全。

方法：上体正直，一条腿屈膝向后退步，先以脚尖着地，再向后滚动至全脚掌着地，身体重心随之后移，然后另一条腿屈膝向后退步，两腿交替后退走，两臂协同摆动，步子不宜过大和过快。倒退走活动时间和距离的长短要因人而异，建议控制在30分钟以内，然后根据体能逐渐增加时间和距离。也可以采用倒退走与向前走交替的方式进行锻炼。

8. 侧身走

目的：发展有氧耐力、腰背肌和大腿内侧肌肉力量，减轻腰背疼痛，提高小脑平衡能力。

场地：在田径跑道上或在人群较少的地方进行，保证运动安全。

方法：上体正直，身体侧对前进方向，侧后腿经体前或体后移动成交叉步，两腿交替进行，两臂协同摆动，步子不宜过大和过快。活动时间和距离的长短因人而异，建议控制在10～20分钟，然后根据体能逐渐增加时间和距离。

9. 足尖走

目的：发展小腿肌肉力量，增强踝关节和足弓力量。

场地：田径跑道或平整的地方。

方法：上体正直，脚后跟提起，一条腿伸直向前迈步，以前脚掌着地，脚跟不着地，两腿交替进行，两臂协同摆动，步子不宜过大和过快，活动时间建议控制在10～20分钟，然后根据体能逐渐增加。

10. 弓箭步走

目的：全面发展下肢肌肉力量，增强髋、膝、踝关节力量。

场地：田径跑道或平整的地方。

方法：上体微微前倾，一条腿屈膝送髋向前迈步，全脚掌着地后，另一条腿开始动作，两腿交替进行，两臂协同摆动，步幅尽量大一些，活动时间建议控制在10～20分钟，然后根据体能逐渐增加。

11. 半蹲走

目的：全面大负荷地发展下肢肌肉力量，增强髋、膝、踝关节力量。

场地：田径跑道或平整的地方。

方法：上体微微前倾，保持屈膝半蹲姿势，向前行走，两臂协同摆动，活动时间和距离建议控制在 10～20 分钟，然后根据体能逐渐增加。

12. 协同走

目的：发展灵敏性和协调性，培养合作精神。

场地：选择一块场地，地面要平坦。距离 30～50 米画两条白线，分别为起点线和终点线，将锻炼者分成 3 人一组，根据组数多少准备供协同走用的木板鞋。游戏者站成一路纵队，或者用橡皮条把游戏者的踝关节两两套在一起，或用手绢把游戏者的踝关节两两捆绑在一起，形成一列横队。

方法：听到“开始”的口令后，3 人协同向前走，要求 3 人同时前进，看哪组协同走得好、走得快。

13. 往返走击掌接力

目的：发展走步能力，向同伴展示自我和团队配合能力，体验参加团队游戏的快乐。

场地：在场地上画一条起点线，然后在 30 米距离内每隔 10 米画一条线，并且根据队数在每条线上插 1 面小旗。

方法：锻炼者分成若干队，每 4 人一队。发令后，各队排头出发，先走到 30 米处绕过小旗继续向前走，然后再走到 20 米处绕过小旗继续向前走，最后再走到 10 米处绕过小旗返回起点线，与本队第 2 人击掌后，第 2 人再出发，所有的人都按照上述方法活动，直至本队最后 1 人走回起点线，并以各队走回起点线的顺序排定名次。

14. 连体人

目的：培养合作精神，体验与同伴的亲近感。

场地：跑道若干条，起点线距离终点线 20 米。

方法：自选同伴，两人一组，将报纸挖两个洞，分别套在两人的脖子上，将两人连在一起。游戏开始后，两人向前走到终点。如果报纸中途破碎，则停止游戏，以报纸不破碎者为优胜。

15. 走盲道

目的：体验残障人士的艰辛，学会尊重和关爱。

场地：30 米长的跑道 8 条，每道中间放置 2 个实心球为障碍物，准备 8 个眼罩和 8 根探路棍。

方法：给参加游戏者蒙上眼罩，将他们带到跑道中间准备，发出“开始”口令后，游戏者持探路棍向前走，边探边走，直至持棍走过终点线。活动中，绕过、迈过实心球都可以，但不能串道影响他人，以抵达终点线的先后顺序排列名次。

(二) 健身性跑步运动

健身性跑步，也叫耐力跑或慢跑，属于全身性有氧运动。常见的健身性跑步有慢跑、定时跑、越野跑、原地健身跑，以及提高跑步能力和兴趣的上下坡跑、倒退跑、侧身滑步跑、集体跑步等。快速跑也属于健身性跑步的内容，但锻炼的方法近似田径竞技运动的短跑项目。

健身性跑步的特点是“长、慢、远”，被称为“有氧代谢运动之王”，可有效提高人的心肺功能和机能水平，预防心脑血管和呼吸系统疾病，对消耗体内多余脂肪、保持体型、控制体重有明显作用。另外，健身性跑步还可以提高全身骨骼和肌肉的力量，缓和神经、肌肉的紧张感，增强肌肤的弹性，促进骨骼的正常发育，延缓和防止骨质疏松。而在缓解人的精神压力、消除身心疲劳、增添生活情趣方面，健身性跑步也有明显效果，是一项参与人数众多、风靡全球、长盛不衰的运动。

健身性跑步简单易行，不受场地、器材、气候等客观条件的限制，可以成为日常生活的一部分。

1. 慢跑

目的：改善心肺功能，发展有氧耐力，培养奔跑能力和意志品质。

场地：平坦的地面即可。

方法：身体稍向前倾，头部正直，两眼注视前方。两肩放松，五指自然弯曲并握拳，两肘约成90度弯曲，配合下肢步伐的节奏轻松地前后摆动，摆臂动作的幅度不宜太大。呼吸时，一般是通过鼻腔进行较浅的腹式呼吸，采用二步一呼、二步一吸或三步一呼、三步一吸的呼吸方法，并保持呼吸节奏和步频协调配合。

慢跑应该每天一次，距离1000～5000米，建议控制在30分钟以内，然后根据体能逐渐增加跑步的时间和距离，待适应后，不必增加运动量，而是以加快跑速来增加运动强度。在初级阶段，练习者可根据自己的身体状况做走跑交替练习，每周或每月增加1000米，一般增至5000米即可。

2. 定时跑

目的：改善心肺功能，发展体质较弱者的有氧耐力和体力。

场地：平坦的地面即可。

方法：练习方法与慢跑一样，但是不限速度和距离，只规定跑的时间为10～20分钟。也可以有距离和时间的限制，并随锻炼水平的提高缩短跑步的时间，或加快跑的速度、延长跑的距离。

3. 原地健身跑

目的：改善心肺功能，发展体质较弱者的有氧耐力和体力。

场地：平坦的地面即可。

方法：高抬腿，脚尖轻轻落地提踵，脚跟不着地，利用反弹力量，使动作有节奏地进行，两脚离地时要高于地面20厘米，两臂自然前后摆动，抬头、含胸、收腹，呼吸要自然。跑步的节奏可采用3∶3呼吸法，即吸—吸—吸，呼—呼—呼，鼻吸口呼，吸气要匀细，呼气要充分。初练原地跑步者，速度宜慢，一分钟140～160步，每次跑5～10分钟，心率一般可控制在105～140次/分钟。计算原地跑步数时，可以计算一只脚每15秒跑多少步，然后乘以4，即可得到每分钟的步数。

跑步的动作熟练后，即可开始练习闭眼原地慢跑，待闭眼跑能保持平衡后，就可以正式进行原地数息慢跑。原地数息慢跑是一种对身心锻炼非常有益的健身方法，数息不是数呼吸的次数，而是数跑步的次数。具体方法可以在百数之内反复默数，使精神集中，排除杂念。

4. 倒退跑

目的：预防和矫正含胸、驼背等一些不良姿态，有放松肌肉、缓解腰痛的作用。倒退跑还可提高运动方向的判断力，锻炼小脑的平衡，增加身体的灵活性和协调性。

场地：需要在田径跑道上和人群少的情况下进行，以保证运动安全。

方法：挺胸抬头，双目平视，双手握拳屈肘于体侧腰上部。先左腿屈膝收小腿向后迈，身体重心后移。右脚前脚掌积极推地后，左右脚交替跑步。倒退跑时，一定要注意重心积极后移，高抬小腿，在感觉疲劳和难以控制平衡时，就改为正着跑，如 50 米倒跑、100 米正跑、100 米倒跑、200 米正跑等。

5. 侧身滑步跑

目的：发展有氧耐力、腰背肌和大腿内侧肌肉力量，减轻腰背疼痛，提高小脑平衡能力。

场地：在田径跑道上或人群较少的地方进行，以保证安全。

方法：跑步时侧身，或向左跑或向右跑。向左跑时，右脚先从左脚之前向左移动一次，左脚则从右脚之后向左移动一步，右脚再从左脚之后移动一次，左脚则从右脚之后移动一步，如此为一复步。向右跑时，左、右脚的方向相反。不管向左跑还是向右跑，左右脚都要在一条线上行进，也可先向左跑 10～20 个复步，再向右跑 10～20 个复步，如果自我感觉良好，可适当延长距离。

6. 集体跑步

目的：使参与者体验集体运动的乐趣，培养相互协作配合的意识，提高锻炼兴趣。

场地：平坦的地面或者环境优美的野外。

方法：可以采用发展速度性质的快速接力跑，也可以采用发展耐力素质的团体长跑，以及两人以上的慢跑等。

(三) 健身性跳跃运动

跳跃运动是使身体向前或向上、原地或行进间、单脚或双脚、单次或多次起跳，以取得较长腾空时间和较远腾空距离，越过一定高度或远度的障碍，达到锻炼人体跳跃能力的运动项目。常见的健身性跳跃项目有立定跳远、立定三级跳远、短距离助跑跳远、短距离助跑三级跳远、连续单腿跳、连续蛙跳、跨大步和跨步跳等，这些项目都是远度跳跃项目；而垂直方向上的健身跳跃项目则有原地纵跳摸高、行进间助跑摸高、连续原地抱膝跳、双脚向上跳起等。跳绳、跳方格等跳跃游戏和民间跳跃娱乐活动也可列入健身性跳跃项目。

进行跳跃练习，可以有效地提高神经传导的灵活性和神经系统支配肌肉收缩与放松的能力；能改善位觉器官和前庭器官的机能，提高平衡与协调能力；通过练习，可以有效地发展腿部力量，特别是爆发力，提高下肢的柔韧性和运动幅度。而连续跳跃则对发展呼吸、循环等内脏器官的功能有积极的作用。

跳跃性练习可以提高人的弹跳素质，但由于跳跃性项目对神经、肌肉的刺激较大，运动强度也相应较大，因此不宜作为一种长期锻炼的方式，应根据健身目标和体质要求，在短期锻炼计划和每次锻炼计划中作为辅助内容进行练习。锻炼时应利用沙坑、海绵包等松软物，对人体形成一定的保护，尤其要注意屈膝缓冲落地技术的练习。

1. 跳绳

目的：提高心血管系统和呼吸系统的功能，提高肌肉长时间工作的能力，提高下肢的爆发力。

场地：一块小小的平地。

方法：绳长以脚踩绳子中央、两手握绳分别至两侧腋下为宜。跳绳时两手轻握绳子两端，肘关节微屈并紧靠身体两侧。两手稍外展，手与身体保持一定距离。跳绳时，以前臂和手做圆周形的绕环动作并带动绳子做相同的运动。趁前脚掌蹬地使人体腾起之际使绳子由脚下通过，这样算完成一次跳绳动作。向上跳起不必太高，以能够让绳子通过脚下即可。应充分利用手腕的力量来加大绳子的运动速度。

跳绳是一种比较剧烈的运动，应根据自己的身体状况制定切实可行的计划和目标。计划的实施也应根据具体情况灵活运用，通过系统锻炼后，可逐渐延长跳绳的持续时间，增加跳绳的次数，变换跳绳的方法(单脚、双脚、单人跳、双人跳、多人跳、双绕环动作等)。跳绳时应穿比较紧身的运动服和富有弹性的运动鞋，这样可以防止因服装过于宽松而妨碍活动或因鞋子不能有效缓冲外力而引起脚部损伤。

2. 立定跳远

目的：提高向远跳的能力。

场地：平坦的地面即可。

方法：两脚原地开立，两臂预摆几次后，两腿用力蹬伸跳起，两臂尽力向上引，带动身体向前，然后收腹举腿前伸落地。

3. 高姿多级蛙跳

目的：发展腿部力量，提高连续向远跳的能力。

场地：需要在田径跑道、跳远场地进行。

方法：两脚原地站立，半蹲姿势，两臂及两腿用力蹬伸，然后收腹举腿落地。落地后继续保持半蹲姿势不停顿向前跳 2～10 级。

4. 连续兔跳

目的：发展腿部力量，提高连续向远跳的能力。

场地：需要在田径跑道、跳远场地进行。

方法：两脚原地站立，半蹲姿势，两手体后互握，身体正直，两腿用力蹬地，不停顿向前跳 6～10 级。

5. 立定三级跳

目的：发展腿部力量，提高连续向远跳的能力。

场地：需要在田径跑道、跳远场地进行。

方法：原地站立用力向前跳起，第一跳为单足跳，第二跳为跨步跳，第三跳为两腿迅速并拢收腹举腿前伸落地的跳跃。

6. 多级跨步跳

目的：发展腿部力量，提高连续向远跳的能力。

场地：需要在田径跑道、跳远场地进行。

方法：原地站立用力向前跳起后，前后分腿，前摆腿屈膝高抬前摆积极着地，后蹬腿用力蹬伸并伸直留后，两腿不停顿向前交替跳 5～10 级。

7. 单足连续向前或左右跳

目的：发展腿部力量，提高连续向远跳的能力。

场地：需要在田径跑道等活动人群少的地方进行。

方法：单腿连续向前或向左右大幅度、高速度跳跃，两臂积极配合摆动保持平衡。跳跃 20～30 米后，换另一条腿跳回。

8. 跳深

目的：发展腿部力量，提高向高跳的能力。

场地：平坦的地面即可。

方法：从 30～60 厘米的高处跳下，用单脚或双脚落地，紧接着做跳起摸高练习，或者跳过 1～3 个垂直障碍物(栏架、跳箱等)。

9. 原地纵跳

目的：发展腿部力量，提高向高跳的能力。

场地：平坦的地面即可。

方法：原地全蹲或半蹲，两臂后摆，然后迅速用力向上摆动，同时带动两腿向上蹬伸，尽可能获得最高的腾空高度。屈膝落地后，可连续做若干次。也可以在腾空后做转体 90°、180°、270°、360°等动作。

10. 台阶跳

目的：发展腿部力量，提高连续向高跳的能力。

场地：高度 30～50 厘米的台阶。

方法：一条腿蹬踏在台阶上，另一条腿支撑于台阶下，两腿及两臂同时用力带动身体向上跳起，在最高点时换腿，落地后连续进行。也可以双脚跳上跳下。

11. 直腿分腿跳

目的：发展腿部力量，提高连续向高跳的能力。

场地：平坦的地面即可。

方法：两腿屈膝站立，两脚用力起跳后，两腿快速做直腿前后交换，跳后屈膝落地，多次重复。要求逐步加快两腿前后交换的速度及幅度。

(四) 健身性投掷运动

投掷是人体运用自身的力量，将投掷物投远或投准的一种运动方式。参加投掷运动，可以提高人的力量水平、灵敏素质和协调能力。常见的健身性投掷运动项目有抛掷实心球、投垒球、推实心球、投掷纸飞机、投掷小石子、掷沙包、投掷飞盘、打水漂、抛地滚球和保龄球等。另外，俯卧撑、单杠引体向上、双杠屈臂悬垂、仰卧起坐、握力练习等上肢和躯干的力量练习，也可列入健身性投掷运动。

投掷运动可以锻炼人的上肢、躯干和腿部力量，可促进骨骼、肌肉、韧带的发育和完善，发展肌肉力量，有助于塑造健美的体型。但是，投掷练习由于对神经、肌肉的刺激较大，运动强度大，因此不宜作为一种长期锻炼的方式，应根据健身计划，进行间歇性的练习。

1. 投掷各种小器物

目的：发展上肢、躯干力量，锻炼身体的协调性。

场地：在活动人群较少而又相对开阔的空地上进行。

器材：各种小器物，如小石子、沙包、垒球、橡皮球、短木棍、羽毛球或废纸折成的纸飞机等。

方法：左肩侧对投掷方向站立，两脚分立与肩同宽，右手握持各种小器物，右臂向后侧方伸展，右腿弯曲，上体适当向右侧倾斜，然后右腿快速蹬伸转髋发力，将重心移向左腿支撑，躯干向左转体带动右臂向前方投掷出各种小器物。也可以在此之前加侧向交叉助跑、垫步或上步动作。

2. 投掷飞盘

目的：发展上肢、躯干力量，锻炼身体的协调性。

场地：较开阔的空地，在活动人群较少的情况下进行。

方法：两脚前后或左右站立，右手持飞盘于左髋处，或者右外侧后，紧接着两腿蹬地送髋，带动手臂向前投掷飞盘。最好两人或多人同时抛接练习。

3. 推实心球

目的：发展上肢、躯干力量，锻炼身体的协调性。

场地：较开阔的空地，注意避让周围活动人群，保证安全。

方法：左肩侧对投掷方向站立，两脚分立与肩同宽，右手握持实心球于颈部，右臂屈肘抬起与肩同高，右腿弯曲，上体适当向右侧倾斜，然后右腿快速蹬伸发力，将重心移向左腿支撑，躯干向左转体带动右臂向前方推出实心球，也可以在此之前加滑步、垫步或上步动作。

4. 抛掷实心球

目的：发展上肢、躯干力量，锻炼身体的协调性。

场地：较开阔的空地，注意观察周围人群活动情况，保证安全。

方法：抛掷实心球的方法有多种，如：

(1) 原地前抛(双手)：两脚左右开立与肩同宽，面对抛球方向，双手握持球成直立姿势，两腿弯曲，手臂下摆，然后双腿快速蹬伸，带动手臂向前上方抛球。

(2) 原地下手向前抛球(单、双手)：两脚前后站立(左脚在前，右脚在后)单(双)手持实心球于右髋处，前后预摆一次，紧接着右腿蹬地送髋，带动单(双)臂向前抛球。

(3) 原地转体抛球(单、双手)：两脚左右开立与肩同宽，左肩侧对抛球方向，单(双)手握持实心球于体侧，弯曲右腿，然后右腿蹬地转髋，带动躯干向抛球方向转动，并将实心球抛出。

(4) 原地侧身抛球(单手)：两脚前后站立与肩同宽，左肩侧对抛球方向站立，右手握持实心球于体侧。右腿弯曲，上体适当向右侧倾斜，然后右腿快速蹬伸，躯干侧摆将球向左侧前方抛出。

(5) 原地正面上手抛(双手)：两脚前后站立，左脚在前，右脚在后，双手握持实心球于头上方，右腿弯曲，上体后仰，右腿快速蹬伸，上体前摆，带动手臂向前上方将球抛出。

(6) 原地后抛(双手)：两脚前后开立与肩同宽，背对抛球方向，双手握持球于头上方，两腿弯曲，双手下摆于大腿内侧，然后两腿快速蹬伸，躯干后摆，双臂用力将球向后方抛出。

(7) 胯下后上方抛球(单、双手)：两脚左右开立，单(双)手持球于体前，上体前屈，单(双)手持球经胯下向后上方抛球，随即上体抬起转身将球接住。

5. 俯卧撑

目的：发展上肢及躯干力量。

场地：平坦的地面即可。

方法：两手按地，两手间距与肩同宽，两腿向后伸直。然后屈臂使身体平直下降，肩、肘保持同一平面，躯干、臂部和下肢都要挺直，撑起后恢复到原姿势为完成一次。

6. 单杠引体向上

目的：发展上肢及胸部肌肉力量。

场地：单杠。

方法：双手正握或者反握单杠，成悬垂姿势，两臂用力向上牵引身体，下颚超过单杠杠面为完成引体向上一次。技术成熟后可以使用身体摆动引体向上动作。

7. 双杠屈臂悬垂

目的：发展上肢及胸部肌肉力量。

场地：双杠。

方法：双臂支撑杠端或者杠间，屈臂使身体向下，然后用力向上支撑起身体为完成一次。技术成熟后可以使用身体摆动屈臂撑起动作。

8. 仰卧起坐

目的：发展躯干力量。

场地：平坦的地面即可。

方法：① 仰卧于垫上，双手抱头，双腿伸直，抬腿约 30°。② 仰卧于垫上，上身与双腿同时抬起，努力用手去摸脚背。③ 仰卧于垫上，抬上身，同时向左(右)转动 90°，用肘去摸右(左)膝盖外侧。④ 仰卧于垫上，双手抱头，双腿伸直，抬上身，用肘去摸双脚。

9. 握力练习

目的：发展持握能力。

场地：无要求。

方法：通过弯举双臂锻炼上臂肱二头肌；通过肘屈伸动作锻炼前臂的屈腕、屈指肌群；通过腕部屈伸动作加强手部肌群的协同、对抗能力。练习工具可用杠铃、哑铃或其他重物。

思考与练习

(1) 谈谈你对田径的认识，什么是田径，田径由哪些项目组成，你最感兴趣的是哪些项目。

(2) 结合你的锻炼经验，谈谈田径运动具有哪些功能。

(3) 谈谈跑类项目的动作技术原理是什么，如何提高奔跑的速度。

(4) 谈谈跳跃类项目的动作技术原理是什么，如何提高跳跃的远度。

(5) 谈谈投掷类项目的动作技术原理是什么，如何提高投掷的远度。

第五章 篮　　球

第一节 篮球运动概述

美国马萨诸塞州斯普林菲尔德市基督教青年会训练学校体育教师詹姆士·奈史密斯博士于1891年创造了篮球运动。开始时，他从工人和儿童用球向“桃篮”做投准的游戏中得到启发，设计了将两只桃篮分别钉在健身房内看台的栏杆上，桃篮上沿距离地面3.048米(10英尺)，用足球做比赛工具，向篮内投掷，投球入篮得一分，按得分多少决定胜负的规则。到1893年将竹质桃篮改为活底铁质球篮，并在铁篮下沿挂了网袋。由于在每次投中篮后，须将球重新取出来显得很麻烦，于是，在1913年将网底剪开，形成了近似现代的篮板、篮圈和篮网。因这项游戏起初使用的是桃篮和球，遂取名为“篮球”。

篮球运动产生后，由于它本身所具有的趣味性、竞争性和对抗性的特点，很快就在各地传播开来。1904年，美国青年会篮球队在第3届奥林匹克运动会上进行了篮球表演赛。1908年，美国制定了全国统一的竞赛规则，并用多种文字在全世界出版发行。此后，篮球运动逐步在中美洲、亚洲、欧洲、非洲和大洋洲开展起来。1932年国际业余篮球联合会成立。1936年第11届奥运会上将男子篮球列入正式比赛项目，1976年第21届奥运会上又增加了女子篮球比赛项目。现国际重大篮球赛事主要有：奥运会篮球比赛、世界篮球锦标赛。世界高水平的篮球职业联赛主要有：美国职业篮球联赛(NBA)、欧洲职业篮球联赛。

自20世纪30年代篮球运动登上世界体育舞台之后，由于规则的不断完善，对篮球的技战术提出了更高的要求，因此，比赛日趋激烈。随着技战术的进一步提高和高大队员的相继出现，世界各强队经过近20年的努力，开始力争在速度与高度方面取得优势，同时更加注意进攻与防守的平衡。直到20世纪70年代，篮球运动形成身高与技术同步发展的基本格局，使身体、技术、智力、心理等各对抗因素融为一体，为现代篮球运动奠定了基础。

进入20世纪80年代后的篮球运动开始向职业化方向发展。1986年，国际业余篮球联合会取消“业余”，改为国际篮联，翌年又通过了职业球员可以参加大赛的决定。这一重大改革促使了20世纪90年代世界篮球运动迅速向高速度、高空优势、激烈对抗的方向发展。

进入21世纪的今天，篮球将继续向高、快、全、准、变和女篮男子化发展，明星队员更加突出，技战术运用向“精练化”“技艺化”“智谋化”发展。今后，篮球运动的发展，将会使我们感到球场越来越小，比赛时间越来越短，篮球架越来越低，篮圈越来越大，场上变化越来越快，攻守队员身体接触越来越激烈，明星队员的特殊功能越来越突出，女子与男子的对抗形式越来越接近等。

篮球运动于 1896 年传入中国。一百多年来，篮球运动在中国已成为人们喜闻乐见的社会文化形态，在教育科学领域已成为一门教育学科，是一项重点发展的竞技运动。我国的篮球运动近几年来有较大的变革，篮球运动已进入职业化改革发展阶段，全国职业篮球联赛(CBA)和全国大学生篮球联赛(CUBA)呈现出良好的发展势头。我国的一些优秀运动员如王治郅、姚明、易建联等，进入世界最高水平的篮球联赛(NBA)发展。在 2008 年北京奥运会上，中国男子篮球队进入了前八名，女子篮球队获得了第四名的好成绩。

经常参加篮球运动，能改善中枢神经系统的机能，有利于改善学生完成动作的协调性，提高观察、判断和反应能力，增强循环、呼吸等器官系统的功能。紧张激烈的篮球比赛，还可以培养运动员积极、果断、勇敢、顽强的战斗意志和集体主义精神。

第二节 篮球运动的基本技术

篮球技术是队员在比赛中为了攻守目的所运用的各种专门动作的总称，分为进攻技术和防守技术两大部分，它们是篮球比赛的基础，是篮球比赛得以顺利进行的必要条件。

一、移动技术

移动技术是运动员在比赛中，为了控制身体重心，改变位置、方向、速度和争取高度所采用的各种脚步动作的总称。它是篮球技术的基础，与掌握和运用篮球技术，有着密切的联系。

(一) 移动的分类

(1) 基本站立姿势和起动。
(2) 跑：侧身跑、变速跑、变向跑、后退跑。
(3) 跳：双脚跳、单脚跳。
(4) 急停：跨步急停、跳步急停。
(5) 转身：前转身、后转身。
(6) 跨步：同侧步、异侧步。
(7) 滑步：侧滑步、前滑步、后滑步、后撤步。
(8) 攻击步。

(二) 移动技术分析

1. 基本站立姿势和起动

运动员在球场上需要保持一个既稳定又便于移动的站立姿势，即基本站立姿势。基本站立姿势有利于迅速、协调地去完成各种攻守技术。

基本站立姿势：两脚自然开立，稍屈膝，重心落在两脚间，上体稍前倾而放松，两眼注视全场，如图 5-2-1 所示。

图 5-2-1

起动：运动员在场上由静止状态变为运动状态并获得位移初速度的一种起始动作。在攻防中突然起动是摆脱对手和抢占有利位置的重要方法。

向前起动时，上体迅速前移，后脚用力蹬地并前移身体重心。起动后，前两三步应短促迅速，并配合手臂的快速摆动。向侧起动时，异侧脚前掌用力蹬地，上体侧转(脚尖指向迈进方向)，并向跑动方向移动重心，手臂协调摆动。

2．跑

(1) 侧身跑：比赛中队员为了抢位和接球，以及更好地观察场上的情况而经常采用的一种方法。向前跑动时，脚尖指向跑动方向，头和上体自然地转向有球方向。

(2) 变速跑：队员在跑动中利用速度的变换来完成攻守任务的一种争取主动的方法。加速时，利用两脚突然短促而有力地连续蹬地，上体前倾，加快跑的频率，手臂相应地摆动配合；减速时，脚前掌用力抵地减缓向前的冲力，同时上体直起，步幅放大，降低跑速。

(3) 变向跑：队员在跑动中突然改变方向、速度来摆脱防守或堵截进攻的一种方法。其方法是由右向左变向时，右脚前脚掌内侧用力蹬地，脚尖内扣，上体向左倾斜，移动重心，左脚向左前方跨出迅速超越，如图 5-2-2 所示。

图 5-2-2

3．跳

跳是队员在场上争取高度和远度的一种动作方法。队员掌握跳跃的动作要领，有利于提高跳跃的高度和远度，可以加强对球的控制，以便获得更有利的进攻和防守时机。

(1) 双脚跳：起跳时，两脚开立，屈膝下蹲，上体稍前倾，两臂弯曲后摆。起跳时两脚快速用力蹬地，伸膝提腰和向前上方摆臂，使身体向上腾起。身体在空中自然伸展，维持平衡。落地时用前脚掌先着地，并屈膝缓冲下落的重力，迅速恢复身体平衡，以便做下一个动作。双脚跳多在原地进行。

(2) 单脚跳：起跳时，踏跳腿微屈前送，用脚跟先着地制动并迅速屈膝过渡到前脚掌用力蹬地，同时提腰摆臂，另一腿快速上抬。当身体达到最高点时，摆动腿自然下放，与起跳腿并拢。落地时双脚要屈膝缓冲身体重力，保持平衡。单脚跳多用于跑动中。

4．急停

急停是队员在跑动中突然制动速度的一种动作方法，它也是随时转换和衔接各种脚步动作的过渡动作。掌握好急停动作直接影响到其他脚步动作的质量。

急停动作分跨步急停和跳步急停两种。

(1) 跨步急停：当队员在快速跑动中需要急停时，先向前跨出一大步，用脚跟着地并过渡到前脚掌抵住地面，迅速屈膝，腰胯用力，在两脚之间，两臂自然张开，保持身体平衡，如图 5-2-3 所示。

(2) 跳步急停：在跑动中，用单脚或双脚起跳(离地不要太高)，上体稍后仰，两脚同时落地，屈膝降重心，保持身体平衡，重心放在两脚上，以便任何一脚做轴迅速起动，如图

5-2-4 所示。

图 5-2-3

图 5-2-4

5．转身

转身是队员以一只脚做中枢脚，另一脚用力蹬地，使身体旋转，借以改变身体方向的一种脚步动作。它分前转身和后转身两种。

(1) 前转身：移动脚向中枢脚前方跨步旋转，从而改变身体方向。其动作方法是：两膝微屈，上体稍前倾，重心落在两脚之间偏前脚掌上，向左转身时，左脚为中枢脚，重心移到左脚并用前脚掌为轴用力碾地，同时右脚用力蹬地，以肩带腰向左转动，如图 5-2-5 所示。

图 5-2-5

(2) 后转身：移动脚向中枢脚后方撤步转动，从而改变身体方向。其方法类同前转身，只是方向相反。转身时，身体重心要保持水平转动，不要上下起伏。转身后，保持身体平衡，以便衔接下一个动作，如图 5-2-6 所示。

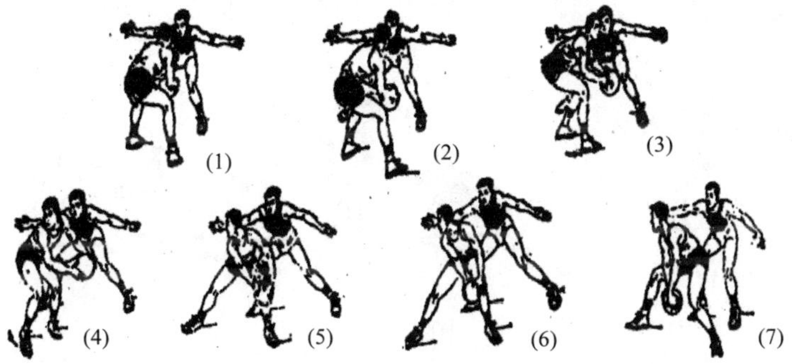

图 5-2-6

6．滑步

滑步是防守时的一种主要移动方法。常用来堵截对方的移动路线，调整自己的防守位置。下面介绍侧滑步、前滑步和后撤步三种。

(1) 侧滑步：两脚平行站立，两膝较深弯曲，上体微前倾，两臂(根据进攻者的情况)张开。向左侧滑步时，左脚向左跨出一步落地的同时，右脚前脚掌内侧迅速用力蹬地，紧贴地面跟随左脚滑动，两脚保持一定距离。向右侧滑步时，动作相反。滑步时身体不要上下起伏，重心保持在两脚之间。

(2) 前滑步：动作的结构和用力过程与侧滑步相同，只不过滑行方向和用力不同，如

图 5-2-7 所示。

图 5-2-7

(3) 后撤步：队员在防守时变前脚为后脚的一种起步方法。撤步时，用前脚掌内侧蹬地，腰部用力向后转体，前脚后撤，同侧臂后摆，同时后脚的前脚掌碾地，当前脚后撤着地后，紧接滑步，保持合理的防守姿势和位置，如图 5-2-8 所示。

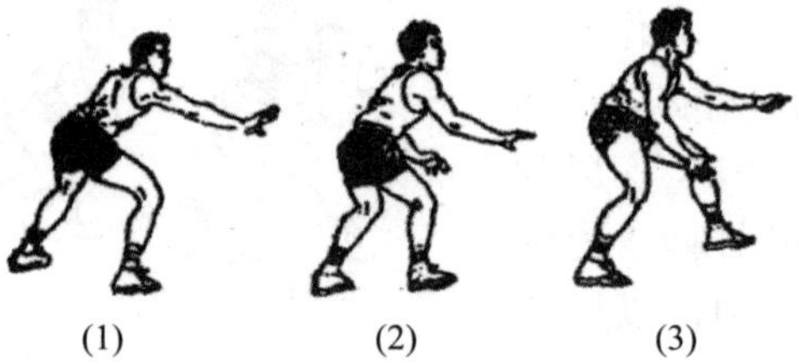

图 5-2-8

7．攻击步

攻击步是防守队员突然前窜，进行抢球、打球或破坏对方接球、传球、投篮等攻守行动的一种动作。做攻击步时，后脚要猛力蹬地，前脚突然向前跨出逼近对手，重心放在前脚上，用前脚同侧的手臂干扰对方，如图 5-2-9 所示。

图 5-2-9

二、传、接球技术

传、接球技术是篮球比赛中进攻队员之间有目的地转移球的方法，是进攻队员在场上相互联系和组织进攻的纽带，是实现战术配合的具体手段，是比赛中运用最多的一项技术。

传、接球是传球动作和接球动作相结合，由两个队员共同完成的配合技术。

接球是持球进攻的基础，只有接好球才能完成其他进攻动作。

(一) 传、接球的分类

(1) 双手胸前传球、接球。

(2) 双手低手传球。

(3) 双手头上传球。

(4) 单手肩上传球、接球。

(5) 单手胸前传球。

(6) 单手体侧传球。

(7) 单手背后传球。

(8) 单、双手反弹传球。

(二) 传、接球技术分析

1．传、接球技术要点

(1) 持球手法：有双手和单手两种形式，每一种形式又有高手和低手之分。

① 双手高手持球手法：两手五指自然分开，拇指相对成八字形，用指根以上部位握住球的两侧后下方，手心空出，如图 5-2-10 所示。

② 双手低手持球手法：持球的两侧，两小拇指相对成八字形，手心空出，如图 5-2-11 所示。

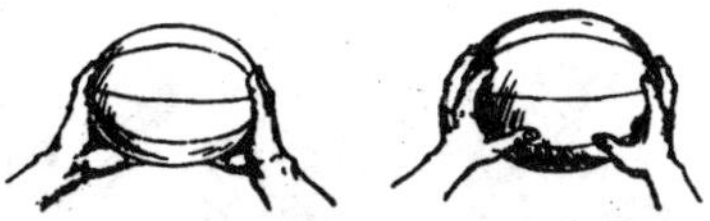

(1) (2)

图 5-2-10

(1) (2)

图 5-2-11

③ 单手高手持球手法：单手五指自然分开，球置于手上，以指根以上部位接触球，手心向前并空出，如图 5-2-12 所示。

④ 单手低手持球手法：单手低手持球手法与高手相同，只是掌心向上，如图 5-2-13 所示。

(1) (2) (3)

图 5-2-12

(1) (2)

图 5-2-13

(2) 接球手法：主要包括双手接球和单手接球两种形式。

① 双手接球手法：接球时，两眼注视来球，两臂伸出迎球，手指自然分开，两拇指成八字形，两手成半圆形；当手接触球的瞬间，双臂随球后引缓冲来球的力量，成双手持球姿势，如图 5-2-14 所示。

(1) (2) (3) (4) (5)

图 5-2-14

② 单手接球的手法：伸手迎向来球，当手接触球的同时迅速借来球惯性将球后引至身

前，成双手持球姿势，如图 5-2-15 所示。

(1) (2) (3) (4)

图 5-2-15

(3) 传球手法：最常见的有双手传球和单手传球。

① 双手传球的手法：在双手持球手法的基础上，借助蹬地使身体重心前移的力量，迅速伸臂，同时拇指用力下压，手腕前屈，食指用力拨球将球向目标传出，如图 5-2-16 所示。

② 单手传球的手法：在单手持球手法的基础上，借助蹬地使身体重心前移的力量，手臂向前方挥动，同时传球臂的手腕迅速前屈，手指快速拨球作用于球体，使球向目标飞出，如图 5-2-17 所示。

(1) (2) (3)

图 5-2-16

(1) (2) (3)

图 5-2-17

2．传、接球技术动作方法

(1) 双手胸前传球：传球由持球和传球动作组成。

在双手持球的基础上，两臂弯曲，肘关节下垂，持球于胸腹之间，肩、臂、腕肌肉放松。传球时，后脚蹬地，身体重心前移，同时两臂前伸，手腕由下向上翻转，拇指下压通过食、中指用力弹拨将球传出。出手后，手心向下，手指指向传球方向，如图 5-2-18 所示。

(1) (2)

图 5-2-18

(2) 单手肩上传球：一种常用于中、远距离的传球方法。特别在抢到后场篮板球或掷后场界外球发动长传快攻时运用最多。在单手高手持球的基础上，右手传球时，左脚向传球方向跨出半步，使左肩对着传球方向，同时将球引到右肩上方，右手持球的后下方。出球时，右脚蹬地的同时转体带动上臂，肘领先，迅速地向前挥臂，手腕前屈，由食、中指拨球将球传出，如图 5-2-19 所示。

(1) (2) (3) (4) (5) (6)

图 5-2-19

(3) 单、双手反弹传球：一种最常用的近距离隐蔽式传球方式。反弹传球的方法很多。如单手体侧，单、双手胸前，单手背后等，都可以通过地面反弹将球传给同伴。动作方法与其他传球相同，只是改变了传球时的用力方向和击球点。传球时出手的用力方向是向前下方，击地点应在传球人距离接球人 2/3 的地方，球弹起的高度一般在接球人的腹部为宜，如图 5-2-20 所示。

(1) (2)

图 5-2-20

(4) 双手接球：一种适应面很广的接球方法，可用来接胸部高度、高于胸部或低于胸部高度离身体较近的各种来球。接球时，两眼注视来球方向，两臂自然伸出迎球，两手成半圆形，掌心向前；当球触及手指时，两臂随球后引缓冲来球力量，两手握球置于胸腹前，准备衔接下一个动作，如图 5-2-21 所示。

(1) (2) (3) (4) (5)

图 5-2-21

(5) 单手接球：一种能接离身体较远来自不同方向球的方法。右手接球时，注视来球方向，手臂向来球方向伸出迎球，臂微屈，手指自然分开，成勺形；当球触及手指时，手臂顺势后引，另一手迅速扶球，将球置于胸腹之间，准备衔接下一个动作，如图 5-2-22 所示。

(1) (2) (3) (4) (5)

图 5-2-22

(6) 双手接反弹球：接球时迎球跨步，上体前倾，眼睛注视来球反弹的高度，两臂迎球向前下方伸出，五指自然分开，在球刚落地弹起时手指触球，两手握球顺势将球引至胸腹间，如图 5-2-23 所示。

图 5-2-23

三、投篮技术

投篮技术是进攻队员为了将球从篮圈上面投入篮筐而采用的各种专门动作方法的总称。它是篮球运动的主要进攻技术，是唯一的得分手段。因此，投篮技术掌握的好坏，对比赛胜负有着决定性的作用。

(一) 投篮技术分类

(1) 原地投篮：双手胸前投篮、双手头上投篮、单手肩上投篮、单手头上投篮。

(2) 行进间投篮：单手肩上投篮、单手低手投篮、双手低手投篮、反手投篮、勾手投篮。

(3) 跳起投篮：原地跳起投篮、急停跳起投篮、转身跳起投篮。

(4) 补篮：双手补篮、单手补篮。

(5) 扣篮。

(二) 投篮技术分析

1．投篮动作要点

投篮动作：包括持球方法、准备姿势、瞄准点、出手动作、球的旋转和抛物线。

(1) 持球方法。持球是完成投篮动作的前提，其方法分单手和双手两种。

① 单手持球法。以原地单手肩上投篮为例。由双手持球开始，右手投篮时，五指自然分开，用手掌外沿和指根以上部位托住球的后下方，手心空出，手腕后仰，球的重心落在食指和中指之间，肘关节自然下垂，置球于同侧肩的前上方，左手扶住球的侧下方，如图 5-2-24 所示。

② 双手持球法。以原地双手胸前投篮为例。两手五指自然分开，握球的两侧稍后部位，两拇指成八字形，掌心空出，手腕放松，两肘自然下垂，肩关节放松，置球于胸前，如图 5-2-25 所示。

图 5-2-24

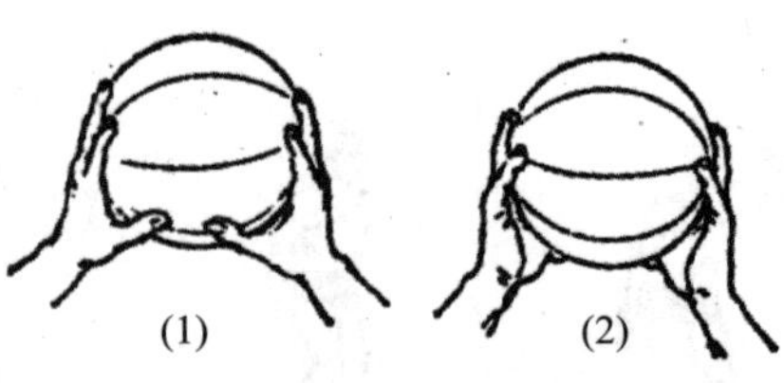

图 5-2-25

(2) 准备姿势。首先，要使身体各部分处于开始工作的适度紧张状态；其次，要维持身体重心使其处于便于投篮动作开始的高度和位置；第三，便于由投篮转换为其他技术动作。因此，进攻队员接球后，必须面向篮圈并抢占有利投篮位置和保持能投篮、能传球、能运球的进攻姿势。

(3) 瞄准点。瞄准点是投篮时的目标注视点，是提高投篮命中率的重要环节。投空心篮时，通常是瞄篮圈离自己最近的一点，其优点是有实体目标；投碰板篮时，一般是投篮角度越小，距离越远，弧度越高，碰板点越高；反之，越近则弧度越低。

(4) 出手动作。出手动作指投篮时球最后出手的动作，是完成投篮的最后一个环节。这一环节对于球是否中篮具有决定性的作用。因为手腕用力、手指前屈、指端拨球，直接影响着球飞行的方向、出手角度、入篮角度和球的旋转。

(5) 球的旋转。球离手后能正确地旋转，使球沿着正确的方向飞行，有助于提高命中率。球旋转的方向和速度取决于手指、手腕的动作。一般情况下，球在空中飞行大都沿着球的横轴向后旋转，向后旋转的球不但有助于保持球飞行的稳定性，而且由于球的上、下面所受的空气压力不同(球的上面气流速度慢、压力大，将球向上托)，所以，带有后旋的球，有助于提高球飞行的孤度。另外，向后旋转的球碰到篮圈时，球的反弹方向是向下的，所以较易中篮。在篮下侧面碰板投篮时，应使球向侧旋转；行进间单手低手和双手低手投篮时，应使球向前旋转。

(6) 抛物线。投篮球出手后在空中飞行的路线为抛物线。抛物线分低、中、高三种。其中，中抛物线是投篮命中最适宜的抛物线。因为中抛物线是球飞行弧线最高点，大致与篮板上沿在一条水平线上，球篮的大部分暴露在球的下面，易命中。但是由于投篮的距离、人的高度、投空心篮和碰板篮、防守的干扰和跳起的高度不同，投篮的弧线就有所不同。最好的弧线是既能控制球飞行的路线，又适合球进篮的角度。

总之，上述投篮各要素是相互影响、相互促进和相互制约的，只有合理地组合起来，才能体现一个完整的投篮技术。

2．投篮技术动作方法

(1) 原地投篮。

① 双手胸前投篮。双手持球于胸前，肘关节自然下垂，两脚前后自然或左右开立，两膝微屈，重心落在两脚之间，目视瞄准点；投篮时两腿蹬地，腰腹伸展，两臂向前上方伸出，前臂内旋，两手腕同时外翻，拇指下压，使球通过拇指、食指、中指端投出。球出手后，脚跟提起，腿、腰、臂随出球方向自然伸展，如图 5-2-26 所示。

② 单手肩上投篮。右手投篮时，右脚在前，左脚稍后，两膝微屈，重心落在两脚之间。右手五指自然分开，手腕后屈持球于右肩上，左手扶球的侧下面；投篮时下肢蹬地发力，身体随着向前上方伸展，同时抬肘伸臂，用手腕前屈和手指拨球动作，使球柔和地从食指、中指端投出。球离手时，手臂要随球自然跟送，脚跟微提起，如图 5-2-27 所示。

图 5-2-26

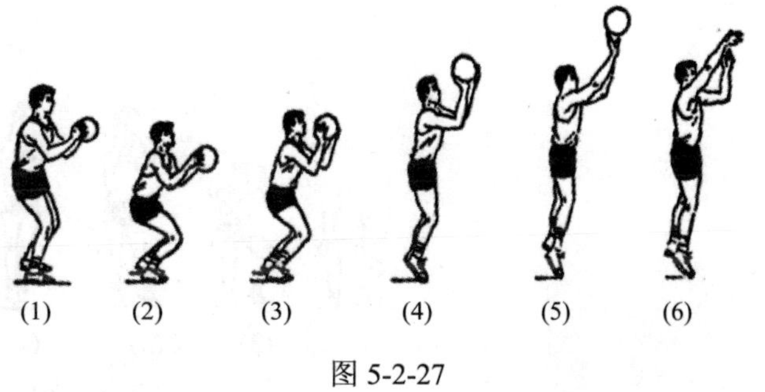

图 5-2-27

(2) 行进间投篮。

① 单手高手投篮。以右手投篮为例，右脚跨出一大步的同时接球，接着左脚跨出一小步并用力蹬地起跳，右腿屈膝上抬，同时举球至头右侧，腾空后上体稍后仰，当身体接近最高点时，右臂向前上方伸直，手腕前屈，食、中指用力拨球，通过指端将球投出，如图 5-2-28 所示。

(1) (2) (3) (4) (5) (6) (7) (8)

图 5-2-28

② 单手低手投篮。这是在快攻中和突破防守切入篮下时最常用的一种方法。以右手投篮为例，跑动步法与单手高手投篮基本相同，只是在接球后的第二步要继续加快速度，向前上方起跳，右腿提膝，双手向前上方举球，当身体接近最高点时，左手离球，右手掌心向上，五指自然分开托球的下部并充分向球篮的方向伸展，接着屈腕，食指、中指用力拨球，使球向前旋转从指端拨出，如图 5-2-29 所示。

(1) (2) (3) (4) (5)

图 5-2-29

(3) 跳起投篮。

① 原地跳起单手投篮。原地跳起单手投篮起跳前的姿势与原地单手投篮相同，不同的是起跳后在空中完成投篮动作。起跳时，两腿迅速屈膝用力蹬地向上起跳，同时双手举球至额前上方，右手托球，左手扶球的侧下方。当身体接近最高点时，保持身体平衡，左手离球，右臂向前上方伸直，手腕前屈，食指、中指用力拨球，通过指端将球投出。落地时，屈膝缓冲，准备下一个动作，如图 5-2-30 所示。

(1) (2) (3) (4) (5) (6)

图 5-2-30

② 运球急停跳投。在快速运球中，突然运用跨步或跳步急停，向上起跳，同时双手持球上举，当身体接近最高点时，伸前臂，屈手腕，食指、中指用力拨球将球投出，如图 5-2-31 所示。

图 5-2-31

③ 接球急停跳起投篮。在快速移动中用跨步或跳步急停接球，用腿、腰、背的力量控制身体重心，突然向上起跳，两手持球迅速上举，当身体接近最高点时，伸臂屈腕，食指、中指拨球将球投出，如图 5-2-32 所示。

图 5-2-32

四、运球技术

持球队员用单手连续按压和迎引从地面反弹起来的球，称运球。运球技术是篮球运动中主要的基本技术之一，它是队员控制、支配球和组织战术配合及突破防守的重要手段，是个人攻击的有效方法，也是组织全队进攻战术配合的重要桥梁。

(一) 运球技术的分类

(1) 高运球。

(2) 低运球。

(3) 运球急停急起。

(4) 体前变向换手运球。

(5) 体前变向运球。

(6) 背后运球。

(7) 运球转身。

(8) 胯下运球。

(二) 运球技术分析

1. 运球技术的要点

运球技术的要点由队员的身体姿势、手型、手按压球的动作和球的运行及落点等环节组成。

(1) 身体姿势：两脚前后开立，两膝微屈，上体稍前倾，屈肘抬头，非运球手臂屈肘保护。

(2) 手型：五指自然分开，用手指根以上部位触球，掌心空出，手腕放松。

(3) 手按压球的动作：以肘关节或肩关节为轴，带动臂、腕、指主动按压和迎引从地面反弹起来的球。

(4) 球的运行：球的运行方向和速度取决于按压球的部位与力量。按压球的部位不同，球向地面的入射角和从地面反弹起来的反射角也不同；按压球的力量不同，球从地面反弹起来的高度和速度也不同。

(5) 球的落点：运球时要控制球的落点，使球完全保持在自己所能控制的范围内，以便利用自己的身体、臂、腿来保护球；如运球向前推进时，球的落点应控制在身体的侧前方，并保持适当的距离，以免脚踢球。在对手紧逼防守时，应使球远离对手，采用侧对防守的运球方法，将球的落点控制在身体的侧后方。

2. 运球技术的动作方法

(1) 高运球：两腿微屈，上体稍前倾，抬头平视，以肘关节为轴，带动臂、腕，手指柔和而有力地按压球的后侧上方；球的落点在运球手臂的同侧脚的外侧前方，球的反弹高度在胸腹之间，手脚配合要协调。高运球一般在队员由后场向前推进并无防守阻挠时运用，如图 5-2-33 所示。

图 5-2-33

(2) 低运球：运球中对方紧逼时，两腿迅速弯曲，降低重心，上体前倾，用手腕和手指短促按拍球的后上方，使球落点在体侧，球的反弹高度在膝关节处，并注意用肩、臂、腿保护球。低运球一般在遇到防守堵截时运用，如图 5-2-34 所示。

图 5-2-34

(3) 运球急停急起：运球急停时，要采用跨步急停，屈膝降重心，同时按拍球的前上方，转入低运球，用臂、身体和腿保护好球；急起时，后脚用力蹬地，上体快速前倾起动，按拍球的后侧上方，人、球同步快速前进，超越对手。运球急停急起一般运用于对手紧逼时，利用节奏的变化来摆脱防守，如图 5-2-35 所示。

(1) (2) (3) (4) (5) (6)

图 5-2-35

(4) 体前变向换手运球：以右手运球为例，从右向左变向突破时，按压球的右后上方，使球经体前右侧反弹至左侧前方，右脚向左脚前方跨出，上体左转侧看，以臂、腿、上体保护球，同时换左手按压球的后上方，左脚跨出并用力蹬地突然加速。体前变向换手运球一般运用于对方紧逼时，利用突然改变运球方向加速来摆脱防守，如图 5-2-36 所示。

(1) (2) (3) (4)

图 5-2-36

(5) 运球转身：以右手为例，运球做转身时，左脚向前跨出一步为中枢脚，置于对手两脚之间，然后右脚用力蹬地后撤，顺势做后转身动作，同时将球拉引至身体的后侧方，换左手运球，从对手右侧突破。运球转身一般运用于对方贴身防守时，利用运球转身来摆脱防守，如图 5-2-37 所示。

(1) (2) (3) (4) (5) (6) (7) (8)

图 5-2-37

五、持球突破技术

持球突破技术是持球队员将脚步动作和运球技术相结合来快速超越对手的一项攻击性很强的进攻技术。若突破技术能与传球、投篮、假动作等结合起来运用，其攻击性和灵活性就更加显著。

(一) 持球突破技术的分类

(1) 交叉步持球突破。

(2) 顺步(同侧步)持球突破。

(3) 跳步急停持球突破。

(二) 持球突破技术分析

1. 持球突破技术要点

持球突破技术由蹬跨、转体探肩、推放球和加速等四个环节组成，这几个动作几乎是在同一时间完成的。

(1) 蹬跨：持球队员要从原地突然发挥出速度来，就必须依靠两脚积极有力地蹬地，同时上体要前倾，重心要前移，以此带动摆动脚迅速跨出。跨出的第一步要大一些，这样不仅可以缩小后蹬腿与地面所成的角度，增加后蹬的力量，而且可能在第一步就超越对手。跨步时脚尖稍转向突破的方向，紧贴对手的身体，抢占有利的突破路线。第一步落地后，中枢脚的膝关节要保持弯屈，以便第二步的蹬地加速。

(2) 转体探肩：在中枢脚开始后蹬和上体前倾的同时，要求转体探肩，其作用主要是加快突破的速度，用上体占据有利的空间位置，超越对手和保护球。

(3) 推放球：在蹬跨、转体探肩的同时，就迅速将球引向远离对手一侧的膝部高度，以便及时地放球。用上体占据有利的空间位置，超越对手和保护球。

(4) 加速：加速是突破技术的重要环节，在上述三个动作完成后，中枢脚用力蹬地对突破加速超越对手起着决定性的作用。

2. 持球突破技术动作方法

(1) 交叉步持球突破：以右脚做中枢脚为例，两脚左右开立，屈膝降低重心，持球于胸腹前；突破时，左脚前掌内侧迅速蹬地，上体稍向右转，左肩向前下压，左脚向右侧前方跨出，用右手将球放于右脚侧前方，然后左脚迅速蹬地加速超越对手，如图 5-2-38 所示。

图 5-2-38

(2) 顺步(同侧步)持球突破：以左脚做中枢脚为例，突破时，左脚前掌内侧用力蹬地，右脚迅速向右侧前方跨出一步，同时上体稍向右转侧身探肩，用右手推放球于右脚外侧偏前方，左脚前掌迅速蹬地跨步抢位，超越对手，如图 5-2-39 所示。

图 5-2-39

(3) 跳步急停持球突破：跳步急停前，应根据同伴的传球以及自己与防守者所处位置的情况，随时做好向两侧或向前做跳步急停的准备，看到同伴传来球，应该迅速向来球方向伸臂迎球，同时由一脚(侧向时用异侧脚)蹬地，两脚稍腾空，向侧方或前方跃出接球，然后两脚先后或同时着地。落地后，两腿屈膝，重心降低，保持身体平衡，保护好球，根据防守队员的位置和情况，迅速用交叉步或同侧步持球突破。

六、防守技术

防守技术是指防守队员合理地运用各种防守动作，积极抢占有利位置，阻挠和破坏对手进攻，以争取控球权为目的的一种动作方法。积极防守可以阻止对手在有效的攻击区内接球，即使对手勉强接到球，也要使他处于不利的位置。严密的防守不仅能堵截对手运球突破，封锁其助攻传球，而且还能干扰和破坏其投篮，给对手投篮得分造成极大的威胁力。

(一) 防守技术的分类

(1) 防守无球队员。

(2) 防守有球队员。

(二) 防守技术分析

1．防守无球队员的技术要点

(1) 位置与距离的选择：就一般情况来说，防守队员应站在对手与球篮之间内侧的位置上。根据球所在的位置，如对手离球近就近，离球远就远，采取错位防守，保持与对手有适当的距离，阻碍对手摆脱接球和突破，如图 5-2-40 所示。

(2) 选择正确的防守姿势，如图 5-2-41 所示。

• 面向人侧向球的站位：一般当球在近处紧逼对手时采用。防守⑧时，身体面向对手⑧，用眼睛的余光注意球，与前脚同侧的手前伸，切断对手的接球路线；离球远的左臂弯曲，靠近对手，屈膝降重心。眼睛既要看到人，又要能兼顾球，利用上步、滑步、撤步、交叉步、碎步跑等脚步动作，抢占有利的防守位置，堵截其移动路线，不让对手到有利的位置上接球。

• 侧向人面向球的站位：一般当球在远处时为了人球兼顾而采用。防守⑥时，身体正面向球，用眼睛的余光注意对手⑥的活动情况。

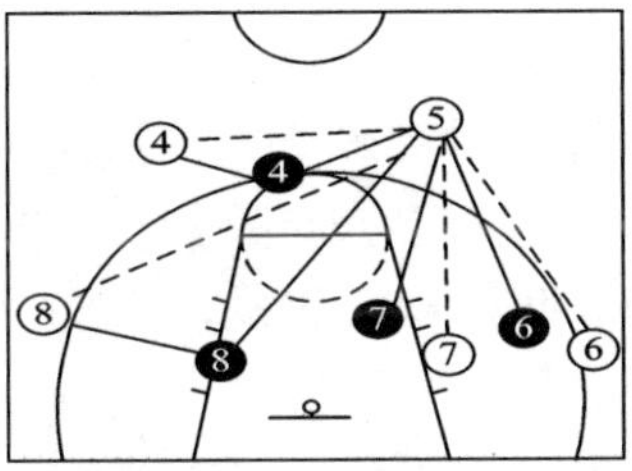

图 5-2-40

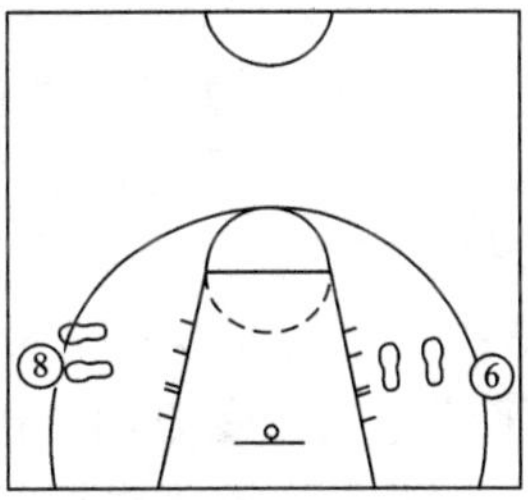

图 5-2-41

2．防守无球队员的技术动作方法

(1) 防纵切：如图 5-2-42 所示，⑥传球给⑦，❻及时偏向球侧错位防守，当⑥向篮下纵切要球时，应抢前移动，合理运用身体堵截纵切路线，同时伸出左臂封锁接球，迫使对手向远离球方向移动。

(2) 防横切：如图 5-2-43 所示，⑧持球，⑥横切要球时，❻上左脚，合理运用身体堵截，同时伸出左臂封锁接球，不让其从自己身前横切要球。

(3) 防溜底线：如图 5-2-44 所示，当⑥从底线横切时，❻开始面向球滑步移动卡堵对手，以身体某部位触及对手，跟随其移动，同时伸左臂封锁接球。待对手移过纵轴线进入有球侧时，❻应迅速上右脚前转身贴近对手，伸右臂封锁接球，将对手逼向场角。

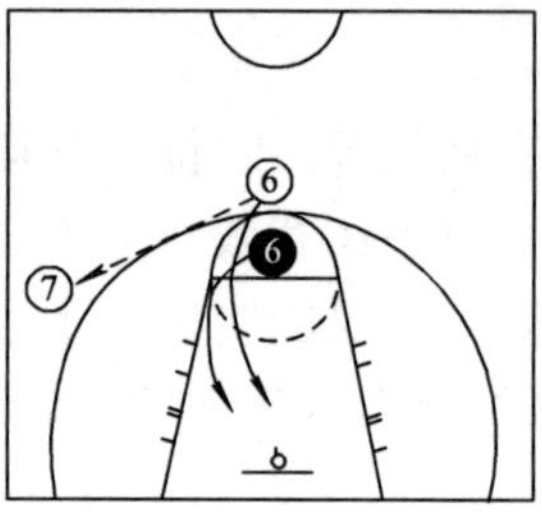

图 5-2-42

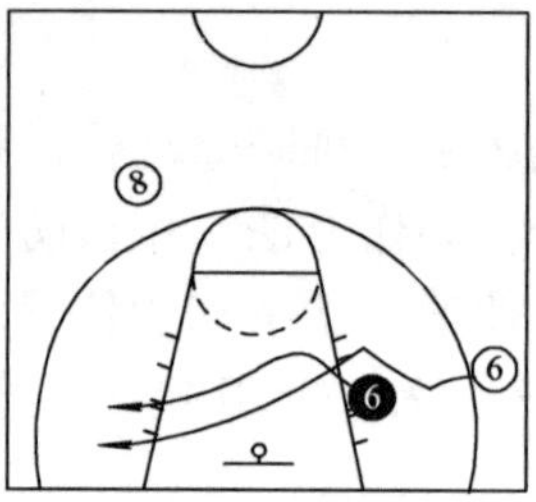

图 5-2-43

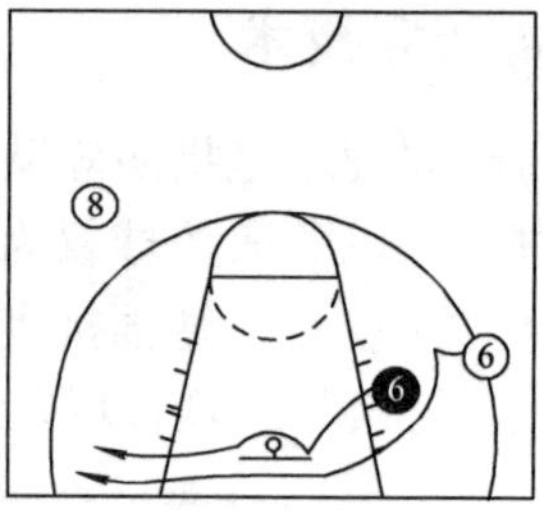

图 5-2-44

3．防守有球队员的技术要点

(1) 防守位置：应站在对手与球篮之间的位置上，对手离篮近则应靠对手近些，离篮远则离远些。特别要根据对手的特点以及防守战术的需要调整防守位置。

(2) 防守姿势：分平步防守和斜步防守两种。

- 平步防守：两脚平行站立，两手臂侧伸不停地挥摆。这种防守姿势防守面积大、攻击性强，便于向左右移动，适合防守运球突破的对手。
- 斜步防守：两脚前后开立，前脚同侧手臂向前上方伸出，另一手臂侧伸。这种防守姿势便于前后移动，对防投篮比较有利。

4．防守有球队员的技术动作方法

(1) 防投篮：当对手在有效投篮区时，应保持一臂的距离，两脚前后开立，一手向前上方直臂举起防止投篮，一臂侧张，防其切入或传球。根据对手投篮技术运用的特点，采取针对性防守。如果对手习惯向右脚侧起跳投篮，防守队员可以上左脚，伸左臂进行阻挠和破坏，迫使其改变习惯的投篮动作。

(2) 防突破：防守突破队员应稍离远些，采用平步防守较为有利。两腿弯屈，重心下降，两臂侧伸阻挠对手。当对手突破时，可利用撤步或滑步阻挠对手。防守中要注意迫使对手向边、角运球；堵对手的强手迫使其用弱手运球。对突破能力较强的对手，要注意了解对手的动作习惯(中枢脚、突破方向、假动作等)，采取相应对策进行防守。

(3) 防运球：应采用平步防守姿势，离对手稍远些，积极移动，阻挠对手向纵深方向推进，迫使对手停球或改变方向，破坏其进攻配合。

(4) 防传球：防守队员要根据对手的位置和距离，积极移动，时进时退，挥动手臂迫使其向无攻击威胁的位置传球或造成传球失误。

总之，在防守中，无论采用哪种方法，都应积极移动，给对方造成压力，迫使对手失误，伺机抢球、打球、断球以便取得控球权。

七、抢篮板球技术

抢篮板球技术是指比赛中双方球员在空间争夺投篮未中、从篮板或篮圈上反弹出来的球。篮球比赛中，抢得篮板球是获得控球权的重要手段，是增加进攻次数、发动快攻的重要保证，是攻守矛盾转化的关键。

(一) 抢篮板球技术的分类

(1) 抢进攻篮板球。

(2) 抢防守篮板球。

(二) 抢篮板球技术分析

1．抢篮板球的技术要点

(1) 观察判断：正确地判断对手投篮的位置、时间和距离以及球的反弹方向和落点是能否获得篮板球的关键。篮板球的反弹方向、距离和落点，与投篮方向、距离、弧度、力量有很大关系。一般篮板球反弹的规律是：投篮距离与反弹距离成正比，投篮距离远，反弹距离远；投篮距离近，反弹距离近。在球篮一侧 45°角地区投篮时，球反弹到另一侧底线地区或反弹回来，如图 5-2-45 所示；在底线一侧的零度角投篮时，球反弹到另一侧底线地区或反弹回来，如图 5-2-46 所示；在中间的地区投篮时，球多是反弹在限制区附近，如图 5-2-47 所示。以上是球反弹的一般规律，在比赛中还要根据当时的情况做出判断及时抢占有利位置。

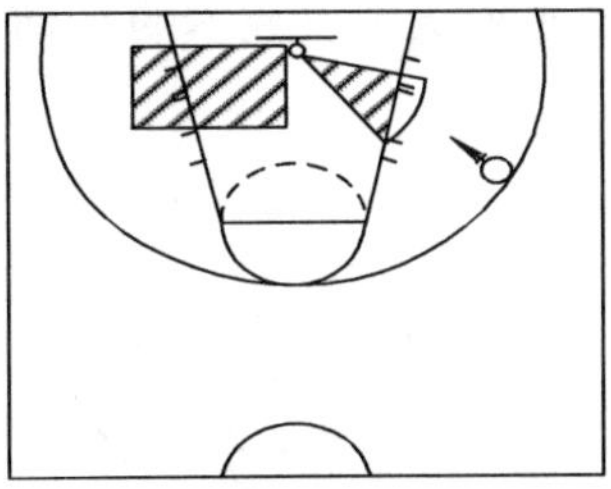

图 5-2-45

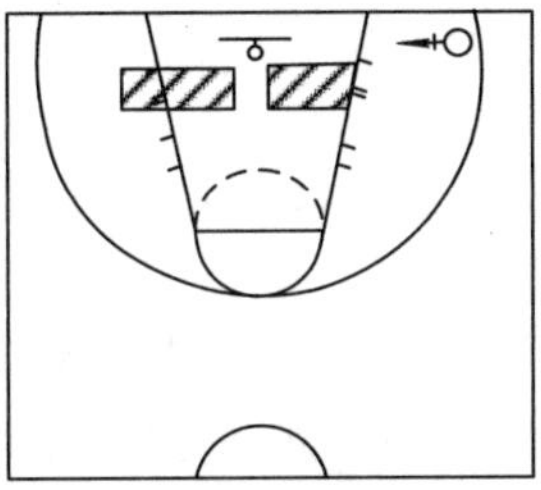

图 5-2-46

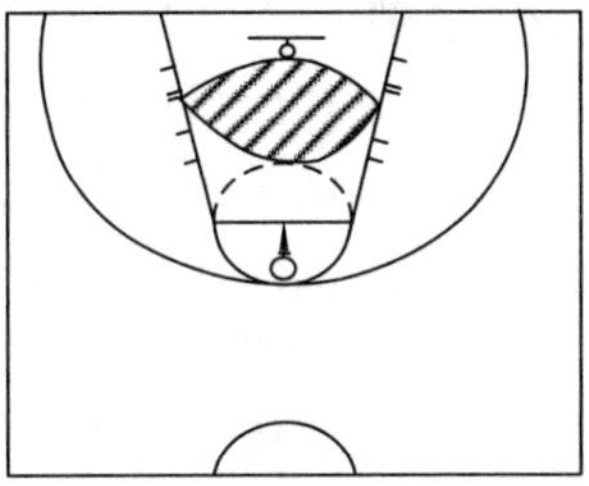

图 5-2-47

(2) 抢占位置：无论是抢进攻篮板球还是抢防守篮板球，都应抢占对手与篮之间的有利位置，要用转身挡人和跨步摆脱对手抢位。做到转、挡、靠、贴一气呵成。

抢防守篮板球多用转身挡人抢位，把对方挡在身后；抢进攻篮板球用跨步摆脱对手抢位。抢位时，先向右侧跨一步，错开对手之后快速向左横插步把对手挡在身后。

(3) 起跳动作：力争手与球在最高点相遇，这是抢到篮板球的关键。起跳前，两膝深屈，上体稍后仰，两臂屈肘，举手体侧以占据空间，两脚用力蹬地，两臂上摆，腰腹协调用力，身体充分伸展，准备抢球。

(4) 获球后的动作：进攻队员抢到篮板球后，首先补篮或继续投篮，如无机会，应将球传给同伴组织再进攻。防守队员抢到篮板球落地后，应迅速传出或运球突破。

无论防守或进攻队员，抢到篮板球落地时，都应两膝弯屈，两肘外展，护球于胸腹间，并迅速衔接其他进攻动作。

2．抢篮板球的动作方法

(1) 双手抢篮板球：身体在空中应充分伸展尽量扩大制空范围，两臂伸向球落点的方向，当指端触到球的刹那，双手用力握球，腰腹用力，迅速屈臂将球拉至胸前部位，双肘外展保护球。

(2) 单手抢篮板球：在空中身体要充分伸展，近球一侧的手臂要尽量向球伸出，当手指端触及球时，应迅速屈指、屈腕、屈肘及臂，将球拉至胸前，另一只手迅速扶球，双手将球握住。

(3) 点拨球：点拨球的技术与单手抢篮板球方法相似，只是运用指端将球点拨给同伴或是挑拨到便于自己获球的位置。其优点是触球点高，可以直接补篮和缩短传球时间，但稳定性和可靠性差，易失误。

第三节 篮球运动的基本战术

篮球运动的战术是比赛中队员之间有目的地协同配合的组织形式，有基本的落位布阵、移动路线、攻守点面和特定的变化规律等。

一、进攻战术与防守战术的基本配合

(一) 进攻战术的基本配合

简单的两三个人间的传切、掩护、策应、突分的配合是组成全队进攻战术的基础，这些配合在半场和全场都可以使用。

只有熟练地掌握和运用进攻战术基础配合，才能使全队战术有效地发挥作用。

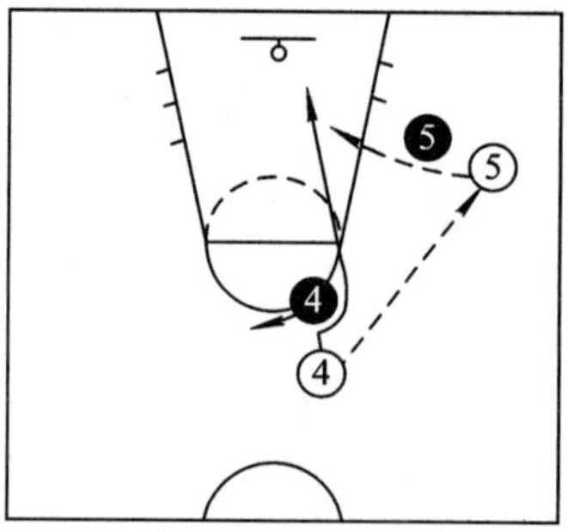

图 5-3-1

(1) 传切：进攻队员利用传球和切入技术组成的配合，指进攻队员把球传给同伴后，利用快速起动、改变方向及身体虚晃等假动作摆脱防守队员，切入篮下接球投篮的一种简单的进攻方法。

示例：如图 5-3-1 所示，进攻队员④和⑤落位散开，⑤利用假动作摆脱❺后接④传球，⑤做持球突破和传球假动作吸引❺，④传球后向异侧做假动作，快速起动摆脱❹，切入篮下接⑤传球上篮。

(2) 掩护：以合理的移动用身体挡住同伴防守人的移动路线，使同伴摆脱防守的配合。

掩护的技术动作：掩护时，面向被掩护同伴的防守队员，两脚自然分开，两腿微屈，上体稍前倾，这样可以扩大掩护面积；掩护的面积愈大，防守队员绕过防守就愈困难，掩护就愈容易成功；但面积大，必须有利于掩护后做进攻的跟腿动作。掩护队员位置应在被掩护同伴的防守者的防守移动路线上，掩护的瞬间身体是静止不动的，距离不宜过近或过远；过近容易冲撞对方造成掩护犯规，过远易让防守队员穿过防守，造成掩护不成功。当掩护动作完成后，应根据场上当时情况，如对方作交换防守时，立即做后转身向篮下切入接球上篮。掩护的配合，包括选择时机、掩护位置、摆脱切入路线、传球及时、转身跟进及切分配合等。如某一环节配合不好，掩护的配合就完成不好。

掩护的分类：掩护的方法很多，包括前掩护、后掩护、侧掩护、定位掩护、反掩护、双人掩护等。

掩护的运用：多用于突破人盯人防守。防守愈紧，掩护愈容易成功。

示例：侧掩护——给持球队员做掩护。如图 5-3-2 所示，⑧传球给⑥并立即跑到❻的侧后方做掩护，⑥接球后做瞄篮，或向右方做突破和传球假动作吸引❻的注意力；当⑧掩护站好位置后，⑥立即向掩护方向突破至篮下投篮。⑧则迅速做后转身跟进准备接⑥分来的球上篮或跟进抢篮板球。

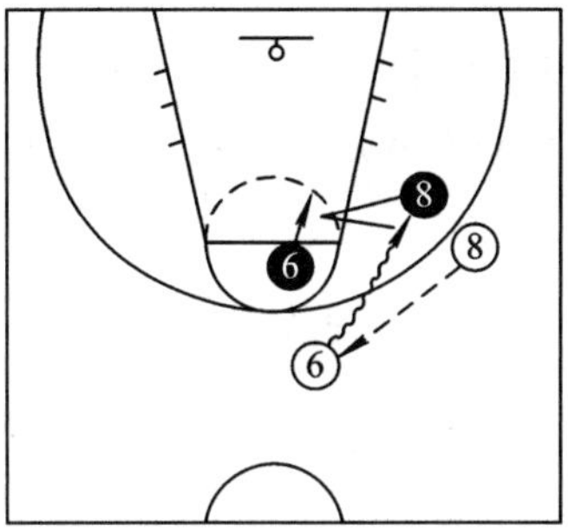

图 5-3-2

(3) 策应：内线队员背对篮或侧对篮接球后，与同伴的空切或绕切相结合，以摆脱防守，制造各种进攻机会的一种配合形式。

策应的应用范围较广，在阵地进攻中采用较多。如果对方采用全场紧逼盯人防守，可在中场或圈顶一带进行策应。有时甚至在后场就利用策应配合来突破防守。总之，策应的范围应根据本队战术和防守情况而定。

策应的配合方法如图 5-3-3 所示。⑥将球传给策应队员⑧后向反方向移动，后迅速向⑧跑去，将防守队员带到⑧的位置上，用⑧的身体挡住防守队员，同时⑧将球传给摆脱防守的⑥，然后⑧向⑥跑动方向转身，再一次用后背挡住防守队员的路线，并跑到篮下，接⑥回传球或抢篮板球。

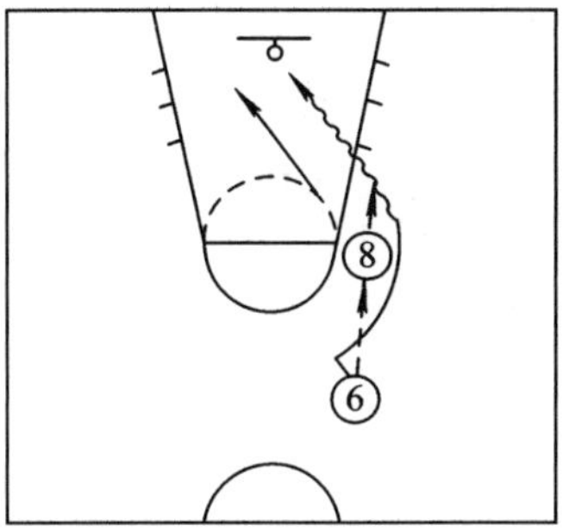

图 5-3-3

策应配合的关键与要求：策应前要注意及时抢站有利位置；视野要广，能知道队友及防守队员的跑动情况，以便及时传球；保护球，注意防守队员抢球或打球，用身体和持球晃动动作保护球；根据不同情况运用不同的传球方式。

(4) 突分：进攻队员持球或运球突破，遇到对方协防时，及时将球传给插入防守空隙地带接应的同伴，这种突破中根据情况及时传球的配合叫突分配合。突分配合主要用于对方采用缩小盯人和松动盯人防守技术，而己方外围投篮又不准的情况下使用。

突分的方法有两种：

- 如图 5-3-4 所示，④运球突破❹的防守，❺上移补防，④将球传给插入篮下的⑤，⑤立即投篮，如遇❺的回防，由于已抢占篮下有利位置，应该强攻。
- 如图 5-3-5 所示，④传球给⑤，⑤突破❺进入篮下，❻进行补防，⑤可将球传给从不同方向插入的⑥，⑥接到⑤的分球后立即投篮，如遇到❻的回防，争取强攻。

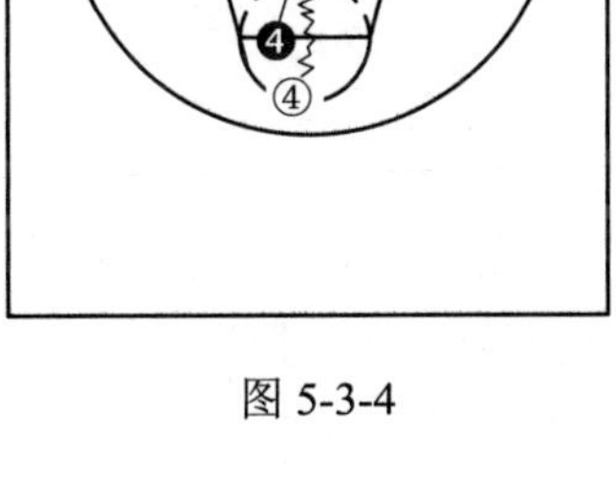

图 5-3-4

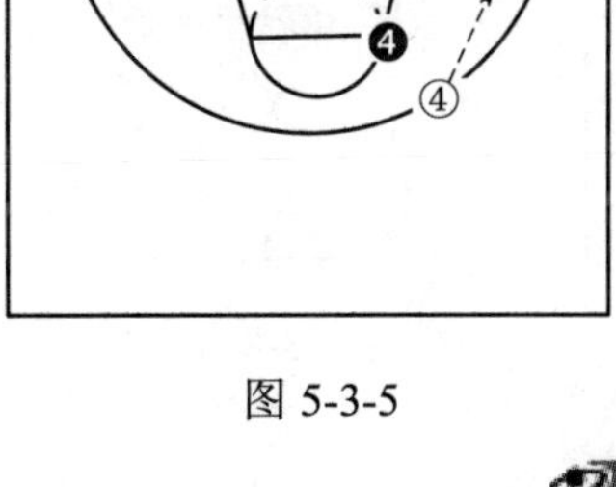

图 5-3-5

突分配合的关键与要求：突破队员在突破过程中，要随时注意观察攻守队员的位置变化，做好投篮或分球的两种准备，上篮动作必须逼真，才能真正吸引防守，便于分球。其他进攻队员则要在持球同伴突破的一刹那，及时摆脱防守，占据有利位置，以便接球投篮。如遇到一般性的防守，要争取篮下强攻，造成杀伤力。

(二) 防守战术的基本配合

防守战术是指两三个防守队员之间采用协同防守的方法，包括挤过、绕过、交换防守、关门、夹击、协防等防守配合。

(1) 挤过配合：防守队员在掩护队员临近自己时，积极向前迈出一步，贴近自己的防守对手，从掩护队员前挤过去，继续防守自己的对手。

(2) 绕过配合：在松动盯人或对手无投篮威胁时采用。

示例一：如图 5-3-6 所示，⑤将球传给⑥后去给④做掩护，❺发现后及时提醒❹，并在到达掩护位置时迅速贴近⑤，❹及时撤后一步从❺后面绕过追上④继续防守。

示例二：如图 5-3-7 所示，⑦传球给⑥，去给⑧做掩护，⑦即将掩护到位时❼迅速贴近⑦，❽后撤一大步，从❼身后绕过，走内线堵住⑧的切入或继续防守⑧。

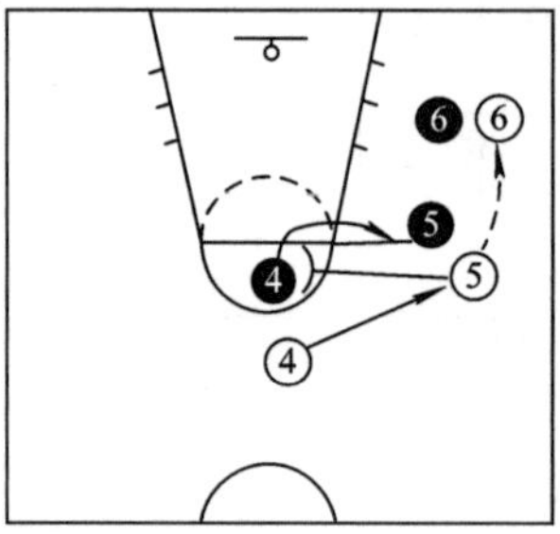

图 5-3-6

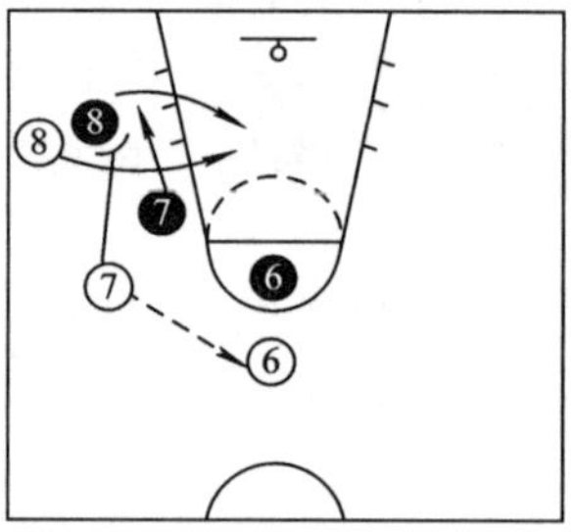

图 5-3-7

(3) 交换防守配合：防守队员之间在进攻队员掩护的一刹那，进行换人防守，以破坏进攻的掩护配合。

示例一：如图 5-3-8 所示，⑧将球传给⑥，去给⑥做掩护，❽应立即提醒注意，当⑧掩护到位时，并行站立，❽见⑥向掩护方向移动时，应主动喊出换人，或用手推表示决定换人，立即迎堵⑥运球，❻及时后撤从内线将⑧防住。

示例二：如图 5-3-9 所示，⑧将球传给⑨，立即跑向⑦，以⑦为定位掩护向内线切，❼迅速换人防住⑧或堵住其切入路线，❽立即撤步绕到⑦的内线进行防守。

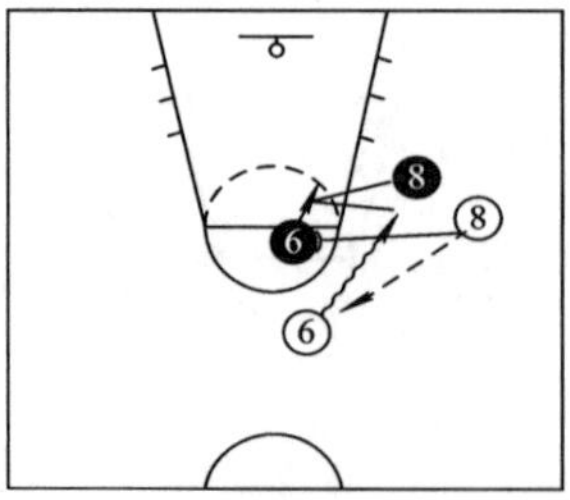

图 5-3-8

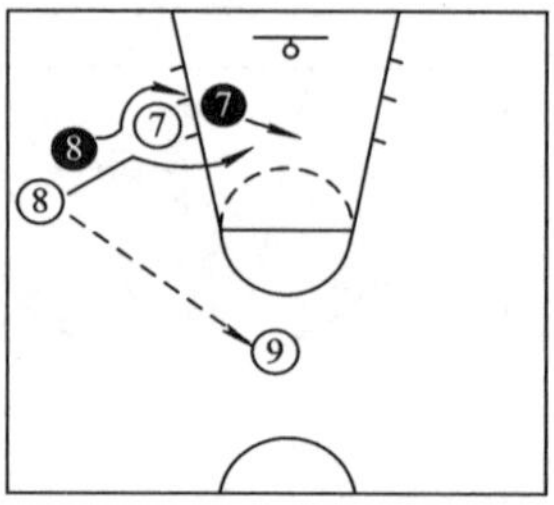

图 5-3-9

(4) 关门配合：临近的两个防守队员协同防守对方突破的配合。

示例：如图 5-3-10 所示，⑥运球突破，❽向左侧后方滑步，❻向右侧前方滑步，迅速靠近，共同防止⑥的突破。

(5) 夹击配合：夹击是指运球队员向边角运球或在边角停球时，临近的防守队员突然上前封堵传球角度，限制持球队员的正常传球路线和活动范围，并组织断球，造成对方失误或违例的防守配合。

示例：如图 5-3-11 所示，当进攻队员⑥向底线附近运球时，❻应跟进控制对手，❺可大胆放弃⑤，待⑥停球时，立即与❻夹击⑥，此时❹应迅速补❺的位置，伺机断球。

注意：选择合适的夹击区域，如边线、边角、边线和中线的夹角区域；要尽量挥动双臂封堵对方的传球路线，不要因为急于抢球而造成不必要的犯规；其他队员要迅速补位，将强侧进攻队员防住，果断放掉弱侧对手。

(6) 协防配合：协防是指防守队员失去防守位置，进攻队员运球突破或空切在篮下，有可能直接得分时，临近的防守队员立即放弃自己的对手，进行协防。补防时，要注意动作要迅速、果断，其他防守队员也要观察突破队员的分球意图，以便及时抢占有利位置争取断球。

示例：如图 5-3-12 所示，进攻队员④突破❹的防线运球向篮下进攻，防守队员❻迅速上移防守④，同时❺下撤，抢占防守的有利位置。

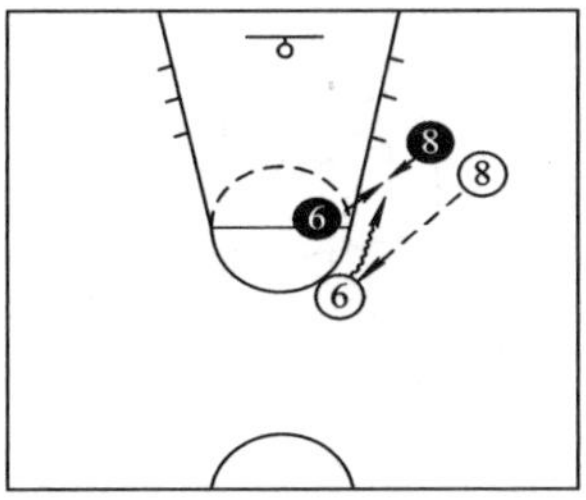

图 5-3-10

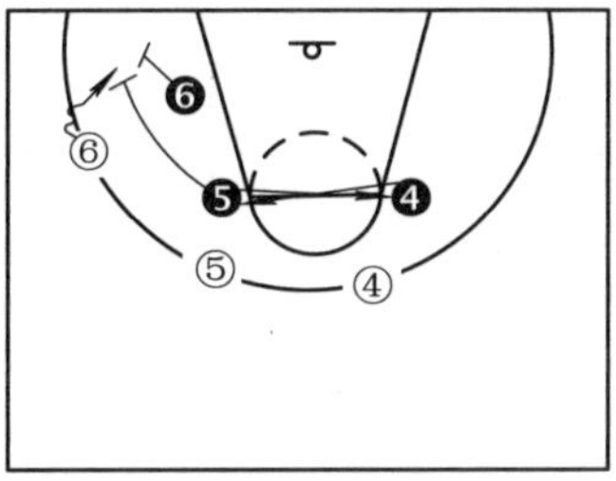

图 5-3-11

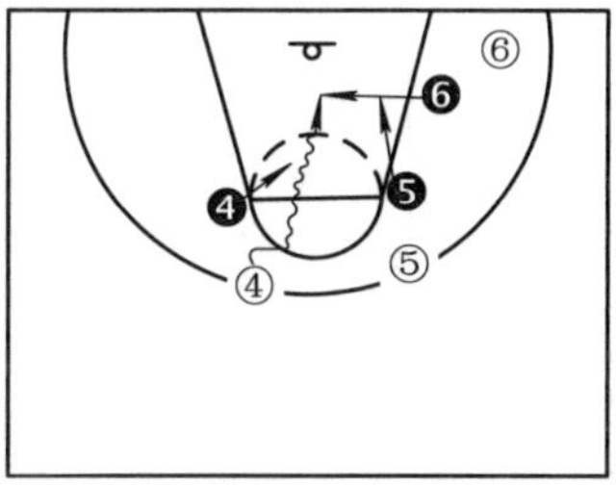

图 5-3-12

二、全队进攻战术与防守战术

(一) 全队进攻战术

1．快攻

快攻是以最快的速度、最短的时间超越对手，创造以多打少优势的一种战术。快攻的路线有交叉、直线等，组织形式有长传快攻、短传快攻和结合运球突破快攻几种。快攻战术结构一般分发动、推进、结束三个阶段。

发动快攻的机会有抢篮板球、断球、掷界外球和跳球几种。

(1) 发动。能否打成快攻，往往取决于能否及时发动。从防守获球后，全队应全速快下，持球队员应首先观察前场快下的队员，抓住战机及时长传，组织长传快攻；不能长传时，接应队员应迅速选位接第一传，转为推进。接应方法有固定地区固定队员接应、机动接应两种。

(2) 推进。当接应队员接球后，其他队员应根据自己的跑动路线，全速跑向前场。接应队员运用短传或快速运球加快中场推进速度，超越中场的防守队员。

(3) 结束。结束部分是快攻的最后部分，也是最重要的部分。结束部分有三种情况：一是无队员防守；二是防守队员少于进攻队员；三是攻守队员数相等。进攻队员要根据对方防守队员人数情况，利用有利时机，采用合理的进攻配合方法。

对于任何进攻方式，都要做到传球方式多、传球及时，投篮方式也要根据不同防守位置多种多样，在保证传球质量的基础上，力求提高投篮命中率。

快攻配合的方法：

(1) 长传快攻。本方得球后，立即有队员先下，在无人防守情况下做长传快攻。如图 5-3-13 所示，⑦拿到篮板球后立即将球传给接应队员⑧，⑧长传给④投篮。

(2) 短传快攻。这种方法是发动快攻运用最多的，具有灵活机动的特点，利用快速的传球、运球、突破等动作迅速向前推进，使防守队员顾此失彼。短传快攻是一种成功率较高的配合方法。如图 5-3-14 所示，⑦拿篮板球将球传给接应队员⑧，⑧传球给中间插上的⑥，⑥再向④或⑤分球。也可如图 5-3-15 所示，⑦拿篮板球后将球传给前锋⑤，⑤接球后运过中场传④或⑧；如④有人防守，可运球与⑧、⑥短传配合攻至篮下。

(3) 运球快攻。由接应队员⑧中场快速运球超越对手并伺机进行突破分球。⑧可自己投篮，也可分给④或⑤投篮。其他队员都可从边路或中路运球突破，进行突分配合，如图 5-3-16 所示。

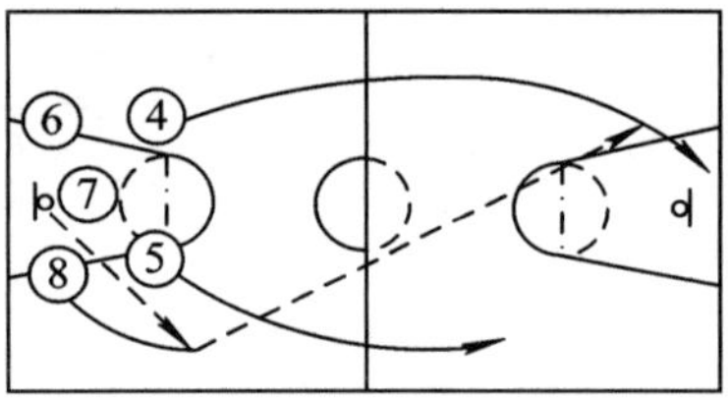

图 5-3-13

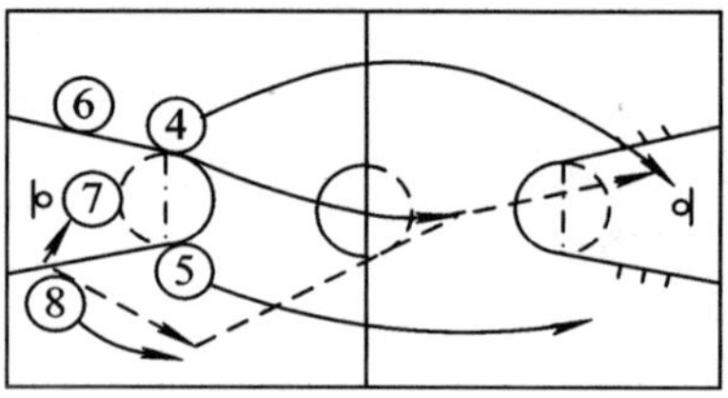

图 5-3-14

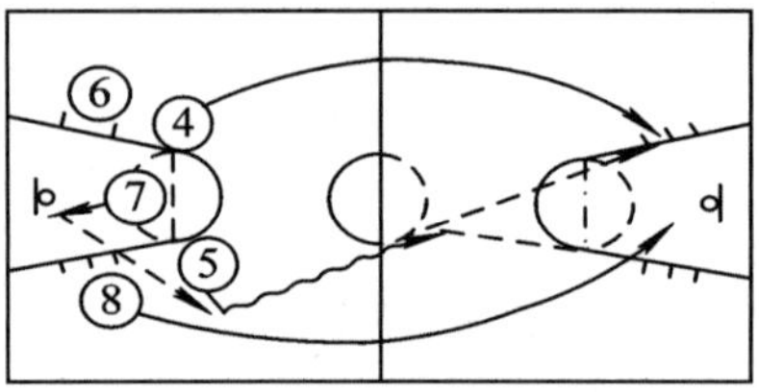

图 5-3-15

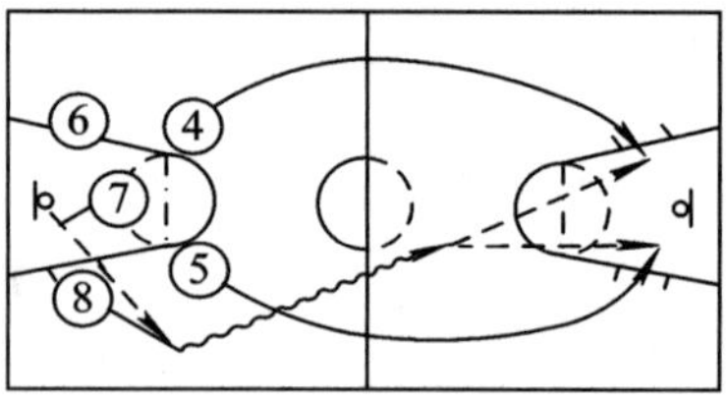

图 5-3-16

2．阵地进攻

(1) 进攻的落位阵型。当防守队已布好防守阵型后，进攻队则进入阵地进攻。进攻队员的落位阵型要根据攻守双方的特点来决定，常用的有：

- 2—3 阵形，如图 5-3-17 所示，单中锋策应站位。
- 1—3—1 阵形，如图 5-3-18 所示，双中锋上下站位。
- 2—1—2 阵形，如图 5-3-19 所示，单中锋站位。
- 1—2—2 阵形，如图 5-3-20 所示，双中锋并站篮下。

图 5-3-17

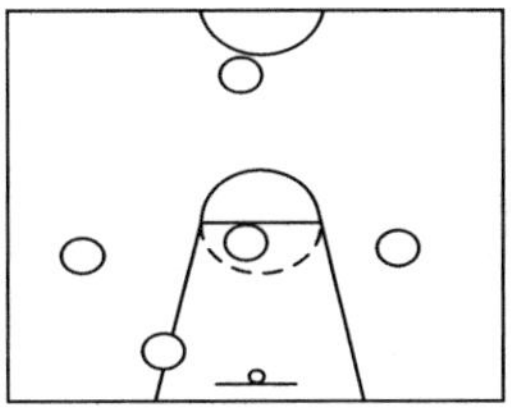
图 5-3-18

图 5-3-19

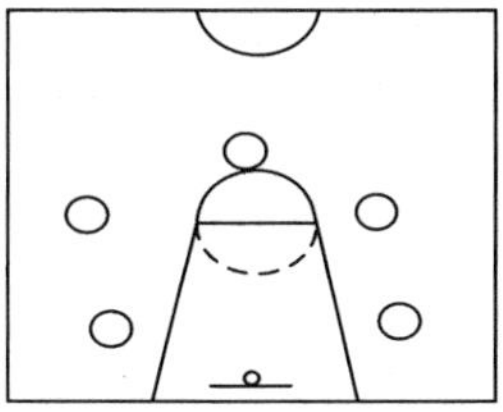
图 5-3-20

(2) 进攻队员盯人防守。进攻队员盯人防守主要是以进攻战术基础配合为主的全队协同配合。

以反掩护为主的全队配合，如图 5-3-21 所示，⑦传球给⑥后，向反方向给⑧做掩护，⑧切入，接⑥传球准备投篮。❹补防⑧，⑧及时将球传给移动到篮下的中锋④。

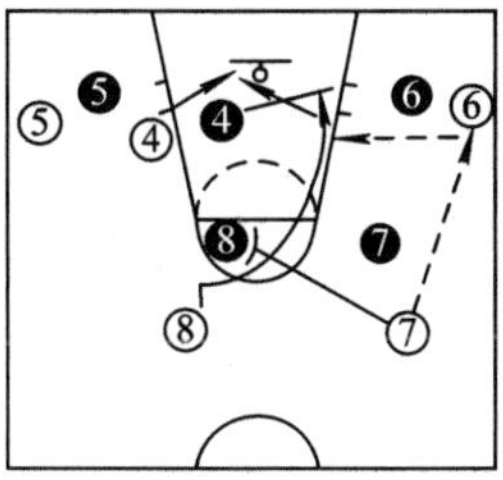

图 5-3-21

以后掩护为主的全队配合，如图 5-3-22 所示，⑦将球传给⑧，同时⑥上提给⑦做后掩护，⑦空切篮下。⑧及时将球传给切入的⑦，⑦接球准备投篮。当❹上来补防时，中锋④移至篮下准备接⑦传球，但❺又补防④，这时⑤及时向限制区插入，接⑦传来的球投篮。

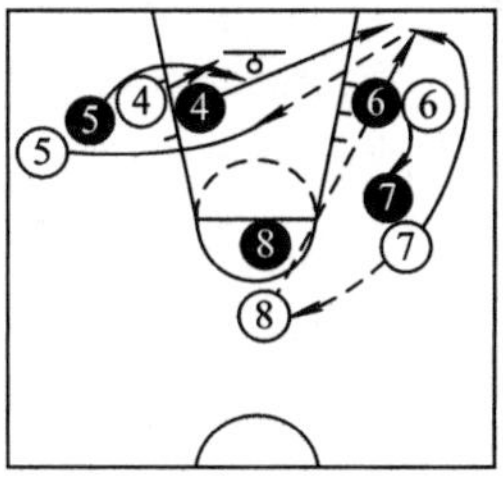

图 5-3-22

(3) 进攻区域联防。要进行进攻区域联防，首先要了解区域联防的特点及其移动规律，针对其薄弱环节，明确进攻重点，组织针对性较强的战术配合。

准确的中、远距离投篮，是进攻区域联防的重要手段，快攻也是进攻联防的有利武器。

进攻区域联防战术应用：当对方采用 2—1—2 联防时，进攻队应根据 2—1—2 联防的弱点，采用 1—3—1 的对阵方法进攻，这样队员可以分布在两个防区之间，使防守队员负担加重，以便取得较好的外围投篮位置，有利于内外联系，可以造成一个守区内以多打少的局面；当对方采用 2—3 联防时，进攻队可采用 1—2—2 的阵型进攻。

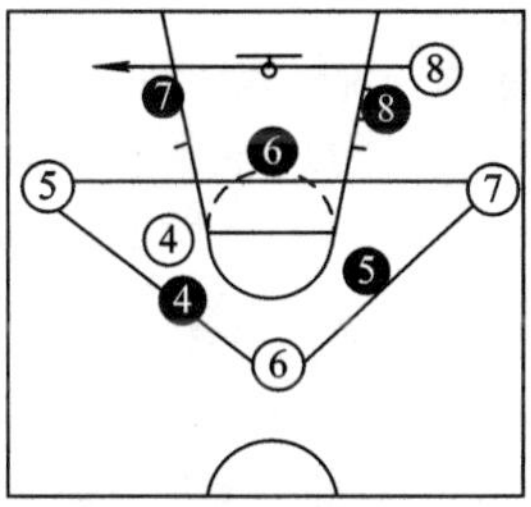

图 5-3-23

示例：如图 5-3-23 所示，外围⑥、⑦、⑤拉大距离，只有防守队员❹、❺两人在这个区域内，这就给对方增加了困难。⑧在底线，在对方背后流动，牵制对方篮下两个后卫❼、❽。这种采用 1—3—1 的打法，通过落位就给防守增加了困难。

进攻区域联防的基本要求：加快外围倒手传球，迫使对方反复移动出现漏洞；攻击防守薄弱区，如人力少的区域或防守差的区域；加强中远距离投篮，拉大攻击距离，扩大防守区域；加强中区及底线的背向(指防守队员身后)穿插；在对方还没有组织好防守阵型之前采用快攻，一举而攻破；合理地运用掩护投篮。

(二) 全队防守战术

1. 防守快攻

防守快攻是篮球防守战术的重要组成部分。它能制约对方的进攻速度，为本队组织防守争取时间，使对方没有和少有抢断球和掷界外球发动快攻的机会。其主要作用有：

(1) 提高进攻成功率。

(2) 封堵快攻第一传，有组织地堵截第一传是防止快攻的重要手段。

(3) 紧逼接应队员，干扰、破坏其枢纽作用，造成其传球失误，或延误传球时间，以便使防守队员迅速退回。

(4) 退守时应注意先卡两边，对先下队员及时防住，防止长传偷袭。

(5) 提高以少防多的能力，如一防二、二防三的防守能力。

2. 半场人盯人防守

半场人盯人防守是篮球运动中各种防守战术的基础。它的特点是：在预先分工盯人的基础上，以球为主，人球兼顾，分工明确，针对性强，能加强队员的责任感，发挥队员的积极性，并根据对方进攻情况，及时调整位置，有效地控制对方进攻重点。

原则：根据对手、球篮、球来选位置。近球紧，远球松，随时抢占有利位置，破坏对方进攻配合，加强防守的集体协作。

半场人盯人防守可分为缩小人盯人防守和扩大人盯人防守两种形式。这两种战术形式都是在个人防守的基础上，运用各种防守基础配合而组成的。运用时，可视对手情况来确定采用哪一种防守形式。

半场缩小人盯人防守是控制5～6米防区的集体防守方法，一般用于对方外围中远投不准而内线攻击较强的队，它有利于保护篮下和争夺篮板球。

半场扩大人盯人防守是一种扩大控制 7～8 米防区的集体防守方法，一般用于对方中远投较准、个人突破能力及内线攻击较弱的队，它能起到打乱对方进攻部署的作用。

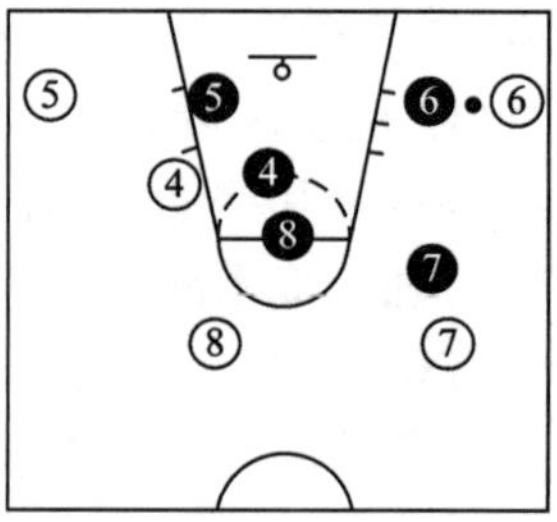

图 5-3-24

缩小、扩大人盯人防守示例：如图 5-3-24 所示，❻紧逼持球队员⑥，❼错位防守，切断传球路线或准备断球。❽回缩至罚球线附近准备补防，并控制⑥传给⑧的传球。❹要防止④向球方向移动，同时注意协防和抢篮板球。❺则缩回篮下准备补防或抢篮板球。

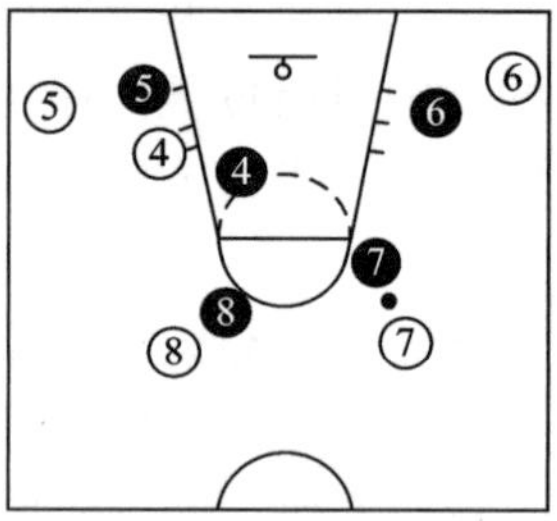

图 5-3-25

再如图 5-3-25 所示，❼紧逼持球队员⑦，❽、❻错位防守，切断传球路线，或准备断球。❹站中锋④侧面稍靠前，阻止其接球，并准备用脚步动作防止其插上。❺防守⑤要保持一定距离，防止其接球，准备协防中锋或抢篮板球。

3. 区域联防

区域联防是防守队员退回后场，每个队员负责一定区域，并把每个区域有机地联系在一起的集体防守战术。要求队员协同一致，积极随球移动，加强有球一侧的防守，相互补位，封堵断抢。对付个人突破能力强、内线威胁大的队可采用此战术。

(1) 区域联防的形式。区域联防的站位队形是固定的，常用的有：2—1—2、2—3、3—2和 1—3—1 联防形式。形式虽多，但常用的、最基本的是 2—1—2 联防，因为这种形式下，队员分布均匀，便于协防。

(2) 区域联防配合方法。如图 5-3-26 所示，以 2—1—2 联防防守为例，⑥持球时，防守队员❹根据中锋位置决定两人防守配合，❺上去防⑥，❻可稍向右移协助防守④，并随时准备快速移动去防守⑦，❹前移防守④，❽向上移防⑤，篮下❼防守⑧。

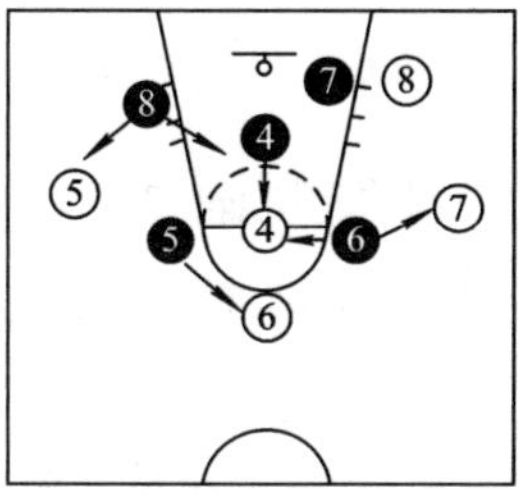
图 5-3-26

篮球运动中的防守和进攻是相互制约又相互促进和共同提高的。现在国内外一些强队运用的区域联防已扩大了控制区域，具有针对性和综合性的特点，发展成为轮转式的、带紧逼和夹击的、攻击性较强的综合性防守战术。

4．全场区域紧逼

全场区域紧逼是综合区域联防和人盯人防守两种战术的优点，全场每个防守队员既有区域分工，又体现紧逼盯人、协同进行堵截、夹击、抢断等攻击性的整体防守战术。

全场区域紧逼防守，一般用于对方速度、灵活性和体力较差而进攻速度较慢、突破能力较弱、篮下攻击力较强的情况。在比赛开局先发制人，在比赛结局时扩大战果，或挽回败局时运用全场区域紧逼防守也会取得较好的效果。

全场区域紧逼防守的几种形式：1—2—1—1、1—2—2、2—1—2、2—2—1 等。在运用时，队员只要前后左右移动位置，就可变成其他类型的防守阵形。

1—2—1—1 形全场区域紧逼多用于本队投中或罚中后，对方在端线外发球时，全队迅速进入各自分工区域紧逼对手。如图 5-3-27 所示，前场❻、❼、❾不让对手接应发球，中场❺、后场❹防止长传，准备抢断球，迫使对方发球违例；球发进场后要围追、堵截、夹击、抢断，迫使对方 5 秒违例，利用中线、边线迫使对方球回后场或出界，造成对方心理上的恐慌。

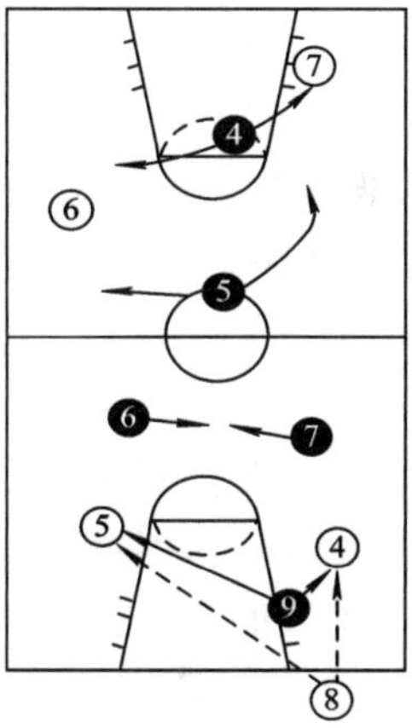
图 5-3-27

第四节 篮球竞赛规则简介

一、篮球比赛

篮球比赛由两个队每队 5 人进行，每队的目的是把球投进对手球篮得分并阻止另一队得分。比赛由裁判、记录台裁判和技术代表管理。比赛时间结束，得分多的队将获得胜利。

二、比赛场地与设备

1．球场

篮球场长 28 米，宽 15 米。

2．篮球

男子比赛用球标准(7 号球)：重量 567～650 克，圆周长 749～780 毫米。

女子比赛用球标准(6 号球)：重量 510～567 克，圆周长 724～737 毫米。

篮球从高度约 1800 毫米(篮球底部)落到地面上反弹高度为 1200～1400 毫米(篮球顶部)。

三、比赛规则

1．比赛时间、平分和加时赛

比赛分四节，每节 10 分钟，第一节和第二节(上半场)之间、第三节和第四节(下半场)之间和每一加时赛之前间隔 2 分钟。上、下半场之间间隔 15 分钟。

如果四节比赛结束时两队平分，将延长 5 分钟进行加时赛，直到决出胜负。

2．跳球和交替拥有

跳球发生在第一节比赛开始。

交替拥有是在第一节跳球一方控制球权后开始，以后出现下列情况之一，双方交替拥有掷界外球权：

(1) 每一节的开球。

(2) 争球。

(3) 双方犯规无控球方。

(4) 双方同时使球出界。

3．得分分值

罚球得分计 1 分。

在两分区投篮得分计 2 分。

在三分区投篮得分计 3 分。

4．暂停

每队上半场(第一节和第二节)2 次暂停，下半场(第三节和第四节)3 次暂停，每一加时赛 1 次暂停，每次暂停 1 分钟。未用的暂停作废。请求暂停的时机：

(1) 双方球队：球成死球并停止比赛计时钟，且裁判员已结束向记录台报告。

(2) 双方球队：最后一次或仅有的 1 次罚球得分后球成死球。

(3) 对方投篮得分，非得分队可以请求暂停。

5．换人

替换队员进场前应向记录台报告，并做好比赛的准备。请求换人的时机：

(1) 双方球队：球成死球并停止比赛计时钟，且裁判员已结束向记录台报告。

(2) 双方球队：最后一次或仅有的 1 次罚球得分后球成死球。

(3) 第四节最后 2 分钟或每 1 加时赛最后两分钟投篮得分，非得分队可以换人。

四、违例

违例是违反规则的行为。

1．罚则

判对方在违例就近位置(除了篮板正后位置)掷界外球。

2．违例类型

违例主要有 11 种类型：

(1) 带球走。

(2) 非法运球：两次运球。

(3) 非法运球：携带球。

(4) 3 秒。

(5) 5 秒。

(6) 8 秒。

(7) 24 秒。

(8) 球回后场。

(9) 故意脚球。

(10) 界外球。

(11) 争球违例。

五、犯规

犯规是个人违反了涉及非法与对手接触的规则，并且(或者)这种接触是违反体育道德的行为。

1．个人犯规

个人犯规是队员无论是死球还是活球时与对手的非法接触。

队员不得通过伸手、臂、肘、肩、臀部、膝或脚，也不得通过弯曲身体成反常位置(超出圆柱体)，也不得纵容自己采用粗暴比赛，去抓、阻、推、冲、绊或妨碍对手前进。

(1) 罚则。

登记个人犯规(个人 5 次犯规退出比赛)，并累计全队犯规(每节 4 次，加时赛为第四节延续)。

① 如果是对没有投篮动作的队员犯规：比赛将由非犯规队在犯规就近位置掷界外球重新开始。如果犯规队全队犯规已达 4 次，由被犯规队员罚球两次。

② 如果是对有投篮动作的队员犯规：投中追加罚球 1 次；未中则罚球 2 次(两分区犯规)或罚球 3 次(三分区犯规)。由被犯规队员罚球。

(2) 违例类型。

主要有下列类型：

① 非法用手。

② 阻挡。

③ 过度挥肘。

④ 拉人。

⑤ 推人。

⑥ 带球撞人。

2．双方犯规

双方犯规是两对手近乎同时相互个人犯规。

罚则：登记每个犯规队员个人犯规，不罚球，如果在双方犯规的同时存在以下情形，比赛按下列情况继续：

① 一个有效的得分，或者最后一次或仅有一次的罚球得分，判非得分队掷端线球。

② 有控球队，控球队在犯规就近位置掷界外球。

③ 没有控球队，判跳球(执行交替拥有)。

3．违反体育道德犯规

违反体育道德犯规是以规则的目标精神去判断一个队员是否以一个合法尝试去打比赛的接触性犯规。裁判员在整个比赛中必须解释违反体育道德犯规只是一种行为判断。

(1) 判断是否违反体育道德犯规，裁判员必须遵循下列原则。

① 如果一个队员没有努力去打球所发生的接触是违反体育道德犯规。

② 如果一个队员有努力去打球导致了过度接触(严重犯规)是违反体育道德犯规。

③ 如果防守队员尝试从后面或横向去停止一个快攻，且在进攻队员与防守方球篮之间没有防守队员，所导致的与对手接触是违反体育道德犯规。

④ 如果一个队员是合法努力比赛(正常比赛)所发生的犯规不是违反体育道德犯规。

(2) 罚则。

登记犯规队员一个违反体育道德犯规。由被犯规队员罚球，紧接着，在记录台对面中线延长线位置掷界外球。如果是第一节开始，在中圈跳球。

罚球次数依据下列情况：

① 如果被犯规的队员没有投篮动作，罚球 2 次。

② 如果被犯规队员有投篮动作，若罚球投中得分，追加罚球 1 次。

③ 如果被犯规队员有投篮动作但没有得分，罚球 2 次(两分区犯规)或罚球 3 次(三分区犯规)。

(3) 当一个队员有 2 次违反体育道德犯规时将被取消比赛资格。

(4) 如果一个队员是因 2 次违反体育道德犯规被取消比赛资格，则只有犯规处罚，没有附加罚则。

4．取消比赛资格犯规

取消比赛资格犯规是一个队员、替补队员、已退出比赛队员、教练员、助理教练员或球队随从人员的任何公然违反体育道德行为的犯规。

被判罚取消比赛资格犯规的教练员，将被助理教练员取代，如果没有助理教练员，将由队长(CAP)取代，并登记在记录表上。

罚则：登记犯规队员取消比赛资格犯规。无论何时按照规则条款判犯规队员取消比赛资格犯规，犯规者都将离开比赛现场。

罚球将由：

① 在非接触性犯规情况下，由对方教练指定一个对手执行罚球。

② 在接触性犯规情况下，由被犯队员执行罚球。

紧接着，在记录台对面中线延长线位置掷界外球。如果是第一节开始，则在中圈跳球。

罚球次数依据下列情况：

① 如果被犯规的队员没有投篮动作，罚球 2 次。

② 如果被犯规队员有投篮动作，若罚球投中得分，追加罚球 1 次。

③ 如果被犯规队员有投篮动作但没有得分，罚球 2 次(两分区犯规)或罚球 3 次(三分区

犯规)。

5．技术犯规

技术犯规是一个队员的非接触性犯规行为，类型包括(但不限制)：

(1) 无视裁判员给出的警告。

(2) 无礼地接触裁判、技术代表、记录台裁判或球队席人员。

(3) 无礼地与裁判、技术代表、记录台裁判或对手沟通。

(4) 使用的语言或手势可能冒犯或煽动观众。

(5) 在对手眼前通过挥手挑逗对手或妨碍对手视线。

(6) 过分挥肘。

(7) 在中篮之后通过故意触球或者阻碍对手迅速掷界外球拖延比赛。

(8) 假摔伪造犯规。

(9) 除非裁判员认为队员抓篮筐是因为扣篮或者是试图防止自己或另一个队员受伤，否则队员抓篮筐悬挂被视为技术犯规。

(10) 在最后或仅有的一次罚球期间，防守队员干扰罚球得分(不管中与不中)，1 分将判给进攻队，同时判这名防守队员技术犯规并执行技术犯规罚则。

罚则：如果是一个队员技术犯规，登记这名队员个人犯规，并累计全队犯规。如果是教练员(C)、助理教练员(B)、替补队员(B)、已退出比赛队员(B)或球队随从人员(B)技术犯规，登记教练员技术犯规一次，不累计全队犯规，判对方罚球两次。紧接着，在记录台对面中线延长线位置掷界外球。如果是第一节开始，则在中圈跳球。

6．打架

打架是在两名或多名对手之间的身体相互作用。本条款仅适用于在打架(或任何可以导致打架的情况)期间，教练、助理教练、替补队员、已退出比赛队员和球队随从人员离开球队坐席区。

罚则：不考虑参与打架的人数，登记教练员 1 次技术犯规。

如果犯规之前是：

(1) 一个有效的得分，判非得分队掷端线球。

(2) 有控球队，控球队在记录台对面中线延长线位置掷界外球。

(3) 没有控球队，判跳球(执行交替拥有)。

思考与练习

(1) 什么是篮球运动？你认为篮球运动对身体有哪些影响？

(2) 篮球运动包含哪些基本技术？

(3) 篮球运动包含哪些基本战术？

(4) 篮球运动的犯规包含哪些情形？

第六章 排　　球

第一节 排球运动概述

排球运动于1895年起源于美国，由美国麻省好利诺青年会干事威廉·基·摩根首创。1896年开始，美国有了排球比赛，春田市的哈尔斯戴特博士将此项运动命名为“Volleyball”，即“空中飞球”之意，并一直延用至今。随后排球运动通过教会的传播和美国军队的军事活动，逐渐传播到世界各地。

1905年排球运动传入我国。当时的排球比赛场地长28米、宽14米，男子网高2.3米，每队场上16人，分4排站立，每排4人。因为场上比赛队员是按“排”站位，故称为“排球”。1919年比赛人数减为12人，1927年改为9人制排球，场地也相应缩小。9人制排球曾在我国和亚洲地区流行了相当长的时间。1947年国际排球联合会成立，决定世界性的排球比赛采用美式6人制排球。为了适应国际比赛的需要，我国从1950年开始，正式推广现行的6人制排球。

目前世界性的排球比赛有世界锦标赛、奥运会、世界杯赛及世界排球联赛。1949年举办了第1届世界男子排球锦标赛。1952年举行了第1届世界女子排球锦标赛。1964年在第18届奥运会上排球被列为正式竞赛项目。1965年和1973年国际排联先后举办了第1届男子和女子世界杯排球赛。在一般情况下，它们都是每4年举行1次，比赛的顺序为：奥运会的第2年为世界杯赛，第3年为世界锦标赛。规模最大的赛事为世界锦标赛。

我国于1954年正式加入国际排球联合会，并于1956年首次派队参加了在巴黎举行的女子第2届、男子第3届世界排球锦标赛。女子获得第3名，男子获得第9名。1977年我国首次参加世界杯排球赛，并取得了女子第4名、男子第5名的好成绩。20世纪80年代是中国女排的辉煌时期，她们相继在1981年的世界杯赛、1982年的世界锦标赛、1984年的奥运会、1985年的世界杯赛和1986年的世界锦标赛上获得冠军，荣获了世界上第1个“五连冠”殊荣，并于2003年世界杯赛和2004年奥运会上再次获得冠军。

当今排球运动的发展趋势是：进攻战术向高度加速度、强攻加快攻、力量加技巧、前沿加纵深的方向发展。各种技术风格的打法相互揉合，结合运用。全队必须技术全面、特点突出且攻击力强，才有可能取得优异的成绩。

排球运动像其他球类项目一样，既可以作为一项竞争激烈的竞技项目，也可以作为一种余暇型的体育活动内容。通过训练能够发展力量、弹跳、速度、灵敏、耐久力等身体素质，增进身体健康；同时通过比赛能够促进人的心理素质的培养；并培养勇猛顽强、机智灵敏、吃苦耐劳、遵守纪律、团结友爱等集体主义精神。

1994年9月国际排联对排球规则进行了修改。新规则规定运动员可以在底线后任何位置发球；防守队员身体的任何部位接触来球都不算犯规；取消接发球持球的规定等。

1998年，国际排联决定增设自由人的位置，并改用蓝、黄、白三色排球进行比赛。

排球比赛场地长18米、宽9米，由一条中线分为两个均等的场区。中线架有一定高度的球网。比赛双方站在两边，每队上场队员6人，分前、后排站立。在发球队员击球时，双方队员(发球队员除外)必须在本场区内站成两排，前排三名队员的位置为4号位(左边)、3号位(中间)和2号位(右边)；后排三名队员的位置必须比其相应的前排队员离网更远，其位置为5号位(左边)、6号位(中间)和1号位(右边)。排球的阵容配备的组织形式一般有“四二”配备、“五一”配备和“三三”配备三种。

排球比赛采取五局三胜制，前四局中一个队赢得15分并至少领先对方2分时，该队胜一局；第五局比赛，则率先得到15分并至少胜出对方2分的队伍获胜。队员根据规则规定将球击过球网，使球落在对方场区内的地面上或使对方犯规从而得分。发球方胜1球时方可得分。如果发球方犯规、失误或接发球方胜1球则双方交换发球权。比赛中队员按顺时针方向轮转位置，在后排1号位的队员负责发球。

沙滩排球在本世纪20年代初在加利福尼亚州圣莫尼卡海滩兴起。1930年，圣莫尼卡举行了第一场双人配合的沙滩排球比赛，这种阵形成为现在最普及的打法。1996年沙滩排球首次成为奥运会的比赛项目。

第二节　排球运动的基本技术

排球运动的基本技术是比赛中运用的符合规则规定的准备、移动、击球动作的总称。它包括准备姿势和移动、传球、垫球、发球、扣球、拦网，是组成战术和实现战术设想的基础。

一、准备姿势和移动

准备姿势和移动是排球运动中运用最广泛的徒手技术，是完成其他技术和组成战术配合的前提和基础，对各项击球技术动作的运用起串连作用。

1．准备姿势

按身体重心的高低，准备姿势分为稍蹲、半蹲和低蹲三种。半蹲准备姿势的运用较多。

动作要领：两脚左右开立略宽于肩，脚尖稍内扣，二脚平行或一脚稍前。脚后跟稍提起，膝关节保持一定的弯曲度，收腹含胸，重心前移，膝部的垂直面超出脚尖，上体自然前倾，身体重心靠前，两臂屈肘弯曲于胸腹前，双眼注视来球，两脚微动待发。

2．移动

移动的目的是为了接近球，调整好人与球的合理距离。移动由起动、制动和改变方向构成。常用的移动步法有并步和滑步、交叉步、跨步、跑步等。

(1) 并步和滑步。当来球距身体一步左右时可采用并步移动，可向两侧移动。往左侧移动时，左脚微抬起向左迈出一步，右脚迅速并上一步成准备姿势。当来球在体侧稍远，并步不能接近球时，可快速连续并步，连续并步称为滑步。

(2) 交叉步。当来球在体侧约 2 米左右时，可采用交叉步移动。采用向右侧交叉步时，上体稍向右转，左脚从右脚前面向右交叉迈出一步，然后右脚再向右侧跨出一大步，同时身体对准来球方向，保持击球前的姿势。

(3) 跨步。移动时，一脚支撑并蹬地，另一脚向来球方向跨出一大步。跨出脚的同侧膝部要深蹲，重心移至跨出的腿上，上体前倾，臀部下降，后腿自然伸直或随重心前移而跟着上步成接球的准备姿势。其他步法来得及时就不必用跨步。只有在来不及移动接低球时才用跨步。跨步必然是最后一步，跨步之后就不能再移动了。因此它也是一个制动动作。跨步不仅要步幅大，有益于制动和降低重心，还要求身体重心稳，有利于做击球动作，可以向各方向跨出。

(4) 跑步。跑步是各种移动步法中最快的。两腿用力蹬地，迅速起动，两臂用力摆动，加快步子，争取跑到球的落点位置，并逐步降低重心，保持好击球的准备姿势。长短距离都可以运用跑步。后退跑则是移动中最慢的，当来球距离近，来得及时，可以运用后退跑，因为不需转体，这样便于观察前方的情况和看球；当来球距离远或来不及时就要用转身跑步的方法。应边转身边跑，不能转身后再跑。

3．练习方法

(1) 原地做准备姿势的模拟练习，教师纠正。

(2) 原地慢跑，看到教师发出的信号，立即做好准备姿势。

(3) 学生在准备姿势的基础上，看教师手势做向前、后或左、右一步和进二步的移动。

(4) 两人一组，一人持球做前、后、左、右抛球，另一人不停地快速移动用低手或上手接球。

(5) 站在中线与进攻线之间，用低姿势做左、右交叉步或滑步移动，并用手摸中线和进攻线。

(6) 提示。

① 移动时注意身体重心不能起伏，以免影响移动的速度。

② 结合准备姿势，多采用一些对抗性、游戏性练习增加学生练习的积极性。

4．易犯错误

(1) 准备动作僵硬，起动慢。

(2) 臀部后坐，身体重心偏后。

(3) 弯腰直膝。

(4) 快速移动后制动不好或重心不稳。

二、传球

传球是排球运动中最基本、最重要的一项技术。传球由准备姿势、迎球、击球、手型、用力五个动作组成。传球主要用于二传，在比赛中起着组织进攻的作用。传球一般可分为正面上手传球、背向传球、侧传球、跳传球等。

(一) 传球的分类和动作要领

1. 正面上手传球

(1) 传球前的准备姿势：正面对准来球，两脚左右开立，约同肩宽，上体稍前倾，两膝半屈，重心在两脚之间，两肩放松，两臂弯屈置于胸前，两肘自然下垂，双手成传球手型，放松置于脸前，注视来球方向，准备传球。

(2) 击球点：击球点一般在脸前上方，当来球距前额约一个球的距离时，便要做击球动作。一般来球较平时，击球点可稍低一些；来球弧度高或向上、向后传球时，击球点可稍高一些。

(3) 传球手型：当手触球时，其手型应该是手腕稍后仰，两手拇指相对，其余四指分开微屈成半球状，指腕适度紧张，如图 6-2-1 所示。

(4) 击球用力：传球时，要利用蹬地伸膝向上展体和伸臂的动作，协调用力迎击球。并以拇指、食指、中指负担球的压力，无名指和小指帮助控制球。球触手的瞬间，手指和手腕应保持一定的紧张程度，用手指的弹力和手腕、手臂与身体的协调的力量将球传出去，如图 6-2-2 所示。

(5) 手感：手感是控制球的核心，主要是靠传球时手指、手腕主动而细微的动作来进行这种调整，从而达到传球的精准度。

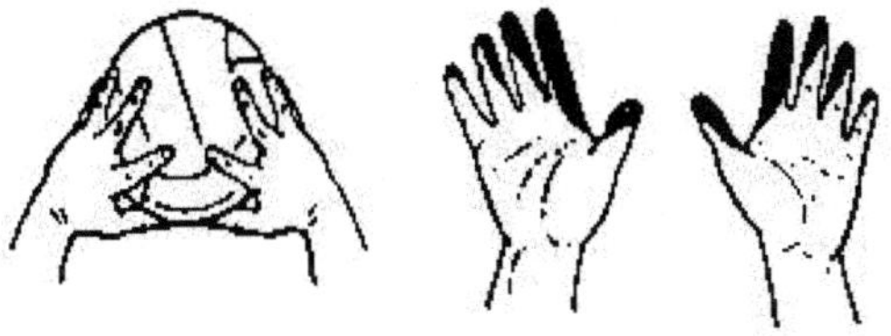

(1)　　(2)

图 6-2-1

(1)　(2)　(3)　(4)　(5)　(6)

图 6-2-2

2. 背向传球

向后上方传球，称背向传球。其准备姿势同正面传球，上体稍直。迎球时，两臂上抬，触球时手腕稍后仰，掌心向上，击球点保持在额上方，两手击球的下部，并迅速蹬地、展腹、抬臂、伸肘，通过手指手腕的弹力将球向后上方传出，如图 6-2-3 所示。

(1)　(2)　(3)　(4)　(5)

图 6-2-3

3. 侧传球

身体侧对传球方向，并向侧面传出球，称侧传球。其基本技术动作与正面上手传球相同，击球点稍偏向传出球一侧。

4. 跳传球

起跳后在空中传球，称跳传球。起跳后两臂上举到脸前，传球时注意迎球动作。手型同正面上手传球。

传球技术的运用时机很多，除组织进攻外，传球在比赛中也常用来接对方的处理球、吊球和被对方拦回的高球。还可进行吊球和处理球，起着直接进攻的作用。其中较难掌握的是触球时的手型。因为触球时手型正确与否直接影响手控制球的能力和传球的准确性，对初学者来说，掌握了正确手型才能保证正确击球点和较好地运用手指、手腕的弹力。

(二) 练习方法

(1) 原地反复做徒手、有球的模拟练习，掌握好传球的手型、击球点和用力顺序。

(2) 二人一组，一人举球，一人站到球下做传固定球练习。

(3) 自抛传接球练习，过渡到对抛传接球练习。

(4) 两人一组，先自传一次再传给对方。

(5) 两人对传：顺网或隔网的对传球练习。

(6) 三人一组，三角传球。

(7) 两纵队相对跑动传球。

(8) 四人三点的移动传球(开始点上站两人)。

(三) 易犯错误

(1) 手型不正确。

① 两拇指朝前或向下。

② 两手掌成一平面或相对。

③ 全手掌拍击球。

(2) 击球点不正确。

① 击球点过高则用不上力。

② 击球点过低则容易持球。

(3) 传球时，身体后坐或后仰，发不上力。

(4) 传出的球忽左忽右、忽前忽后、方向不稳。

三、垫球

垫球是排球的基本技术之一，是组织进攻和反攻战术的基础。常用于接发球、接扣球和接拦回球。按动作方法分为正面双手垫球、体侧垫球、背向垫球、单手垫球、挡球等。正面垫球是最基本的一种垫球技术。

(一) 垫球的分类和动作要领

1. 正面双手垫球

正面双手垫球是利用双手小臂形成的垫击面，在腹前垫击来球。

(1) 准备姿势：移动到位，正对来球，成半蹲姿势。

(2) 垫球手型：两手重叠或抱拳互握，两拇指平行朝前，两臂自然伸直，小臂稍外展靠拢，手腕下压，手腕关节以上的前臂形成一个垫击平面，如图 6-2-4 所示。

(3) 击球点：当球来到体前时，夹臂前伸，插到球下，两脚稍蹬地，抬臂，用腕关节以上 10 厘米左右桡骨内侧面垫击球后下部。

(4) 垫击角度：手臂形成的垫击面与地面的夹角叫垫击角。垫球时，应根据来球的角度和垫击方向，调整垫击角和垫击面的方向。如来球抛物线较平，垫击角应大；反之垫击角就小。

(5) 击球用力：靠来球的力量与手臂碰撞后所产生的反弹力将球主动垫起。一般来说，垫球用力的大小与来球的力量成反比，与垫出球的距离、抛物线高低成正比。其动作要领包括插、夹、抬，如图 6-2-5 所示。

① 插：移动到位，两臂前伸，插到球下。

② 夹：含胸收肩，两臂夹紧成平面，前臂击球，同时压腕。

③ 抬：蹬腿，提肩，抬臂，身体重心随球向上向前移动。

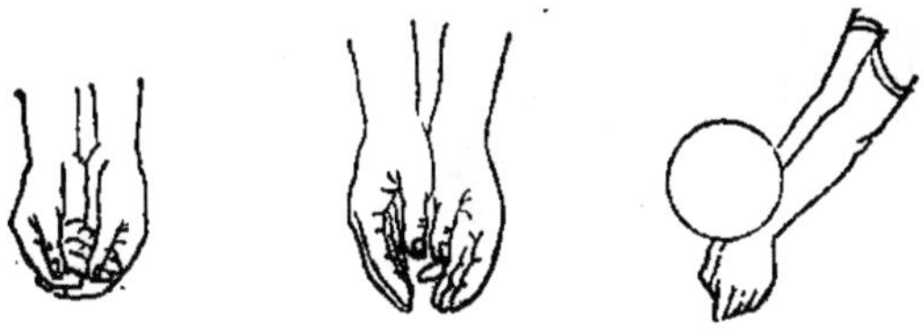

(1)　(2)　(3)

图 6-2-4

(1)　(2)　(3)　(4)

图 6-2-5

2. 体侧垫球

体侧垫球是当来球在身体一侧，来不及侧移正对来球或遇追胸球时采用。如左侧来球时，右脚前掌内侧蹬地，左脚向左侧跨出一步，重心移至左脚，两臂夹紧向左侧伸出，右肩稍向下倾斜，向右转体、收腹，两臂自左后方向前截住球飞行的路线，用前臂垫击球的后下部，如图 6-2-6 所示。

3. 背向垫球

背对垫出方向，从体前向背后垫球称背向垫球。背向垫球时，先判断并迅速移动到球的落点，背对出球方向，当来球略高于肩时，两臂夹紧伸直，抬头、挺胸、展腹，将球向身体的后上方垫出，如图 6-2-7 所示。

(1)　(2)　(3)　(4)

图 6-2-6

(1)　(2)　(3)

图 6-2-7

4. 单手垫球

单手垫球即一只手垫击来球。当球飞向右(左)侧较远时，迅速跑步接近球，最后右(左)脚跨出一步，上体向右(左)倾斜，右(左)臂伸直，自右(左)后向前摆动，用前臂内侧、手掌或虎口处击球的后下部。

5. 挡球

当来球高而重，不便于传和垫时，用双手或单手在肩部以上挡击来球称挡球。双手挡球有抱拳式和并掌式。抱拳式：一手半握拳，另一手外包，屈肘，两手小指外侧朝前。并掌式：两肘弯曲，两虎口交叉、紧贴，两掌合并成勺形。挡球时小臂放松，手腕后仰，以掌跟或两掌外侧组成的平面在额前或肩上方击球的后下部。控制击球的力量将球接向前上方，如图 6-2-8 所示。

单手挡球时，手半握拳，腕紧张后仰，击球的后下部。

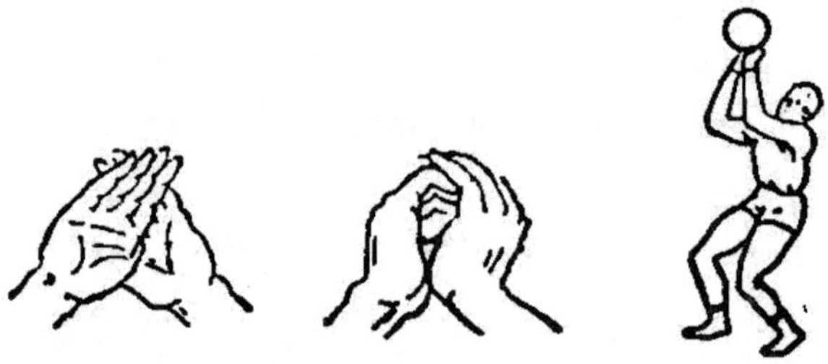

(1) (2) (3)

图 6-2-8

(二) 练习方法

(1) 原地的徒手模拟练习和垫固定球练习。
(2) 两人一组，抛垫球练习。
(3) 两人一组，对垫球或传垫球练习。
(4) 三人一组，三角连续垫球。
(5) 二人一组，一发一垫(距离可由近至远)。
(6) 二人一组，隔网一发一垫练习。
(7) 二人一组，打垫(一扣一防)球练习。

(三) 易犯错误

(1) 移动不及时，对不准来球。
(2) 垫球部位不准确：用手或手腕去垫球。
(3) 垫球时翘腕屈臂，不能形成垫击平面。
(4) 垫球时双臂有撩球动作。

四、发球

发球是比赛的开始，也是进攻的开始，准确而有攻击性的发球，不仅可以破坏对方的战术组合，而且还可以直接得分。因此，发球既要有准确性又要有攻击性。发球可分为正面下手发球、侧面下手发球、正面上手大力发球、正面上手发飘球、勾手发飘球、勾手大力发球、跳发球等。下面以右手发球为例对发球技术进行介绍。

(一) 发球的分类和动作要领

1. 正面下手发球

(1) 准备姿势：面对球网，左脚在前，两膝微屈，左手持球于腹前，右手自然下垂，眼视前方。

(2) 抛球：左手将球在体右侧抛起，高约 20 厘米，抛球时，身体重心后移，同时右手后摆。

(3) 击球：右脚蹬地，身体重心前移，右臂伸直，以肩为轴向前摆至腹前，用手掌或虎口击球的后下部，击球部位紧张。击球后，随着击球动作身体重心前移，迅速入场，如图 6-2-9 所示。

(1) (2) (3) (4) (5) (6) (7)

图 6-2-9

2. 侧面下手发球

(1) 准备姿势：左肩对网，两脚开立，左脚在端线后，左手托球于体前。

(2) 抛球：左手抛球于胸前一臂之远，离手高约 30 厘米，抛球同时，右臂摆至右侧后下方。

(3) 击球：在抛球的同时，右臂摆至右侧后下方，接着右脚蹬地向左转体，带动右臂向前上方摆动，在腹前以全手掌或虎口击球的后下方。随着击球动作，迅速进入场地，如图 6-2-10 所示。

(1) (2) (3) (4) (5)

图 6-2-10

3. 正面上手大力发球

正面上手大力发球是面对球网，便于观察对方，发出的球力量大、速度快，过网后下沉，攻击性较强且易于控制球的落点，是学习其他上手发球方法的基础。

(1) 准备姿势：面对球网，左脚在前、右脚稍后自然开立，左手托球于体前。

(2) 抛球：左手用掌平稳而准确地将球抛在体前右肩前上方，高度约 50 厘米。同时，右臂抬起，屈肘后引，肘略高于肩，上体稍向后仰。五指并拢，指尖朝上，手腕稍后仰保持一定的紧张，眼睛注视球体。

(3) 击球：右脚蹬地重心前移，以收腹、屈体迅速带动手臂的挥动。直臂挥臂成弧线，在右肩前上方，用全手掌包击球的后下部，并迅速做出鞭打推压动作，使击出的球呈上旋飞行。击球后随重心前移，迅速入场，如图 6-2-11 所示。

(1) (2) (3) (4) (5) (6) (7) (8) (9) (10)

图 6-2-11

4. 正面上手发飘球

正面上手发飘球是一种发出的球不旋转，而产生不规则飘晃运行的发球方法，其攻击性较强。

(1) 准备姿势：同正面上手大力发球。

(2) 抛球：与正面上手发球不同之处是抛球略低，稍靠前些。

(3) 击球：击球前手臂挥动轨迹呈平行运动，用掌跟击球体中下部，让力量通过球的重心。击球瞬间手指、手腕紧张，手型固定，击球后有突停动作，如图 6-2-12 所示。

(1) (2) (3) (4) (5) (6) (7) (8)

图 6-2-12

5. 勾手发飘球

勾手发飘球同正面上手发飘球。由于侧对网发球，可充分利用转体带动挥臂，因而较适宜发远距离飘球。

(1) 准备姿势：左肩对网，两脚自然开立，左手托球于胸前。

(2) 抛球：左手将球托送至左肩前上方约一臂高处，同时右臂摆至右后下方，重心移于右脚。

(3) 击球：右脚蹬地向左转体发力带动右手直臂向上挥臂，在右肩左上方用掌根击球的后中下部。击球时五指并拢，手腕后仰，保持紧张，让力量通过球的重心，击球后手臂突停，如图 6-2-13 所示。

(1) (2) (3) (4) (5) (6) (7) (8) (9) (10)

图 6-2-13

6. 勾手大力发球

勾手大力发球能充分发挥全身的爆发力，发出的球力量大、速度快、弧度平、攻击性较强。

(1) 准备姿势：同勾手飘球。

(2) 抛球：左手将球托送抛至右肩上方约一米高处，右腿弯屈，上体顺势向右倾斜，右臂摆至右后下方，身体重心移至右脚。

(3) 击球：右脚猛烈蹬地身体左转发力，右臂由右后下方直臂向左前上方弧形挥动，同时重心移至左脚。手臂在右肩的前上方击球，指、腕用力勾住球，用全手掌包击球的后中下部，屈腕推压球，使球上旋飞出，如图 6-2-14 所示。

(1) (2) (3) (4) (5) (6) (7) (8)

图 6-2-14

7. 跳发球

跳发球是在端线后较远处将球向端线的上方抛出，快速助跑至端线后起跳，在最高点将球击出，如同远网的正面扣球动作。它是发球技术和远网扣球技术的结合。跳发球是当前比赛中最有攻击性的发球。它的击球点高、力量大、速度快、弧度平、过网时间短、攻击力强。但跳发球技术难度大，需要运动员具有相当好的弹跳素质、爆发力及正确手法和良好的控制能力才行。

(1) 准备姿势：自然站立，单手或双手持球于腹前，注意观察场上情况。

(2) 抛球：助跑迈出第 1 步的同时将球高抛在右肩前上方，落点在助跑线上，高度和距离要符合个人特点，以跳起最高点击球为准。抛球离手瞬间可加手指、手腕动作，使球在空中产生旋转。紧接着迈出第 2 步，两臂自然摆动，眼睛注视球，最后右脚跨出一大步，两臂在体侧划弧摆动，并使左脚迅速跟上，屈膝蹬地跳起，使身体腾空。

(3) 击球：腾空后，加大挺身展腹，使身体成反弓状。右臂屈肘上举，手掌自然张开。

当身体在最高点时，以猛烈收腹和提肩带动手臂向前方挥动，在手臂伸直的最高点，用全掌击中球的后中下部，击球点不宜靠前。触球瞬间手掌包满球，并主动屈腕推卷，使球快速向前旋转。击球后，身体可随球飞行落入场内，落地时要注意平衡，防止受伤。

跳发也可不加助跑，而用原地起跳发球过网，这样也能提高击球点。

(二) 练习方法

(1) 原地的徒手模拟练习。

(2) 抛球练习，要求平稳上抛，球不旋转。

(3) 两人一组，短距离隔网对发或一发一垫。

(4) 两人一组，端线后隔网对发或一发一接练习。

(5) 提高发球的准确性，将球发到指定区域的练习。

(三) 易犯错误

(1) 抛球不稳：过高、过低或过远。

(2) 击球手型不正确。

(3) 击球挥臂动作不完整。

(4) 击球时屈臂。

五、扣球

扣球是排球基本技术中攻击性最强的一项技术，它在比赛中占有重要地位，是进攻中积极有效的方法及得分的主要手段，是决定胜负的关键技术。扣球是战术配合的最终目的，强有力的、富有战术目的的扣球，可使对方难以防守和组织反击，从而掌握比赛的主动权。

扣球是由运动员通过合理的助跑起跳在空中快速挥臂击球而完成的。完整的扣球技术是由准备姿势、助跑、起跳、空中击球和落地几个相互衔接的动作组成。在扣球的几个动作环节中，选择好起跳点及起跳时机，保持好人与球的关系是扣球的基础，挥臂击球是完成扣球动作的关键环节。扣球的种类很多，这里介绍常用的几种(以右手为例)。

(一) 扣球的分类和动作要领

1. 正面扣球

正面扣球是最基本的扣球技术。面对球网，便于观察，准确性高。挥臂动作灵活，能根据对方防守情况，随时改变扣球路线和力量，便于控制击球落点，因此进攻效果好。

(1) 准备姿势：一般站在距离球网 3 米左右位置，两膝略屈，上体稍前倾，两肩自然下垂，脚微动，面向二传队员，观察来球情况，做好及时上步的准备。

(2) 助跑：助跑的方向、速度和步数根据二传来球的方向、速度和弧度决定。助跑时可采用一步、二步或三步助跑。下面以两步助跑为例，先左脚向前迈出一步，右脚跨出一大步。支撑点在身体重心之前，并以脚跟先着地，两臂由体前经体侧摆体至后下方，上体前倾，重心前移，着地的右脚跟过渡到脚掌，同时左脚随即在右脚的前方着地，身体重心下降，两膝弯曲，上体稍向左转准备起跳。助跑总的要求是连贯、轻松、自然，由慢到快，由小到大，只要脚一动就要有相应的手臂协同动作。

(3) 起跳：助跑最后一步脚的落地就是起跳的开始。

常用的起跳方法有两种：

① 并步法。一脚跨出后，另一脚迅速向前并步，落于该脚之前，随即蹬地起跳。

② 跨跳法。一脚跨出的同时，另一脚也跨跳出去，使两脚有一腾空阶段，两脚几乎同时着地和蹬地。

并步法便于稳定重心，适应性强；而跨步法蹬踏力量大，可增加反作力，有利于增加弹跳高度。不论哪种方法起跳，当踏跳脚着地的瞬间，手臂摆至身体侧后方并开始向前摆动，当两腿弯曲至最深时，手臂摆至体侧，而后随蹬直两腿向上划弧上摆，两脚迅速蹬地、伸膝，向上跳起，如图 6-2-15 所示。

(4) 空中击球：跳起后，挺胸展腹，上体稍向右转，右肩向上方抬起，身体成反弓形。挥臂时，以迅速转体、收腹动作发力，依次带动肩、肘、腕各关节成鞭打动作向前上方弧形挥动，在右肩前上方最高点击球。击球时，提肩、伸臂，五指微张呈勺形，以全掌包满球，击中球的后中部，力量通过球中心，手腕有推压动作，使球向前下方旋转飞行，如图 6-2-16 所示。

(5) 落地：空中完成击球后，身体自然下落，尽量用双脚的前脚掌先着地，顺势屈膝缓冲，保持身体平衡。

(1)　(2)　(3)　(4)　(5)　(6)

图 6-2-15

图 6-2-16

在正面扣球技术中，有近网扣球、远网扣球、小轮臂扣球、转体转腕扣球、打手出界、轻扣球、高压吊球、轻吊球和助跑单脚起跳扣球等。

2. 调整扣球

调整扣球是各种扣球技术的综合运用，是在一传或防守不到位的情况下，通过二传调整传球至网前所进行的扣球。调整扣球在比赛中，尤其在“防反”时用的较多，适用性很强。

方法：调整扣球的动作和正面扣球相同，但难度较大。扣球时要根据后场来球的不同方向、角度、弧度、速度和落点，以相应的步法和空中动作，及时调整好人与球的关系，并视球与网的距离，运用适宜的手法，控制击球的力量、路线和落点等。

3. 近体快球

在二传队员体前或体侧约 0.5 米处扣的快球统称为近体快球。它是快球技术中的一种，也是我国的传统打法。

方法：扣球队员随一传球助跑到二传队员体前，助跑角度与网约成 45°。二传队员传球时，扣球队员就在二传队员前近网处迅速起跳、快速挥臂，将刚刚传出网口的球扣过网去。击球时，利用含胸、收腹带动前臂和手腕快速挥甩，用全手掌包击球的后上部。

4. 短平快球

扣球队员在距二传队员体前约 2 米处的网前起跳，截扣传来的平快球，称短平快球。

方法：扣短平快球一般用正面对网的直线助跑，与二传传球的同时起跳截击来球。利用快速含胸动作，带动前臂和手腕快速挥甩，用全手掌包击球的后上方。

5. 半快球

扣球队员在二传队员附近起跳，扣超出网口约两个半球高度的球称半快球或称半高球。击球动作与一般正面扣球相同，扣球队员要在二传球出手后起跳。

(二) 练习方法

(1) 集体做一步助跑、二步助跑的起跳练习。

(2) 网前助跑起跳练习。

(3) 原地徒手的挥臂甩腕练习，体会鞭打动作。

(4) 二人一组，一人举高球，一人原地扣固定球练习，体会击球点和手形。

(5) 二人一组，面对面自抛对地扣球练习，体会挥臂动作和击球手法。

(6) 自抛对墙的连续扣球练习。

(7) 助跑起跳扣网前固定吊球练习，体会网上扣球击球点和手形。

(8) 教师抛球或传球，学生 4 号位助跑起跳扣球练习。

(9) 4 号位完整的扣球技术练习。

(10) 3 号位扣快球练习。

(三) 易犯错误

(1) 上步起跳时机过早或过晚。

(2) 空中击球点不合理。

(3) 挥臂动作不正确。

(4) 扣球触网或过中线。

六、拦网

拦网是在网前直接阻拦对方来球的一种技术，是防守的第一道防线。它既是防守技术，也是进攻手段。成功的拦网，可以拦死或拦回对方的扣球，使本方由被动转为主动；也可以将有力的扣球拦起，为本队的防守减轻压力。有效的拦网可以对扣球队员造成心理上的威胁，从而削弱对手进攻的锐气和信心。

拦网分单人拦网和集体拦网。单人拦网是集体拦网的基础，集体拦网是单人拦网的有机协作。

(一) 单人拦网

(1) 准备姿势：面对球网，两脚平行开立并约与肩同宽，两膝稍弯曲，两手自然置于胸前。

(2) 移动：可采用并步、跨步、滑步、交叉步、跑步等，将身体重心移动到拦网位置，准备起跳。

(3) 起跳：原地起跳时要用力蹬地，利用摆臂帮助垂直起跳。移动后起跳，注意使移动降低身体重心与起跳时机紧密衔接好。起跳时，膝关节弯曲，两脚用力蹬地，两臂经体侧向前上摆动，两手由脸前向上伸出，带动身体向上垂直起跳。一般拦高球比扣球者稍晚起跳，拦快球应与扣球者同时起跳，如图 6-2-17 所示。

图 6-2-17

(4) 空中击球：起跳后稍收腹，控制平衡。两手从额前贴近并与网平行向网上沿前上方伸出，两臂伸直，肩上提。手指自然分开，两手的距离以不漏球为宜。当手触球时，两手要突然紧张压腕，用力捂盖球的前上方。拦网后手臂上抬收回。如在 2、4 号位拦网，外侧手腕稍内转，防止打手出界。

(5) 落地：完成拦网后自然落回地面，落地时屈膝缓冲。

拦网动作要领包括：拦网判断是关键，起跳及时莫提前，提肩压腕手捂球，观察动作拦路线。

(二) 集体拦网

集体拦网有双人拦网和三人拦网两种。集体拦网的目的是为了扩大拦网的截击面。集体拦网除具备单人拦网的技术外，还要求拦网者之间要相互协同配合。

(三) 练习方法

(1) 原地做伸臂压腕的拦网动作练习。

(2) 面对球网，做无球顺网的移动起跳拦网练习。

(3) 两人一组隔网站立，一人持球，向上抛过网(高出网约 20～50 厘米)，另一人跳起将球拦回。

(4) 两人一组隔网站立，一人持球，自抛自扣过网，另一人跳起将球拦回。

(5) 拦 2、4 号位固定线路的扣球。

(6) 结合实践进行拦网练习。

(四) 易犯错误

(1) 起跳时触网。

(2) 起跳点或起跳时机不准。

(3) 拦击手型不正确。

(4) 拦网后触网或过中线。

第三节　排球运动的基本战术

排球战术是指运动员在比赛中，根据排球的规则和排球的运动规律，以及比赛双方具体情况，结合临场变化，合理运用所掌握的技术，采取的有意识、有目的、有组织的个人和集体的配合行动。全面、准确、熟练和实用的技术是组织战术的基础，而合理的运用战术又能更加充分地发挥技术的威力。排球运动的基本战术分为个人战术和集体战术。

一、阵容配备

阵容配备是指比赛场上队员的搭配布置，其目的是合理地把全队的力量搭配好，更有效地发挥每一个队员的特长和作用。目前主要采用的阵容配备有两种形式。

(一) “四二”配备

“四二”配备即场上由两名二传、两名主攻和两名副攻队员组成。队员分别按对角站位，便于采用“中一二”和“边一二”进攻战术。前排始终保持二名攻手和一名二传队员，能够组织多种战术配合，充分发挥本队的进攻力量，如图 6-3-1 所示。

(二) “五一”配备

“五一”配备即场上由一名二传和五名进攻队员组成。这种配备形式能有效地加强拦网和进攻力量，充分发挥主力二传的作用，组织多种战术体系。为了弥补有时主力二传来不及传球所出现的被动局面，通常在二传队员的对角位置上配备一名具有进攻能力的接应二传队员。“五一”配备中，全队进攻队员只需适应一名二传队员的传球习惯、特点，容易建立配合间的默契。但防守时，二传队员如果在后排，要插上传球，难度较大，如图 6-3-2 所示。

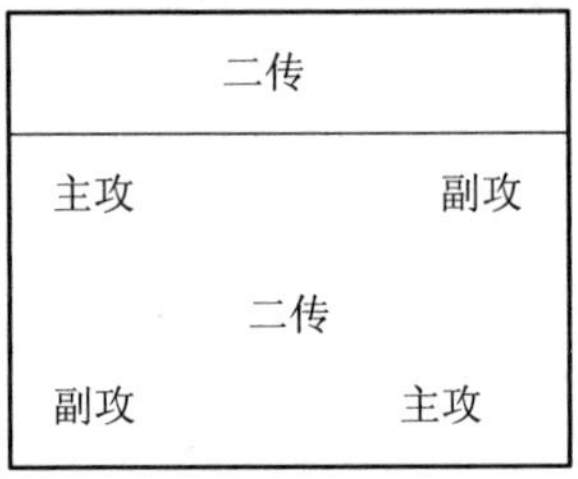

图 6-3-1

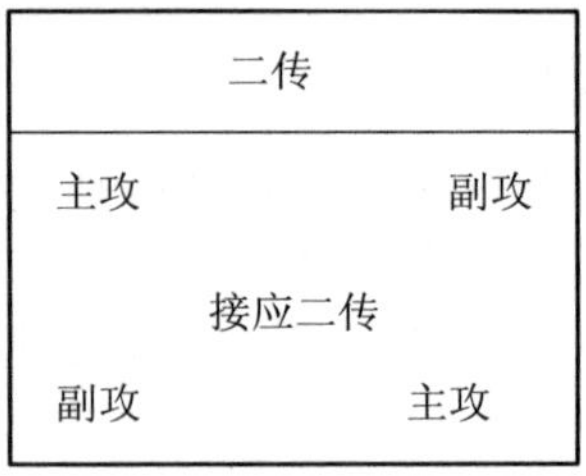

图 6-3-2

(三) 阵容配备应注意的问题

(1) 要考虑主攻、副攻、二传队员的搭配，使本方的攻防力量安排的比较均衡。

(2) 把平时合作默契的攻、传队员安排在相邻或适当的位置上。

(3) 根据队员的身高和技术特点，进行前后排和左右位置的搭配。

二、交换位置

为了解决有的轮次进攻和防守力量的搭配及阵容配备上的部分缺陷，以便有效地组织攻防战术，规则允许在发球击球后，双方队员可以在本场区内任意交换位置。交换位置的目的是为了充分发挥每个队员的专长，以取得扬长避短的效果。前排队员之间的换位，主要是为了便于进攻战术的实施和拦网实力的调整；前后排队员之间的换位，主要是为了保持前排三点进攻；后排队员之间的换位，是为了加强后排重点部位的防守。

换位时应注意：换位前应按规则要求站位，防止位置错误犯规；当发球队员击球后，立即迅速换到预定位置；对方发球时，应首先准备接球然后再换位，以免影响接发球；本方发球时换位队员应面向对方场区，观察对方动态；成死球后，应立即返回原位，及早做好下一个球的准备。

三、个人战术

个人战术是指不依靠与同伴的配合，单靠自己带有战术目的的行动。发球、一传、二传、扣球、拦网、防守都可以体现个人战术。

(一) 发球的个人战术

利用发球落点，发向对方空当或一传差的队员。

(1) 攻击性发球：尽量准确地发出弧度平、速度快、力量大、旋转性强或飘度大的攻击性球，落在对方一传并争取直接得分。

(2) 找空当发球：将球准确地发到对方二人之间的连接区、前后区死角、三角地带或对方交换位置的活动区，以破坏对方一传。

(3) 找人发球：发给对方一传差、信心不足、连续失误、情绪不稳、精力分散的队员；发给对方刚刚替换上场的队员。

(二) 一传的个人战术

(1) 利用低平的一传加快进攻的节奏。

(2) 利用垫高球制造两次球的机会。

(3) 利用对方的空当直接将球垫到对方的空当区域。

(三) 二传的个人战术

二传队员是全队战术组织的核心，其个人战术主要是利用时间差、位置差、空间差和动作变化为进攻创造有利的形势。

(1) 根据本队的特长利用集中与拉开，近网、中网与远网，弧度高与弧度低等传球技术组织进攻战术。

(2) 可根据对方的拦网部署，选择对方拦网的薄弱环节组织强攻。

(3) 掌握对方的心理特点，利用多种战术变化，打乱对方的防守步骤。

(4) 根据临场情况处理球或调整球。

(四) 扣球的个人战术

(1) 利用扣球的线路变化，扣直线球、斜线球和小斜线球，避开对方拦网队员的拦网。

(2) 运用转体、转腕的扣球技术，达到突然改变扣球线路的目的。

(3) 利用重扣的假动作，进行轻打或吊球。

(4) 找人找点扣球，找对方防守技术薄弱点或空当进行扣球。

(5) 运用二次球进行扣球，或佯传突转扣球使对方来不及拦网。

(6) 利用对方的拦网手，制造打手出界等。

(五) 拦网的个人战术

(1) 拦网队员可站直拦斜、站斜拦直并可运用取位和空中变化的假动作迷惑对方。

(2) 发现对方扣球队员要打手出界或平扣时，可在空中及时将拦网的动作撤回，造成对方扣球出界。

(3) 比赛中也可以通过语言来达到拦网的效果，如说准备拦第一点，其实拦第二点，真真假假迷惑对方。

(4) 在估计到对手扣球威力不大时要防止对方轻扣或吊球。

(六) 防守个人战术

判断进攻点，合理取位，针对性进行防守。

四、集体战术

集体战术是比赛场上运动员视临场情况，合理运用技术，并按照一定的形式组织起来的有目的、有针对性的集体配合行动。集体战术分进攻战术和防守战术。主要包括："中一二""边一二""后排插上"和"二次球及其转移"进攻战术，"边跟进""心跟进"防守战术。

(一) "中一二"进攻战术

"中一二"进攻战术是最基本、最简单的战术形式，是由 3 号位队员做二传，将球传给 2、4 号位队员进攻的组织形式。其特点是比较容易组织，初学者易掌握，但只能两点进攻，变化少，进攻意图易被对方识破，如图 6-3-3 所示。

(二) "边一二"进攻战术

"边一二"进攻战术是由 2 号位队员担任二传，将球传给 3、4 号位队员进攻的组织形式；如由 4 号位队员担任二传，由 3、2 号位队员进攻，则称为"反边一二"进攻战术。它比"中一二"战术变化多、难度大，战术配合也较复杂。由于两名进攻队员位置相邻，便于进行互相掩护配合，可以组织更多的战术配合，因此它的突然性和攻击性程度均比"中一二"进攻战术高，如图 6-3-4 所示。

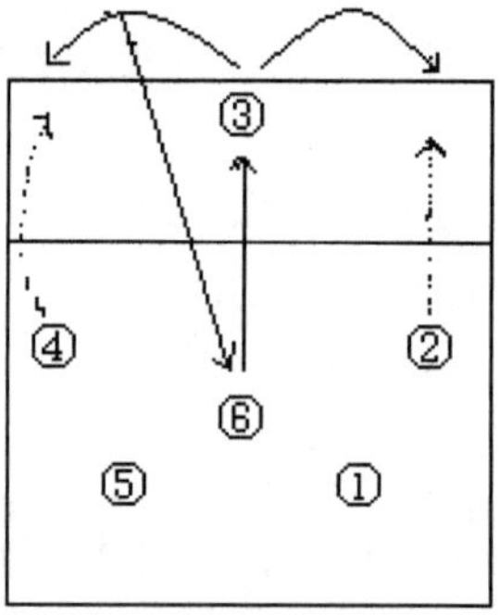

图 6-3-3

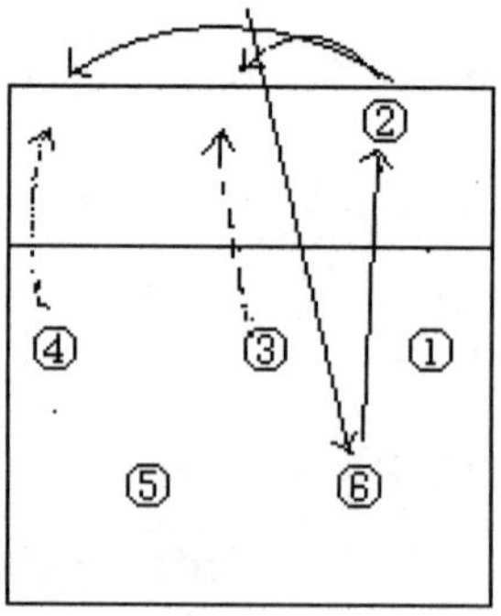

图 6-3-4

(三) "后排插上"进攻战术

"后排插上"进攻战术是二传队员由后排插上前排做二传，把球传给 4、3、2 号位队员进攻的组织形式。由于此战术前排三名队员均可参与进攻，可充分利用全网长度组织进攻，而使进攻点增多，因此战术配合更加复杂多变。但对插上的二传队员要求较高，如图 6-3-5 所示。

(四) “二次球及其转移”进攻战术

“二次球及其转移”进攻战术是指当场上队员将一传球垫到网前，二传队员可以直接将球扣入或吊入对方场区；或佯扣而将球晃传转移，组织其他队员进攻的战术。除与“后排插上”战术同样能保持前排三人进攻外，更主要的是增多了一次进攻机会，其突然性和掩护作用更大。“二次球”加快了进攻的速度，改变了比赛的节奏，使对方难以防守。但“二次球”进攻对一传要求很高。

(五) “边跟进”防守战术

拦网与后排防守的配合是防守成功的关键。比赛中常采用单人、双人和三人拦网，其中双人拦网是常用的。在双人拦网的情况下，此种防守方法是：后排三名队员要形成面对进攻点的弧形防守区域，并明确各自的防守区域和范围。前排二名队员组成拦网，后排 1 号或 5 号位队员跟进到进攻线附近保护。在对方攻势较强、吊球较少的情况下采用该阵形，如图 6-3-6 所示。

(六) “心跟进”防守战术

“心跟进”防守是比赛中常采用的一种防守形式，是由 6 号位队员跟进保护、防吊球的防守形式，适用于对方进攻力量不是太强，善于打、吊结合时采用。防守时前排不参加拦网的队员要及时后撤到限制线以后参与防守，后排 1、5 号位队员应随着对方进攻点的不同正确取位，6 号位跟进保护。其特点是：网前有专人负责保护拦网，便于防吊球和接应拦网后的反弹球，中心场区比较充实，有利于接应和组织反击。其不足是后排防守力量相对有所减弱，后场两侧空隙较大，如图 6-3-7 所示。

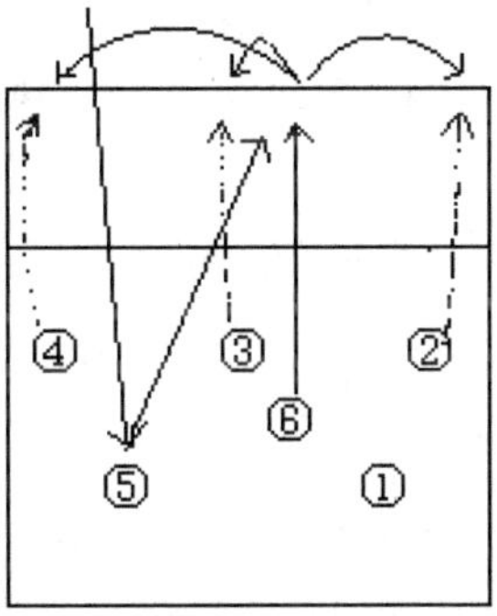

图 6-3-5

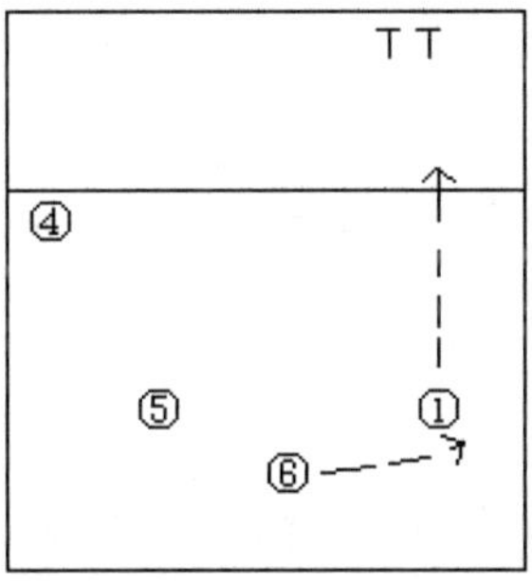

图 6-3-6

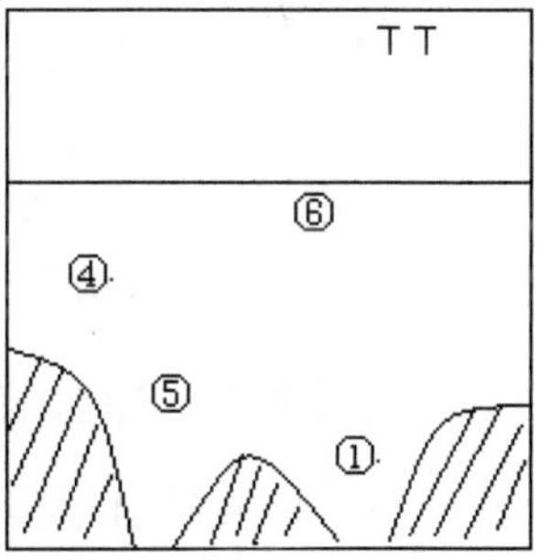

图 6-3-7

第四节 排球竞赛规则简介

一、场地与器材

(1) 场地：场地分比赛场区和无障碍区。场地的地面必须平坦、水平。比赛场区为长

18 米、宽 9 米的长方形，其四周至少有 3 米宽呈长方形对称的无障碍区，从地面量起至少有 7 米的无障碍空间。国际比赛的场区边线外的场区至少 5 米，端线后至少 9 米，上空的无障碍空间至少 12.5 米。

场地的中间为中线，将球场分为两个半场，两半场离中线 3 米处均有一条限制线。场上所有线宽 5 厘米，线的宽度均包括在场区内。发球区短线长 15 厘米，与端线垂直并在距端线 20 厘米的边线延长线上，如图 6-4-1 所示。

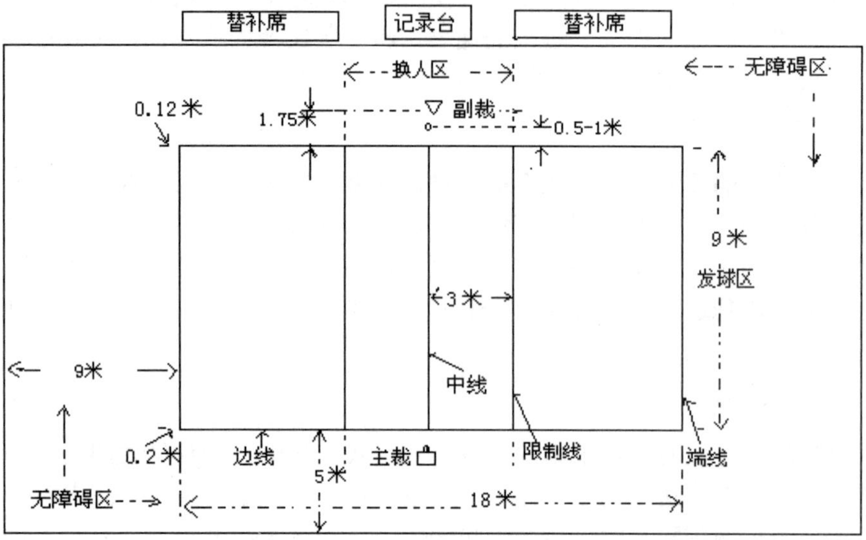

图 6-4-1

(2) 器材：器材主要包括网柱、球网、标志带、标志杆和比赛球。

球网为黑色，长 9.5 米，宽 1 米，网眼为 10 厘米的正方形，球网的上方为 5 厘米宽的白色网带。标志杆长 1.8 米，分别设置在标志带的外沿，并高出球网 80 厘米。标志带宽 5 厘米，分别设置在球网两端并垂直于边线。球网的高度男子为 2.43 米，女子为 2.24 米。球网两端的高度必须相等，并不得超过规定网高 2 厘米。

比赛用球的圆周为 65～67 厘米，重量为 260～280 克，气压为 0.40～0.45 千克/厘米 ^{2}。所有比赛用球的气压必须一致。

二、球队的组成和服装

一个队最多可由 14 名队员(其中 2 名为自由人)及教练员、助理教练员、医生各 1 人组成。正式比赛每方由 6 名队员上场比赛。队员的服装包括上衣、短裤和运动鞋。上衣、短裤和袜子必须统一、整洁和颜色一致。国际比赛中，全队队员鞋子的颜色必须一致，但商标可以不同。上衣的号码必须是 1～18 号，号码的颜色必须与上衣明显不同。身前号码至少为 10 厘米宽，身后号码至少为 15 厘米高，号码笔画宽度至少为 2 厘米。队长上衣胸前号码下应有一条与上衣颜色不同的长 8 厘米、宽 2 厘米的带状标志。

教练员可在不干扰和延误比赛的前提下，在场外规定的区域内对比赛进行指导。比赛中只有场上队长可向裁判员提出询问或要求解释规则。每局比赛前，教练员必须将上场阵容位置表交给记录员或第二裁判员，不得更改。

三、胜负判定

比赛采用每球得分制，胜一球即得一分。如是发球队获胜，则得一分并继续发球；如是接发球队获胜，则得一分同时获得发球权。如果双方队员同时犯规，则判“双方犯规”，不得分，由原发球队重新发球。

比赛采用 5 局 3 胜制，先胜 3 局的队获胜。前 4 局以先得 25 分并同时超出对方 2 分为胜 1 局。当比分为 24∶24 时，比赛继续进行，至一方领先 2 分时为胜一局(如 26∶24，27∶25)。决胜局为先得 15 分并同时超出对方 2 分者为胜。在决胜局当中，有一方先到 8 分时要交换场地，场上队员的位置不变，由原发球队员继续发球比赛。

四、界内、外球

球触及比赛场区地面包括界线为界内球。

球体完全触及界线以外地面，触及场外物体、天花板或非比赛成员，触及标志杆网绳、网柱或球网标志杆以外部分，球的整体或部分从非过网区完全越过球网的垂直面等为界外球。

五、比赛间断、换人与延误比赛

(一) 比赛间断

正常的比赛间断为暂停和换人。在比赛成死球时，裁判员鸣哨发球前，教练员或场上队长可用相应的手势请求间断。一次或两次暂停可以与双方的各一次换人相连续，中间无须经过比赛过程。同一队未经过比赛过程不得连续提出换人的请求，但在同一次换人请求中可以替换两名或更多的队员。一次暂停的时间为 30 秒，但在世界比赛中，采用技术暂停的方法，即比赛中，当比分至 8 分和 16 分时，便为技术暂停，时间为 1 分钟，在每局中，球队还有一次暂停的机会，时间为 30 秒。暂停时，比赛队员必须离开比赛场区到球队席附近的无障碍区。

(二) 换人

每一局每队最多可替换 6 人次，一名队员离开比赛场地，而由另一名队员上场占据他的位置为 1 人次替换。在一次换人中可以同时替换 1 人或多人。替补队员每局只能上场比赛 1 次，如某一队员受伤不能继续比赛时，必须进行合法的替换。如果不能进行合法替换时，可采取特殊的替换。如某队员被判罚出场或取消比赛资格时，必须进行合法的替换。如果不能进行合法替换，则判该队阵容不完整，阵容不完整的队保留其所得分数和局数。

(三) 延误比赛

延误比赛的行为是：换人延误时间；在裁判员鸣哨恢复比赛后，拖延暂停的时间；请求不合法的替换，在同一局中再次提出不符合规定的请求；场上队员拖延比赛的继续进行。延误比赛为全队的行为犯规，同一局中第一次延误，应判延误警告，再次出现则判延误判罚。

六、技术性规定

(一) 发球

发球队员必须在第一裁判员鸣哨 8 秒钟内，将球抛起或持球手撤离，在球落地前，用一只手或手臂的任何部分将球击出。发球队员在击球时或击球起跳时，不得踏及场区(包括端线)或发球区以外的地面。击球后，可以踏及或落在场区内或发球区以外。

(二) 队员的场上位置

在发球队员击球时，双方队员必须在本场区内各站两排，每排 3 名队员。从左至右，前排为 4、3、2 号位，后排为 5、6、1 号位。队员的位置是根据其脚的着地部位来判定的，每一名前排队员至少有一只脚的一部分，比同列后排队员的双脚距中线更近；每一名右边(左边)队员至少有一只脚的一部分，比同排中间队员的双脚距场地的右(左)边线更近。发球队员不受场上位置的限制，在发球队员击球的一刹那，场上队员脚的着地部位必须符合其位置要求。在发球后，队员可以在本场区和无障碍区的任何位置上。

(三) 网下穿越

在不妨碍对方比赛的情况下，允许队员在网下穿越进入对方空间。允许队员的一只脚或双脚越过中线触及对方场区的同时，脚的一部分还接触中线或置于中线上空。除脚以外，不允许队员身体的任何其他部分接触对方的场区。队员可伸手在网下击球，但不得阻碍对方队员。在比赛中断后，队员可以进入对方场地。

(四) 触网

规则规定触网为犯规，但队员在无试图击球的情况下偶尔触网不算犯规。所谓无试图击球，意指已经完成了击球动作和击球试图。如完成扣球动作或掩护扣球动作之后，偶尔触网则不算犯规。

(五) 比赛中的击球

规则规定队员的身体任何部位都允许触球。但球必须被击出，不得接住或抛出，球可以向任何方向反弹，如果队员违反了上述规定，则判为持球。每队最多可击球 3 次(拦网除外)。

规则规定球必须同时触及身体的不同部位，如果球先后触及队员身体的不同部位，则为连击犯规。但是在拦网动作中，允许同一队员或同一拦网中的不同队员，在一个单一的动作中连续触球。在球队的第一次击球时，允许队员身体的不同部位在同一击球动作中连续触球。第 1 次击球指接发球、接进攻性击球、接本方拦起的球和接对方拦回的球。而在本队第 2 次和第 3 次击球时，则不允许球连续触及身体的不同部位。

(六) 进攻性击球

进攻性击球指除发球和拦网外的其他所有直接向对方的击球。当球的整体通过球网的垂直面或触及到对方队员，则完成了进攻性击球。前排队员可以对任何高度的球完成进攻性击球，但触球时必须在本场地空间。后排队员则允许在后场区对任何高度的球完成进攻性击球，但起跳时脚不得踏及或越过进攻线，击球后可以落在前场区。如果后排队员在前场区完成进攻性击球，在触球时，球的一部分必须低于球网上沿。

(七) 拦网

拦网是指队员靠近球网，将手伸向高于球网处阻挡对方来球的行动。触及到球的拦网行动则完成了拦网。只有前排队员允许拦网，后排队员不得参与拦网。如后排队员参与拦网，则为犯规。拦网触球不算作本队的一次击球，因此本队拦网后还可以再击球 3 次。拦网时，队员可以将手或手臂伸过球网，但不得影响对方击球，过网拦网触球应在对方队员完成进攻性击球之后。在一个拦网动作中，允许球迅速而连续地触及一名或更多的拦网队员。

七、排球自由人规则简介

“自由人”也称自由球员，是国际排联于 1996 年世界女排大奖赛中试行的一项规则。第 1 次在世界级比赛中使用是在 1998 年的日本世锦赛上，目的是提高各队的防守水平。自由球员的功能在于加强防守，达到攻守平衡的效果。

自由球员的规则如下：

(1) 球队可以设有自由球员，但最多只登记两人。

(2) 一队在比赛时只能有一位自由球员在场上。

(3) 自由球员必须身着与其他同队球员明显不同颜色的球衣。

(4) 自由球员的替补不计入普通球员的替换次数(不记录)。

(5) 自由球员的替补必须于一球落地之后至第 1 裁判发球哨音响起前完成(教练无须请求自由球员的替补或使用号码牌)；并只限于替换同一人，且同一自由球员的替换至少须以一球的往返为间隔(即一次死球)。

(6) 记录表须注明自由球员。

(7) 自由球员不得列于轮转表上，但可于比赛前替换上场。

(8) 自由球员的轮转只限于后排。不得发球或轮转至前排，并不得拦网或企图拦网。

(9) 如球的位置高于网高，自由球员不得于场上任何位置将球处理过网至对方场地。

(10) 如第 2 传球为自由球员且于前排以高手将球传出，则第 3 球攻击高度不得超过网高。

(11) 自由球员不得为球队队长。

一支球队可以有 2 名自由人，但是只有 1 名可以上场比赛，另外 1 名只能做备用。每场比赛，主自由人只能被更换一次。备用自由人一旦上场，在同一场比赛中是不能被主自由人替换回去的。如果备用自由人在比赛中发生了伤病情况，不能继续比赛，主自由人也不能回到场上。这时教练有权指定 1 名当时没有在场上比赛的常规运动员临时客串自由人。

思考与练习

(1) 什么是排球运动？你认为排球运动对身体有哪些影响？

(2) 排球运动包含哪些基本技术？

(3) 排球运动包含哪些基本战术？

(4) 排球运动如何计分？

第七章 足　　球

第一节　足球运动概述

足球运动是一项古老而悠久的体育活动，根据史书记载，远在3000多年前的殷商时期，我国就有了类似足球运动的“足球舞”。早在公元前475—211年的战国时代，有一种球类游戏称之为“蹴鞠”，这就是我国早期的足球运动。所以说，足球的故乡是中国。1958年7月，国际足联时任主席阿维兰热来中国时曾表示：“足球起源于中国。”另外据说希腊人和罗马人在中世纪以前就已经从事一种足球游戏了。他们在一个长方形场地上，将球放在中间的白线上，用脚把球踢滚到对方场地上，当时称这种游戏为“哈巴斯托姆”。到15世纪末有了“足球”之称，后逐渐发展成现代的足球运动。现代足球起源地是在英国。到19世纪初，足球运动在当时欧洲及拉美一些国家，特别是在英国已经相当盛行。但是直到1848年，足球运动有史以来第一个文字形式的规则《剑桥规则》才诞生。所谓的《剑桥规则》，是在19世纪早期的英国伦敦，牛津大学和剑桥大学之间进行比赛时制定的规则。因为当时在学校里每套宿舍住有10个学生和1位教师，因此他们就每方11人进行宿舍与宿舍之间的比赛。现在的11人足球比赛就是从那时开始的。1863年10月26日，英国人在伦敦成立了世界上第一个足球运动组织——英国足球协会，并统一了足球规则，人们称这一天为现代足球的诞生日。这次制定的足球规则共14条，它是现今足球规则的基础。从1900年的第2届奥运会开始，足球被列为奥运会正式比赛项目，但不允许职业运动员参加。1904年5月21日，国际足联在巴黎成立。1930年起，每4年举办一次世界足球锦标赛(又称世界杯足球赛)，取消了对职业运动员的限制。从此，现代足球运动有了日新月异的发展。

我国现代足球运动在新中国成立后得到了长足的进步和发展，1955年中国足球协会成立，最高赛事分别是1956年开始实行甲、乙级联赛，1994年开始实行甲A、甲B联赛，2004年更名为中超联赛。通过几代人的共同努力，中国足球队终于在2002年打进世界杯决赛阶段的比赛。但是由于种种原因，我国的足球运动水平的发展还远不尽人意，因此还需要更多青少年的积极参与和广大从业人员的进一步努力，为尽快使我国进入世界足球强国之林做出贡献。

第二节　足球运动的基本技术

足球技术，就是运动员在足球比赛中所采用的合理行动和动作方法的总称。它是在比赛实践中逐步形成、发展和完善起来的。

随着足球的日益发展，足球技术不仅在内容上更加丰富，而且动作的难度也在不断地提高。技术是完成战术配合的重要前提和保证。运动员只有熟练地掌握足球技术，才能在足球比赛中有目的地采取行动和正确地处理球，以达到战术的要求。而战术的不断发展和丰富，对技术又提出了更高的要求，因而又促进了技术的发展和提高。这就要求在教学、训练中必须加强足球技术的训练，特别是对青少年更应重视足球技术的训练，这对迅速提高我国足球运动水平有着深远的意义。足球技术又分有球技术和无球技术两大类。

有球技术包括：踢球、停球、顶球、运球、抢截球、假动作、掷界外球和守门员技术。

无球技术包括：起动、急停、跳跃、转身等。

一、踢球

踢球是运动员有目的地用脚的某一部位把球踢向预定的目标。

踢球是足球技术中最重要的技术，在比赛中运用的最多。踢球时，要求动作熟练、灵活、快速、准确，用力要适当。比赛时，踢球主要用于传球和射门。

踢球的动作过程：踢球的方法很多，动作要领也有所不同，但是每一种踢法都是由助跑、支撑脚站位、踢球腿摆动、脚触球和踢球后的随前动作五个环节组成。这五个环节是整个踢球动作的统一过程。

(一) 脚内侧踢球

脚内侧踢球的动作特点是触球面积大，可控性强，出球平衡准确，是短距离传球和射门常用的脚法。

1．动作要领

直线助跑，支撑脚站在球侧约 15 厘米处，膝微屈，踢球腿以髋关节为轴由后向前摆动，膝踝外展，脚尖稍翘，以脚内侧部位对准来球，当膝关节接近球体上方时，小腿加速前摆，击球刹那，脚跟前顶，脚型固定，用脚内侧部位击球的后中部，屈膝提起，如图 7-2-1 所示。

图 7-2-1

2．易犯的错误

(1) 身体重心过高或侧倾不够，影响运球变向。

(2) 踢球动作不稳定，影响控球效果。

3．练习方法

(1) 两人一组做原地模拟练习。

(2) 两人一组相距 10 米踢定位球。

(3) 两人一组行进间传球。

(4) 射门练习。

(二) 脚背正面踢球

脚背正面踢球的特点是踢球脚摆幅和脚背踢球接触面(与球)相对较大，踢摆动作顺畅，踢球力量大，准确性较强。但出球的方向及性能相对缺乏变化。在比赛中经常使用脚背正面踢定位球、地滚球、空中球、反弹球及倒钩球。

1．动作要领

直线助跑，最后一步稍大些，支撑脚积极着地支撑，在球的侧后面 10～12 厘米处，脚尖对正出球方向，支撑腿膝关节微屈，踢球腿随跑动向后摆动，小腿弯曲，支撑的同时踢球腿以髋关节为轴，大腿带动小腿由后向前摆动，当膝关节摆动至接近球的正上方时，小腿做爆发式加速摆动，脚面绷直，脚趾扣紧，以脚背正面击球的后中部，如图 7-2-2 所示。

图 7-2-2

2．易犯的错误

(1) 支撑脚选位不当，影响摆踢发力和击球效果。

(2) 击球刹那，脚型不稳，趾尖上挑，影响出球力量和方向。

(3) 踢球腿摆踢路线不直，出球方向不正。

3．练习方法

(1) 两人一组做原地模拟练习。

(2) 两人一组相距 10～20 米踢定位球。

(3) 射门练习。

(三) 脚背内侧踢球

脚背内侧踢球的特点是用第一跖骨与跖骨关节部位触击球，其踢摆动作顺畅、腿的摆幅大，且脚触球面积大，出球平衡有力，出球的方向富于变化，是中远距离射门和传球的重要方法。

1．动作要领

斜线助跑，助跑方向与出球方向约成 45°，最后一步稍大，以支撑脚底积极着地，脚尖正对出球方向，距球内侧后方 20～25 厘米，膝关节微屈；以髋关节为轴大腿带动小腿由后向前摆动，当大腿摆至与支撑腿接近同一平面，小腿做爆发式摆动，此时脚尖外转，脚面绷直，脚趾扣紧，以脚背内侧部位击球；击球后身体及踢球腿随球前移，如图 7-2-3 所示。

(1) (2) (3) (4) (5)

图 7-2-3

2．易犯的错误

(1) 支持脚的位置偏后，踢球时上体后仰，易把球踢高。

(2) 踢球脚脚尖外转不够，接触部位不正确。

(3) 没有向出球方向摆腿，形成划弧动作，以致击球点偏外。

3．练习方法

(1) 两人一组做原地模拟练习。

(2) 两人一组相距 10～20 米踢定位球。

(3) 两人一组加大距离做长传练习。

(4) 传球射门。

(四) 脚背外侧踢球

脚背外侧踢球除具备脚背正面踢球的特点外，还有踢球时脚腕灵活性较大和摆腿方向变化较多等优点，它是踢远近距离弧线球和用来进行弹拨、削球的主要方法。

1．动作要领

直线助跑，支撑脚的位置和踢球腿的摆动方式基本上与脚背正面踢球相同，只是用脚背外侧接触球。在踢球腿的膝盖摆到接近球的垂直上方时，小腿加速前摆，膝盖和脚尖内转，脚面绷直，脚趾扣紧，以脚背外侧部位踢球的后中部。踢球后，踢球腿随球继续前摆，如图 7-2-4 所示。

(1) (2) (3) (4) (5)

图 7-2-4

2．易犯错误

(1) 踢球时，膝盖和脚尖内转不够，造成接触球部位不正确。

(2) 支撑脚靠后，造成踢球时身体后仰，踢球的后下部，出球偏高。

3．练习方法

同脚背内侧传球的练习方法。

二、停球

停球是一个球员和全队控制球的基础。停球时球员应尽快移动到球的运行路线上，迅速选好位置，触球时，身体应放松、缓冲，或身体紧张起来，用切压和后引的方法将球停下来。

停球的方法很多，除双手以外的身体每一个部位都能停球。停球又分为停地滚球、停空中球和停反弹球。

(一) 脚内侧停球

脚内侧停球比较容易掌握。脚接触球的面积大，易停稳，并且便于改变方向和结合下一个动作，可以用来停地滚球、反弹球和空中球。

1．脚内侧停地滚球

动作要领：支撑脚正对来球，膝关节微屈，停球腿屈膝外转并前迎。当脚与球接触前的刹那开始后撤，脚底与地面平行，后撤过程中用脚内侧接触球，把球控制在下一个动作需要的位置上，如图 7-2-5 所示。

(1) (2) (3) (4) (5)

图 7-2-5

2．脚底停球

脚底停球动作简单，容易掌握，可接迎面来的地滚球和反弹球。尤其是接反弹球时，更利于捕捉落点，争取时间。

动作要领：接地滚球时，应迎球跑动，支撑腿着地在球的侧方，接球时接球腿抬起，触球的瞬间脚尖翘起，脚掌对着来球的后上部，上前压推球，顺势将球运走。脚底接反弹球时，要判断好球的落点，移动身体，看准落球的时间，在球落地刹那，迅速抬起接球腿，脚尖上翘，球反弹瞬间，用脚前掌向前推压球的后上部，然后顺势将球调整到所要的位置上，如图 7-2-6 所示。

(1) (2) (3)

图 7-2-6

3．脚内侧停空中球

动作要领：脚内侧停空中球应根据来球的高度，将停球脚举起，脚内侧对准来球路线，在脚与球接触前的刹那开始后撤。在后撤过程中用脚内侧接触球，把球控制在衔接下一个动作需要的位置上，如图 7-2-7 所示。

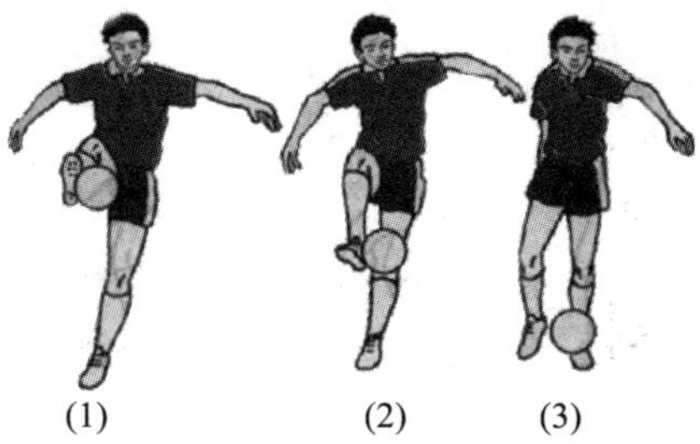

图 7-2-7

4．易犯错误

(1) 停球腿的踝关节过于紧张，不易把球停稳。

(2) 停地滚球时，脚离地过高，使球漏过。

(3) 停反弹球时，对球落地的时间判断不准，使球漏过或停不稳。

5．练习方法

(1) 两人一组互踢停球。

(2) 两人一组，一人踢地滚球，另一人停球。

(3) 两人一组停球后快速传球。

(二) 胸部停球

由于胸部停球部位较高，加之胸部面积大、肌肉较丰满等特点，动作易于掌握，故是一种停高球的好方法。胸部停球包括挺胸式、收胸式两种方法。

1．挺胸式停球

动作要领：面对来球站立，两膝微屈，重心置于支撑面内，上体后仰，下颌微收，两臂自然张开，维持平衡接球瞬间，两脚蹬地，用胸部轻托球的中下部，使球微微弹起于胸前上方，如图 7-2-8 所示。

2．收胸式停球

动作要领：一般用来停平直球。停球时，面对来球，两脚前后开立，两臂自然张开，挺胸迎球。当球运行到与胸部接触前的刹那，迅速缩胸、收腹，以缓冲来球力量，把球停在身前，如图 7-2-9 所示。

图 7-2-8

图 7-2-9

3．易犯错误

(1) 停球时，对球在空中的位置选择不准，未能用正确部位接触球。

(2) 没有收下颌。

(3) 收胸停球时，收胸和收腹过晚，未能缓冲来球力量。

4．练习方法

(1) 两人一组互抛互停。

(2) 两人一组加大传球速度互抛互停。

三、头顶球

头顶球指运动员有目的的用额部将球击向预定目标的动作，是现代足球运动中争取时间、争夺空间的重要技术手段之一，不论前锋或后卫都要熟练地掌握此项技术。它在进攻时可以直接射门或巧妙地传球配合；防守时可以破坏对方的空中传球或解除门前危机以达到转守为攻的目的。头顶球技术按顶球的部位可分成头额正面和头额侧面顶球。

(一) 头额正面原地顶球

动作要领：身体正对来球，两腿自然分开，膝微屈，两眼注视来球，随球临近，上体稍后仰，展腹挺胸，两臂自然张开，收下颌，身体自下而上蹬地、收腹、摆体、顶送发力，当头摆至身体垂直部位时，用前额正面击球的后中部，如图 7-2-10 所示。

图 7-2-10

(二) 头额侧面顶球

动作要领：原地顶球时，身体稍侧对来球，两脚前后开立，侧支撑腿在前，身体侧后微屈，重心落在后腿上，两臂自然张开，两眼注视来球。顶球时，后脚向出球方向猛力蹬伸，身体随之向出球方向转动侧摆，同时颈部侧甩发力，用前额侧部将球击出，如图 7-2-11 所示。

图 7-2-11

(三) 易犯错误

(1) 上体与下肢发力动作脱节，不协调，影响发力效果。

(2) 击球时机掌握不好，使头在被动位顶球，影响顶球效果。

(3) 击球刹那闭眼缩颈，影响顶球力量和准确性。

(4) 跳起顶球时，起跳点、起跳时机和击球部位掌握不好，影响顶球动作质量和出球效果。

(四) 练习方法

(1) 做原地模拟练习。

(2) 自抛自顶。

(3) 两人一组相距 5 米，一人抛球，另一人原地顶球。

四、守门员技术

守门员技术有位置选择、准备姿势、移动、接球、扑球、拳击球、运球、掷球和踢球等。

1．位置选择

守门员为了守住球门，首先要选择正确合理的位置。位置的选择应根据对方的射门地点和射门角度来决定。一般情况下应站在两球门柱与射门时球所处的位置所形成的分角线上，当对方近射时，守门员应靠前些，这样可以缩小射门角度。在对方远射时也可适当前移，但要防备对方吊球进门。当球向中场或前场发展时，守门员可前移到球门区线附近，并根据球的发展及时调整自己的位置。当对方在中场直传插入突破时，守门员应抓好时机及时出击截球。

2．准备姿势

两脚左右开立，约与肩同宽，两膝自然弯屈并稍内扣，脚跟稍提起，身体重心落在前脚掌上，上体稍前倾。两臂于体前自然屈肘，两手五指自然张开，掌心相对。两眼注视来球。

3．移动

守门员为了更好地堵截和接住对方的传球和射门，必须根据对方射门前球和人的位置变化而相应调整自己的位置。向左右调整的移动，一般采用侧滑步和交叉步两种步法。

4．接球

接球是守门员最主要的技术，包括接地滚球、接平直球、接高球等内容。

(一) 接地滚球

接地滚球有直腿式和单腿跪撑式两种方式。

(1) 直腿式接球动作要领：两腿自然开立，脚尖正对来球，上体前倾，两臂自然下垂，两手小指靠近，手掌对球稍前迎，两手接球的后底部。在手触球的一刹那，立即后引，屈肘、屈腕，两臂靠近将球抱于胸前，如图 7-2-12 所示。

(2) 单腿跪撑式接球动作要领：身体正对来球，两腿前后开立，前腿弯屈支撑身体重心，后腿跪立，膝盖接近地面并靠近前脚脚后跟，上体前倾，手臂下垂，手掌对准来球，稍向前迎，两手接球的后底部。在手触球的一刹那，两手后引，屈肘、屈腕，两臂靠近将球抱于胸前，然后起立。动作如图 7-2-13 所示。

图 7-2-12

图 7-2-13

(二) 接低于胸部的平直球

动作要领：身体正对来球，两脚左右开立，上体稍前倾，两臂下垂并屈肘前迎，两手小指相靠，手掌对球。当手触球的一刹那，两臂后引并屈肘，顺势将球抱于胸前。

(三) 接齐胸高的平直球

动作要领：身体正对来球，两臂屈肘并稍上举，两拇指相靠，手掌对球，当手触球时，手腕和手指适当用力，同时屈臂后引，翻掌将球抱于胸前。

(四) 接高球

动作要领：当判断好球在空中的运行路线和确定接球点后，迅速移动并跳起，两臂上伸迎球，两手拇指相靠，手掌对球。当手触球时，手腕和手指适当用力将球接住，同时屈肘、回缩并下引，顺势翻掌将球抱于胸前。

(五) 拳击球和托球

在守门员没有把握接住或在对方猛烈冲门的情况下，为了避免接球脱手，可采用拳击球。拳击球有单拳击球和双拳击球两种方法。

(六) 抛踢球

抛踢球是守门员把获得的球直接传给自己同队队员的技术动作。抛踢球有踢自抛的下落空中球和踢自抛的反弹球两种方法。踢自抛的下落空中球和踢自抛的反弹球的动作与脚背正面踢球基本相同。但守门员是向前上方踢，要求踢的狠和远。

五、掷界外球

掷界外球可分为原地掷界外球和助跑掷界外球两种方式。

(一) 原地掷界外球

两脚前后开立或左右开立，膝关节微屈，上体后仰或背弓，两手持球置于头后。掷球时，两腿用力蹬地，同时收腹含胸使上体迅速前摆，带动手臂前摆，当两臂持球摆至头上时，用力甩腕将球掷出。动作如图 7-2-14 所示。

图 7-2-14

(二) 助跑掷界外球

双手持球于胸前，在助跑迈出最后一步时，上体后仰成背弓，同时将球摆至头后，掷球时的动作与原地掷界外球一样。

六、运球与运球过人

运球是运动员在跑动中用脚的推拨动作，使球保持在自己控制的范围内的连续触球动作。

运球过人则是运动员利用合理的运球动作越过对手。运球与运球过人是运动员个人控制球能力和个人进攻能力的集中表现，它是为完成战术配合和个人摆脱对手防守服务的。

常用的运球方法有脚背正面运球、脚背内侧运球、脚背外侧运球和脚内侧运球。

(一) 脚背正面运球

脚背正面运球多在越过对手之后，前方纵深距离较长，仍需快速运球前进的情况下使用。

动作要领：跑动时，身体自然放松，上体稍前倾，两臂自然摆动，步幅不要过大。运球脚提起时，膝关节弯屈，脚跟提起，脚尖下指，在迈步前伸着地前，脚背正面推拨前进。脚背正面运球的动作如图 7-2-15 所示。

图 7-2-15

(二) 脚背外侧运球

脚背外侧运球，大多在快速奔跑和向外改变奔跑方向时使用。

动作要领：跑动时，身体自然放松，上体稍前倾，两臂自然摆动，步幅要小些。运球脚提起时，膝关节弯屈，脚跟提起，脚尖稍内转。在迈步前伸着地前，用脚背外侧推拨球。脚背外侧运球的动作如图 7-2-16 所示。

图 7-2-16

(三) 脚背内侧运球

多在改变方向并需要用身体掩护球的情况下使用。

动作要领：跑动时，身体自然放松，步幅要小些，上体前倾，重心下降保持在球的上方。运球脚提起时，膝关节稍弯屈，脚跟提起，脚尖稍外转。在迈步前伸着地前，用脚背内侧推拨球。脚背内侧运球的动作如图 7-2-17 所示。

图 7-2-17

(四) 脚内侧运球

脚内侧运球是速度最慢的一种运球方法，当带球接近对方需要用身体掩护护球时，多采用脚内侧运球方式。

动作要领：运球时，支撑脚向前跨出一步，踏在球的前侧方，膝关节稍弯屈，上体前倾并向里转，承受身体的向前移动。然后运球脚提起，用脚内侧扒球的后中部，动作如图 7-2-18 所示。

图 7-2-18

在改变方向运球前进时，经常是用两只脚交替推球。例如，用右脚脚背外侧直线运球需要改向左侧运球时，就用脚背内侧扣球的前侧方。

七、抢截球

抢截球是利用规则所允许的方法和动作夺回控球权或破坏对方的进攻。它是转守为攻的积极手段，也是主要的防守技术。

抢截球是把在对方队员间踢出的球(空间运行或地面滚动球)堵截住或破坏掉。

抢截球是凭借争夺、堵截、破坏以延缓和阻拦对方进攻。一旦把球争夺过来，就意味着进攻的开始。

抢截球包括正面抢截、侧面抢截和侧后抢截三种方法。

(一) 正面抢截球

正面抢截球是控制对方队员从正面运球时采用的方法。正面抢截有正面跨步抢截球和正面铲球两种方法。

1. 正面跨步抢截球

动作要领：两脚前后开立，两膝稍弯屈，身体重心下降，重心平均落在两脚上，面向对手。对手运球前进，当脚触球即将着地或刚着地时，一脚立即用力蹬地，抢球脚以脚内侧对正球并向球跨出一步，膝关节弯屈，上体前倾，身体重心移至抢球脚上。另一脚立即前跨成支撑脚。如双方的脚同时触球，则要顺势向上提拉，使球从对方脚背滚过。身体要迅速跟上，把球控制住。动作如图 7-2-19 所示。

图 7-2-19

2. 正面铲球

动作要领：两脚前后开立，两膝弯屈，身体重心下降，重心平均落在两脚上，面向对手。对手运球前进，当脚触球即将着地或刚着地时，一脚立即用力后蹬，另一只腿前伸，然后蹬地腿迅速跟上，并以脚跟着地沿地面滑铲球。上体要后仰，两臂屈肘，两手指向前地。正面铲球动作如图 7-2-20 所示。

图 7-2-20

(二) 合理冲撞抢球

侧面合理冲撞抢球，是与运球者平行跑动或从侧后方追成平行跑动时的抢球。

动作要领：当与对手并肩跑动时，身体重心稍下降，同对方接触一侧的臂要紧贴身体。当对方靠近自己一侧的脚离地时，利用身体合理冲撞对方相应部位，使对方失去平衡而离开球，乘机将球控制过来。

(三) 侧后铲球

铲球是抢截技术中难度较大的技术动作。在现代足球比赛中铲球已被广泛采用。在对手刚拨球后的刹那，铲球腿快速启动，沿地面滑出，抬脚不得过高，倒地动作连贯。

第三节 足球运动的基本战术

一、进攻战术

(一) 个人进攻战术

个人进攻战术是指个人采用运球、跑位、接应、摆脱、传球等方式以达到进攻目的的行动。

1．运球

运球是指有球队员在跑动中不断用脚连续推拨球使球处于自己控制范围内的触球动作。

2．跑位

跑位是指无球队员有目的的跑位，跑向有利位置或空当。

3．接应

接应是指无球队员有目的的利用跑位、拉扯占据有利位置或空当接应有球队员。

4．摆脱

摆脱是指无球队员原地突然启动、突然变向、突然变速以及急停等甩掉对方的防守。

5．传球

传球是指有球队员有目的、有意识地将球传给队友，它是集体配合的基础，是完成战术配合创造射门得分的主要手段。

(二) 局部进攻战术

局部进攻战术是指两人以上的采用直传斜插二过一、斜传直插二过一、踢墙式二过一、回传反切二过一、三过二等战术配合行动。

1．直传斜插二过一

进攻队员直线传球，接球队员从对方防守队员的内线空当斜线插入到他身后的空当接球。如图 7-3-1 所示，⑨接⑩横传球，向前直线传球，⑩斜线插入接球；⑦接⑧运球横传，向前直线传球，⑧斜线插入接球。

2．斜传直插二过一

进攻队员做斜传，直接插到对方的身后空当接球，突破对方的防守。如图 7-3-2 所示，⑨接⑩横传，向前斜线传球，⑩直线插入接球；⑧接⑥运球横传后斜线传出，⑥向前直线插入接球。

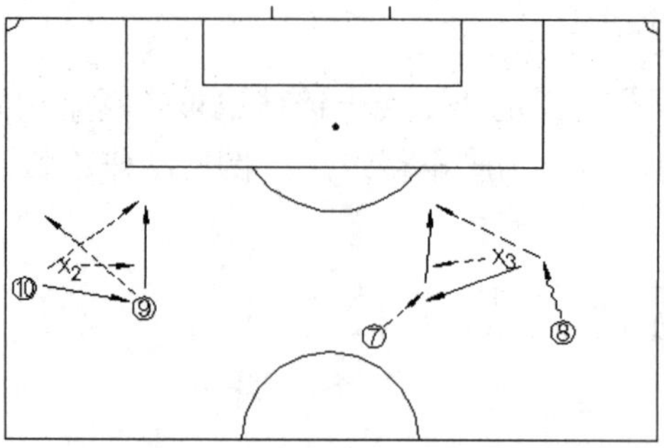

图 7-3-1

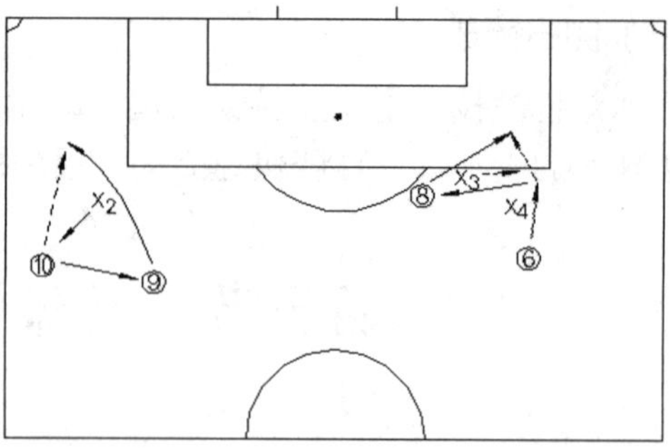

图 7-3-2

3．踢墙式二过一

进攻队员带球向前逼近后向另一队员脚下传球，该队员接球后直接将球传至防守队员背后空当，接应队员快速切入接球。如图 7-3-3 所示，⑦运球后向⑧传脚下地滚球，⑧直接出球，球好像碰到墙上一样弹向 X_2 背后的空当，⑦快速切入接球。

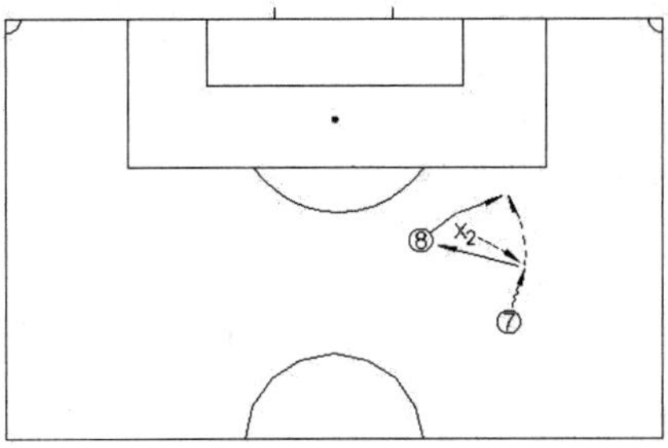

图 7-3-3

4．回传反切二过一

进攻队员回撤迎球，防守队员紧逼，接应队员接球后再回传，立即返身切入防守队员身后空当接球。如图 7-3-4 所示，⑩回撤接⑨传球遇 X_2 紧逼，⑩将球回传给⑨并转身反切，接⑨传至 X_2 身后空当的球。

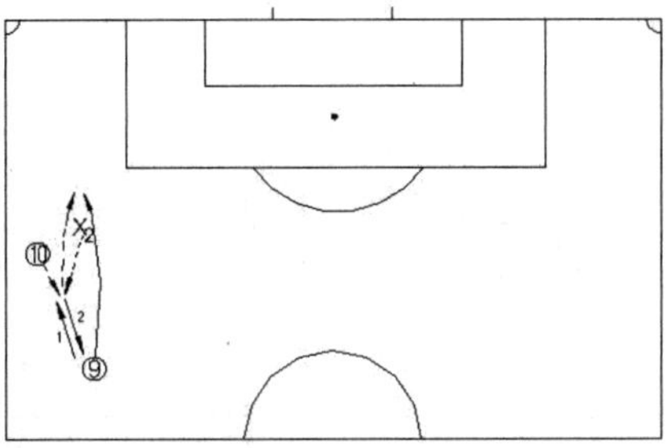

图 7-3-4

5．交叉掩护二过一

如图 7-3-5 所示，⑧向侧面运球，⑨与⑧做交叉跑，二人贴近的时候，⑨运球快速切入(或向前斜传给切入的⑧)。

6．三过二

一般是指在比赛中局部地域出现三名进攻队员攻击二名防守队员(三打二)的有利局面时，所采用的战术手段。三人配合归纳起来可分为下列两种。

(1) 传第二空当，一名队员跑向一个有利的空当，牵制一名防守队员，使该地域出现空当，第二个队员迅速插向该空当与控球队员利用传切配合战胜另一防守队员，如图 7-3-6、图 7-3-7 和图 7-3-8 所示。

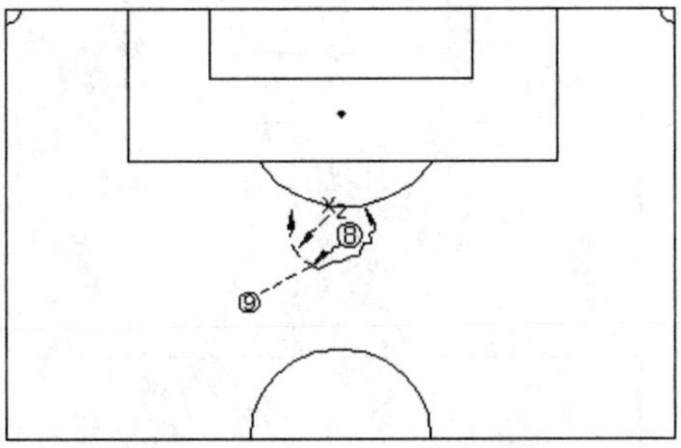

图 7-3-5

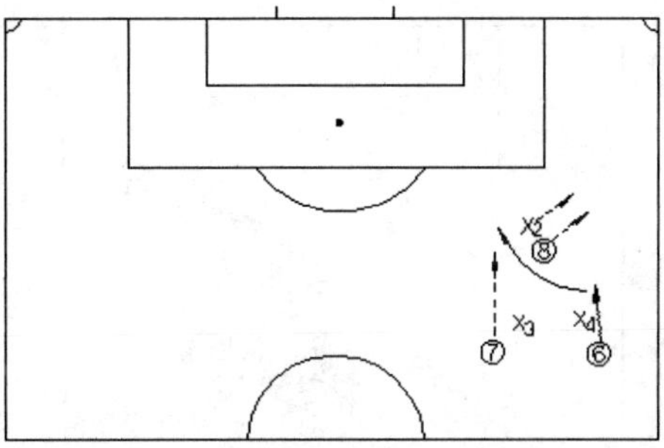

图 7-3-6

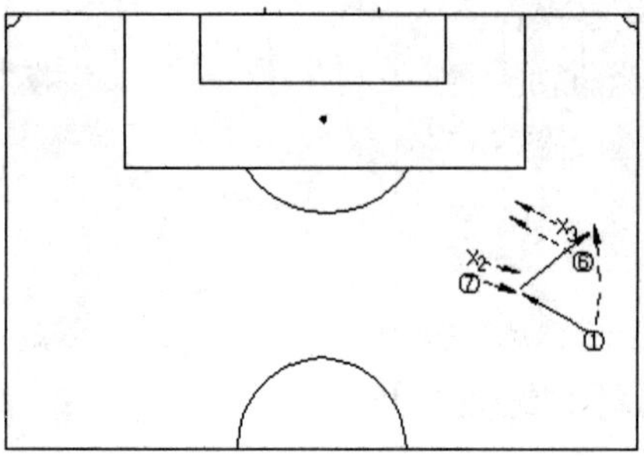

图 7-3-7

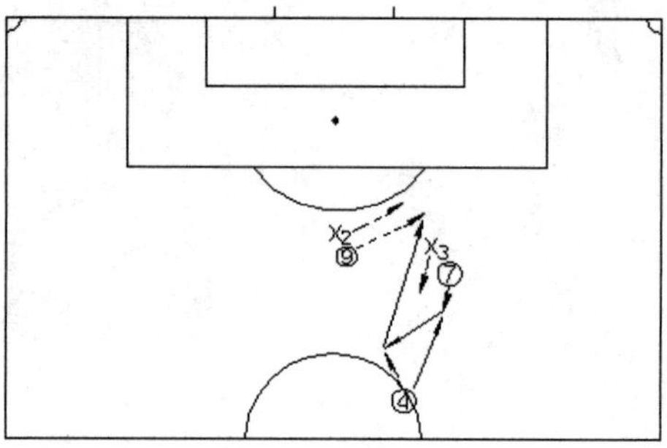

图 7-3-8

(2) 三个队员通过传球进行一次间接二过一或连续两次二过一的配合以战胜两个防守队员。进行“三过二”配合时，如图 7-3-9 和图 7-3-10 所示。

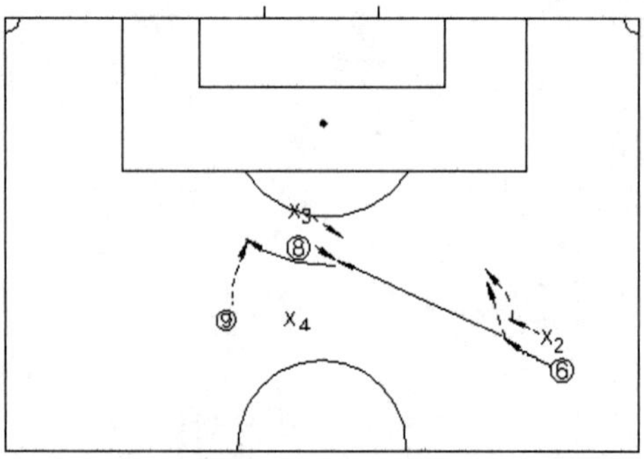

图 7-3-9

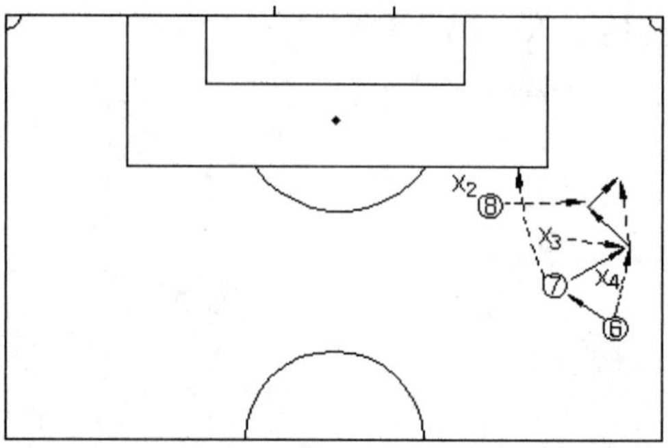

图 7-3-10

(三) 整体进攻战术

整体进攻战术是指两个以上局部进攻通过采用中路进攻、边路进攻、快速反击进攻、密集反击、逐步推进、压迫式进攻等配合所完成的战术行动。

1. 中路进攻

中路进攻是指在对方半场中间地带组织的进攻形式。

发展阶段：通过中锋、内切的边锋或插上的前卫运用传球配合或运球过人，把进攻推向罚球区附近。

结束阶段：通过罚球区外远射、运球过人和踢墙式过人等配合突破罚球区完成射门。

比赛中常见的中路进攻方法示例如图 7-3-11、图 7-3-12、图 7-3-13 和图 7-3-14 所示。

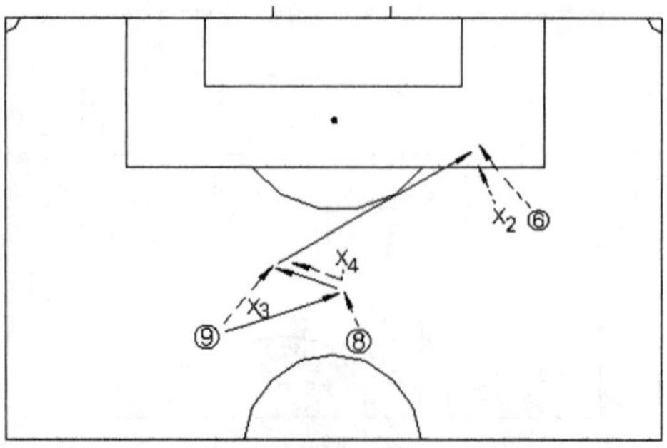

图 7-3-11

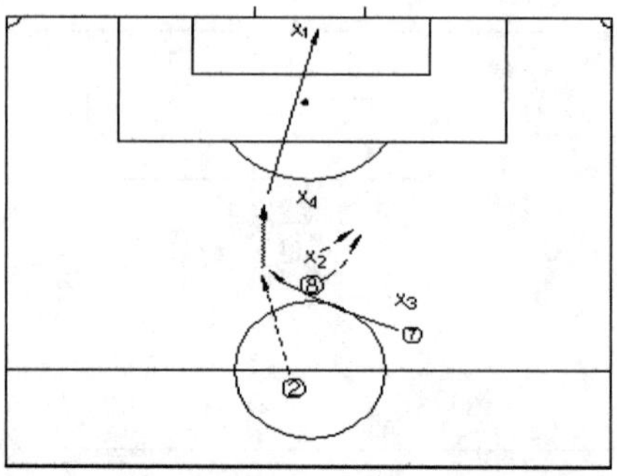

图 7-3-12

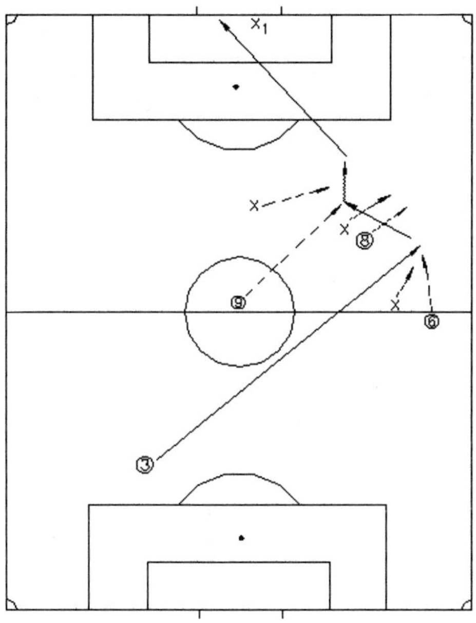

图 7-3-13

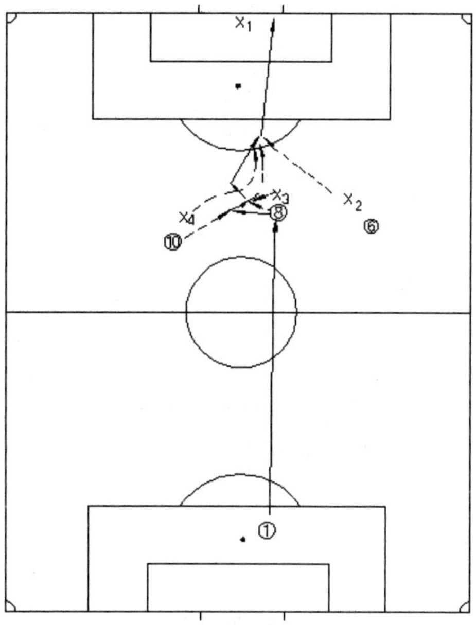

图 7-3-14

2．边路进攻

边路进攻是指在对方半场两侧地区组织的进攻形式。

发展阶段：通过边锋或交叉到边路的中锋、前卫或插上的边后卫，运用传球配合或运球过人的方法突破对方防线。

结束阶段：一般是快速下底传中或切底回扣传中，中间包抄射门或跟进射门，边路队员也可以运球内切完成射门。

比赛中常见的边路进攻方法示例如图 7-3-15、图 7-3-16、图 7-3-17 和图 7-3-18 所示。

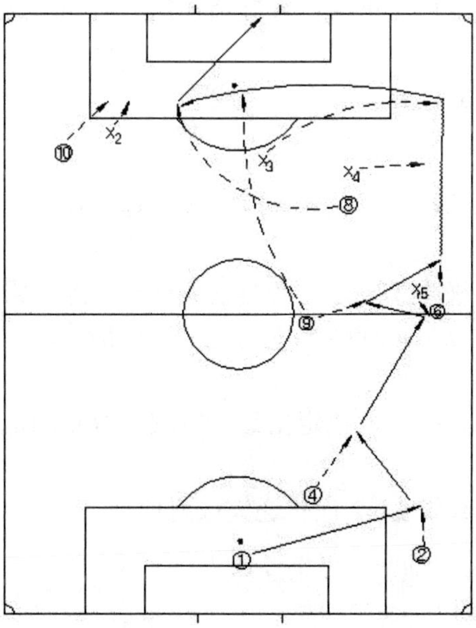

图 7-3-15

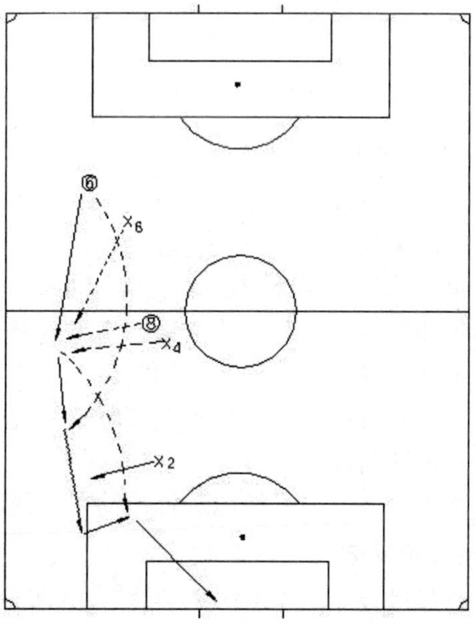

图 7-3-16

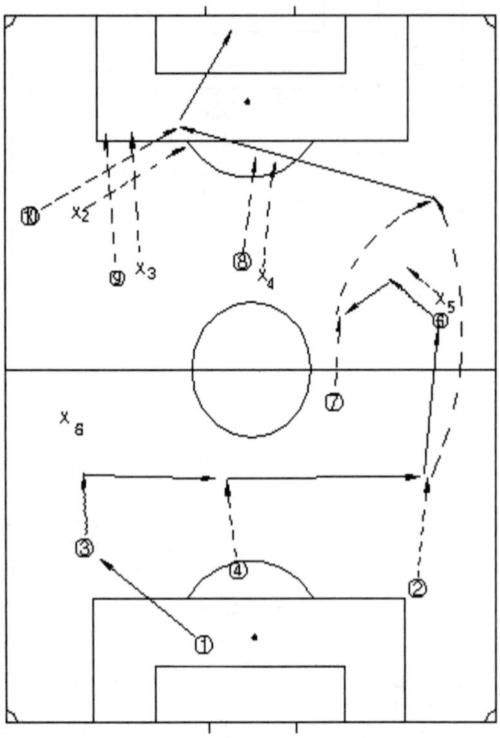

图 7-3-17

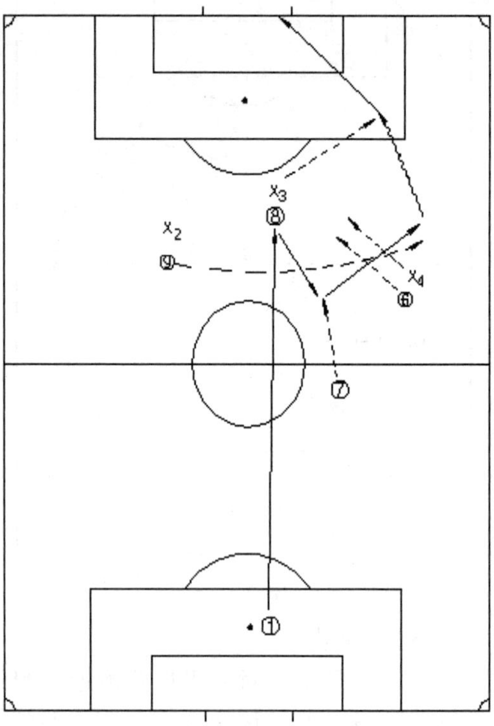

图 7-3-18

3．快速反击进攻

快速反击进攻指从防守中获球队尽快地把球输送给处于有利位置的中、前场队员，使他们在对方还没有完全组织好严密防守之前得到一次良好的射门机会。

发展阶段：通过中后场队员积极的抢断得到球后，迅速、准确地在第一时间将球传给最有威胁的队员。

结束阶段：队员通过运球过人或简单的二人配合突破防守，完成射门。

(四) 定位球进攻战术

定位球进攻战术是指利用死球获得重新开球的机会，包括角球、球门球、掷界外球、任意球、中圈开球等组织进攻形式。

定位球战术在现代足球比赛中的作用和效果极为重要，尤其是任意球和角球常常会左右赛势和影响最后胜负的结果。定位球战术之所以是足球战术中的重要组成部分，与定位球战术的本身特点优势有密切关系。

发展阶段：定位球战术在开球前有充足的准备时间，拟定出最佳方案，有目的地选择站位和跑动路线。

结束阶段：尽可能地选择最简单的进攻方式或经 1～2 次传递完成射门。

1．角球进攻

角球进攻如图 7-3-19 和图 7-3-20 所示。

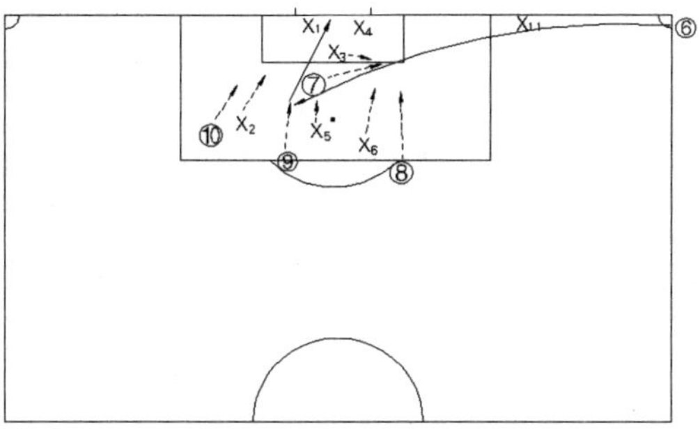

图 7-3-19

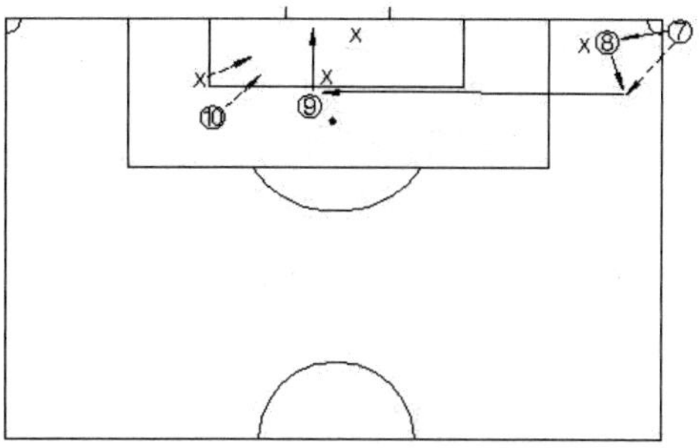

图 7-3-20

2．掷界外球

掷界外球如图 7-3-21 和图 7-3-22 所示。

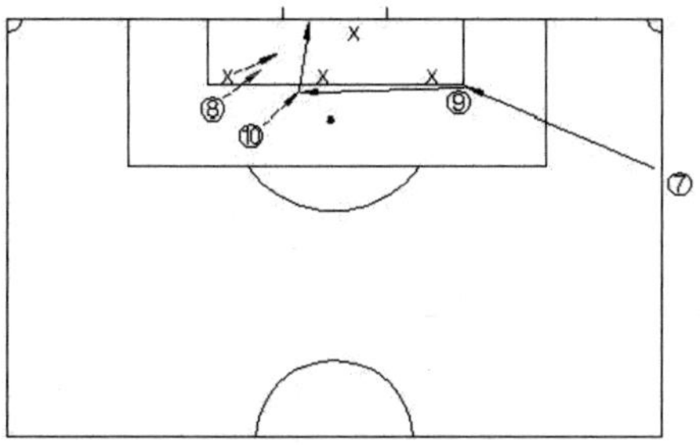

图 7-3-21

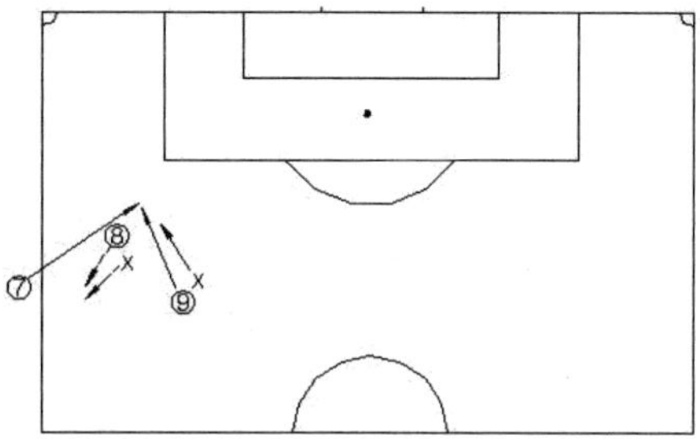

图 7-3-22

3．任意球

(1) 直接任意球如图 7-3-23 和图 7-3-24 所示。

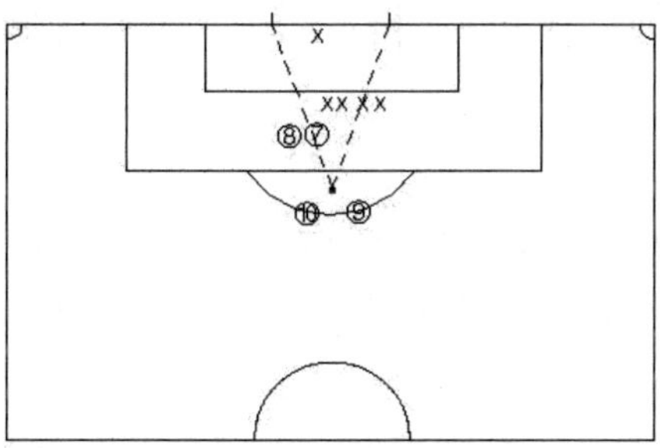

图 7-3-23

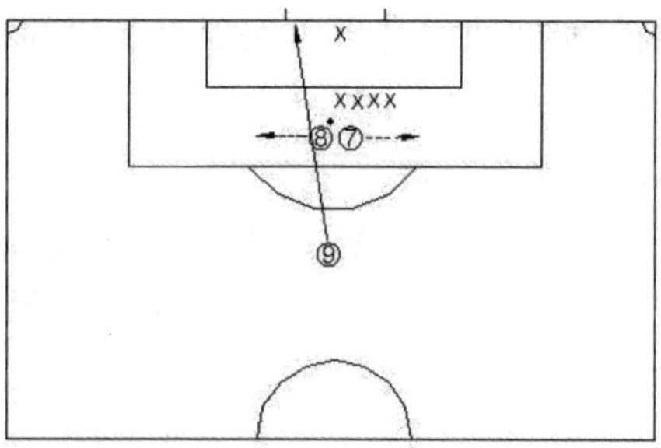

图 7-3-24

(2) 间接任意球如图 7-3-25 和图 7-3-26 所示。

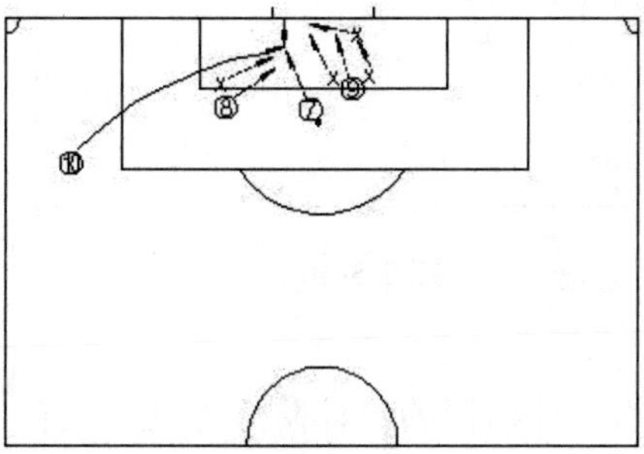

图 7-3-25

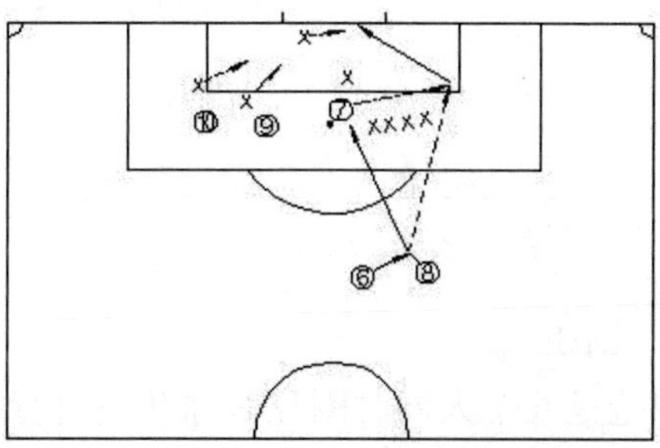

图 7-3-26

二、防守战术

(一) 个人防守战术

个人防守战术是指个人采用选位、盯人、保护、补位等方式以达到防守目的的行动。

(1) 选位。选位是指防守队员针对进攻队员的跑位情况，所采取的站位方式，如图 7-3-27 所示。

(2) 盯人。盯人是指防守队员为了阻止对手接球而采取紧逼、压迫的防守手段，如图 7-3-28 所示。

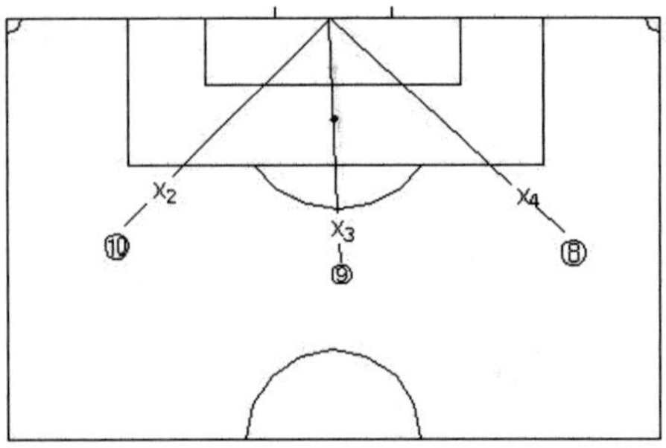

图 7-3-27

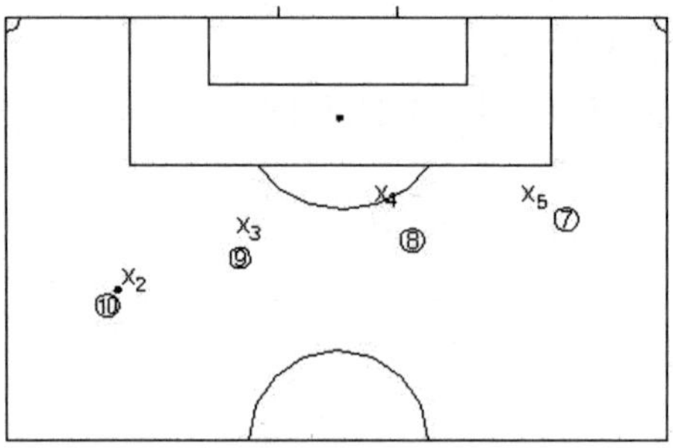

图 7-3-28

(3) 保护。保护是指防守队员发现某一队员失位后，而采取的主动站位的防守手段。

(4) 补位。补位是指防守队员临时站位于队友的位置破坏或缓解对方进攻的防守手段。

(二) 局部防守战术

局部防守战术是指两人以上在局部区域内采用的相互保护与补位、围抢、夹击等战术的配合行动。

1. 保护与补位

保护是补位的前提，没有保护就没有有效的补位，保护是防守的基础。一般补位有队员去补空当和队员之间的相互补位(也称交换防守)两种，如图 7-3-29 和图 7-3-30 所示。

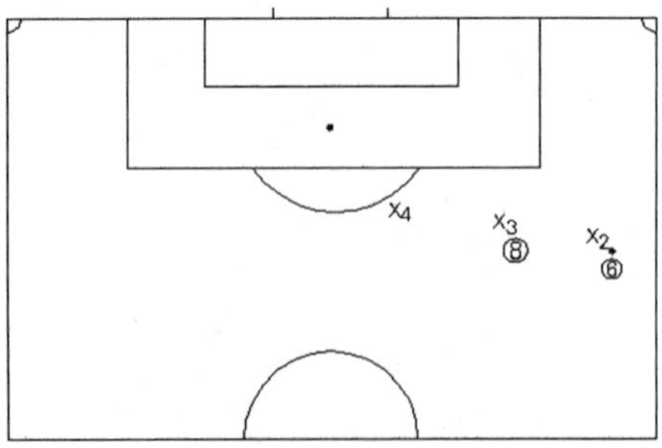

图 7-3-29

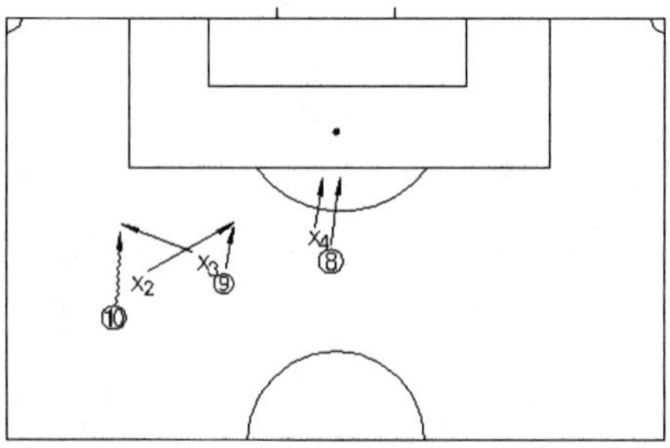

图 7-3-30

2. 围抢

围抢是几个人同时围住有球队员进行抢断的一种积极的集体防守形式。它建立在个人抢断逼抢能力的基础上。

3. 夹击

夹击是指二、三个队员对有球队员进行二人前后或左右的堵击，另一队员进行围堵抢断的防守形式。

4. 制造越位

制造越位是指防守队员利用越位规则对进攻队员的限制，主动故意制造对手越位位置，从而瓦解对手的进攻跑位和极具威胁的进攻意图所采取的防守形式。制造越位要求防守队员准确地把握制造越位的时机，负责指挥的队员应是善于观察、判断能力强、防守线的最后一名队员，此外还要求参与队员必须协同一致。制造越位如图 7-3-31 所示。

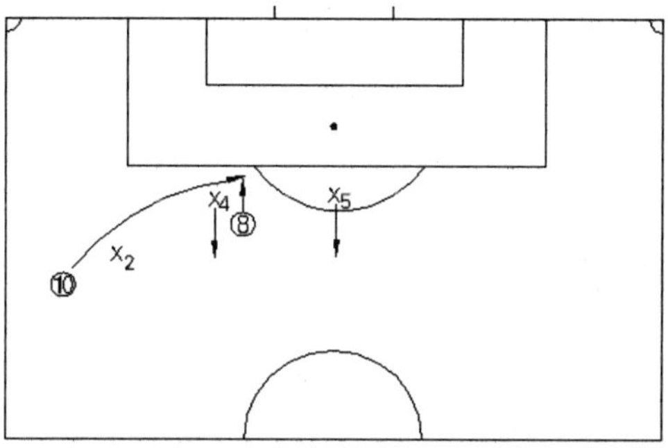

图 7-3-31

(三) 整体防守战术

整体防守战术是指两个以上局部防守采用人盯人防守、区域盯人防守、混合防守、密集防守等配合所完成的行动。

1. 人盯人防守

人盯人防守是指除拖后中卫外每个人都有盯住一个指定对手的任务，原则上是对手跑到哪里就盯到哪里，由拖后中卫(自由人)进行区域防守，执行补位的任务。

2. 区域盯人防守

区域盯人防守是指每个防守队员在自己的防守区域内进行盯人防守，不管是哪个对手进入该区域都进行盯防，原则上不跨越区域盯人，由拖后中卫(自由人)执行补位的任务。特别要求防守队员注意各区域间的结合部的防守，因此需明确队员的职责、任务以减少和避免防守漏洞。

3. 混合防守

混合防守是指把人盯人防守和区域盯人防守结合起来，一般为前锋和前卫区域盯人，三个后卫盯人，由拖后中卫(自由人)执行补位的任务。同时也可根据对方的情况，指定某一前卫死盯对方某一重点人物。混合防守因对手情况、特点等进行灵活运用。它的优点在于吸取了上述两种防守的长处，克其之短，最大限度地发挥防守的力度和效率。

4. 密集防守

密集防守是指集中绝大部分队员撤至本方四分之一场地内进行防守，形成以多防少的优势，中、前场只有 2～3 人进行游弋和突袭。其特点主要是防守人数多，可用空间少，渗透性进攻较难，因此破门难度也相对较大。

(四) 定位球防守战术

定位球防守战术是指针对死球角球、球门球、任意球、中圈开球、掷界外球等有目的、有意识的布置防守行动。面对定位球的防守首先应迅速组织回撤防守队员并进行合理、有效、针对性强的人员布局，除排人墙的队员外，其他队员要注意相互间的位置、空间的保护、补位并适时制造越位以瓦解对手的进攻。

第四节　足球竞赛规则简介

一、足球比赛场地

足球比赛场地必须是长方形，要求地面平整。场地长90～120米、宽45～90米。国际比赛场地长100～110米、宽64～75米。一般多采用其中间数字，即长105米、宽69米。设在400米跑道的田径场内的足球场，以长104米、宽68米为宜。国内比赛可因地制宜，但在任何情况下，球场的长度必须长于宽度。

二、比赛方法

正式的足球比赛，每队上场11人。

全场比赛时间为90分钟，分上、下两个半场进行，每个半场45分钟，中间休息15分钟。下半场进行时双方互换场地。

比赛以进球多少定胜负。如双方均未胜球或胜球数目相等，则这场比赛应为平局。

三、比赛开始、进行及死球

比赛开始前，通过掷币的方式决定上半场比赛的进攻方向。

自比赛开始至比赛终了，比赛均应在进行中，包括下列情况：球从门柱、横木或角旗杆弹回场内；球从当时在场内的裁判员或巡边员身上弹落于场内；队员似有犯规现象而裁判员并未判罚前。

四、越位

(一) 越位

凡进攻队员较球更接近于对方球门线者，即为处于越位位置。下列情况除外：

(1) 该队员在本方半场内。

(2) 至少有两名对方队员比该队员更接近于对方的球门线。

当队员踢或触及球的一瞬间，同队队员处于越位位置，裁判员认为该队员有下列行为，则应判为越位：① 在干扰比赛或干扰对方；② 企图从越位位置获得利益。

(二) 队员不应被判为越位

(1) 队员仅仅处在越位位置。

(2) 队员直接接得球门球、角球或界外掷球。

(三) 越位判罚

队员被判罚越位，裁判员应判由对方队员在越位地点踢间接任意球。如果该队员在对方球门区内越位，那么这个任意球可以在越位时所在球门区内任何地点执行。

五、任意球

任意球有直接任意球及间接任意球两种。直接任意球可以直接射入对方球门得分(直接射入本方球门，不算进球，应由对方踢角球)；间接任意球：不能直接射门得分，必须经场上其他队员触及后进入球门内才算进一球(直接射入对方球门，由对方踢球门球)。

六、球门球

(1) 队员将球的整体从空中或地面踢出对方球门线(不属于进球得分)时，由对方在球门区内任何一点踢球门球。踢球门球时，对方队员应在罚球区。

(2) 当球直接踢出罚球区进入场内时比赛方为恢复，在出区前被任何人触及，均应重踢。球门球可以直接射入对方球门得分。

(3) 球被发出罚球区后，踢球队员在其他队员触球前不得再次触球，否则为连踢，若手触球则应判为手球犯规。

七、犯规与不正当行为

足球比赛对抗性强，允许合理冲撞。所谓合理冲撞是指：目的为球——球在双方控制范围以内；动作合理——指以肩下、肘以上的部位冲撞对方相应部位，冲撞时手臂不得张开，动作不猛烈、不危险。如有以下犯规应判罚直接任意球或点球：

(1) 踢或企图踢对方队员。

(2) 绊摔对方队员，即在对方身后或身前伸腿或屈体绊摔或企图绊摔对方队员。

(3) 跳向对方队员。

(4) 猛烈地或带有危险性地冲撞对方队员。

(5) 除对方队员正在阻挡外，从背后冲撞对方队员。

(6) 打或企图打对方队员，向对方队员吐唾沫。

(7) 拉扯对方队员。

(8) 推对方队员。

(9) 用手触球。

八、罚球点球

当比赛进行中，一个队在本方罚球区内由于违反了可判为直接任意球的九种犯规之一而被判罚的任意球，应执行罚球点球。罚球点球可以直接进球得分。

(1) 罚球点球应从罚球点上发出，必须明确主罚队员。

(2) 踢球时除主罚队员和对方守门员外，其他队员均应在该罚球区外及比赛场内，并至少距罚球点 9.15 米处。对方守门员在球被踢出前，必须站在两门柱间的球门线上(两脚不得移动)。主罚队员必须将球向前踢出，在其他队员踢或触及前不得再次触球。当球滚动足球的圆周距离时，比赛即为恢复。

(3) 罚球点球可直接射门得分。当比赛进行中执行罚球点球，以及在上半场或全场比赛终了而延长时间执行或重新踢罚球点球时，如踢出的球触及门柱、横木或守门员而进入球门，只要没有犯规现象发生，均应判为胜一球。

(4) 如果被罚方队员犯规，则球未罚中应重罚。

(5) 如踢罚球点球队员以外的攻方队员犯规，则球罚中无效，应重罚。

(6) 如踢罚球点球队员在比赛恢复后犯规，则应由对方队员在犯规地点踢间接任意球。

九、掷界外球

当球的整体不论在地面或空中越出边线时，应由出界前最后触球的对方队员在球出界处掷向场内任何方向。

掷球时，掷球队员必须面向球场，两脚均应有一部分站立在边线上或边线外，不得全部离地，用双手将球从头后经头顶掷入场内。球一进场内比赛立即恢复。掷球队员在球被其他队员踢或触及前，不得再次触球。

掷界外球不得直接掷入球门得分。

如掷球队员掷球入场后在球被其他队员踢或触及前再次触球时，应由对方队员在犯规发生地点踢间接任意球。

如果队员在对方球门区内犯规或在本方球门区内犯规，则应踢间接任意球。

十、裁判员

(一) 裁判员职责

每场比赛应委派一名裁判员执行裁判任务。在他进入比赛场地时，即开始行使规则赋予的职权。比赛暂停或比赛成死球时出现的犯规，裁判员亦有判罚权。裁判员在比赛进行中，根据比赛实际情况，诸如比赛结果等所作的判决应为最后判决。裁判员的职责如下：

(1) 执行规则。

(2) 避免作出对犯规队有利的判罚。

(3) 记录比赛成绩和比赛时间，使比赛赛足规定的时间或双方同意的时间，并补足由于偶然事故或其他原因所损耗的时间。

(4) 因违反规则、遇风雨、观众或外界人员干扰及其他原因妨碍比赛进行时，裁判员有权暂停、推迟或终止比赛。

(5) 裁判员从进入比赛场地起，对犯有不端和不正当行为的队员应给予警告并出示黄牌。

(6) 除参加比赛的队员及巡边员外，未经裁判员允许，任何人不得进入比赛场地。

(7) 当裁判员认为队员受伤严重时，应立即停止比赛，须将受伤队员尽可能迅速地移至场外，并立即恢复比赛。如果队员受轻伤，则比赛不应在成死球前停止。凡队员能自己走到边线或球门线接受任何护理者，不得在场内护理。

(8) 裁判员对于场上队员的暴力行为、严重犯规、使用污言秽语或辱骂性语言，以及经警告后仍犯有不正当行为者，应罚令出场并出示红牌。

(二) 裁判员的哨声、手势

1. 裁判员的哨声

为使双方继续进入比赛，一般情况下裁判员可不鸣哨。但有下列五种情况必须鸣哨：

① 开始比赛；② 停止比赛；③ 进一球；④ 执行罚球点球；⑤ 比赛时间终了。

2．裁判员的手势

(1) 直接任意球——单臂前或侧平举，反指向罚球方向。

(2) 间接任意球——单臂上举。

(3) 角球——单臂斜上举，指向角球区。

(4) 罚球点球——单臂指向罚球点。

(5) 球门球——单臂平举指向球门区。

(6) 警告或法令出场——手持黄牌或红牌面向犯规队员单臂上举。

(7) 继续比赛——两臂侧斜下方展开向前连续挥动。

(三) 巡边员

1. 巡边员的职责和权利

每场比赛应委派两名巡边员，他们的职责(由裁判员决定)是遇到以下情况应示意：

(1) 球出界成死球。

(2) 角球、球门球或掷界外球。

(3) 队员要求替补。

巡边员还应协助裁判员按照规则控制比赛。巡边员如有不当行为或不适当地干扰比赛时，裁判员则应免除其职务并指派他人代替(裁判员应将此情况上报主办机构)。巡边员使用的手旗，应由比赛场地提供。

2．巡边员的旗示

(1) 界外球——持旗向发球方向斜上举。

(2) 角球——不论远端或近端角球，均持旗斜下举指向近端角球区。

(3) 球门球——持旗平举指向球门区。

(4) 越位——持旗上举，表示越位。当裁判员鸣哨停止比赛时，再指向越位地点。

① 远端越位——持旗斜上举。

② 中间越位——持旗平举。

③ 近端越位——持旗斜下举。

(5) 替换队员——两手持横旗，两臂前上举，将旗展开。

思考与练习

(1) 什么是足球运动？你认为足球运动对身体有哪些影响？

(2) 足球运动包含哪些基本技术？

(3) 足球运动包含哪些基本战术？

(4) 足球运动的犯规和不正当行为有哪些？

第八章 乒 乓 球

第一节 乒乓球运动概述

乒乓球运动是由两名或两对选手用球拍在中间隔着一道球网的球台两端轮流击球的一项球类运动。

据各种资料记载，乒乓球运动起源于英国，是从网球运动中产生的。由于当时使用的羔皮纸球拍击到球和球碰台后发出“乒乓”的声音，于是人们模拟其声音把它叫做“乒乓球”，其后也称“桌子上的网球”。

1926 年国际乒乓球联合会(简称国际乒联)成立，通过了乒乓球比赛规则草案。乒乓球才由一种娱乐性比赛发展成为一项竞技性的体育项目。1928 年国际乒联将“乒乓”名称正式确定下来。乒乓球技术的发展史，是在球拍工具不断革新，使球在速度和旋转之间相互竞争的过程中向前推进的。

乒乓球运动的发展经历了以下几个阶段：

第一阶段(1926—1951 年)——欧洲全盛时期

这期间共举行了 18 届世界锦标赛，欧洲运动员获得的世界冠军占 93.1%，处于绝对优势。

在这一阶段总体技术是以削球或削攻结合打法为主导地位的。

第二阶段(1952—1959 年)——日本称霸时期

日本乒协于 1928 年就加入了国际乒联，50 年代他们使用海绵拍，大大改变了乒乓球的传统打法，并开始称霸世界乒坛。

第三阶段(1959—1969 年)——中国崛起勇攀高峰

1959 年我国运动员容国团连续打败了许多世界强手，为我国夺得有史以来的第一个世界冠军。1961 年，北京成功举办了第 26 届世乒赛，中国队一举荣获了三项冠军，国际舆论轰动。中国队在此后的历届比赛中，始终保持了优势，中国队的成功，把这项运动在快速和技术全面发展方面推到了一个新的发展阶段。

第四阶段(1971—1979 年)——欧洲各队复兴，中国、日本、朝鲜队继续前进

在第 31 届世界锦标赛中，19 岁的瑞典选手本格森，一跃成为男子单打世界冠军。他在继承、发展欧洲打法的基础上，学习了日本的弧圈球以及中国快攻技术的长处，把快攻和弧圈球结合在一起，打起来得心应手。

第五阶段(1981 年以后)——乒乓球被列入奥运会项目

1977 年乒乓球被承认为奥林匹克运动会项目，并于 1988 年首次列入汉城奥运会比赛项目。这是世界乒乓球运动发展中的一个重要里程碑。

进入奥运会，奖牌的含金量大大增加，极大地鼓舞了各国乒乓健儿的训练热情，赛场的争夺更加紧张激烈，扣人心弦。欧洲强队瑞典、德国、俄罗斯、荷兰、法国名将集中大练兵，矛头直指中国队。亚洲强队韩国、日本、朝鲜、中国台湾也积极引进人才，一心想在奥运会上夺冠。

沧海横流，方显英雄本色。中国队面对“世界打中国”的局势，认真调整战略部署，积极创新打法与训练方法，精心培养新生力量，在群雄逐鹿的激战中始终保持领先地位，一次又一次创下了奇迹。

在从 1988 年开始的 6 届奥运会中，中国健儿夺得乒乓球项目的 20 块金牌，占总数 24 块的 85%。在 2012 年第 30 届伦敦奥运会和 2016 年里约奥运会上，我国乒乓健儿均包揽了 4 个项目的全部金牌，给了全国人民一个惊喜。

第二节　乒乓球运动的基本技术

一、握拍法

握拍的方法有直握拍和横握拍两大类。不同的握拍法，有不同的优缺点，从而产生各种不同的打法。

(一) 直拍握法

如图 8-2-1 所示，以拇指第一指节与食指第二指节扣住拍柄，虎口贴于拍柄后面；其余三指自然弯曲、重叠，以中指第一指节侧面顶在拍后面拍柄延长线处；用中指、虎口、食指、拇指调节拍形。

优点：手腕灵活，正手换反手时不换拍面，摆速较快。

缺点：板形不易固定，反手不好发力，左右照顾面小。

(二) 横拍握法

如图 8-2-2 所示，拇指、食指成中国八字手势的形状，一前一后贴于拍面；其余三指握住拍柄，用小臂内旋、外旋调节拍形。

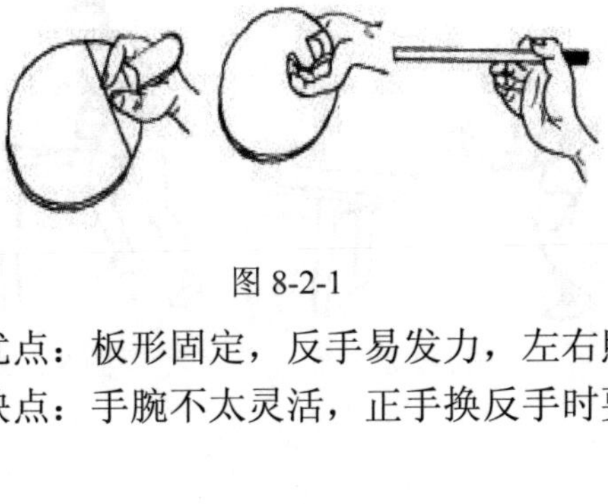

图 8-2-1

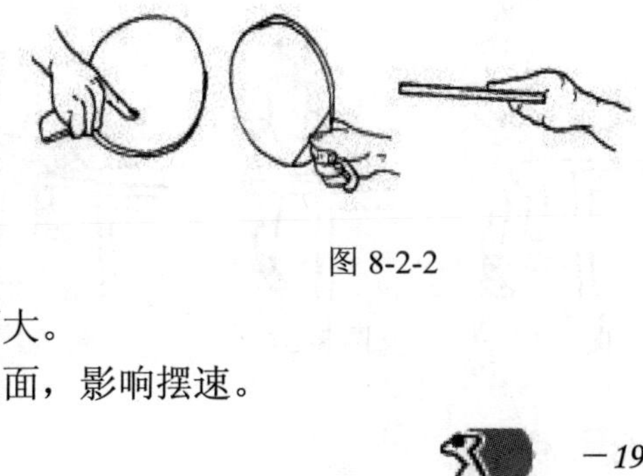

图 8-2-2

优点：板形固定，反手易发力，左右照顾面大。

缺点：手腕不太灵活，正手换反手时要换拍面，影响摆速。

二、准备姿势

图 8-2-3

准备姿势如图 8-2-3 所示。两脚分开与肩同宽，脚掌平行，两膝微屈，提踵，前脚掌内侧用力着地，脚趾亦轻微用力压地，重心放在两前脚掌中间；上体稍前倾，含胸收腹，使后背呈弧形；两臂自然弯曲，放在体前，持拍手臂自然弯曲，直握拍运动员肘部略向外张；球拍置于腹部右前方，手腕自然放松；非持拍手臂自然弯曲于身体左侧，头部正直，两眼平视；正确观察，灵活移动，及时准备做击球动作。

注意：直、横拍运动员的准备姿势都应使手、臂及手腕自然放松，以利于发力击球。

三、基本站位

(一) 站位的重要性

站位是指运动员击球前根据自己打法的特点而站立的位置。正确的站位可以更好地发挥自己的技术特长，弥补技术上的不足，并获得较全面的照顾范围。

(二) 站位的方法

站位根据离台远近的不同分为近台、中台、远台、中远台和中近台，如图 8-2-4 所示。近台是指站位在离台 40 厘米以内的范围。中台是指站位在离台 70 厘米附近的范围。远台是指站位在离台 1 米以外的范围。中近台是指站位介于中台与近台之间。中远台是指站位介于中台与远台之间。

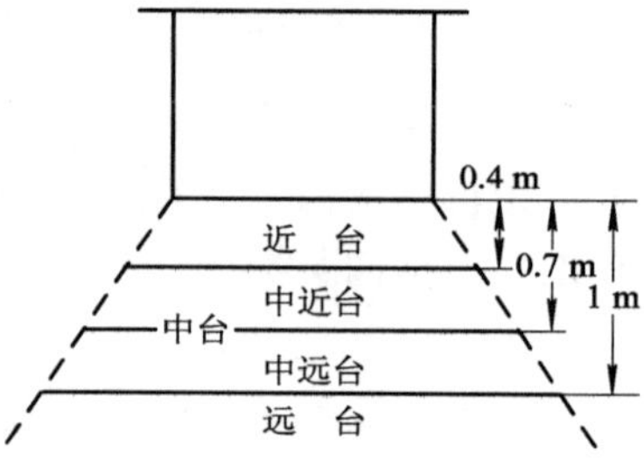

图 8-2-4

乒乓球运动员的站位应根据不同打法类型及个人的技术特点来确定，以利于发挥技术特长。直拍左推右攻打法的基本站位应在近台中间稍偏左(以右手执拍为例，以下均同)，离台约为 40 厘米，如图 8-2-5 所示；两面攻打法的基本站位在近台中间，离台约为 50 厘米，如图 8-2-6 所示；以弧圈球为主打法的基本站位在中台或中近台偏左的位置，如图 8-2-7 所示；横拍攻削结合打法的运动员基本站位在中台附近，如图 8-2-8 所示；以削为主打法的运动员基本站位在中远台附近，如图 8-2-9 所示。

图 8-2-5

图 8-2-6

图 8-2-7

图 8-2-8

图 8-2-9

说明：以上所说的基本站位是指准备回击一般来球时的站位。在实际比赛中，运动员要随时根据来球的远近和方位，不停地移动自己的位置，才能以正确的手法回击各种不同的来球。

四、发球方法

(一) 平击发球

平击发球速度慢、无旋转、力量轻，容易掌握，是发球入门技术的基础。

动作要点：左脚稍前；身体稍向右(左)转，持拍手向右(左)后引拍，另一手把球轻轻地向上抛起(初学者可以把球抛得低一些)；在球下降至与网同高时，向前迎球挥拍，击打球的中上部，第一落点在本台中间部分。初学者动作要柔和放松，把握好击球的力量和方向。

练习方法：徒手练习抛发动作；进行台上练习。

练习要求：抛球不宜高，在身体的远端击球。

(二) 下旋发球

下旋发球速度慢，前进力小，旋转力较强，是发球的基本技术之一。如能配合转与不转的不同发球，可争取主动。

动作要点：左脚稍前；抛球时持拍手向后上方引拍，约同肩高；手腕略外转，拍形稍后仰，拍端向斜上方，上体右转；当球下落至与网同高时，以小臂发力为主，同时手腕用力，向前下方摩擦球的中下部，第一落点接近本台中间部位；击球后，动作顺势前送，然后还原。动作如图 8-2-10 所示。

(1)　(2)　(3)

图 8-2-10

练习方法：自抛球后，拍形向上摩擦球的下部，使球落台后自动返回。

练习要求：拍子不宜后仰过多。

(三) 侧旋发球

侧旋发球速度较快，旋转力适中，如能用接近的手法配合侧上旋和侧下旋击法，可使对方接球困难。

动作要点：左脚稍前；抛球同时上体右转，向右上方引拍，手腕略外展，拍形后仰；击球时，以小臂为主，向左前下方挥拍。发侧下旋时，力量向下较多；发侧上旋时，力量向上较多。完成整个动作后，要迅速还原。动作如图 8-2-11 所示。

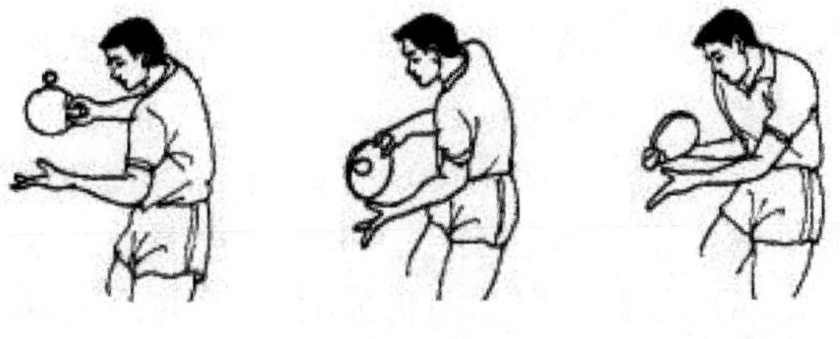

(1)　(2)　(3)

图 8-2-11

练习方法：与下旋发球相同。

五、接发球技术

乒乓球技术的不断发展，新赛制、新规则的实施，对运动员在比赛中无论是技术、心理还是应变能力都提出了更高的要求。比赛中，每一分的争夺都是从发球、接发球开始。相对其他环节来讲，接发球的技术难度最大，它要求运动员在最短的时间里，准确判断对方来球的速度、旋转、落点，然后采取最有效、合理的方法进行回接。比赛中，如果接发球做得不好，除直接失分外，同时还会使自己的技术、战术无法发挥，造成心理上的紧张恐惧，乃至全局失败。

由于使用大球和执行无遮挡发球规则，与原来的小球相比，发球的旋转、速度都有所下降，这就使接发球方在准备时有相对较多的时间判断、思考如何运用各项技术更合理地处理每个球。尽管这样，要接好每个发球仍然是很困难的。所以，只有全面掌握各种接发球的方法，才能在比赛中减少被动，争取主动。

(一) 站位的选择

接发球的站位是否合理，主要根据是否能为自己进攻创造有利条件，按照个人打法特点与对方发球的站位来选择。一般来讲(以右手为例)，接发球的站位都在左半台侧身位，身体离球台约 40～60 厘米。这种站位，有利于发挥正手的威力。如果对方准备用左手在球台的右角发球，考虑到右方斜线来球角度大，接发球的站位则应调整至球台中间位置，以便于照顾全台。

(二) 判断来球

判断是接发球的首要环节，只有正确判断对方发球的性能，才能更好地运用接发球的技术。

1．对旋转的判断

运动员发球时，常出现的旋转主要有左侧上下旋、右侧上下旋、转与不转旋等，发球队员通过各种发球方式，将这些旋转展现出来，如用正、反手发球，高抛和下蹲发球等。在判断旋转性质时，可以从以下几个方面进行考虑：

(1) 拍形：根据对方发球时拍面角度来判断上下旋。一般来讲，发上旋球时拍形都比较竖，发下旋球时拍形都比较平斜，拍面成后仰状。这种特点与发球时球拍接触球的部位有直接关系，千万不要被对方触球前后的一些假动作所迷惑。一般情况下，球拍从上向下挥动是下旋，从下向上是上旋，从左向右是右侧旋，从右向左是左侧旋。单一性能旋转发球比较容易判断，如果是两种旋转相结合的侧上、侧下旋和旋与不转的发球，判断起来相对比较困难。

(2) 动作轨迹：根据对方发球时摆臂幅度大小和手腕用力程度判断来球旋转强弱。一般来讲，发上旋和下旋时，手腕摆动幅度相对大一点，手腕抖动比较厉害，摩擦球体充分，击球后有一个制动。

(3) 弧线：根据球运行的弧线，判断旋转性能。上旋和不转球在空中飞行一般较快，弧线低平，常有往前“拱窜”的感觉。下旋球运行比较平稳，弧线略高。

(4) 出手：根据对方发球出手的瞬间速度判断来球旋转强弱。发上旋和不转球时一般出手较快，动作比较模糊；下旋球的出手相对慢一些，触球时有一个加速度，只有这样，才能给球以足够的摩擦，使球产生强烈的下旋效果。

2．对速度和落点的判断

(1) 对长球的判断：一般用眼睛的余光就可以看清对方发球时大臂和前臂的挥拍动作。例如，如果对方缓慢、放松地将前臂向后拉，然后快速向前摆动，就会发出急球，其击球的第一落点都在端线附近。球的运行速度，侧上旋和不转球明显要快于侧下旋和下旋球。如果发侧上、下旋斜线长球，要注意球的第二弧线有侧拐的特点。

(2) 对短球的判断：短球很难发挥速度的优势，较多考虑的是落点和旋转。要想把球发短，手腕应该灵活，触球瞬间有突然制动。在接短球时，身体重心要充分前迎，重心落在上步的脚上，以便与下一板球的衔接。另外要注意手臂不要过早地伸入台内，以免来球可能是半出台球或是“小三角”位置，造成判断失误，回接不当。

3．对半出台球的判断

对半出台球的判断难度较人。在判断这种球时，侧上旋和不转球比侧下旋和下旋球更容易出台。要根据发球者的特点，仔细观察发球者发哪种类型的发球时容易出现半出台球，这样就会增加接半出台球选择手段的针对性。另外在比赛中，处理短球和半出台球时，在意识上要明确，先是准备短球，再判断球是否出台。如果先准备抢拉半出台球，等判断球没有出台再去回接，就会措手不及，容易被对方抢攻。

(三) 接发球的方法

接发球多种多样，一般有拉、打、拨、挑、撇、推、搓长、摆短、削等多种技术方法。随着乒乓球技术的不断发展，出现了很多新的接发球技术，如晃撇、侧拧、台内抢位等。所以，接发球技术是各种基本技术的综合运用，要想在比赛中取得主动，合理、有效、有针对性地运用各种技术是关键。由于每个人打法各异，技术水平不等，因此在回接方法上也有所区别。下面介绍几种主要的接发球的方法，多以直拍或横拍进攻性打法为主。

1．接急球

所谓急球，是指对方发出的直线、斜线速度较快的长球，具有角度大、速度快的特点。

回接急球时，站位应偏远一点，以便做好充分的准备。判断和启动都要快，根据来球的速度、旋转和落点，采取点、拉、推、拨、冲等方法回接。正手位的急球，侧旋或侧上旋球多一点，接球可以攻、冲为主；接急下旋长球时以拉、冲为主；接反手位的奔球、侧旋或侧上旋时多以快推、快拨对方大角度或用反手攻和侧身点、冲等方法。

2．接下旋球

接下旋球可采用稳搓、摆短、搓长、拉冲等方法。

对于初学者，回接下旋球的基本方法就是稳搓，要求搓稳、搓低、搓转。

对具备一定水平的运动员，接下旋球时一定要积极主动，加大回接难度和质量。如对方发球旋转很强，就要采用摆短、搓长方法回接，同时应有旋转、落点的变化。

用稳搓回接下旋球时，要使拍面后仰多一些，充分利用手腕、手指力量向前用力摩擦球体，并应根据来球旋转的强弱增大或减小拍形后仰及向前用力的程度。

用摆短回接下旋球时，一般多用于接短球。此时应注意以下几点：

(1) 接球的时间，在上升期接触球的中下部，以体现速度而不容易吃旋转。

(2) 身体前迎，手臂要离身体近一些，相对来讲比较容易控制球的旋转，加大回球的准确性和质量。

(3) 手臂不要过早伸入台内，因为这样不能形成较合理的节奏感，难以体现摆短出手快、突然性强的特点。

用搓长回接下旋球时，手法尽可能与摆短相似，以前臂发力为主，手腕摆动不要过大。搓长与摆短是接发球时相互配合运用的一种手段，利用速度和突然性来控制和破坏对方进攻的节奏。

3. 接左侧上、下旋球

发球一般站在反手侧身位用正手发球，使球产生左侧上、下旋。

左侧上旋是左侧旋与上旋相结合的混合旋转球。接这种球一般采用推、攻、拉、冲、挑等方法。为了控制球的左侧旋，回接时拍面角度要稍前倾，拍面方向向着自己的左方(对方的右方)偏斜，以抵挡来球的左侧旋。

接左侧下旋球，一般采用搓、削、拉等方法。如果采用搓接，拍面角度要稍后仰，拍面方向略向自己的左方偏斜，以抵挡球的左侧旋。如果采用拉冲回接，拍面角度不宜过于前倾，多向上提拉，少向前发力，以保证接球的稳定性。

4. 接右侧上、下旋球

发球者多站在反手位，用反手发球使球产生右侧上、下旋。

右侧上旋球是右侧旋与上旋球结合的旋转球，接这种球一般采用推、攻、拉、冲为宜。回接时拍面角度稍前倾，拍面方向略向自己的右方偏斜，以抵消来球的右侧旋，向前下方用力要相对加大。

右侧下旋球是右侧旋与下旋球相结合的旋转球，接这种球一般采用搓、削、拉、冲回击为宜。回接时拍面角度要稍后仰，拍面方向略向自己的右方偏斜，以抵消来球的右侧旋。如果用拉冲回接，除了要注意拍面角度外，还要加大向上摩擦球的力量，拍面角度不宜过于前倾，多向上提拉，少向前发力，确保接发球的准确性。

5. 接短球

短球是指来球落点在距球网 30 厘米以内的球，从路线上可分为反手位、中路、正手位短球。接短球的方法，要根据不同球性而异，当然同一发球也可用几种方法回接。比如接正手位侧下旋短球，一般可摆短可搓长，也可挑打。接侧身位侧上下旋短球时，除搓长、摆短外也可采用晃撇、晃挑、侧拧等一些新技术。无论采取哪种接法，都要与自己下一板球紧密地衔接，与自己的技术特点、特长合理组合，才能在这个环节占得先机，抢得主动。

6. 接半出台球

回接半出台球，要有胆量、意识，有能力抢先上手，要求具有很高的对半出台球判断的能力。回接半出台球主要采用提拉、抢冲技术，运用这种技术时，不要引拍过大，重心要前移，手臂向前台靠近、抬高，击球点一般在台面以上，以前臂和手腕的突然向前发力为主，整个动作幅度不要过大，有点近似于小提拉或小前冲。在比赛中敢于抢位、抢冲半出台球是十分重要的，半出台球接得好，不但体现了积极主动、抢先上手的指导思想，还能给对方心理造成大的压力，从而降低对方发球的质量。

六、击球技术

(一) 推挡

推挡球大多以反手进行，站位近、动作小、球速快，可用推挡的速度和落点变化压制对方的攻势，争取主动。推挡球的技术可分为快推、加力推、推下旋、减力挡和快挡等。

1. 快推

动作要点：离台约 40 厘米，站位左脚稍前，或两脚平行自然开立，身体离台约 40 厘米，持拍手臂和肘关节内收，前臂略外旋，手臂自然弯曲，拍面角度稍前倾；当来球从台面弹起，还未达到最高点时，前臂和手腕借力迅速向前推压，击球的中上部，如图 8-2-12 所示。

图 8-2-12

2. 加力推

动作要点：右脚稍前站或两脚开立平站，身体离台 40 厘米左右，手臂自然弯曲并外旋，拍面稍前倾，上臂后引，前臂提起，肘关节贴近身体，使球拍稍提高一些，并及时根据来球弹起的高度调整好拍面角度；当球反弹至上升期后段或高点时，上臂、前臂、手腕加速向前下方推压，击球的中上部；击球时，拍面角度应固定，手腕不加转动，如图 8-2-13 所示。

图 8-2-13

3. 推下旋

动作要点：右脚稍前站，身体离台约 40 厘米，手臂内旋，拍面角度稍后仰，上臂后引；前臂上提，将球拍引至身体前上方；当球跳至上升期后段时，击球的中部，向下摩擦，上臂、前臂和手腕向前下方用力推动，如图 8-2-14 所示。

图 8-2-14

4. 减力挡

动作要点：手臂外旋，拍面稍前倾，手臂稍向前迎击；当来球跳至上升期时，击球的中上部；拍触、击球的一瞬间，手臂和手腕稍向后收，以缓冲球的反弹力。

5. 快挡

动作要点：球拍置于身前，前臂自然弯曲，准备击球时，拍稍后移，拍面稍前倾；当球反弹至上升期时，前臂向前迎球，击球的中上部。

易犯错误：两脚前后站立，身体前后移动推球；引拍过高拍形后仰；用手腕甩动击球。

练习方法：结合平击发球练习推挡。

(二) 正手攻球

攻球是比赛中争取主动和得分制胜的重要技术，它具有快速有力的特点，能体现积极主动、快速进攻的指导思想，运用得好，能使对方陷于被动，从而取得优势。

1．正手快攻

动作要点：左脚稍前，身体离台约 40 厘米，手臂自然弯曲并内旋，使拍面稍前倾，前臂后引，引拍至身体左侧右后方；当球弹至上升期时，手臂向左前方迎球，击球的中上部，在上臂带动下前臂快速向左前方挥动，手腕配合外展，球拍挥至头的前部，如图 8-2-15 所示。

图 8-2-15

2．正手拉攻

动作要点：正手拉球是回击下旋球的主要技术，手臂根据对方来球旋转强弱，做内旋使拍面接近垂直，或做外旋使拍面稍后仰。击球时，前臂下沉，将球拍引至身体右侧下方，当球跳至最高点开始下降时，上臂带动前臂加速向左前上方提拉挥动，手臂同时做外展。若来球下旋强，则拍面稍后仰，击球的中上部；若来球下旋弱，则拍面接近垂直，击球的中部。击球后，球拍顺势挥至额前，如图 8-2-16 所示。

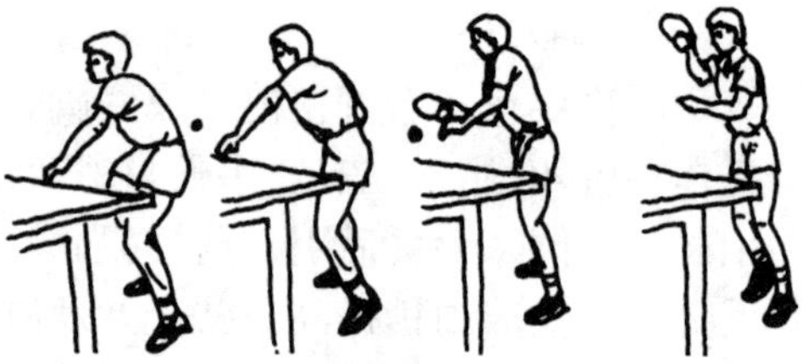

图 8-2-16

3．正手扣杀

动作要点：当球弹起到高点时，上臂带动前臂由后向前；将触球时，前臂加速用力向左前下方挥击，拍面稍前倾，击球的中上部，球拍触球的刹那间，腰、髋向左转动配合发力；击球后，手臂随势继续向左前下方挥动，重心由后脚移至前脚，如图 8-2-17 所示。

图 8-2-17

(三) 反手攻球

1．反手快攻

动作要点：右脚稍前，身体离台约 40 厘米，持拍手臂自然弯曲并外旋使球拍稍前倾，上臂、肘关节自然靠近身体，将球拍至腹前偏左位置；当球跳至上升期时，前臂加速向右前上方挥拍，触球的瞬间手腕同时配合外旋，击球的中上部；击球后，前臂继续向右前上方随势挥动，如图 8-2-18 所示。

2．反手快拨

动作要点：右脚稍前，前臂自然弯曲并外旋使拍面前倾，手腕内收，将球拍引至腹前偏左位置；当球跳至上升期时，以肘关节内收，拍面稍前倾，击球的中上部，前臂加速外旋并带动手腕借来球反弹力向右前方挥动，将球拨回，如图 8-2-19 所示。

图 8-2-18

图 8-2-19

易犯错误：抬肘；击球时向上翻肘；吊拍、撇拍；击球时小臂没有内旋；击球点过于靠后；发力方向不对。

练习方法：徒手练习；结合推挡练习。

练习要求：初学者练习时注意力量宜小不宜大，速度宜慢不宜快，弧线宜高不宜低，距离宜长不宜短。

(四) 搓球

搓球是近台还击下旋球的一种基本技术。由于回球线路较短，多在台内，因而可造成对方回球困难。另外，搓球又比较稳健，旋转和落点变化也较多，故用作过渡技术，用以寻找进攻机会。搓球动作与削球类似，是削球必须掌握的入门技术。

学习时，首先应学习反手搓球，再学习正手搓球；先练习慢搓，再练习快搓；基本熟悉以上技术之后，再研究搓转与不转的球。

动作要点：离台 40 厘米，两脚平行或左脚稍前；随来球路线，向左后上方引拍，拍形后仰，以小臂为主，向前下方挥拍；击球时，拍形后仰，在球的下降期摩擦球的中下部，以小臂为主，手腕为辅向前下方发力(快搓动作较小，在上升期击球)；击完球后，顺势前送，并迅速还原。动作如图 8-2-20 所示。

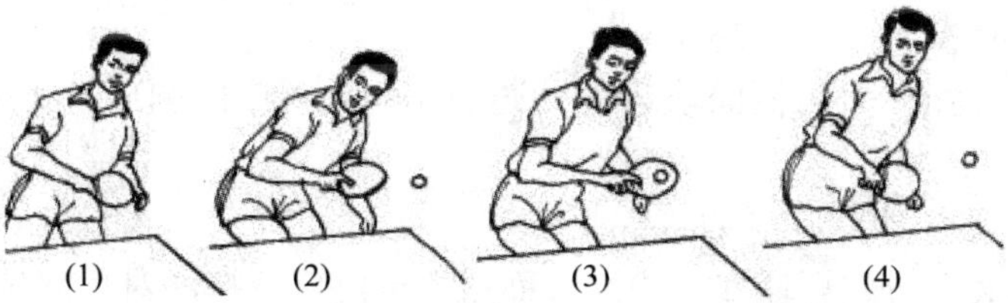

图 8-2-20

易犯错误：小臂放松不够，撞击多，摩擦少。

练习方法：徒手练习；对方发下旋球配合练习。

第三节　乒乓球运动的基本战术

乒乓球运动的战术灵活多变，没有一个固定的模式，在一个回合当中常常会用到多个组合战术。战术运用得当，在比赛中会事半功倍；战术运用成功，可以战胜较强的对手。然而，无论什么组合战术，都离不开以下几个基本的战术。

一、推攻战术

特点：主要运用正手攻球和反手推挡的速度及力量，并结合落点变化和节奏变化来压制与调动对方，以争取主动或得分。推攻战术是左推右攻型打法对付攻击型打法的主要战术，有反手推挡能力的两面攻运动员、攻削结合的运动员等也时常使用它。

方法：

(1) 左推右攻。

(2) 推挡侧身攻。

(3) 推挡、侧身攻后扑正手。

(4) 左推结合反手攻。

(5) 左推、反手攻后侧身攻。

(6) 左推、反手攻、侧身攻后扑正手。

二、两面攻战术

特点：主要利用正、反手攻球技术的速度和力量压制对方，争取主动和创造扣杀机会。两面攻战术是两面攻打法对付攻击型打法的主要战术。

方法：

(1) 攻左扣右(进攻对方左角，寻找机会，猛扣对方正手空当)。

(2) 攻打两角，猛扣中路。

三、拉攻战术

特点：连续运用正手快拉创造进攻机会，然后采用突击和扣杀来作为得分手段。拉攻战术是快攻打法对付削球类打法的主要战术。

方法：

(1) 正手拉后扣杀。

(2) 反手拉后扣杀(一般为两面攻运动员遇到左侧大角度的削球时所采用)。

四、拉、扣、吊结合战术

特点：由拉攻战术与放短球战术相结合而成，是快攻型打法对付削球打法的常用战术。

方法：

(1) 在拉攻战术的扣杀或突击后放短球(这时，对方站位一般离台较远，故放短球效果最好)。

(2) 在拉攻战术中放短球后，结合扣杀或突击(这时，对方站位往往离台很近，故扣杀或突击最容易得分)。

五、搓攻战术

特点：主要运用“转、低、快、变”的搓球控制对方，以寻找战机，然后采用低突、快点或快拉等技术展开攻势并进入连续攻，在搓球中遇到机会球时进行扣杀，常常带有突然性，往往可以直接得分。搓攻战术是乒乓球各种打法都不可缺少的辅助战术。

方法：

(1) 正、反手搓球结合正手快拉、快点、突击或扣杀。

(2) 正、反手搓球结合反手快拉、快点、突击或扣杀。

六、削中反攻战术

特点：由削球和攻球结合而成，常以逼角加转削球为主，伺机反攻，或以转、低、稳、变的削球，迫使对手在走动中拉攻，以从中寻找机会，予以反攻。这种战术有“逼、变、凶、攻”的特点，是攻、削结合打法的主要战术。

方法：

(1) 正、反手削球逼角(即落点逼近对方球台的左角)，结合正手攻或侧身攻攻击对方右侧空当。

(2) 正、反手削两大角长球，结合正、反手(或侧身)反攻。

七、发球抢攻(抢冲)战术

特点：以旋转、线路、落点以及速度不同的发球来增加对方回击的难度，使其出现机会球，或降低回球质量，然后抢先进攻，以争取主动或直接得分，这是乒乓球所有打法特别是进攻型打法的主要战术和得分手段。

方法：

(1) 发下旋转与“不转”抢攻。

(2) 发正、反手奔球抢攻。

(3) 发正、反手侧上、下旋球抢攻。

八、接发球抢攻(抢冲)战术

特点：由某一单项攻(冲)球技术所形成，进攻性强，可变接发球的不利地位为有利地位，也可直接得分，是乒乓球运动各种打法特别是进攻型打法的主要战术。

方法：用快点、快攻或中等力量突击进行接发球。

第四节　乒乓球竞赛规则简介

一、场地器材

1. 球

球为黄色(或白色)，直径为 40 毫米，重 2.7 克，由赛璐珞或类似的塑料制成。

2. 球拍

球拍的大小、形状或重量不限，底板至少应有 80% 的天然木料。

3. 球台

球台应为与水平面平行的长方形，长 2.74 米，宽 1.525 米，离地面高 76 厘米。

球台四边应有一条 2 厘米宽的白线。双打时，各台区应由一条 3 毫米宽的白色中线划分为两个相等的“半区”。

二、比赛规则

1. 定义

(1) 握在手中的球拍或执拍手的手腕以下部分触球叫做“击球”。

(2) 对方击球后，球尚未触及本方台区，本方运动员即行击球叫做“拦击”。

(3) 对方击球后，处于比赛状态的球尚未触及本方台区也未越过台面或其端线，即触及本方运动员或其穿戴的任何物品，叫做“阻挡”。

2. 合法发球

(1) 发球时，球应放在不执拍手的掌上，手掌张开并伸平，球应是静止的，在发球员的端线之后和比赛台面的水平面之上。

(2) 发球员须用手把球几乎垂直地向上抛起，不得使球旋转，并使球在离开不执拍手的手掌之后上升不少于 16 厘米。

(3) 当球从抛起的最高点降落时，发球员方可击球，使球首先触及本方台区，然后越过或绕过球网装置，再触及接发球的台区。在双打中，球应先、后触及发球员和接发球员的右半区。

(4) 从抛球前静止的最后一瞬间到击球时，球和球拍应在比赛台面的水平面之上。

(5) 在双打中，除发球和接发球外，运动员还需按正确的次序击球。

(6) 实行转换发球法时，发球方发出和还击的球，被接发球方连续 13 次合法还击。

3. 交换发球次序

(1) 比分到 2 分后，接发球一方即成为发球一方，依次类推，直到一场比赛结束；或者双方的比分到 11；或者直到开始采用轮换发球法。

(2) 在双打中，由取得发球权一方选出同伴发球，由双方选换同伴接发球。

(3) 一局首先发球的一方，在该场下一局首先接发球。

4. 变换方位

一局中站某一方位的运动员，在下一局应换到另一方位。在决胜局中，当一方先得 5 分时，即应与对方交换方位。

5. 发球、接发球的次序和方位错误

(1) 如果发现运动员方位错误，应中止比赛，并按照该场开始时的次序，根据场上比分，来确定运动员应该站的方位，再继续比赛。

(2) 一旦发现运动员错发或错接了球，应中断比赛，并按该场开始时的次序，从场上比分开始，由应发球或接发球的运动员发或接。在双打中，按发现错误时那一局中有首先发球权的那一方的次序进行纠正，再继续比赛。

(3) 在任何情况下，发现错误之前的所有得分均有效。

思考与练习

(1) 什么是乒乓球运动？你认为乒乓球运动对身体有哪些影响？
(2) 乒乓球运动包含哪些基本技术？
(3) 乒乓球运动包含哪些基本战术？

第九章 羽 毛 球

第一节 羽毛球运动概述

一、羽毛球运动的起源

根据《民族体育集锦》记载，“中国在远古时期就有类似羽毛球游戏活动的存在……，这种活动主要分布在我国的西南等地区”。

相传，远古时代，我国苗族的祖先在正月期间总要把一些五颜六色的鸡毛做成花毽，然后成群结队到野外去玩“打花毽”游戏。游戏开始时，姑娘首先向小伙子抛出花毽，然后小伙子用手将花毽击回姑娘一方，互相一来一往，尽量不使花毽落地。双方对打时，有时相距较近可以边打边答话，或互相对歌，这种游戏叫“打手毽”。我国古代基诺族玩的这种游戏叫“打鸡毛球”，所用的球是用一束鸡脖子上的羽毛插入用油布包着的木炭球托上制成的，游戏时双方用手拍打，比赛场地以中线为界，一方打来的球，另一方必须打回去。若球打不过中线，则为输球。西汉时期，仫佬族所玩的一种游戏，其活动形式、方法同苗族人玩的“打花毽”相近。

可以认为，“打花毽”“打鸡毛球”和“打手毽”等游戏是今日羽毛球运动的鼻祖。据英国《大不列颠百科全书》记载，“原始的羽毛球游戏、羽毛球活动至少在 2000 年前，在中国、日本、印度、泰国等国就开始流行了”。由此，可以佐证，在距今 2000 年前或更早，羽毛球游戏活动已在我国的少数民族和民间流传了。

到 18 世纪前，亚洲、欧洲的一些国家就有了用木制球板来回拍击球的类似羽毛球运动的活动。19 世纪 60 年代，一批退役的英国军官把印度孟买的“普那”(Pooa，球用圆形硬纸板插上羽毛制成，板是木质的一种类似羽毛球运动的游戏)带回英国。早期羽毛球运动所用的球类似我国民间的毽子。其活动形式是用木拍击打“毽子”球，被人们称为“毽子板”运动，它是现代羽毛球运动的前身。

到了 19 世纪中叶，经过不断地演变改进，在英国出现了用羽毛和软木制成的球和用弦穿的球拍击球的活动。1873 年在英国格拉斯哥附近的鲍弗特公爵的伯明顿庄园里举办了一次游园活动，由于下起了大雨，便改在室内进行羽毛球游戏，场地呈“葫芦形”，中间狭窄处挂着网，由于这项游戏的趣味性强，参与者个个尽兴而归，于是这项游戏活动便逐渐风行起来，并以“伯明顿”命名。英语中的羽毛球运动名称“BAD-MINTON”便由此得来。

二、我国羽毛球运动的发展概况

20 世纪 20 年代初，羽毛球运动传入我国。解放前，只在上海、广州、北京、天津等少数城市的一些教会学校开展羽毛球运动，从未举办过全国性的大规模比赛。解放初期，只有东南沿海的少数城市、少数人打羽毛球。当时，羽毛球运动尚未得到普及，运动技术水平也很低。1953 年，在天津举行了以大行政区为单位的首次全国羽毛球表演赛，仅有 5 个队 19 名选手参赛。1954 年，组建成立了以王文教、陈福寿等几名具有较高水平的归侨青年为代表的国家羽毛球队。1956 年，在莫斯科世界青年联欢节羽毛球比赛中，国家羽毛球队获得了男子单打、双打冠军。同年，还组队访问了印度尼西亚，取得了较好成绩。1958 年，在武汉举行了全国 15 个城市参赛的羽毛球比赛。1959 年 9 月，在第 1 届全运会上，羽毛球被列为正式比赛项目，并有 21 个省、市、自治区的代表队参加了比赛。当时，福建省队以绝对的优势获得了团体总分第一名。从此，福建便成了我国培养羽毛球运动员、教练员的摇篮。然而，当时我国羽毛球运动的群众基础还很薄弱，技术水平还比较落后。

20 世纪 50 年代末 60 年代初，以侯加昌、汤仙虎、陈玉娘、梁小牧为代表的一批有一定技术水平的归侨青年学生，怀着赤诚的爱国心，秉持一定要改变我国羽毛球运动的落后状态和为祖国争光的信念，在党和人民的培养关怀下，以我国乒乓球队、登山队为榜样，学习亚洲、欧洲的先进技术和打法，经过刻苦训练和不断地摸索，创造并发展了“以快为主、积极主动、先发制人”的新型打法。1964 年，在广州召开了第一次全国羽毛球训练工作会议，在会上充分肯定了“以快为主、积极主动、先发制人”的打法是我国羽毛球技术的发展方向，并确定了“快、狠、准、活”的技术风格，为我国羽毛球运动攀登世界技术高峰奠定了基础，同时宣告了一个崭新的羽毛球技术发展时代的开始。

然而，在文化大革命期间，许多省、市羽毛球队相继被解散，人员被下放，我国羽毛球运动的发展势头，一度遭到了打击和破坏。

1971 年 10 月，在杭州举行了羽毛球集训和比赛。1972 年 1 月正式重建国家羽毛球队。此后，全国近 20 个省、市、自治区也陆续恢复或重建羽毛球队。到了 20 世纪 70 年代后期，我国羽坛大批后起之秀脱颖而出。其代表人物有：阎玉江、韩健、栾劲、林诗全、庾跃东、孙志安、姚喜明、陈昌杰、陈天龙、刘霞、张爱玲、李芳、徐蓉、韩爱萍等。他们在各种类型的国际比赛中取得了好成绩。1974 年，在第 7 届亚运会上，我国羽毛球队获得了男、女团体冠军，在 1978 年第 8 届亚运会上，获得了男子团体第 2 名和女子团体冠军。同年 4 月，在北京举办了第 3 届亚洲羽毛球邀请赛。次年，在杭州举办了第 1 届世界杯羽毛球比赛和第 2 届世界羽毛球锦标赛，我国运动员取得了男、女团体，男、女单打和男子双打 5 项冠军。

20 世纪 80 年代初，我国羽坛老将韩健、栾劲、陈昌杰、孙志安、姚喜明、张爱玲、刘霞、徐蓉、吴健秋等立下新功。又一代羽坛新秀杨阳、赵剑华、熊国宝、李玲蔚、韩爱萍、林瑛、吴迪西等脱颖而出。1981 年 5 月新的国际羽联成立以后，中国羽坛健儿正式步入了世界比赛的最高舞台。同年，在美国第 1 届世界运动会(非奥运会项目)上，我国选手陈昌杰、张爱玲分别获得男、女单打冠军，孙志安、姚喜明和张爱玲、刘霞分别获得男、女双打冠军。1982 年，我国羽坛健儿首次参加汤姆斯杯比赛，在决赛中勇挫世界冠军——印尼队，获得第 12 届汤姆斯杯冠军。次年，中国女队以 5 比 0 的绝对优势打败印尼女队，获得第 10 届尤伯杯冠军。尤其在 1986 年的第 14 届汤姆斯杯赛和第 11 届尤伯杯赛中，中国羽坛健儿在号称世界羽毛球王国的印尼，双双荣获世界羽毛球男、女团体冠军。这是世界羽坛上的伟大创举，震撼了世界羽坛。为表彰中国男、女羽毛球队的功绩，感谢中国对发展世界羽毛球运动的贡献，经国际羽联批准，在中国设一个比赛站，每年举办五星级的世界系列羽毛球大奖赛，即中国羽毛球公开赛。首届中国羽毛球公开赛于1986年，即中国羽协成立30周年之际，在中国羽毛球运动的摇篮福建省福州市举办。

为适应世界羽毛球运动快速发展的需要，培养裁判骨干队伍，提高裁判员的英语水平和业务水平，国家体委先后于1984年、1988年在上海举办了全国羽毛球裁判员英语学习班和骨干裁判员学习班，以便更好地完成国际比赛裁判工作。在国家体委羽网处的领导下，还相继举办了编排学习班，首次全国羽毛球裁判长学习班于1990年4月在桂林举办。

为加速我国青少年羽毛球运动员的培养，在国家体委群体刊业训处和羽网处的主持下，1987年制定了我国《羽毛球教学训练大纲》试行稿。1989年3月，中国羽协科研委员会充实、健全了机构，有计划、有步骤地开展了各种科研活动。为加强教练员队伍的培训，国家体委还建立和健全了教练员岗位责任制，具体制定出高级、中级、初级教练员岗位的培训计划。

1987年5月，第5届世界羽毛球锦标赛在北京举行，我国羽毛球健儿囊括了全部5项冠军。1988年5月，国家羽毛球队又获得第15届汤姆斯杯赛和第12届尤伯杯赛桂冠。同年8月，在曼谷举行的第8届羽毛球世界杯上，中国选手又囊括了全部5项冠军。1989年5月，在印尼雅加达举行了首届男、女混合团体赛——苏迪曼杯，由于主力队员受伤病困扰，我国选手只屈居第3名。然而，在紧接着举行的第6届世界羽毛球锦标赛上，我国选手勇夺男、女单打，男、女双打冠军。同年11月，在广州举行的第9届羽毛球世界杯上，我国选手又获得了男子单打、女子双打两项冠军和女子单打亚军。1990年10月，在北京举行的第11届亚运会上，我国羽毛球队在团体、单项赛上又取得优异的成绩，充分显示了中国羽毛球队的实力。然而，随着杨阳、赵剑华、熊国宝、李玲蔚、韩爱萍等优秀运动员的相继退役，我国羽毛球队失去了在世界羽坛的绝对优势地位。当今世界各国羽毛球强队的实力旗鼓相当，世界级优秀运动员的水平相差无几，各有特点，难分伯仲。

三、羽毛球运动的锻炼价值

羽毛球运动是一项趣味性强、基本技术较易掌握、规则简单、场地较小、器材简便、易于开展的球类运动。两个人两只球拍一个球，在大厅、礼堂、过道、广场、校园、公园或一片小空地等处便可打球。因此，羽毛球运动深受人们的喜爱，极易普及推广。

羽毛球运动的特点是：不受性别、年龄、身体条件和技术水平的限制，运动量可大可小，可根据个人的身体条件和技术情况进行锻炼或比赛。

根据有关技术统计资料分析，一场三局二胜、竞争激烈的羽毛球比赛需要耗时50～90分钟，运动员要在35平方米的场地上完成向前向后、向左向右、不断变向奔跑3000米左右，挥拍击球500次左右，有时为了一球的剧烈争夺需要来回数十拍，心跳剧增达到180次/分，心脏排出的血液和肺部的呼吸次数比平时大为增多，运动员的体力消耗很大，往往会出现生理上的“极点”现象。

众所周知，羽毛球拍虽轻，仅120克左右。然而，要用球拍把重量仅5克左右的羽毛球从场地一近端线击到另一边端线，并非轻而易举的事，尤其在被动情况下只能用低手击球时，要摆脱困境打一个高远球到对方底线，就更不容易了。羽毛球比赛中球的飞行方向变化莫测，要求运动员在本方场区内不断地随球跑动，向前、向后、向左、向右，有时还要重复奔跑，甚至边跑边跳边挥拍击球，这就要求运动员必须具备良好的速度和灵敏度。若双方实力相当，一分一球争夺激烈，往往需要征战几百个回合，历时八、九十分钟方能决出胜负，这就要求运动员具备良好的耐力。

经常打羽毛球，可以加快人体血液循环，增强心血管系统、呼吸系统等内脏器官的功能，发展人体的灵敏性和协调性，提高动作速度和上、下肢活动能力，提高身体素质，使身体得到全面发展，达到增强体质的目的。同时，经常打羽毛球，还可以培养人们勇敢顽强、敢于胜利、机智灵活、沉着果断等优良的品质和作风。

第二节　羽毛球运动的基本技术

羽毛球技术是指运动员在羽毛球比赛中所采取的合理动作的总称。羽毛球技术是在比赛实践中逐步形成、发展和完善起来的。随着羽毛球运动的日益发展，羽毛球技术不仅在内容上更加丰富，而且动作难度也在不断提高。当今的羽毛球比赛要求运动员在快速激烈的对抗条件下，准确地完成发球、接发球、击球、起动和步法移动等技术动作。因此，运动员只有熟练地掌握羽毛球技术，才能在比赛中有目的地采取行动和正确合理地处理球，以达到战术上的要求。

技术是战术的前提，是完成战术打法的基础。运动员在比赛中作战能力的强弱与他所掌握的基本技术关系极大。一般地说，基本技术掌握得越正确、越熟练、越全面，运用战术时就越灵活、变化越多、效果越好，而战术的不断发展和丰富，对技术又会提出新的更高的要求。因此，练习打羽毛球的人要充分认识基本技术的重要性，从基本技术上狠下功夫，全面发展，不断提高。当然，对战术、身体素质的训练和战斗作风的培养也绝不可忽视。

羽毛球运动是一项技术动作复杂、技术性很强的运动项目。在比赛中运动员不仅需要有良好的击球方法，而且还要具备灵活的移动步法。因此，羽毛球运动的基本技术，大致可以分为手法和步法两大类。

羽毛球技术分类如下所示：

- 羽毛球技术
  - 手法
    - 握拍法
      - 正手握拍
      - 反手握拍
    - 发球法
      - 正手发球：高远球、平高球、平快球、网前短球
      - 反手发球：网前短球、平快球
    - 击球法
      - 高手击球：击高球、吊球、扣杀球
      - 网前击球：搓球、推球、扑球、钩球、放网前球
      - 低手击球：挑高球、抽球、接杀球
  - 步法
    - 上网步法：跨步或交叉步上网、垫步上网、蹬跳步上网
    - 后退步法：正手后退步法、头顶后退步法、反手后退步法
    - 两侧移动步法：向右侧移动步法、向左侧移动步法
    - 起跳腾空步法：向右(左)侧移动起跳腾空步法、上网(后退)起跳腾空步法

一、握拍法

握拍法是指运动员手握球拍柄的方法。握拍法是羽毛球运动最基本、最重要的技术，它对于掌握和提高羽毛球技术水平有着密切的关系。运动员握拍的正确与否，会直接影响击球的准确性，还会影响技术的全面发挥和提高。因此，初学打羽毛球者，首先应该认真学习正确的握拍方法。

羽毛球拍的握拍方法有两种：正手握拍法和反手握拍法。以下技术均以右手握拍为例。

(一) 正手握拍法

正手握拍法又称“握手”式握拍法。握拍时先用左手拿住球拍杆，使拍面与地面垂直，再张开右手，使虎口对着球拍拍框的内侧，手掌小鱼际肌靠在球拍柄端，小指、无名指、中指自然并拢，食指和中指稍分开，大拇指的内侧和食指贴在拍柄的两个宽面上将球拍柄握住。握拍时掌心不要贴紧拍柄，要使掌心与拍柄保持一定的空隙，如图 9-2-1 所示。

正手发球、身体右侧的放网前球、击肩下球和肩上球以及头顶击球等一般都采用正手握拍法。

图 9-2-1

(二) 反手握拍法

反手握拍法是在正手握拍的基础上，将大拇指伸直用其第一指节内侧顶贴在拍柄内侧的宽面上，食指收回，与拇指同(或略)高，用大拇指和食指将球拍稍向外转，中指、无名指、小指紧握拍柄，拍柄端近靠小指根部。握拍手与拍柄之间留有空隙，以便能充分利用手腕力量和大拇指的内侧压力击球，如图 9-2-2 所示。

随着羽毛球运动的日益发展，速度加快、打法更先进、技术更细腻，因此又产生了另一种反手握拍法：将大拇指第一指节内侧自然贴在拍柄的窄棱面上，如图 9-2-3 所示，握拍手心与拍柄保持一定间隙。这种握拍法能充分发挥各手指的力量和灵活性，击球时技术动作小，爆发力强，球速加快，同时能运用手指力量来控制球，使球的落点更佳。

图 9-2-2

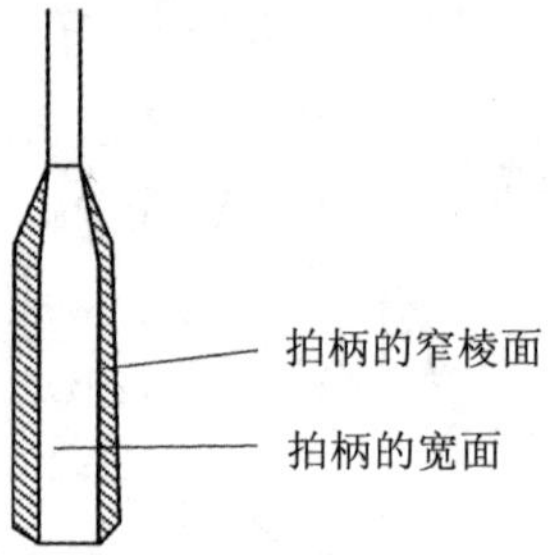

图 9-2-3

反手发球、身体左侧的击肩下球和肩上球等一般采用反手握拍法。

掌握正确的握拍方法，须注意以下几点：

1. 握拍要活、松、变

活——握拍时，不宜使劲紧握球拍柄，以免影响手腕、手指动作的灵活性。握拍过紧，击球时难以发力，限制技术的正常发挥。

松——握拍时，几个手指要自然分开放松握住球拍柄，掌心不要紧贴拍柄，手心到虎口之间应留有空间，只有在用力击球瞬间，才紧握球拍柄，以免球拍脱手。

变——在不同的位置、角度或使用不同的技术时，握拍方法也要作相应的细微变化才能打好球。握拍时要善于运用手指的发力加以变化，以达到技术动作的一致性。

2. 发力

发力是指羽毛球运动员在击球时所用的力量或突发出的力量。过去常说，打羽毛球时手的发力主要是以小臂和手腕的力量为主。然而，随着羽毛球运动的日益发展，技术动作细腻，击球速度快，发力强，单靠小臂和手腕的力量已难以适应，因此必须运用和发挥手指的力量，使手腕、手指两者有机地结合起来，方能符合当今羽毛球技术发展的需要。

手指的发力，主要是运用大拇指、食指和中指的力量，以及手掌左侧大半部位的力量加以配合，如图 9-2-4 虚线部位所示。无名指和小指只起协调作用，用以发挥灵活性和击球力量，协作转动球拍，使击球力量更大些。例如，要将一枚硬币在桌面上旋转得快，持续时间长，只有综合运用大拇指、食指和中指的力量和技巧才能做到。

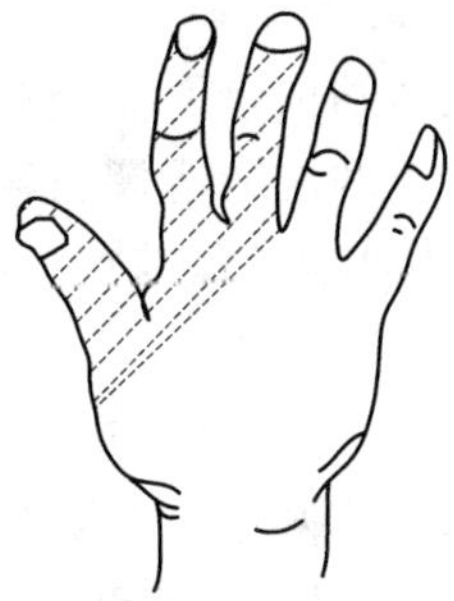

图 9-2-4

3. 反手握拍法的用力

反手握拍法若采用大拇指的内侧顶贴在拍柄的宽面上的方法，主要是运用小臂和手腕的力量来发力，用大拇指控制球的落点，它需要大的技术动作才能发挥小臂和手腕的力量完成反手击球。若采用大拇指的内侧自然贴在拍柄的窄棱面上的方法，则更能充分发挥各个手指的力量和灵活性，用指力来控制球，使击球技术动作小，隐蔽性强，爆发力强，落点更佳。

初学握拍易犯的错误：

(1) 握拍手小指、无名指、中指和食指并列，握拍太紧，或成“拳握”式的握拍。

(2) 握拍手食指贴在球拍柄的上端部分。

(3) 握拍太前，拍柄末端露出过长，影响手腕动作。

(4) 握拍手虎口贴在拍柄的宽面。

二、发球与接发球

(一) 发球

发球是羽毛球运动的一项非常重要的基本技术。发球质量的好与坏，直接关系到比赛的主动与被动，甚至直接关系到比赛的胜与负。因此，发球在羽毛球比赛中占有非常重要的地位，只有重视发球技术的掌握和合理运用，方能在比赛中获胜。

羽毛球运动的发球技术，按其动作分为正手发球和反手发球两种。按球在空中飞行的弧线可分为发高远球、平高球、平快球和网前短球等 4 种，如图 9-2-5 所示。按比赛项目划分，则有单打发球和双打发球两种。

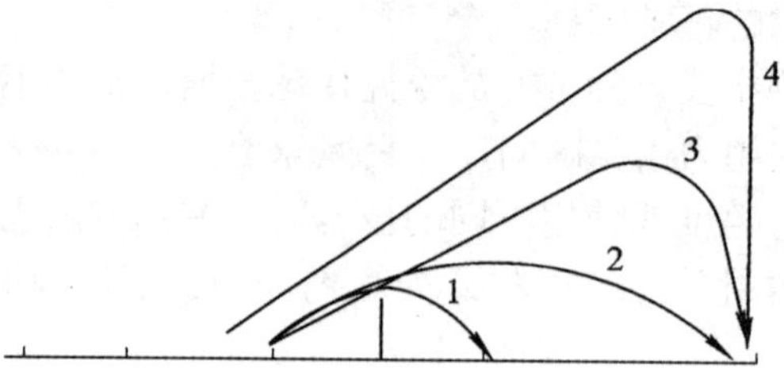

图 9-2-5

1．发球站位与准备姿势

1) 发球站位

发球站位指运动员在开始发球前，选择有利位置的选位方法。一般情况下，单打运动员的发球站位应选择在球场中心中线附近，站在规定场区内离前发球线 1～1.5 米处，双打发球站位则可站在靠近前发球线的地方。

2) 准备姿势

(1) 正手发球：运动员两脚前后站立与肩同宽，侧身对网，左脚在前(脚尖向网)，右脚在后(脚尖侧对网)，身体重心在后脚。右手持拍向右后侧自然举起，屈肘，左手持球举于身前腹胸间处，眼睛注视对方，发球时，重心由后脚移至前脚，如图 9-2-6 所示。

(2) 反手发球：运动员两脚前后站立，左(右)脚在前，右(左)脚在后，上体稍前倾，重心在前脚，右手反手握拍将球拍摆在左腰侧前，肘部微屈稍抬高，拍框朝下，拍面稍后仰，握拍手自然放松，左手持球于腹前腰下处，如图 9-2-7 所示。

图 9-2-6

图 9-2-7

羽毛球规则规定：发球时，“发球员的两脚都必须有一部分与地面接触，不得移动，直至将球发出”。在击球瞬间，“发球员的球拍必须先击中球托，与此同时整个球要低于发球员的腰部”；“拍杆应指向下方，从而使整个拍框明显低于发球员的整个握拍手部”。初学者首先必须弄懂这些规定，以免发球违例。

2．正手发球

正手发球一般用于单打比赛中的发高远球、平高球、平快球，同时也可用于发网前短球。

(1) 正手发高远球。发高远球主要是把球发得又高又远，使球飞行到对方底线上空时，几乎垂直下落，球的落点在对方场内端线附近。

动作要领：站位与准备姿势见上所述。发球时，重心由后脚前移至前脚，持球手松开使球自然下落。紧接着右手持拍沿着从下而上的弧线自然地沿着身体向前上方挥拍，手部自然伸腕。球拍触球前刹那，小臂带动手腕向前上方“闪动”，手紧握拍柄，利用手腕、手指爆发力以及拍面的前半部击球。击球瞬间，拍面正对出球方向，击球点在发球员的右前下方。球拍击球后随惯性向左侧上方继续挥拍。出球飞行弧度与地面仰角一般大于 45°，如图 9-2-8 所示。

(1) (2) (3) (4) (5) (6) (7)

图 9-2-8

发高远球时要注意使身体重心转移的力量和手臂挥动力量以及手腕、手指的爆发力量有机地结合起来，以使发球动作自然协调，出球有力准确。

易犯的错误：

① 大臂直臂挥拍，未能发挥小臂、手腕、手指的爆发力量，导致出球无力。

② 发球时，身体重心转移力量、手臂挥动力量和手腕、手指力量结合不当，使发球技术动作僵硬、不协调。

③ 持球手放球与持拍手向前挥拍时机配合不当导致过早击球，击球点不准，影响发球质量。

④ 击球瞬间，拍面角度掌握不当，以致出球落点不准。

⑤ 发球结束后，球拍未顺势向左上方挥拍缓冲，而是向右上方挥拍，动作失调，影响击球力量。

(2) 正手发平高球。平高球在空中的飞行弧度稍低于高远球，而飞行速度稍快于高远球，球较快地越过对方身体落在对方场内端线附近。发平高球是发球抢攻的手段之一。

动作要领：站位与准备姿势同发高远球。挥拍击球时不要紧握拍柄，利用小臂挥动力量带动手腕、手指向前上方击球。拍面稍向前推送，使出球仰角小于 45°，球运行到至高点后逐渐下落至对方场内端线附近。

(3) 正手发平快球。发平快球又称发平球，是把球发得又平又快，使球快速落在对方场内端线附近。平快球突袭性强，往往能使对手措手不及而造成被动或失误。发平快球是发球抢攻的重要手段。

动作要领：准备姿势同发高远球，站位稍靠后些。击球瞬间紧握球拍柄，利用小臂挥动力量带动手腕、手指力量快速向前击球，拍面仰角小于 30°，使球越网而过直插后场，向对方反手部位或空当飞行。

易犯的错误：

① 发平高球、平快球时在击球瞬间拍面仰角掌握不好，使出球的飞行弧度不佳。

② 击球瞬间发力控制不当，影响球的飞行速度，导致球的落点不准。

(4) 正手发网前短球。发网前短球是把球发至对方发球区内前发球线附近。球的飞行速度较慢，飞行弧度较低，使球“贴网”而过。在单打比赛中，用于对付接网前球较差的对手，有时也可以作为过渡性的发球，或发球抢攻战术的手段。

动作要领：准备姿势同发高球。只是在发球时，挥拍幅度较小，击球瞬间不需紧握拍柄，而是利用手腕和手指的力量从右向左横切推送，将球轻轻发出，使球贴网而过，如图 9-2-9 所示。

(1) (2) (3) (4) (5)

图 9-2-9

易犯的错误：

① 不善于利用手腕、手指力量做横切推送的击球动作，使击球力量不当，球的落点不准。

② 在击球瞬间，拍面仰角掌握不好，影响球的飞行弧度或发球质量。

3. 反手发球

反手发球一般用于发平快球和发网前短球。这种发球，主要是用大拇指发力，以大拇指及其他手指力量来控制球速和落点。所以，有动作小、速度快、一致性强等特点，易于迷惑对手。一般情况下，双打比赛多采用反手发球法。

(1) 反手发网前短球。站位与准备姿势如前面所述。准备击球时手腕内屈，击球瞬间利用小臂带动手腕、手指力量向前横切推送，将球击出。发球时，挥拍较慢，力量较轻，球的落点近网，当球“贴”网而过后即往下坠落在对方发球区内前发球线附近，如图 9-2-10 所示。

(1) (2) (3) (4)

图 9-2-10

(2) 反手发平快球。站位与准备姿势同反手发网前短球。击球时手紧握拍柄，掌握好拍面角度，加快挥拍速度，注意“甩”腕与手指动作的配合，产生爆发力将球向前或前上方(平高球)击出。

易犯的错误：

① 击球瞬间，球拍杆未朝下，使球拍拍框高于发球员整个握拍手部，造成发球“过手”违例。

② 击球时有提拉动作，使击球瞬间整个球高于发球员的腰部，造成发球“过腰”违例。

③ 击球瞬间，拍面角度掌握不当，使出球弧度过低或过高，过低导致下网，过高则易被对方扑球反攻。

注意事项：

① 不论发高远球、平高球、平快球还是发网前短球，都应注意发球姿势和发球动作的一致性，使对手不易发现或看出自己的发球意图，以便取得比赛的主动。

② 正手发球时，应注意使身体重心转移力量、手臂挥动力量和手腕手指力量的有机结合，使发球动作自然、协调、放松、优美。

③ 发球结束以后，应迅速站好位置或调整站位，积极做好回击对方来球的思想准备和准备姿势，以免措手不及或被动还击造成失误。

(二) 接发球

随着羽毛球运动的日益发展和技术水平的不断提高，当今羽毛球比赛中控制与反控制争夺非常激烈。因此，掌握比赛的主动权成为取得比赛胜利的重要保证。采用发球多变和发球抢攻来打乱接发球方的反击战术，是发球方夺取比赛主动权的重要手段。与此相适应，为了对付或克服发球方的发球，以求后发制人，接球员的接发球技术也就成为一项重要的基本功。

下面就接发球技术的站位和姿势以及如何接发球等作简单介绍。

1．单打接发球站位和姿势

在右发球区接发球时，运动员应站在靠中线离前发球线约 1.5 米处接发球，主要是防备发球员利用发平快球直接进攻反手部位，避免被动接发球；在左发球区接发球时，运动员则应站在该发球区内的中间位置接发球。

准备姿势：两脚前后开立，一般应左脚在前，右脚在后，身体侧身对网，重心在前脚，后脚脚跟稍离地，双膝微屈，收腹含胸，左手自然抬起屈肘，右手持拍于右身前，思想集中，两眼注视对方，如图 9-2-11 所示。

图 9-2-11

2．双打接发球站位和姿势

由于双打比赛多半采用发网前短球(发高球容易长球或被对手扣杀)，所以，双打比赛接发球员接发球可在接发球区内离前发球线较近的位置，以利于对付对方的网前球，或利于快速上网击球。

准备姿势：与单打接发球准备姿势基本相同，身体重心可随意放在任何一脚上，球拍要举高以争取主动。在右发球区接发球时要注意防备发球员采用发平快球突袭反手部位。

3．接发球方法

接发球员如何接发球，应根据对方的发球路线、弧度、速度或发球质量，以及对方的技术特点等采取不同的接发球或回击办法。接发球的球路和落点变化应结合战术的运用，做到以己之长，攻彼之短。

当对方采用发高远球或平高球时，则可以用平高球、吊球或扣杀球进行回击。一般来说，接高远球是一次进攻的机会，回击得好就能掌握主动权。因此，初学打羽毛球者必须努力提高后场进攻的能力，如图 9-2-12 所示。

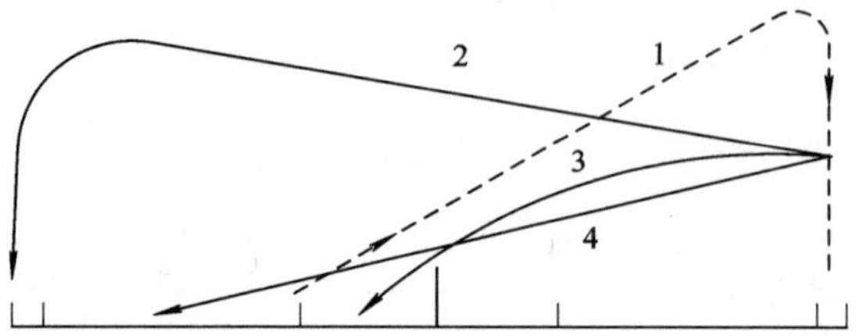

1—发高远球；
2—回击平高球；
3—回击吊球；
4—回击杀球

图 9-2-12

当对方发网前球时，则可以用平高球、高远球、放网前球或平推球进行回击。如果对方发球的质量不高，或球离网顶较高过网，则可采用扑球进攻。若对方企图发球抢攻，而自己防守能力较差，则以放网前球或平推球为宜，落点要远离对方站位，控制住球，不让对方进攻；若对方连续采用发球抢攻时，接发球一定要冷静、沉着，不能疏忽麻痹，保证回球质量，不能让对方抢攻得手，如图 9-2-13 所示。

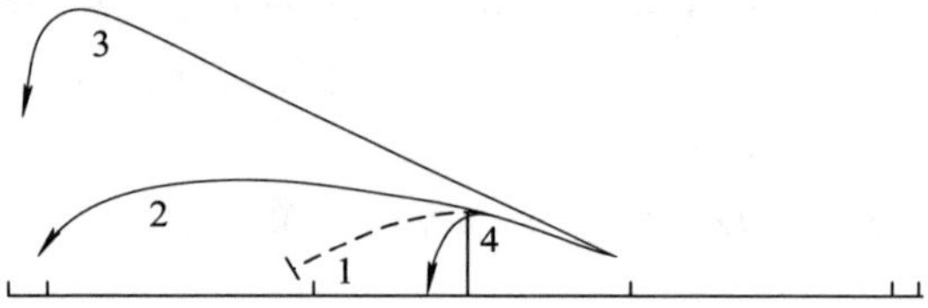

1—发网前短球；
2—回击平推球；
3—回击平高球或高远球；
4—回击放网前球

图 9-2-13

当对方发平快球时，一般采用平推球或平高球还击，以快制快。由于接发球员回击的击球点比发球方高，因此，下压得狠一些则可以取得主动。其次也可采用高远球还击，以逸待劳，不能仓促地回击网前球，否则，击球质量不高，造成对方攻击，如图 9-2-14 所示。

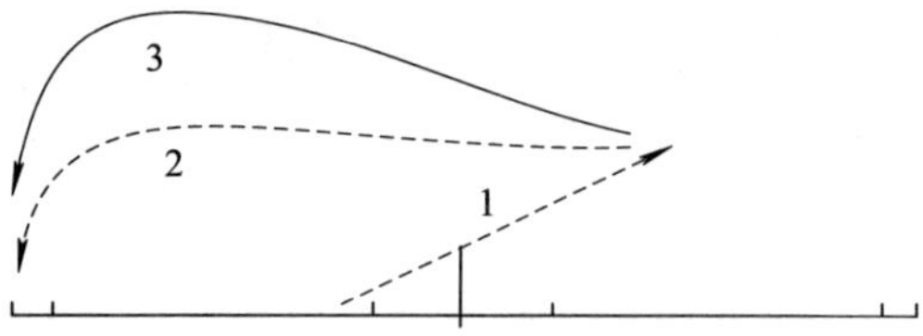

1—发平快球；
2—回击平推球；
3—回击平高球

图 9-2-14

三、击球法

击球是羽毛球运动最重要的基本技术之一。要想打好羽毛球，必须掌握正确的击球方法。羽毛球重量很轻，仅 5 克左右，要想击出一个有高度、有远度、有速度的球，的确是一件不容易的事，要将对方击来的各种球有效地回击到预想的目标或落点，则更难了。只有掌握正确的手法才能很好地掌握羽毛球的击球技术，同时还应注意击球动作的一致性，使对方不易判断。

根据球与人体的不同位置，击球方法可分为正手击球和反手击球；根据击球点与人体的不同位置，击球方法可分为高手(上手)击球、网前击球和低手(下手)击球。高手击球有击高远球、平高球、吊球、扣杀球；低手击球有挑(拉)球、抽球、接杀球；网前击球有放网前球、搓球、平推球及扑球等。

(一) 高手击球

高手击球又称上手击球，一般将击球点高于头部的击球称为高手击球。它具有击球点高的特点，甚至可以跳起凌空击球，击出接近于平行地面或下行弧线的进攻性球。速度快，力量大，主动性强，进攻威力大是高手击球的最大优点。它是快攻打法的最基本技术。在双打比赛中，为了发挥力量和速度，高手击球更具有特殊的作用。半蹲式的击球方法，将拍子举得高些，其目的是为争取更多的高手击球的机会。

1. 高远球与平高球

击高球技术可分为击高远球和击平高球两类。

高远球是指球的飞行弧度高，落点在对方场区底线附近的高球。从进攻方面来讲，高远球可迫使对方退离中心位置，削弱对方进攻威力，消耗对方体力，使对方回球出现失误。从防守方面来说，当对方连续进攻，自己步法比较忙乱时，击高远球则易争取时间回中心位置，摆脱被动局面。

平高球是指球的飞行弧度不太高，落在对方场区底线附近的高球。平高球飞行弧度较低，球速快，故具有更大的进攻威力，是用于快速调动对方、创造进攻机会的重要手段。尤其当对方从网前击球后，利用平高球攻击对方后场效果较好。

2. 正手击高球、反手击高球和头顶击高球

击高球技术有正手击高球、反手击高球和头顶击高球 3 种。

(1) 正手击高球。

动作要领：判断来球路线和高度，迅速移位使球下落于右肩稍前上空，侧身对网，左脚在前，右脚在后，重心在右脚；右手屈臂将球拍举在右肩上，拍面对网，左手屈肘自然举起准备击球；当球下落至接近击球点高度时，胸部舒展，握拍手小臂向后移动，肘部自然抬起使球拍挥至头后，自然伸腕；击球时，右腿蹬地，转体收腹协调用力，大臂带动小臂送肘上举，小臂向前“甩”出(带有内旋动作)，击球瞬间，手臂几乎伸直，“闪”动手腕，用手臂、手腕和手指力量将球击出。若拍面向前上方则击高远球，若拍面稍向前上方则击平高球。击球后，手臂顺惯性向右前下方挥拍收拍于上体前，重心由右脚移至左脚，如图 9-2-15 所示。

正手击高球的技术难点：

① 以肩为轴，通过大臂带动小臂最后“闪”动手腕，用小臂、手腕和手指力量击球。

② 击球瞬间产生爆发力，以“抽鞭”式的动作把球“弹”出。

易犯的错误：

① 准备击球时，身体未侧对网，重心未移至后脚，没有形成“满弓”姿势，影响全身的协调。

② 挥臂击球时，不是以肩关节为轴，而是以肘关节为轴，手臂未自然伸直，影响挥臂

幅度和力量的发挥。

③ 击球时，只靠大臂挥拍，造成出球无力，而且肩部容易疲劳和酸痛。

④ 步法移动不积极或不到位，造成击球点选择不当，影响全身力量的发挥和击球质量。

⑤ 击球时，不是用“爆发”力把球“弹”出，而是把球“推”出，造成出球乏力。

⑥ 握拍过紧，影响腕部的灵活性。

(1)　(2)　(3)　(4)　(5)　(6)

图 9-2-15

(2) 反手击高球。

动作要领：判断来球路线和高度，迅速移位，最后一步右脚前交叉向左侧底线跨出，背部向网，重心在右脚，举拍于左胸前，双膝微屈准备击球；击球时，下肢由屈到伸用力，持拍手肘关节举高用大臂支撑，当球在右侧上空下落时，大臂带动小臂把肘关节上举与肩同高，以肘关节为轴，小臂伸直并外旋，以小臂带动手腕、手指力量“闪”动，在右侧上方向后击球，击球后迅速转体面向网，如图 9-2-16 所示。

(1)　(2)　(3)　(4)　(5)

图 9-2-16

反手击高球的技术难点：背对网自下而上“甩”臂击球时，配合全身的协调动作，用大拇指第一指节内侧顶住拍柄“闪”动手腕。手腕的羽毛球“闪”动一般由屈腕经小臂内旋至伸腕，其“闪”动路线经外侧向前“抖”动，如图 9-2-17 所示。

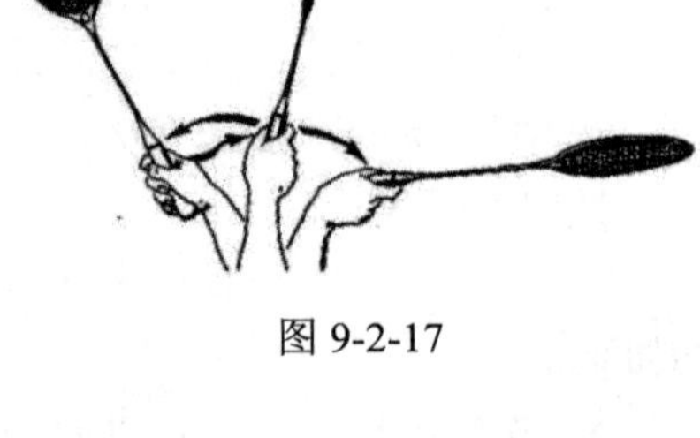

图 9-2-17

易犯的错误：

① 步法移动不到位，身体重心未调整好，影响全身协调用力。

② 转身慢，击球点低。

③ 击球时，靠大臂挥拍，未能“闪”腕，不能运用大拇指的力量击球，出球无力。

④ 挥拍最高速度不是在击球瞬间，而是在击球之后，以致爆发力没有用到“点”上。

(3) 头顶击高球。头顶击高球指击球员在击球时，球拍由击球员右后侧绕过头顶，在左肩上方用正手击球的方法。它是我国羽毛球运动员在左后场区常用的一种击球方法。这种击球技术具有积极主动、快速凶狠的风格特点。

动作要领：准备姿势与正手击高球相同，击球时，步法移动要快，击球点选择在左肩上方或偏后的位置，身体侧身偏左稍后仰；球拍从右后侧绕过头顶后，由左肩上方向前挥动小臂带动手腕、手指力量快速“闪”动击球。有一定水平的运动员在主动情况下，多数运用起跳击球法。击球后，左脚在身后落地并立即回蹬，重心移至右脚，迅速回中心位置，如图 9-2-18 所示。

图 9-2-18

头顶击高球的技术难点：球拍绕过头顶击球，要结合身体协调性、腰部柔软性和身体重心的调整。

3. 吊球技术

吊球是指把对方击来的高球从后场区还击到对方的网前区。吊球在比赛中运用较多，它与高远球、扣杀球结合运用，常能造成对方判断上的困难。吊球具有较大的威胁性，是调动对方、打乱对方阵脚、组织战术配合的一种击球技术。虽然吊球用力较小，但却需要很高的准确性。

根据来球的不同路线和高度，吊球可采用正手或反手、高手或低手来打。高手吊球按球的飞行弧线和击球动作的不同可分为劈吊、轻吊和拦截吊 3 种，如图 9-2-19 所示。

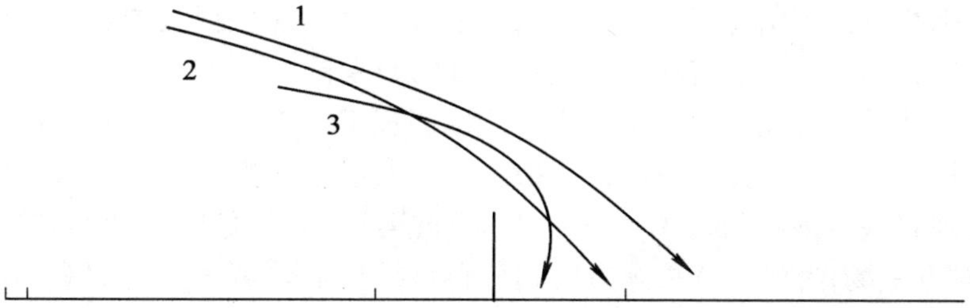

1—劈吊；2—轻吊；3—拦截吊

图 9-2-19

(1) 劈吊：是指对方来球较高时采用的一种向前快劈的吊球动作。劈吊球速较快，离网较高，球的落点在对方前半场离边线 50 厘米左右。

(2) 轻吊：是指吊球时用力较轻，球速较慢，球的落点在对方前发球线 50 厘米以内。轻吊技术带有“切削”动作。

(3) 拦截吊：是指把对方击来的平高球拦截回去。其优点是球的落点，离球网较近，但球速比劈吊球速慢，球越过网后可垂直下落。

动作要领：准备姿势与击高球、扣杀球相似，只是击球时用力不同。在挥动球拍时，拍面成半弧形，击球瞬间前臂突然减速，快速“闪”动手腕击球托的偏右侧(头顶吊球及反手吊球击球托的偏左侧)。打对角吊球时，如对方来球较高，手腕向下切削的角度要大些，力量稍大些；当对方来球较平时，手腕向前推的动作要大些，向下切削的力量要小一些，如图 9-2-20 所示。

(1) (2) (3) (4) (5) (6)

图 9-2-20

不论劈吊还是轻吊，都要注意手腕灵活“闪”动，即注意爆发力的运用，同时还要注意掌握好击球点和控制好击球力量，将球吊准。

拦截吊球和假动作配合运用会更具威力。拦截对方击来的半场球或弧线较低的平高球能出其不意地达到进攻的效果。

吊球的技术难点：灵活“闪”动手腕，掌握好击球点和控制切削动作的击球力量。

易犯的错误：

① 吊球时，击球点掌握不好，影响吊球质量。

② 击球时，不用“切削”动作击球，而是往下拉球拍。

③ 击球姿势和动作与击高球、扣杀球有明显不一致，以致对方容易识破吊球意图。

4．扣杀球技术

扣杀球是指把对方击来的高球，在尽量高的击球点上，用力快速地往对方场区斜压下去。球的飞行弧线直，下落速度快，力量大。它能给对方造成很大的威胁，是羽毛球比赛重要的得分手段。因此，掌握好扣杀球技术是非常重要的。

扣杀球技术从手法上划分可分为正手、头顶和反手扣杀球 3 种，其中正手扣杀球是最基本的技术，初学者必须首先掌握好；从扣杀力量上划分有重杀球、轻杀球和点杀球(杀球力量不大，球速较快，落点近前场)3 种；从杀球落点上划分有长杀(落点在对方后半场)和短杀(落点在对方中场)两种；从杀球方向划分有直线扣杀球(杀直线球)和对角线扣杀球(杀对角线球)两种。

上述几种扣杀球技术均可原地杀球，也可跳起杀球。任何一种杀球都容易造成对方慌张，具有很大的威胁性，在比赛中往往能起决定性作用，它不仅是得分的主要手段，而且也是组织战术配合的有效技术。

(1) 正手扣杀球。

动作要领：准备姿势、击球动作与正手击高球大致相同，不同的是在击球瞬间需用全力，充分利用右腿的蹬力、腰腹力、手臂腕力及重心的转移，迅速将球向前下方击出。球拍触球时拍面前倾向前下方用力，手握紧球拍，击球点在右肩稍前上方。击球后球拍随惯性向左下方摆动，身体重心由右脚移至左脚，如图 9-2-21 所示。

图 9-2-21

易犯的错误：

① 杀球时，精神、肌肉过于紧张，使不出劲来。

② 击球时，压腕不够，球不是向下疾落。

③ 击球点掌握不好。击球点低，致使杀球落网；击球点偏后，则不易发力，不易控制落点。

④ 击球瞬间拍面角度和用力方向不合适。

⑤ 杀球时大臂下拉，导致杀球落网等。

(2) 头顶扣杀球。

动作要领：准备姿势、击球动作与头顶击高球相似，当球恰好落在头顶上空或左肩上空适当高度时，持拍手臂向上举拍并绕头由左肩上，突然加快小臂、手腕的“闪”动并下压，同时右脚向左后方蹬地跳起，左脚后撇，身体成背弓形，利用腰腹力和手部力量协调地向前下方用力将球击出。左脚着地时，要快速蹬地起步回位，准备回击下一个来球。

(3) 反手扣杀球。

动作要领：准确判断对方来球，迅速移动步法到合适的击球位置，最后一步右脚向左后侧跨出，背对球网，反手握拍，持拍手屈臂将球拍举至左肩上方准备击球。当球落到右肩上方适当高度时，肘关节向上举高，以肘关节为轴，用左脚蹬力、腰腹力、肩力及大臂带动小臂、手腕、手指快速用力向后击球。击球瞬间握紧球拍，手腕快速用力向前下方扣压。

(二) 网前击球

网前击球技术是一项可以调动对方，使战术多变的击球方法。它是羽毛球基本技术中比较细腻的技术之一。在当今羽毛球运动防守力量加强、步法灵活的情况下，网前击球技术往往能成为取胜的有力武器。尤其在双打比赛中，网前击球技术的好坏，关系到前半场的主动权，关系到战局的成败问题。

网前技术也是我国羽毛球运动员的特长之一。在上世纪 50 年代以前，我国羽毛球技术发展不全面，主要战术是后场进攻，自上世纪60年代中期起，我国羽毛球运动员在快攻思想指导下，进一步发展了羽毛球技术，在掌握好后场技术的基础上改进网前技术，通过网前技术争夺网前主动权，通过网前技术创造有利的中后场进攻机会，使前、后场技术密切地衔接起来，互相依赖，互相促进，在战术运用上进入了一个新的境界。

网前击球技术包括搓球、推球、勾球、扑球和被动放网前球等。网前击球技术较复杂，但是，就其基本技术动作而言却有许多共同之处。因此，在学习该技术时，要注意领会以下要点：

① 握拍要活，要充分利用手腕、手指的力量来控制球路和落点。要更多地运用手指发力来提高手指控制球的能力。

② 技术动作要比较细腻，击球手法一致性要强，以使对方不易事先判断。

③ 上网步法要快，以争得较高的击球点，使进攻威胁性大。

④ 无论击哪种球，出手要快，动作要小，击球点要高。

1．网前搓球

网前搓球是羽毛球技术中动作较细腻的一种，是网前技术中的高难度击球动作，是放网前球技术的发展。它具有击球点较高、动作细腻的特点，利用手指的灵活性和爆发力，进行“搓”“切”和“挑”，以改变球在空中的正常运行轨迹，给对方回击造成较大的困难，或迫使对方挑高球。因此，网前搓球是羽毛球比赛中创造进攻机会的一种手段。

网前搓球技术有正手和反手搓球两种。

(1) 正手搓球。

动作要领：上网步法要快，左脚蹬地右脚向网前跨成弓箭步，侧身对网，重心在右脚。持拍手臂向前伸出，出手要快，握拍手腕和手指自然放松。击球时，前臂稍外旋，拍面与球网成斜面向前。用手指控制好拍面并发力，使搓出的球尽可能贴网而过，如图9-2-22所示。

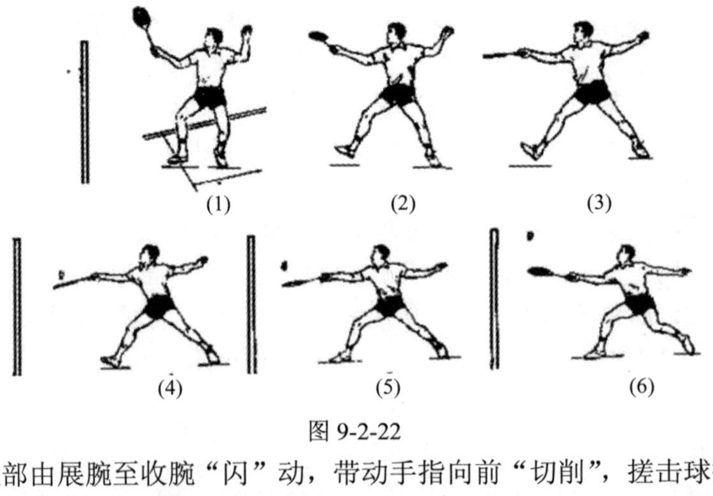

图9-2-22

挥拍时，腕部由展腕至收腕“闪”动，带动手指向前“切削”，搓击球托侧底部，球呈下旋翻滚过网；或腕部由收腕至展腕“闪”动，带动手指离网“提拉”，搓击球托侧底部，球呈上旋翻滚过网。

(2) 反手搓球。

动作要领：上网步法要快，左脚蹬地右脚向网前跨成弓箭步，侧身背对网，重心在右脚，握拍手臂向前伸出，出手要快，手腕、手指自然放松，前臂稍上举，手腕前屈，握拍手部高于拍面，反拍迎球。击球时，主要靠前臂的前伸外旋和手腕由内收至展腕的弹力，带动手指离网“提拉”，搓击球托的侧底部，使球呈上旋翻滚过网。

在进行搓球时要注意用手指控制拍面，用手指发力，击球点要高且近网，搓出的球要尽可能贴近球网，旋转翻滚性能越强，对方回击就越困难。

2．网前推球

网前推球是把对方击来的网前球快速推向对方后场底线，球的飞行弧线较低平，球速较快，给对方造成回击的困难。网前推球是羽毛球技术中的一种进攻技术。

网前推球技术有正手和反手推球两种，推球时的发力主要用小臂、手腕和手指的爆发力。正手推球时要注意用食指的向前推压力，反手推球时则要注意用大拇指的向前推压力。

(1) 正手推球。

动作要领：准备姿势与网前搓球相似。击球前，肘关节微屈回收小臂稍外旋，手腕后伸，球拍向后摆。此时，小指、无名指稍松开，使拍柄稍离鱼际肌。击球时，身体稍前移，小臂前伸并带内旋，手腕、手指控制拍面角度，手腕由后伸直闪动，食指前压，小指、无名指突然握紧拍柄。球拍疾速推击球，球沿边线飞向对方后场底角。击球瞬间，拍面几乎与球网垂直，如图 9-2-23 所示。

图 9-2-23

(2) 反手推球。

动作要领：准备姿势与反手网前搓球相似。准备击球时，小臂向左胸前收引，屈肘屈腕。击球时，小臂前伸略带外旋，手腕由屈到伸闪动，中指、无名指和小指突然握紧拍柄，大拇指顶压，向前挥拍，推击球托侧底部，将球推击到对方后场底线。

推球时，击球点要高，一般距网顶约 20 厘米为宜。正手推直线球时，击球点在身体的右侧前，推对角线球时，击球点要近肩侧前；反手推直线球时，击球点在身体左侧前，推对角线球时，击球点在近肩侧前方。球的飞行弧线的高低取决于击球瞬间击球点的高低和拍面角度的大小，而拍面角度则要靠手腕和手指来控制。

3．网前扑球

扑球是把对方击来或发来的网前球，在球刚越过网顶上空时，迅速向对方场区扑压下去的击球方法。扑球用力有轻有重，飞行弧线较短，球速较快，威胁性大，是网前技术中的一项进攻性技术，也是双打必练的技术之一。

网前扑球有正手、反手扑球两种，就扑球路线有直线、斜线和扑追身球三种。

(1) 正手扑球。

动作要领：准确判断来球路线和高度，快速蹬步上网，身体右侧扑向网，球拍随手臂向右前伸斜上举，正拍朝前。准备击球时，小臂外旋，手腕关节后伸，小指、无名指稍松开，使拍柄离开鱼际肌。击球时，手腕由后伸到屈腕闪动，利用小臂、手腕和手指力量向前下方“闪”击球，球拍触球后立即收回。或靠手腕由右前向左前“滑动”式挥拍扑球，以免球拍触网违例。扑球后，球拍随手臂向右侧前下方回收，如图 9-2-24 所示。

图 9-2-24

(2) 反手扑球。

动作要领：反手握拍于左侧前，当身体向左侧前方跃起时，持拍手小臂前伸上举，手腕外展，拍面正对来球。击球时，手臂伸直，手腕由外展到内收闪动，手握紧拍柄，拇指顶压，加速挥拍扑击球。击球后即刻屈肘，球拍回收，以免球拍触网违例。

扑球的关键在于能否抓住时机，准确判断来球路线和高度。一旦作出判断，上网要快，出手要快。击球时，主要靠小臂的屈伸和转动、手腕的闪动及手指的顶压力量，挥拍距离要短，动作小，发力强，要防止大臂后摆的动作。扑球后球应急速落地，使对方来不及挽救。

4．网前勾球

把在本方左(右)边网前球击到对方的左(右)边网前处去，称为勾球，或叫打对角线网前球。

勾球有正手、反手勾球两种。勾球时，球的飞行速度快，球斜飞越过网顶时贴网落到对方网前场区内。勾球和搓球、推球等结合运用，常能达到声东击西的目的，更好地调动对方，使对方防不胜防。

(1) 正手勾球。

动作要领：看准来球快速上网，侧身对网，重心在右脚。握拍小臂前伸稍有外旋，手腕稍后伸，手腕、手指自然放松。拍柄稍向外捻动，拇指贴在拍柄宽面，食指第 2 指节贴在拍柄背面宽面，拍柄不触掌心。击球时小臂稍内旋，手腕由稍后伸至内收闪腕，肘部略回收，拍面朝对方右网前拨击球托侧底部，球沿网的对角线飞越过网，如图 9-2-25 所示。

图 9-2-25

(2) 反手勾球。

动作要领：看准来球手臂前伸，球拍平举。准备击球时，肘部突然下沉，同时小臂略有外旋。击球瞬间，手腕由屈腕到伸腕闪动，拇指内侧和中指将拍柄向右侧一拉，其余手指突然握紧拍柄，球拍背面朝对方左网前拨击球托侧底部，球沿网对角线飞越过网。

无论正手或反手勾球，在击球瞬间，都应注意用手腕控制拍面的角度。

搓球、推球、扑球和勾球等构成了羽毛球网前技术。网前技术的难点在于握拍要活，动作要细腻，要充分利用手腕、手指的力量来控制球拍，以便击出各种球路和落点不同的球。

易犯的错误：

① 手腕、手指用力不当，或拍面控制不好，造成出球离网顶过高，或离球网过远，或落网。

② 出手慢，造成击球点过低。

③ 站位离球网过近，妨碍击球动作。

④ 持拍手肘关节高于肩部，动作僵硬。

5．放网前球

放网前球是指运动员在被动情况下，把对方击来的网前球回击到对方网前区域的击球方法。其特点是，击球点低，击球时只用手腕、手指力量把球拍轻轻一托，使球俯卧式越过球网就朝下坠落。质量较好的放网前球可以扭转被动局面。

放网前球技术有正手和反手放网前球两种。

(1) 正手放网前球。

动作要领：准确判断来球路线和落点，快速上网，最后一步右脚在前左脚在后成弓箭步，上体前倾重心在右脚，侧身对网。右手正手握拍向前下方伸臂，小臂外旋展腕，左臂自然后伸，起平衡作用，拍面几乎朝上迎击来球。击球瞬间，手腕稍内屈轻轻闪动，食指和大拇指控制拍面角度和用力大小，球拍向前上方轻轻一托，把球轻击送过球网，如图 9-2-26 所示。

图 9-2-26

(2) 反手放网前球。

动作要领：准确判断来球路线和落点，快速向前左侧上网，最后一步右脚在前左脚在后成弓箭步，侧背对网，上体前倾重心在右脚。右手反手握拍向前下方伸臂，小臂内旋展腕，左臂自然后伸，起平衡作用，拍面几乎朝上迎击来球。击球瞬间，腕部伸腕轻闪动，食指和拇指控制拍面角度和用力大小，球拍向前上方轻轻一托，把球轻击送过球网。放网前球时，如遇对方上网封堵网前，此时，则可改放对角线网前球，避开对方的扑杀。

(三) 低手击球

低手击球又称下手击球。其特点是击球点低，一般是在被动或防守时采用的击球技术。虽然低手击球不如高手击球那样具有攻击性和威胁性，但如果运用得当，常常也能起到守中有攻的效果。低手击球是羽毛球防守性击球技术，不论何种水平的运动员，都应予以高度重视，否则就会影响技术的全面掌握和提高。

低手击球包括挑高球(或挑球)、抽球和接杀球等击球技术。

1. 挑高球

挑高球是指运动员把对方击来的吊球或网前球自下而上地挑高回击到对方后场底线上空的击球方法。它是在比较被动的情况下，或过渡局面中常常采用的一种防守性技术。挑高球的飞行弧度较高，下落时间较长，它可使挑球者摆脱不利情况，争取时间重新调整好身体重心和迅速回到中心位置迎击来球。

挑高球技术如运用得当，有时还可以为进攻创造机会。挑高球有正手和反手挑高球两种。

(1) 正手挑高球。

动作要领：判断来球，快速上网，左脚积极蹬地，右脚跨步向前成弓箭步，侧身对网，重心在右脚。正手握拍，手臂自然向右前方伸出，小臂外旋伸腕，左臂自然后伸起平衡作用。击球时，以肘关节为轴，小臂带动手腕、手指快速由右下方向前上方成半圆形挥拍击球，如图 9-2-27 所示。

图 9-2-27

(2) 反手挑高球。

动作要领：判断来球，快速上网，左脚积极蹬地，右脚跨步向前成弓箭步，重心在右脚，侧身背对网。反手握拍，手臂向左前方伸出，小臂内旋屈肘屈腕，左臂自然后伸起平衡作用。击球时，以肘关节为轴，小臂带动手腕、手指快速由左下方向前上方成半圆形挥拍击球。

挑高球时，如果对方来球比较贴近球网，击球时则要带点向上“提拉”动作，拍面接近朝上，避免出球落网。

2．抽球

抽球是指运动员把对方击来的低于肩高的球回击到对方底线场区的击球方法。抽球击球点低，其用力特点是以躯干为竖轴做半圆式的拍击球动作。它属于防守性技术，是应付对方的长杀、半场球和平球对攻的反攻性技术。如此技术发挥得当，往往也能起到守中有攻的效果。

抽球有正手、反手抽底线球和正手、反手平抽球以及半蹲式平抽球等。

(1) 正手抽底线球。

动作要领：准确判断来球，快速移动步法，左脚蹬地，右脚向正手底角跨出，侧身向网，上体向右后倒，重心在右脚。正手握拍，手臂向右举拍，大臂与小臂约成 120°。准备击球时，小臂外旋伸腕，球拍后引，拍面稍后仰。击球时，主要靠小臂带动手腕、手指“抽鞭”式向前挥拍，小臂由外旋到内旋，腕部由伸到屈闪动击球。向前上方用力击球成高远球，向前方用力击球则成平球，如图 9-2-28 所示。

(1)　(2)　(3)　(4)

图 9-2-28

(2) 反手抽底线球。

动作要领：准确判断来球，快速移动步法，左脚蹬地，右脚向反手底角跨出，上体前倾背对网，重心在右脚。反手握拍将球拍举于左肩上方。击球时，大臂带动小臂、手腕和手指沿水平方向快速向后挥拍，手臂基本伸直时，小臂外旋，手腕后伸用力闪动击球。向后上方用力击球成高远球，向后方用力击球则成平球。

(3) 正手平抽球。

动作要领：右脚向右侧迈出一小步，上体稍向右侧倾，正手握拍，手臂向右侧上摆，屈肘，左脚跟提起。准备击球时，小臂稍后摆带有外旋，手腕由稍外展至后伸，使球拍引至后下方。击球时，小臂急速向右侧前挥动，并由外旋转为内旋，手腕由后伸至伸直闪腕，手指握紧拍柄高速挥拍击球，由后向右侧稍平地抽压过去。击球后，持拍手顺势向左侧挥摆，左脚向左前方迈一步，准备迎击来球，如图 9-2-29 所示。

(1) (2) (3) (4)

图 9-2-29

(4) 反手平抽球。

动作要领：右脚向左前跨一步，上体左转，右手反手握拍向左身前收，屈肘并稍上抬，小臂内旋手腕外展，球拍引向左侧。击球时小臂在向前挥拍的同时外旋，手腕由外展到伸直闪腕，手指握紧拍柄，拇指前顶，迎球挥拍，击球托的底部。击球后球拍顺势盖过去，并随身体的回动收回到右侧前。

(5) 半蹲式平抽球。

半蹲式平抽球指运动员采用半蹲式姿势，把对方击来的位于肩部或面部附近的球还击回对方场区去。它是双打比赛常运用的一种进行对攻的击球技术。半蹲式平抽球有半蹲正面击球、半蹲右侧击球和半蹲头顶击球 3 种，如图 9-2-30 所示。

(1) 半蹲正面击球 (2) 半蹲右侧击球 (3) 半蹲头顶击球

图 9-2-30

动作要领：准确判断来球，迅速取半蹲姿势举拍于正面(或右侧或头顶)位置。击球时，主要靠小臂带动手腕、手指快速向前闪动挥拍击球。击球瞬间，拍面是正面触球或是反压触球。反压触球的优点是球越过球网后向前下方疾飞。

抽球的技术难点：右脚向后跨步要稳，击球时小臂带动手腕、手指“抽鞭”式向前闪动挥拍击球。

易犯的错误：

① 判断来球慢，出手不快，击球时间不准。

② 匆忙追球，步法未到位就急于击球。

③ 击球点选择不好，过于靠近身体，击球时难于发力。

④ 身体重心不稳，影响手臂的击球动作。

⑤ 击球时，没有完成小臂带动手腕、手指“抽鞭”式向前闪动，影响击球的爆发力。

3. 接杀球

接杀球是指运动员把对方杀过来的球还击到对方场区内的击球技术。由于扣杀球是羽毛球比赛中进攻的主要手段之一，因此，接杀球成了防守的主要技术之一。羽毛球比赛中攻守转换频繁，所以攻守技术必须全面掌握。

随着羽毛球攻守技术的不断发展和提高，接杀球时不仅要反应快、起动快、步子移动快、出手击球快，而且球路要活，落点要多变，根据战术的需要变化。接杀球时球的飞行弧度有高球和平球，其飞行路线有直线和斜线，而其落点有左、右前场和左、右后场等。只要运用得当，就可以转守为攻，或反击得利。若回球质量稍差，则有可能给对方连续进攻的机会而处于被动挨打的局面。

接杀球站位意识也十分重要。站位得当，可以弥补判断、反应和移动的不足。在一般情况下，当球在对方右后场时，站位可稍偏左场区；当球在对方左后场时，站位应稍偏右场区，主要侧重于防对方的直线杀球；若对方杀对角线球，由于来球角度较大，球的飞行距离较长，一般来得及接杀。其次要善于抓住对方习惯性杀球路线。如对手习惯绕头顶杀对角线，或正手杀直线，那么就必须根据自己的回球质量和对手杀球情况来调整自己的站位。总之，站位得当才能应付自如。

接杀球有正手、反手接杀球，根据不同的战术需要，可分挡网前球、挑后场高球和平抽反击球 3 种。

(1) 挡网前球：指运动员把对方杀来的球，借用来球力量及用手腕、手指力量，“反弹”式地把球回击到对方的网前场区内的击球方法。

挡网前球技术有左、右场区接杀近身球和接杀边线球、挡回直线网前球和挡回对角线网前球。

① 右场区接杀近身球。

动作要领：右脚向右侧跨一步，两脚略比肩宽，平行站立，上体向右后侧转动至左肩对网，右脚蹬直，球拍向右侧后引对准来球。接杀时，握拍要松，预摆动作要小，借用来球力量以及手腕外展闪腕的同时，食指、中指往拇指方向轻微提拉，其余手指突然紧握拍柄，击球托中下部位。击球瞬间，手腕、手指控制好拍面角度，使球刚飞越球网后下落。挡回直线网前球时拍面正对球网并稍后仰；挡回对角线网前球时，则需调整拍面方向朝对方网前的斜对角，如图 9-2-31 所示。

(1)　　(2)　　(3)　　(4)

图 9-2-31

② 左场区接杀近身球。

动作要领：左脚向左侧迈一小步，右臂屈肘反手握拍于左侧身前，小臂内旋，手腕外展，球拍后引对准来球，上体向左后侧转动至右肩对网，左脚蹬地。接杀时，握拍要松，预摆动作要小，借用来球力量以及小臂外旋、手腕伸直闪动，食指、中指轻微提拉，其余手指突然紧握拍柄，击球托的中下部位。接杀瞬间，用手腕、手指控制好拍面角度，使球刚飞越球网后便下坠。

接杀近身球挡回对角线网前球的动作要领与接杀近身球挡回直线网前球的动作要领基本相同，只是上体转体速度要快些，击球时及早轻挥球拍，击球点稍前一些。击球瞬间，正手击球手腕内收；反手击球手腕后伸，使拍面朝对方网前斜对角。

③ 右场区接杀边线球。

动作要领：右脚向右侧跨一大步，随步移动球拍引至右侧，上体侧向右侧，小臂侧伸稍屈肘并略外旋，手腕后伸，球拍向右后引。接杀瞬间，小臂稍有内旋，手腕由后伸至内收闪动，击球托的侧下部。击球后，球拍随身体移动回收胸前，准备封网。

④ 左场区接杀边线球。

动作要领：左脚向左侧跨一大步，随步法移动身体使身体稍向左侧转，右臂屈肘向左摆，手腕外展反手握拍，球拍引至左肩前。击球时小臂外旋、手腕伸直轻挥拍挡切。击球后，球拍随着身体回动收于胸前，准备封网。

接杀边线球、挡回对角线网前球的动作要领与挡回直线网前球的动作要领基本相同，不同之处只是上体转体速度要快些，以便掌握拍面角度，及早轻挥球拍，击球点稍前些。击球瞬间，正手击球手腕内收；反手击球手腕后伸，使拍面朝对方网前斜对角。

(2) 挑后场高球：指运动员把对方杀来的球，利用小臂、手腕和手指力量，挑高回击到对方后场底线去的击球方法。

挑后场高球有正手、反手上网被动挑高球和正手、反手接杀边线球挑后场高球。

① 正手上网被动挑高球。

动作要领：判断来球，快速垫步上网，持拍手前伸，小臂外旋，手腕伸展将球拍引至右侧下方。击球时，小臂内旋并回收，手腕由伸展至伸直闪动，在右侧下方击球托的后底部，把球向前上方挑起。击球后，后撤回位，球拍收回胸前。

② 反手上网被动挑高球。

动作要领：判断来球，左脚向前移一小步后后蹬，上体稍左转，右脚向左前跨一大步，反手握拍由身前引向左下方，肘部前领。球将落地时，上体前屈，后脚跟进一小步成弓箭步。球拍快速前挥，手腕由屈到伸闪动，击球托后底部。击球后，上体直起，脚后撤回位，收拍于胸前。

③ 正手接杀边线球挑后场高球。

动作要领：右脚向右侧跨一大步，同时握拍手向右侧引拍，右臂稍向右后摆并略外旋，手腕后伸到最大限度，使球拍迅速后摆。击球时，以肘部为“支点”，右臂急速向前挥动，手腕由后伸至伸直闪动，拍面对准来球，击球托中底部。击球后，小臂内旋，球拍向体前上方挥动，收拍回位。

④ 反手接杀边线球挑后场高球。

动作要领：右脚向左脚并一步后，左脚向左后侧跨步，上体向左后转，左脚蹬地，右脚向左后侧跨大步。反手握拍，球拍由身前引至左后下方。击球时，球拍由左后下方经小臂的外旋和手腕的伸展，发力击球托的后底部，使球向前上方飞去。击球后，上体直起回转，脚移动回位，回收球拍于胸前。

(3) 平抽反击球：指运动员把对方击来的离身体较远的平球反击到对方后场去。平抽反击球有正手、反手平抽反击球两种。

动作要领：站于球场中心附近，两脚左右开立，两膝微屈，面向球网，右手持拍于体前，判断来球，左(右)脚向左(右)侧跨步到位，引拍至左(右)侧后。反手平抽球，小臂由内旋转为外旋，手腕由外展至稍内收闪动，手指突然握紧拍柄，多用拇指的反压力，向前稍上挥拍击球；正手平抽球，小臂由外旋转为内旋，手腕由伸腕至伸直闪动，手指握紧拍柄，多用食指的力量向前发力挥拍击球。不论是正手还是反手平抽球，击球点都应争取在身体的侧前方，以利于手臂发力。击球后，球拍随身体的回转收于胸前。

易犯的错误：

① 注意力不够集中，站位不当，造成措手不及。

② 反应慢，步子移动缓慢，击球不到位，影响接杀球的质量。

③ 击球点选择不当，影响手腕、手指力量的自如发挥。

④ 接杀球瞬间，拍面角度和用力大小控制不好，影响接杀球的效果。

第三节 羽毛球运动的基本战术

一、单打战术

(一) 发球战术

发球不受对方干扰，只要在规则允许的范围内，发球者可以随心所欲地以任何方式发到对方接球区的任何一点。采用变化多端的发球战术，常常能起到先发制人、取得主动的作用。因此，发球在比赛中占有重要地位。

在采用发球战术时，眼睛不要只看自己的球和球拍，应用余光注视对方的情况，找出薄弱环节。发各种球的准备姿势和动作要注意一致性，给对方的判断带来困难，使其处于消极等待的状态。发球后应立即把球拍举至胸前，根据情况调整自己的位置，两脚开立，身体重心居中，但一定注意重心不要站死。眼睛紧盯对方，观察对方的任何变化，积极准备还击。

1．发后场高远球

这是单打中常用的发球，要求把球发到对方端线处，迫使对方后退还击，给对方进攻制造难度。发高远球虽然弧线高，飞行时间长，但由于离网距离远，球从高处垂直下落，因此后场进攻技术差的对手较难下压进攻。把球发到对方左、右发球区的底线外角处，能调动对方至底线边角，便于下一拍打对方对角网前，拉开对方的站位。特别是左场区的底线外角位是对方反手区，更是主要攻击的目标。但发右场区的底线外角时要提防对方以直线平高球攻击自己的后场反手区。如把球发到对方接发球区底线的左、右半区的内角位，能避免对方以快速的直线攻击自己的两边。

2．发平高球

发平高球，球的飞行弧线较低，但对方仍然必须退到后场才能还击。由于球的飞行速度快，对方没有充裕的时间考虑对策，回球质量会受到一定的影响。对于球飞行弧线的控制，应看对方站位的前后和人的高矮及弹跳能力而定，以恰好不给对方半途拦截机会为宜。落点的选择基本与发高远球相同。

3．发平快球

发平快球(或者平高球)和网前球配合，争取创造第三拍的主动进攻机会。发平快球属于进攻发球，球速很快，作为突袭手段如运用得当，往往能取得主动。但当接球方有所准备时，也能半途拦截，以快制快，发球方反会处于被动。发平快球时球的落点一般应在对方反手区，或直接对准接发球者的身体，使对手措手不及。

4．发网前球

发网前球能减少对方把球往下压的机会，发球后立即进入互相抢攻的状态。把球发到前发球内角，球飞行的路线较短，容易封住对方攻击自己后场的角度。发球到前发球线外角位能起到调离对方中心位置的作用。特别是在右场区发前发球线外角位，能使对方反手区出现大片空当。但对方也能以直线推平球攻击发球者的后场反手。如果预先提防，可用头顶球还击。发网前球也可以发对方的追身球，造成对方被动。发网前球时最好配合发底线球才能有较好的效果。

(二) 接发球战术

接发球虽然处于被动、等待的状态，但由于发球时受到诸多规则的限制，使发球不能给接发球者带来太大的威胁。发球者发球只能发到对角线的接发球区内，而接发球者只需防守不到半个区域，却可还击到对方整个场区。所以，接发球者若能处理好这一拍，也可取得主动。

1．接发高远球、平高球

一般可用平高球、吊球或杀球还击。但如对方发球后站位适中，进攻时要注意落点的准确性。若用杀球、吊球还击，自己的速度要跟上；如果对方发球质量很好就不要盲目重杀，可用高远球、平高球还击，伺机再攻，或者用点杀、劈杀、劈吊下压先抑制对方。

2．接发网前球

可用平推球、放网前球或挑高球还击。当对方发球过网较高时，要抢先上网扑杀。接发网前球的击球点应尽量抢高。

3．接发平快球

要观察对方的发球意图，随时做好准备。借用对方的发球力量快杀空当或追身都能奏效，也可借助反弹力拦吊对角网前。

(三) 平高球压底线战术

用快速、准确的平高球打到对方后场两角，在对方不能拦截的前提下尽量降低球的飞行弧线，把对方紧压在底线，当对方回击半场高球时，就可以扣杀进攻。使用平高球压底线时，如配合劈吊和劈杀可增加平高球的战术效果。一般情况下，平高球的落点和杀、吊的落点拉得越开效果越好。

(四) 吊杀上网战术

先在后场以轻杀、点杀、劈杀配合吊球把球下压，落点要选择在场地两边，使对方被动回球。对方还击网前球时，迅速上网，利用贴网的搓球，或勾对角，或快速平推创造半场扣杀机会；若对方在网前挑高球，可在其向后退的过程中把球直接杀向他的身上。

(五) 防守反攻战术

这一战术是对付那种盲目进攻而体力又差的对手。比赛开始，先以高球诱使对方进攻，在对方只顾进攻而疏于防守时，即可突击进攻。或者在对方体力下降、速度减慢时再发动进攻。这种开始固守、乘虚而入、以逸待劳、后发制人的战术有时效果也较好。

(六) 反手战术

对绝大多数运动员而言，后场的反手击球总是或多或少地弱于正手击球，相对进攻性不强，球路也较简单(由于生理解剖结构的限制)，有的运动员甚至不能在后场用反手把球打到对方端线，所以对于对方的反手要毫不放松地加以攻击。

(1) 调开对方位置。该战术使对方反手区露出空当，然后把球打到反手区，迫使对方使用反拍击球。

(2) 对反手较差的对手。后场反手较差的人，经常使用头顶击球、侧身击球、侧身弓击球来弥补反手的不足。由于头顶、侧身击反手区时，身体重心、身体位置要偏向左场区的边线，因而可以重复攻击对方的反手区，使其身体位置远离中心。这样本来是对方优点的正手区就出现大片的空当，成了被攻击的目标。当对方打来半场高球时，如对方移动慢，扣杀落点应在他刚离开的位置。因为在快速移动中要马上停住再回转身来接杀球是很困难的。迫使对方在后场用反拍击球时，要主动向前移动位置，封住网前，这样当对方在后场用反手吊直线或对角网前球时，就可以很快上前扑杀或搓、勾，为下一拍创造主动的机会。

(七) 过渡球战术

首先要明确过渡球是为了摆脱被动，为下一拍的反攻积极创造条件。怎样才能变被动为主动是比赛中的重要一环。被动时，首先争取时间调整好自己的位置和控制住身体的重心。从网前或后场底线击出高远球是被动时常用的手段。当处于不停地跑动追球的状态时，或身体重心失去控制时，都可以打出高远球，以赢得时间，恢复身体重心，调整自己的处境。其次，利用球路变化打乱对方的进攻步骤。在接杀球或接吊球时要把球还击到远离对方的地方，以破坏对方吊、杀上网的连续快速进攻。如果对方吊、杀球后盲目上网，而自己的位置较好时，则可把球还击到对方底线。

(八) 拉、吊结合杀球战术

此战术是把球准确地打到对方场区的四个角上，使对方每次击球都要在场上来回奔跑。使用这种战术时，对不同特点的对手要采用不同的拉、吊方法。对后退步法慢的对手可以多打前、后场；对盲目跑动满场飞的对手可使用重复球和假动作；对灵活性差的对手应多打对角线，尽量使对方多转身；对后场反手差的对手可通过拉开后攻反手；对体力不好的对手可用多拍拉、吊来消耗其体力，然后战胜之。如能熟练地使用平高球、劈吊和网前搓、推、勾技术，快速拉开对方，伺机突击扣杀，则这一战术能收到更好的效果。

二、双打战术

(一) 发球战术

由于双打的后发球线比单打短，在双打中若发高远球，接发球方可以大力扣杀，直接争取主动，同时又较少有后顾之忧。因此站位往往压在靠近前发球线处，对发球者造成很大的心理上和技术上的威胁。所以，发球质量、路线的配合、弧线的制造、落点的变化对整个双打比赛的胜负意义极其重大。可以毫不夸张地说，双打比赛的双方若水平差不多则胜负取决于发球质量。

1．发球站位

发球的站位不同，对发球的飞行路线、弧线、落点和第3拍的击球都有影响。

(1) 发球者紧靠前发球线和中线。这种站位始于反手发网前内角，球过网后球托向下，不易被对方扑击。由于站位靠前，也便于第3拍封网。但站位靠前不利于发平快球，一般是发网前内角位球配合发双打后发球线的外角位平高球。

(2) 发球者站位离前发球线半米，靠中线。这种站位发球的选择面较广，正、反手都可发网前球、平快球、平高球，并且各种路线都可以发。缺点是球的飞行时间长，对方有较多时间判断处理，发球后如果抢网较慢也容易失去网前主动权。

(3) 发球者站在离中线较远处。这种站位主要用于在右场区以正手和左场区以反手发平快球攻对方双打后发球线的内角位，配合发网前外角。值得一提的是，这种发球只能作为一种变换手段。因为这种发球只对反应慢、攻击力差的对手有一定威胁，但对方有了准备时作用就不大了，而且还会使自己陷入被动。

2．发球路线

发球路线和落点的选择需注意如下几点：

(1) 调动对方站位，破坏对方打法。如对方甲、乙两名队员站成甲在后、乙在前的进攻队形，在发球给乙时可以后场为主结合网前，而发球给甲时却要以发网前为主结合后场，这样，从发球起就阻挠了对方调整站位。

(2) 避实就虚，抓住对方弱点发球抢攻。首先要看接发球者的站位，如果他紧压网前站在网前内角位，可用发网前与后场动作的一致性发球到对方后场外角位；如对方离中线较远，则可发平快球突袭后场内角位；对接发球路线呆板、变化少的对手，可针对这种情况发球后抢封角度突击。

(3) 发球要有变化。发球时，网前要和后场配合，网前的内角、外角，底线的内角、外交位的配合，使对方首尾难于兼顾，多点设防，疲于应付；在发球的弧线上也要有变化。这样，接球方就难以摸到发球方的规律了。

3．发球时间的变化

接发球方在准备接发球时，思想虽然高度集中，但因受到发球方的牵制，要等球发出后才能判断、启动、还击。所以，发球动作的快、慢也应在规则允许的范围内有所变化，不要让接发球方掌握规律。

4．发球时心理的影响

在双打比赛中，有时会出现发球失常。其原因，一个是发球技术不过硬；另一个原因则是受接发球者的影响。由于接发球者站位逼前，扑、杀凶狠且命中率较高，加之比分正处于关键时刻，心情紧张，造成手软从而影响了发球质量。遇到这种情况，首先要沉住气，观察接发球者的动向、心理意图、接发球的路线和规律，提高发球质量，增强还击第3板的信心。另外，发球的路线要善变且无规律，真真假假、虚虚实实，这样就会减少不必要的顾虑，发球质量也会稳定下来。

(二) 接发球战术

接发球虽然受发球方的牵制，属于被动等待，但由于规则对发球作了击球点不能过腰，球拍上沿须明显低于手，动作必须连续向前挥动(不许做假动作)，不能迟迟不发等诸多限制，因此使发球者发出的球不能具有太大的威胁。接发球方如果判断准确、启动快、还击及时，就能在对方发球质量稍差时杀、扑得手或取得主动；反之，就会接发球失误或还击不利使自己陷入被动。

(1) 接发内角位网前球。以扑或轻压对方两边中场及发球者身体为主要攻击点，配合网前搓、勾等其他线路。

(2) 接发外角位网前球。除了以上攻击点外，还可以平推对方底线两角以调动对方一名队员至边角，扩大对方另一队员的防守范围。

(3) 接发内角、外角位后场球。应以发球者为攻击点，力争扣杀追身球。如启动慢了，可用平高球打到对方底线两角。一般发球者在后场球发出后，后退准备接杀的情况居多，这时可用拦截吊球，落点可选择在发球者的对角。

(三) 后攻前封战术

后场队员积极大力扣杀创造机会，在对方接杀放网、挑高球或企图反击抽球时，前场队员以扑、搓、勾、推控制网前，或拦截吊、点封住前半场，使整个进攻连贯而又有节奏变化，使对方防不胜防。

(四) 攻中路战术

1. 守方左右站位时把球打在两人的中间

这种战术可以造成守方两人抢接一球或同时让球，彼此难于协调；限制对手在接杀球时挑大角度高球调动攻方；有利于攻方的封网，由于打对方中路，对方回球的角度较小，网前队员封网的难度就降低了。

2. 守方前后站位时把球下压或轻推在边线半场处

这种战术多半是在接发网前球和守中反攻抢网时运用。这种球守方前场队员拦截不到，后场队员又只能以下手击球放网或挑高球，后场两角便会露出很大空当，因而有隙可乘，可攻击场内空当或对方身体位。

(五) 攻人战术

这是双打中常用的一种战术，就是以人为攻击目标。对付两名技术水平高低不一的对手时，一般都采用这种战术。对付两名实力相当的队员也可采用这一战术。它集中攻势于对方一名队员，常能起到“集中优势兵力打歼灭战”的作用；在另一队员过来协助时，又会暴露出空当，可在其仓促接应、立足不稳时偷袭他。

(六) 攻后场战术

这种战术常用来对付后场扣杀能力较差的对手，把对方弱者调动到后场后也可以使用。此战术多采用平高球、平推球、挑底线把对方一人紧逼在底线，使其在底线两角移动击球，在其还击出半场高球或网前高球时即可大力扣杀，取得该球的胜利或主动。如在逼底线两角时对方同伴后退支援，则可攻击网前空当或打后退者的追身球。

(七) 防守战术

1．调整站位

为了摆脱被动，伺机转入反攻，首先要调整好防守时的站位。如果是网前挑高球，那么击球者应该直线后退，切忌对角后退。直线后退路线短、站位快，对角后退路线长，也容易被对方打追身球。另一名队员应根据同伴移动后的情况补到空当位。双打防守时的站位调整，都是一名队员在跑动击球时，另一名队员根据同伴的移动情况填补空当。

2．防守球路

(1) 攻方杀球者和封网者在半边场前后一条直线上，接杀球应打到另半边前场或后场。

(2) 攻方杀球者和封网者在前后对角位上，接杀球可还击到杀球者的网前或封网者的后场。

(3) 攻方杀球者杀对角后，另一名队员想要退到后场去助攻时，接杀球时可以还击到网前中路或直线网前。

(4) 把攻方杀来的直线球挑对角，杀来的对角球挑直线以调动杀球者。

关于防守的方法还有许多，但目的都是为了破坏攻方的进攻节奏和进攻的势头，在攻方进攻势头稍减时即可平抽或蹲挡；若攻方站位混乱出现空当时，守方即可抓住战机转守为攻，取得主动。

思考与练习

(1) 什么是羽毛球运动？你认为羽毛球运动对身体有哪些影响？

(2) 羽毛球运动包含哪些基本技术？

(3) 羽毛球运动包含哪些基本战术？

第十章 网 球

第一节 网球运动概述

网球运动起源于法国，具有悠久的历史。早在12～13世纪，法国的传教士常常在教堂的回廊里，进行一种用手掌击球的游戏，这就是后来传入宫廷中的一种叫“掌球戏”的游戏。掌球戏的开始没有网也没有拍，只是在两人之间横拉一条绳子，双方用手将球托来托去。当时的球是用布缝制的一个“球皮”，里面塞以头发。16世纪开始，出现了用羊皮制作的球拍。大约一个世纪后，网球运动传入英国，才把球拍改革成为中空并穿拉富有弹性的弦线，同时将拉绳改为网，并一直延用到现在。网球运动因在法国、英国的宫廷盛行，故称为皇家网球。

1873年有一位叫瓦尔特·克劳帕登·温菲尔特的英国乡村绅士，把这项古老的宫廷游戏搬到室外发展成为网球运动。1877年英国举行了第一次草地网球锦标赛，即现在的温布尔顿网球公开赛，采用了经英国陆军少将余里安·马歇尔进行修改过的网球规则。1913年，在法国巴黎成立了世界网球协会，即现在的国际网球联合会(International Tennis Federation)，简称ITF。现在有越来越多的世界性网球比赛，如男子戴维斯杯团体赛(Davis Cup)、女子联合会杯团体赛(Federation Cup)、澳大利亚网球公开赛(Australian Open)、法国网球公开赛(French Open)、温布尔顿网球公开赛(Wimbledon Open)、美国网球公开赛(U.S.Open)等。网球运动已经成为世界范围内人们最喜爱的体育运动项目之一，所以人们都把网球运动排在仅次于足球运动的位置上，被誉为“世界第二大球类运动”。

第二节 网球运动的基本技术

一、基本握拍方法

握拍法是网球最基本的技术，它能直接影响球拍接触球的角度，与击球动作有着密切的关系。

1. 握拍法的分类

(1) 东方式握拍法。

(2) 大陆式握拍法。

(3) 西方式握拍法。

(4) 其他握拍法。

2. 握拍法技术分析

1) 东方式握拍法

(1) 东方式正手握拍法：又称为“握手式”握拍法。在齐腰部高的地方与拍子相握，拍面与地面垂直，右手掌根与拍柄右上斜面紧贴，拇指握住拍柄的左垂直面，五指紧握拍柄，食指稍离中指，食指的下关节压住拍柄右垂直面(见图 10-2-1)。

(2) 东方式反手握拍法：在正手握拍法的基础上把手向左转动 1/4 圈，用手掌根压拍柄的左上斜面，拇指直伸贴在拍柄的左垂直面上，食指下关节压住拍柄的右上斜面(见图 10-2-2)。

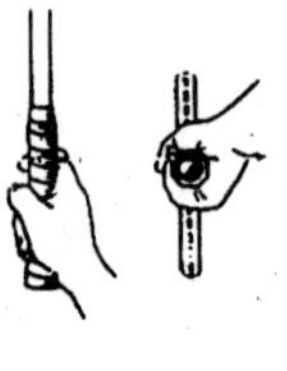
图 10-2-1

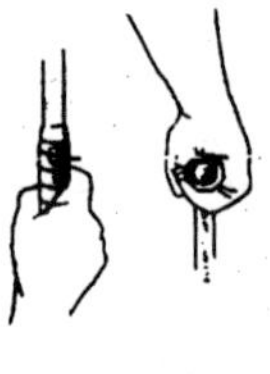
图 10-2-2

2) 大陆式握拍法

大陆式握拍法与东方式不同之处是，大陆式握拍正反击球都无需换握拍，手掌大部分放在拍柄顶部的小右斜面上(见图 10-2-3)。大陆式握拍法适合于网前截击球技术。

3) 西方式握拍法

这种握拍法俗称“大把抓”，把球拍平放在地面上，用手在拍柄顶端顺手一把抓起便是。正反拍是不换的，而且击球在同一拍面上，适于抽击比肩部高的来球(见图 10-2-4)。

4) 其他握拍法

(1) 反手双手握拍：这种握拍法是近几年流行起来的，打球手(右手)采用东方式反手握拍法(以右手持拍为例)，支持手(左手)采用东方式正手握拍法。右手在下，左手在上(见图 10-2-5)。 反手双手握拍特点：尤其是女运动员采用这种握拍法增加了击球力量。另一方面能在击球的最后一刹那改变方向，从而增加了击球的隐蔽性。

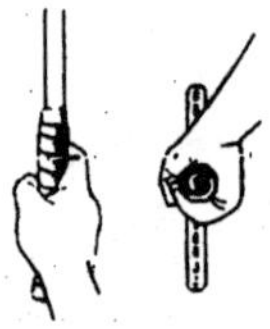
图 10-2-3

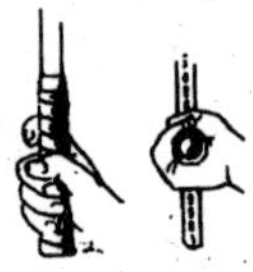
图 10-2-4

图 10-2-5

(2) 混合式握拍法：即半西方式握拍法，它的正拍握法介于东方式和西方式之间，拇指与食指的“V”形对准右上斜面，它的特点是便于抽击任何来球，目前被不少优秀选手所采用。

上面介绍的几种握拍法各有长处，也各有缺点，要根据不同击球技术，采用不同的握拍方法；要根据个人不同情况，在实践中试验和应用，选择最适合自己的握法。

二、基本步法

在网球运动中，手法是基础，步法是关键。如果步法不好，就不可能抢占有利的击球位置并有效地回击来球，那么再漂亮的手法也将失去意义。为了适应激烈比赛的需要，步法训练越来越受到教练员和运动员的重视。步法与专项身体素质有一定的关系，在进行步法训练时，必须与专项身体素质练习相结合。

1. 基本步法的分类

(1) 底线型步法：关闭式步法、开放式步法、后退击球步法、底线侧身进攻步法。

(2) 网前进攻型步法：发球上网步法、随球上网步法、截击球步法、高压球步法。

2. 基本步法技术分析

1) 底线型步法

(1) “关闭式”步法：在来球角度不大的情况下，正、反拍击大多采用“关闭式”步法，即以前脚掌为轴，另一脚向前 45° 跨步，以形成击球步法(见图 10-2-6)。

(2) “开放式”步法：“开放式”步法用于正拍击球，即两脚平行站立，以右脚掌为轴，转胯转体形成击球步法(见图 10-2-7)。

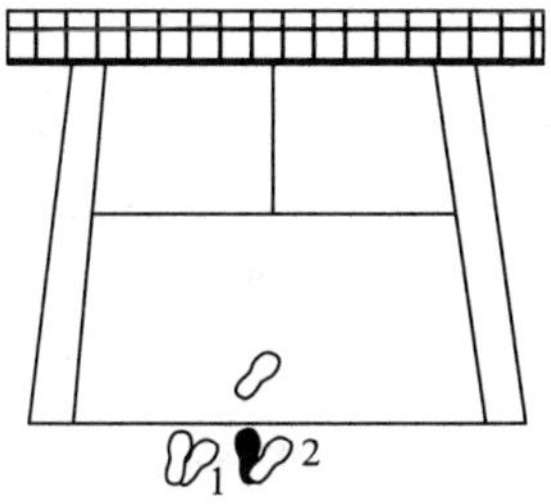

图 10-2-6

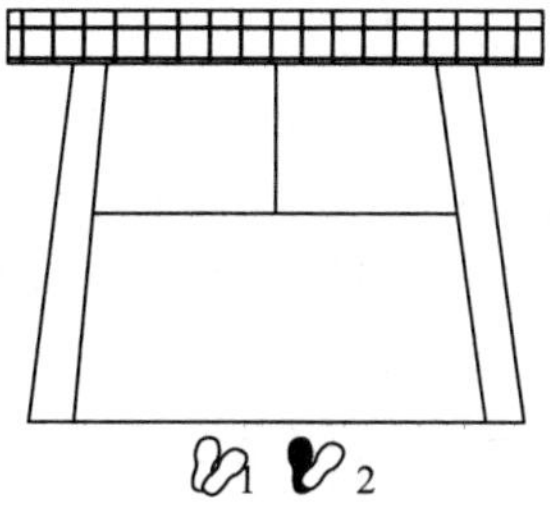

图 10-2-7

(3) 后退击球步法：在来球速度较快、落点深时，正、反拍一般采用先后退再迎上的步法，即先快速向后退，然后再脚跨出向前击球(见图 10-2-8、图 10-2-9)。

(4) 底线侧身进攻步法：在来球速度较慢、落点在反拍时采用，即左脚向左跨，右脚跟进，然后作侧滑步，到击球位时，左脚迅速向左上方跨出，右脚随即向右后方移动(见图 10-2-10)。

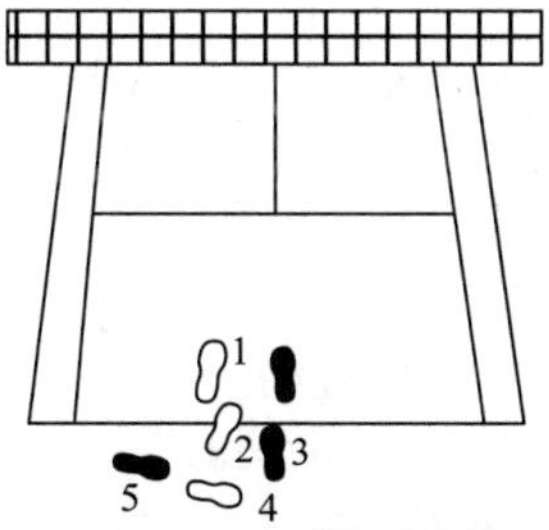

底线正拍后退击球步法

图 10-2-8

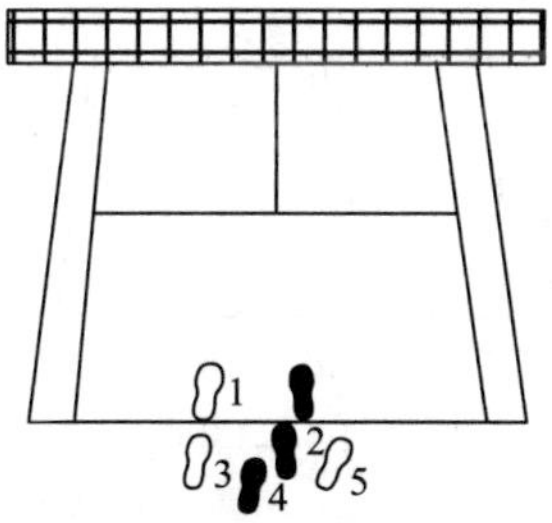

底线反拍后退击球步法

图 10-2-9

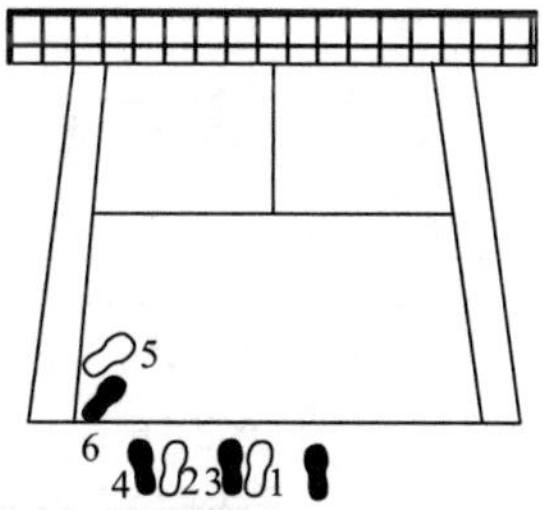

底线正拍侧身进攻步法

图 10-2-10

2) 网前进攻型步法

(1) 发球上网步法：发球上网是通过发球为上网创造条件。发球后迅速朝网前冲击，在发球线附近急停，进行中场截击，然后再朝网前贴近进行封角度并作近网截击或高压。发球上网步法有单脚起跳和双脚起跳两种起步方式(见图 10-2-11 和图 10-2-12)。

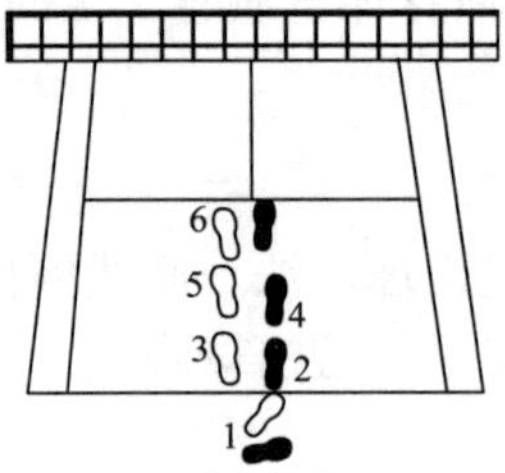

单脚起跳

图 10-2-11

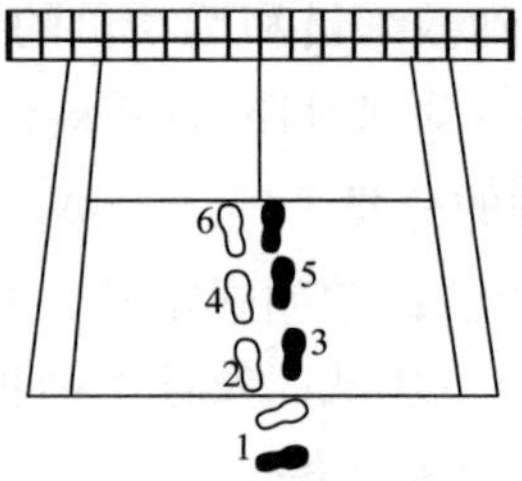

双脚起跳

图 10-2-12

(2) 随球上网步法：随球上网是指对方来球出现在发球线附近，进攻者利用正、反拍随击球上网，然后在网前作截击或高压。正拍可使用“开放式”、“关闭式”步法，反拍采用“关闭式”步法。

(3) 截击球步法：发球上网与随球上网的进攻活动范围都在发球线附近和网前，二者的网前上步也基本类似。

截击来球角度不大的中场球时，采用图 10-2-13、图 10-2-14 所示的步法；截击左右角度较大的中场球时，采用图 10-2-15、图 10-2-16 所示的步法；在近网截击角度不大的来球时，采用图 10-2-17、图 10-2-18 所示的步法；在近网截击角度较大的来球时，采用图 10-2-19、图 10-2-20 所示的步法。

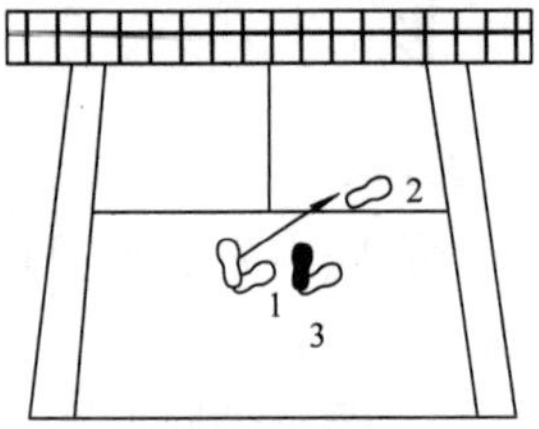
正拍截击一步步法

图 10-2-13

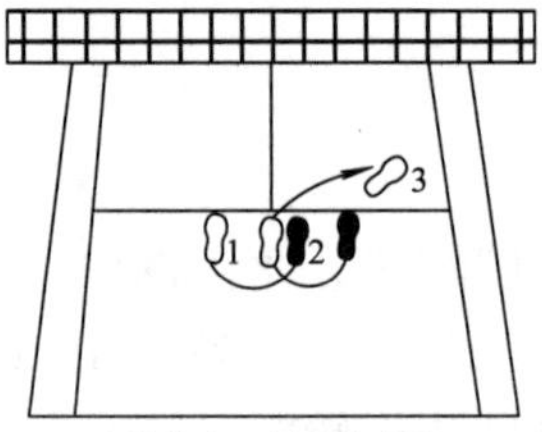
正拍扑击正拍截击步法

图 10-2-14

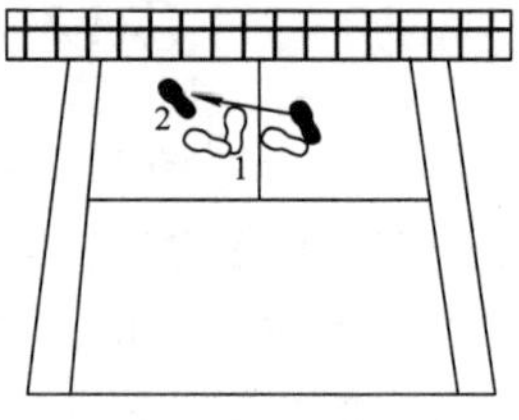
反拍截击一步步法

图 10-2-15

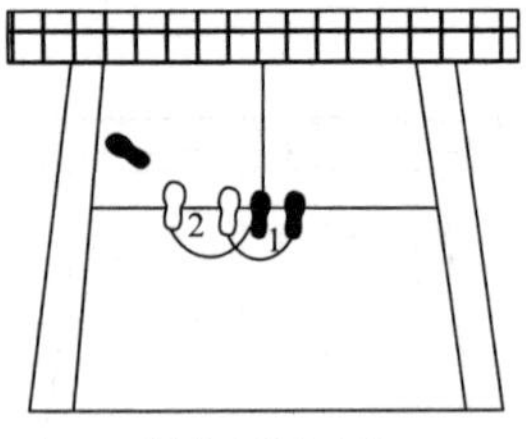
反拍扑击截击步法

图 10-2-16

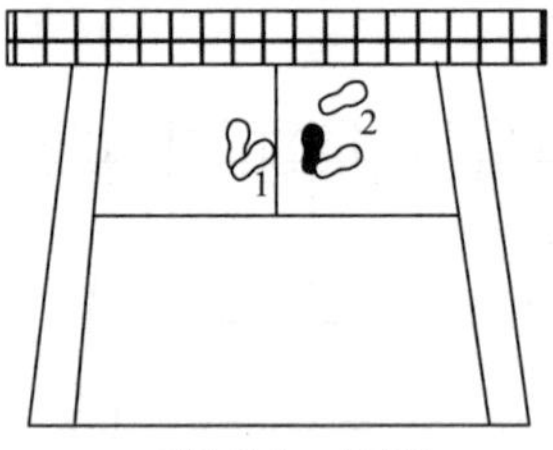
正拍截击一步步法

图 10-2-17

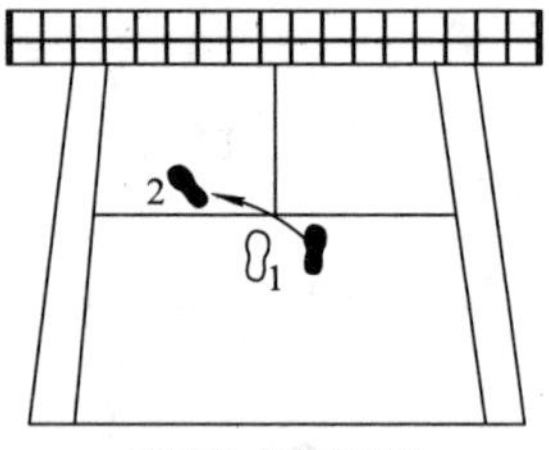
正拍扑击截击步法

图 10-2-18

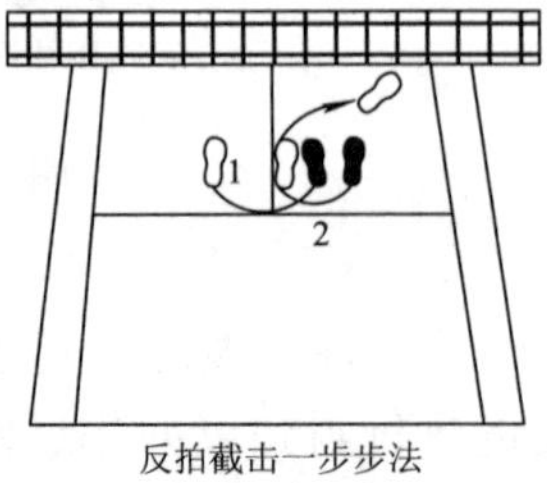
反拍截击一步步法

图 10-2-19

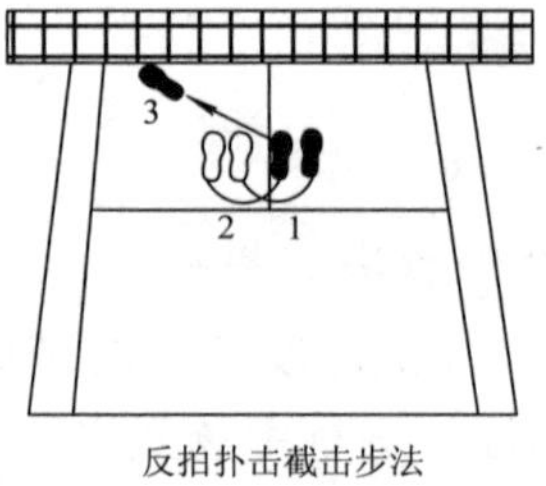
反拍扑击截击步法

图 10-2-20

(4) 高压球步法：在网前后退一步高压球步法及后退 3～4 步起跳高压球步法所用的步法如图 10-2-21、图 10-2-22 所示。

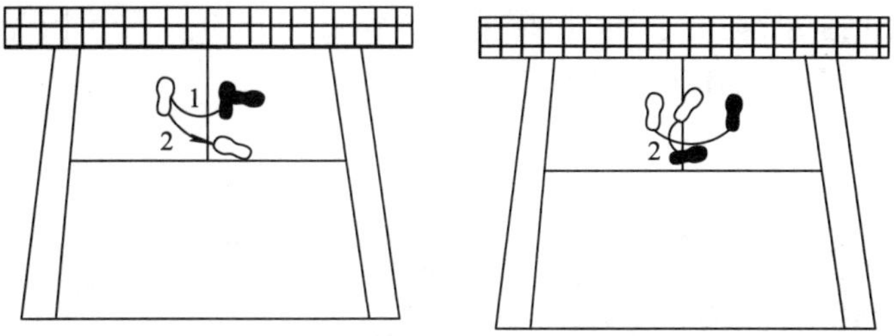

后退一步高压球步法

图 10-2-21

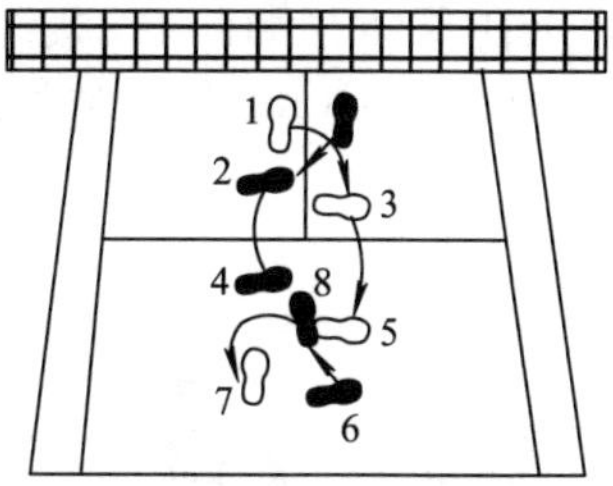

后退3～4步起跳高压球步法

图 10-2-22

三、正、反手击球

正、反手击球是网球技术中最基本的击球方法，具有击球有力、速度快的特点，是初学者最先学习的击球技术。

1. 正、反手击球的分类

(1) 正手击球：正手上旋球、正手平击球、正手削球。

(2) 反手击球：反手上旋球、反手平击球、反手削球；双手反手击球。

2. 正、反手击球技术分析

1) 正手击球

准备动作：面对球网，两脚自然分开与肩同宽，两膝微屈，身体重心在两脚间，脚跟微微踮起，上体略前倾，两手持拍置腹前，左手握住拍颈，拍头向上跷起，两眼注视对方(见图 10-2-23)。

图 10-2-23

击球动作：以左脚为轴开始转身并向后拉拍，拍头高于手腕，左臂屈肘前伸以保持身体平衡(见图 10-2-24 中 1～3)。在开始向前挥拍时，左脚应向要击球的方向迈步，以肩为轴向前挥拍(握紧球拍手腕绷紧)，拍面在击球时与地面垂直，并尽量使拍面和球有较长时间接触，推送击球(见图 10-2-24 中 4、5)，击球点在身体右前方；在击球后继续挥动时，球拍应继续随球挥动(球拍随球送出)，拍子结束在左肩上方，右腿摆动跟进，身体恢复准备姿势(见图 10-2-24 中 6、7)。

图 10-2-24

2) 反手击球

(1) 单手反手击球。

准备动作：与正手击球相同。

击球动作：向左侧转体，侧身对网，转肩并变换成东方式反手握拍，向后拉拍，右脚向左前方跨步，右肩对网，重心前移(见图 10-2-25 中 1、2)；球拍向前再向上挥拍击球，击球点在身体左侧前方、腰部高度，击球时拍面垂直于地面，挥拍轨迹朝目标方向由下至上(见图 10-2-25 中 5～8)；随挥动作结束在右肩上部位(见图 10-2-25 中 9)。

图 10-2-25

(2) 双手反手击球。

准备动作：与单手相同，只是双手可在拍柄重叠在一起。

击球动作：转肩、向后拉拍并变换握拍，身体重心转移到左脚上(见图 10-2-26 中 1～3)；球拍拉向后方并低于来球的高度，右脚向来球方向迈出(见图 10-2-26 中 4、5)；双手向前挥动并击球，击球点比单手略靠后，击球点在左胯前面；击球时右臂伸直，拍面垂直于地面(见图 10-2-26 中 6、7)。击球后球拍应沿目标方向继续挥出，随挥动作结束时双手高于肩(见图 10-2-26 中 8、9)。

图 10-2-26

四、截击球

截击球是在网前进行的一种攻击性击球方法，即将球在落地之前将来球击回对方场区。截击球的特点是缩短击球距离，扩大击球的角度，加快回球速度，在网球比赛中成为一种主要打法和进攻武器，也是网球比赛中重要的得分手段。截击可以在网前进行，也可以在场内任何地方截击空中球。

1. 截击球的分类

(1) 正手截击。

(2) 反手截击。

(3) 中场截击。

(4) 近网截击。

(5) 截击低球。

(6) 截击高球。

2. 截击球技术分析

1) 正手截击球

(1) 准备动作：打截击球应该采用大陆式握拍方法，因为截击球速度快，没有足够时间变换握拍，所以正反手截击球准备动作相同。

(2) 击球动作：肩部稍做转动，球拍与肩平行，后拉拍要稳固且不过肩(见图 10-2-27 中 1～5)；在向前挥拍的同时左脚朝球飞行的方向迈步，保持手腕固定并在身体前方击球(见图 10-2-27 中 6～8)，保持拍头向上；随挥动作要短，以便快速回到准备接下一个球的位置(见图 10-2-27 中 9、10)。

图 10-2-27

2) 反手截击球

(1) 准备动作：与正手截击球动作相同。

(2) 击球动作：肩部稍微转动，球拍与肩平行；球拍后引要小，拉拍要稳固，再向前挥拍时右脚朝球飞行的方向迈出(见图 10-2-28 中 1～4)；保持手腕稳固、绷紧，握紧球拍，拍面稍后仰，在身体斜前方由上向下以切削动作击球(见图 10-2-28 中 5、6)；随挥动作要短，以便快速回到准备接下一个球的位置(见图 10-2-28 中 7、8)。

图 10-2-28

五、发球

现代网球运动中，发球是非常重要的，是唯一由自己掌握、不受对方影响的重要技术，发球的好坏直接关系到得失分。

1. 发球的分类

(1) 平击发球。

(2) 切削发球。

(3) 上旋发球。

2. 发球技术分析

1) 平击发球

(1) 准备动作：双脚开立与肩同宽，在端线后侧身站立。右脚与底线基本上平行，左脚正对右网柱(见图 10-2-29)。手腕和手臂放松握拍于身体前，左手在拍颈处握住拍，采用东方式正手握拍法。

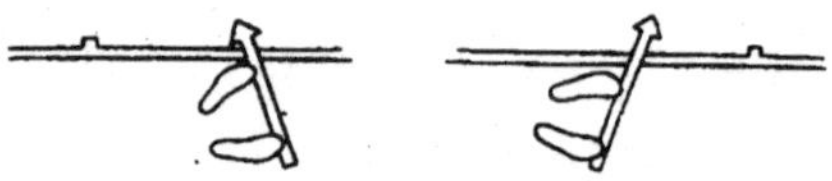

图 10-2-29

(2) 击球动作：抛球——球抛在身体的右前方；左臂放松，持球自然、平稳地向上抛球，抛球和挥拍几乎是同时开始的；手臂达到肩部高时，手指自然松开，球借助惯性自然上抛，抛球的高度要适合；击球——球从伸展的左手中向上垂直抛出，在身体前面和左脚上部，持拍臂弯肘上举(见图 10-2-30 中 1～5)；抛球后，身体开始向前转动，球拍在身后做环绕动作，并最后向前挥动击球(见图 10-2-30 中 6～9)；尽量伸展身体，在身体前面最高点击球的后部(拍面与球垂直)；击球时，身体重心向前转移(见图 10-2-30 中 10、11)；随挥动作结束在身体左侧下方(见图 10-2-30 中 12、13)。

图 10-2-30

2) 切削发球

切削发球球的飞行路线呈弧线，容易控制落点，命中率高；球旋转性强，球落地后向对方右角方向旋转跳动，拉开对方，造成接发球者回球质量降低。

(1) 准备动作：准备动作同平击式发球，握拍采用大陆式握拍方法。

(2) 击球动作：将球抛在头的右前方，挥拍臂上举，球拍在背后下垂，拍头处于搔背位置，右肘高抬，眼睛注视着球(见图 10-2-31 中 1～7)；挥拍路线由正后方上升到接触球的一瞬间，从球的右上角切削而下(见图 10-2-31 中 8～11)；随挥动作和平击发球一样结束在身体左下方，保持身体平衡(见图 10-2-31 中 12、13)。

图 10-2-31

六、高压球

高压球是指在头上用扣压的动作完成的一种击球方法，是对付对方挑高球的一项进攻技术。可根据对方挑高球落点的深浅，采取猛力扣杀和落点准的打法，使高压球更具威胁。良好的高压球技术，可以使对方产生恐惧心理，使自己精神大振，呈现最佳竞技状态。

1. 高压球的分类

(1) 近网高压。

(2) 后场高压。

(3) 落地高压。

(4) 反手高压。

2. 高压球技术分析

高压球击球动作：用大陆式握拍法，抬头盯着球，侧身转体用短促的跟步调整位置，左手高举指向击球点，右手举起球拍向后拉拍(见图 10-2-32 中 1～3)；球拍后摆做搔背动作，拍头在右肩的前上方对准球心击去(见图 10-2-32 中 4～7)，用扣腕动作在身体前面击球；击球臂继续伸直跟进摆动，随挥动作结束在身体左侧下方(见图 10-2-32 中 8～10)。

图 10-2-32

(1) 近网高压：对方挑高球落点位于发球线之前，就可迎上去大力扣杀直接置对方于死地；击球点可偏前，以便击球时向下扣压。

(2) 后场高压：对方挑高球落点位于发球线之后，击球时击球点可稍后些，步法及时移动到位，迅速跳起给予猛击，击球后的跟进动作要长些，向前向下扣压。

(3) 落地高压：当对方挑出直上直下的高球时，可等球落地弹起后再打。这种球落地后跳起弧线是直线向上的，所以步法移动要迅速，退至球的后面，调整好击球的位置，然后向前还击，像发球一样向前向下击球，落点对准发球线与底线之间，以提高击球的成功率。

七、挑高球

挑高球技术主要是对付网前进攻，挑高球不仅是被迫使用的一项防御技术，而且它对水平较高的对手也是一种可怕的武器，它可以破坏对方的进攻节奏，改变对方回球的速度，从而减弱对方在网前的优势，使自己从被动转为主动，而且可以直接得分。

1. 挑高球的分类

(1) 正手挑高球。

(2) 反手挑高球。

2. 挑高球技术分析

1) 正手挑高球

(1) 准备动作：握拍用大陆式握拍方法。

(2) 击球动作：向后拉拍时，侧身对网，身体重心落在右脚上，前挥时拍面低于来球，重心前移，左脚前跨(见图 10-2-33 中 1～5)，将球拍向前上方挥出，随着球去的方向拍头高于头上部完成随挥动作(见图 10-2-33 中 6～10)。

图 10-2-33

2) 反手挑高球

(1) 准备动作：握拍同正手挑高球。

(2) 击球动作：由准备姿势转向左侧，向球移动的同时使用反手握拍向后拉拍，右脚踏出(见图 10-2-34 中 1～3)，挥拍在腰部高度迎击来球，拍面后仰击球底部(见图 10-2-34 中 4～6)，随挥动作结束时拍头应高于头部(见图 10-2-34 中 7、8)。

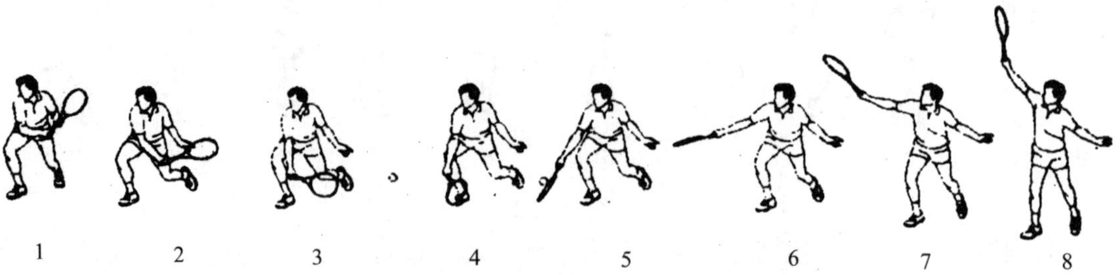

图 10-2-34

八、反弹球

反弹球是来球落地后刚刚弹起的一刹那，进行击球的一项技术，是一项由被动变主动的过渡性技术。反弹球主要是用来回击对着脚下打来的球，这种击球方法常出现在击球者上网，并当来球落在他的脚下时。反弹球应向上击出，通常是一种防守型击球。

(1) 准备动作：握拍采用大陆式握拍方法。

(2) 击球动作：对待脚下的反弹球，必须尽量下蹲，降低重心并保持低重心击球；以屈膝的状态在身前挥拍向上击球并随球跟进(见图 10-2-35 中 1～6)，身体重心前移，球拍后引动作要短，向前挥拍时拍头向上，拍面稍向后仰，但应避免把球挑得过高而给对方造成扣杀机会(见图 10-2-35 中 7～9)。反拍击反弹球动作和正拍一样，要特别注意的是右肩前探，明显低于左肩，击球点比正拍更前一些。

图 10-2-35

九、放小球

放小球是指把球轻轻击到对方网前的打法，是一种行之有效的战术打法。当对方在端线附近时出其不意地放一近网短球，能够调动对方奔命上网，使其补球不及而失分。

(1) 准备动作：握拍采用大陆式握拍方法。

(2) 击球动作：放小球的准备动作和正反手击球一样，侧身对网，在放小球时，要求更多的手腕动作，利用小臂带动手腕的力量使球拍沿着球的下部急剧滑动，缓冲球的前冲作用，以及使球急剧地随着球拍的下切动作产生向后旋转的现象。正反拍都可以放小球，动作要领是一样的。放小球最重要的是突然性和隐蔽性，不能让对方看出自己的意图。击球时先给人以打一般落地球的错觉，但到最后一刻减慢挥拍，轻轻地擦击球，使之过网后，能在对方赶到之前就落下(见图 10-2-36)。

图 10-2-36

第三节 网球运动的基本战术

灵活的运用战术是获取胜利的必要保障。网球战术很多，但其基本战略指导思想可归纳为：以力量和速度取胜；以快取胜；抓住对方弱点取胜；以巧取胜；以稳取胜。

一、单打战术

单打战术一般可以分为发球战术、接发球战术、上网战术和底线战术四种。

1. 发球战术

(1) 发球站位：在右区发球多是站在靠近中点线附近，它一方面是为了便于调整还击来球，另一方面是为了把球击向对方的反拍，即中线附近；而左区发球的站位多是离开中点线向左边一些的地方，这个位置便于把球发向对方的反拍。尽管对于自己还击对方来球的位置有些偏左，但放大一些正手的防守区域，还击时容易上步弥补，这样进攻的作用就增强了。

(2) 第一次发球：网球比赛规定有两次发球机会，第一次如失误，可以有第二次发球机会。从战术上讲，第一次发球比第二次重要得多，因为第一次可以充分运用大力发球，向对方展开猛烈的攻势，对方不得不退在稍后一点的位置接发球。发第一次时，直线球比斜线球好，因为它可以打在对方的反拍区(见图 10-3-1 中的 A)。打落点主要运用切削发球，把对方拉出场外去接(见图 10-3-1 中的 B)，或者看对方站立接发球位置的破绽，发对方防守差的区域。

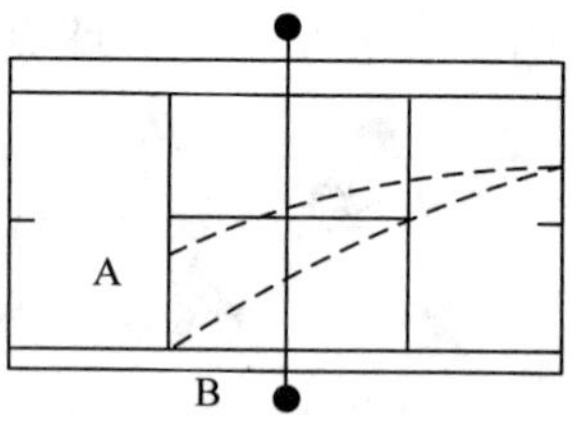

图 10-3-1

(3) 第二次发球：第二次发球是发球的最后机会，如果失误就要输分了。所以，首先应把准确性作为前提。第二次发球相对慢些，运用切削或上旋发球，落到对方场区，产生向反拍方向高和远的跳动，给接发球者造成困难，同样也具备进攻的意义。其次向对方接发球的位置发落点，打对方防守差的地区。

(4) 发球上网：发球上网是获胜的重要手段，而得分才是最终目的。但也绝非发球就能上网，重要的是选择时机，在条件成熟时上网。

- 如果采用大力发球，即使没有发出“爱司”球，也具有相当威力。大力发球可迫使对方还击不利，勉强还击会打浅或打慢，这是上网的良好机会。
- 采用急剧旋转发球，如果发得成功便可大胆上网。因为球的飞速较慢，落地后又弹跳弯曲，球的运动时间较长，发球者有充足的时间上到网前；而对方由于跑动还击故不能打出强烈的攻击性球来。
- 当对方退到底线后接发球时，可以策略性地发一个削击的近网球。这样可使对方意外，只好勉强还击，这时可以上网，但不要上到底。对方在这种情况下的还击多半是无力的浅球，而我方则能主动进攻。

2. 接发球战术

接发球是网球运动中较难掌握的运动技术。一次错误的回击会失去一分。相反，一个巧妙的接发球又能打掉发球者进攻的锐气，减少被动，甚至可以转化为主动。

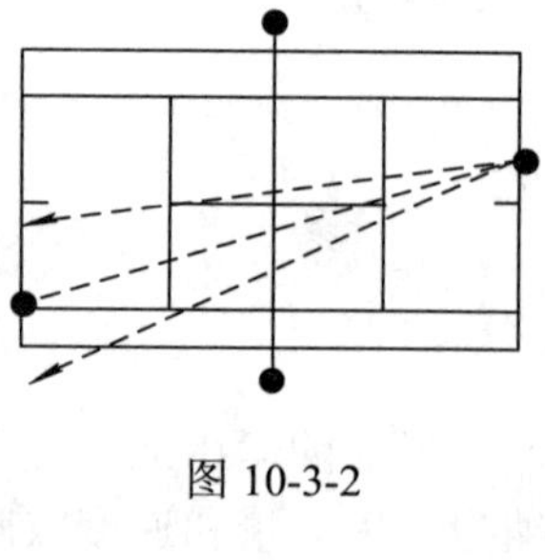
图 10-3-2

(1) 占据有利的位置。接发球员的站位必须从实际出发根据临场的具体情况决定，多数站在底线前后的一尺处，其左右站位应在对方可能发球区的角平分线上(见图 10-3-2)。如果你的正拍有较强的进攻性，不妨把你的正拍防守范围放大一些，以便进攻。

(2) 准备动作充分。从准备接发球开始，就要集中精力注视对方的动作，包括对方的站位、拉拍、击球，做到这些才能及早地预测来球、起动，并侧身对网、适时引拍向前迎击来球。准备接发球，应两手持拍置胸腹前，拍头要上翘些，采用东方式握拍法更灵活。这样引拍前动作比较小，还击较快，从而缩短了对方的准备时间，迫使对方匆忙还击。

(3) 落点及还击方法。企图用力回击对方的第一发球以求直接得分是绝对错误的。发球员发球后若不立即上网，就应打他的反手深处，或对准对方场角内附近打出有控制的稳健球。如果发球员发球后立即上网，除非你有把握，否则不应考虑直接破网得分，而应打刚刚过网的短低球到对方脚下，或采用挑高球的方法迫使对方退后还击。当对方退后救球或防守时，你要迅速上网截击，占据有利位置争取主动进攻。

3. 上网战术

如果在单打中不上网，等于使自己处于被动的地位，处理对方打来的短球十分不利。比如，你回击了一个短低球后再跑回端线去接下一来球，这会使你疲于奔忙；若发球后不上网，如同让对手在毫无压力的情况下接发球。所以，上网战术成了网球比赛中重要的战术之一。上网一般在两种情况下进行：发球上网和抽击上网(包括接发球在内)。

(1) 发一个深球到对方的斜角，在对手回球来到之前，你就有足够的时间进入发球区；上网后站在尽可能靠近网的地方，大约离网两米左右；如果网前技术全面的话，则近网有利，因为离网近封网角度小，便于向前截击；离网近，相对球网就低，也便于作由上向下的截击动作，使攻击性增强。从防守角度上看，离网近，则向左右截击跑动的距离短，而且控制面积大，所以无论进攻和防守都是近网有利。但是近网需要有强有力的高压球作为保证和后盾，否则，很容易被对方用挑高球得分。所以，要具有全面的网前技术。

(2) 抽击球上网：上网前的一下抽击球非常重要，好比是上网的前奏，此球打得位置好坏决定上网的成败。第一，上网前的抽击球要准，要深，要有一定的角度使球打到对方底线附近，使对方跑动去救球，这样才具有攻击性；第二，也可以打在对方中央地带，这样可形成反击的最小回击角度。

(3) 上网截击球：不论采用发球上网或抽击球上网，在对方击球时，先在发球线后一两步的地方做一停步，以便判断来球的方向，然后再对着球，向前去做网前第一次截击，并打低深球到对方的斜角，而第二次截击打浅斜线到另一边，就可使对方左右前后奔跑；如果对方预料到你的意图而已“自以为是”地提前向另一角跑去，第二次再打一个重复球，就会使他扑空；自己不要急于求成而击球过猛，“不以力胜而用智取”。

当来球较高，可运用高压动作将球扣下，力量和落点要适当结合，并看对方站立的防守位置而定。

上网可能碰到被动情况，如由于准备不及而对方把球打到你的脚下，这时可运用反弹球过渡一下，以落点为主，把球打到对方难以回击的地方，再争取第二下主动截击的机会。

4. 底线战术

在运用底线战术时，要以进攻性的打法为前提，以快速、力量、准确和凶狠取胜对方。

(1) 主动进攻的击球：底线抽击球主动进攻要达到逼重、逼深、逼角，才能使对方陷入被动而出现防守上的漏洞，攻击对方的弱点，使对方频频失误，丧失信心而导致失败；

或利用突击以及不同旋转的击球，出奇制胜。例如打几个正拍球，让对方停留在偏右的场区，又突如其来地打一个反拍球，在战术上称为逼右攻左；或打几个反拍球，突然向正拍区域进攻，这叫逼左攻右；或不规则地利用各种旋转球交替运用，使对方捉摸不定球的规律而失误。

(2) 造成对方战术上的被动：运动员都具有各自的战术特点，要针对对方的弱点进行攻击。对付上网好的运动员，就用落点深的球把他压制在底线，达到不让对方上网的目的。对于不善于上网的运动员，则要运用短球或小斜角球，引他上网或跑出中央基地，再用高球或打空隙地带的球胜取。总之，要打对方所不喜欢的球，在战术上压制对方长处，打乱对方阵脚。

(3) 破网球：破网技术的基础是底线技术，要熟练掌握底线正拍直线、正拍斜线和反拍直线、反拍斜线这四条基本线路。破网球过网越低越好，最好是带旋转的。过网之后，弹跳不高，又朝两边斜出，给上网者造成回击位置和角度上的困难。还有一种是大力抽击直线球，在速度上压制对方。另外，还可运用挑高球破网，破网技术运用得当，同样可以由被动转化为主动。

二、双打战术

双打和单打不同，双打要求具有配合默契、反应高度灵敏以及快速的抢球、交叉位置等技术，并具有自己特定的战术。

1. 站立位置

双打比赛，不论男子双打、女子双打还是混合双打，往往是能控制网前的队得分。

发球员 A 应站在中点和单打线的中间，准备好发球后直接上网。发球员的同伴 B 站在发球线和球网之间，稍偏向单打线，应做到向两侧各移动一步，就能封住单打与双打之间的狭道以及球场中区。

接球员 C 在接右区发球时，应站在端线靠近单打线处(对右手握拍而言)；在接左区发球时，则应稍靠近中间一些。接球员的首要目的是将球打回去，然后考虑上网。

接球员 D 应站在发球线旁边(脚跟刚好在发球线内)偏近中线，为的是警戒对方网前运动员打来的中路浅球。当接球员击球后向前时，接球员的同伴应移动到自己半场的中间更靠近球网的位置(见图 10-3-3)。

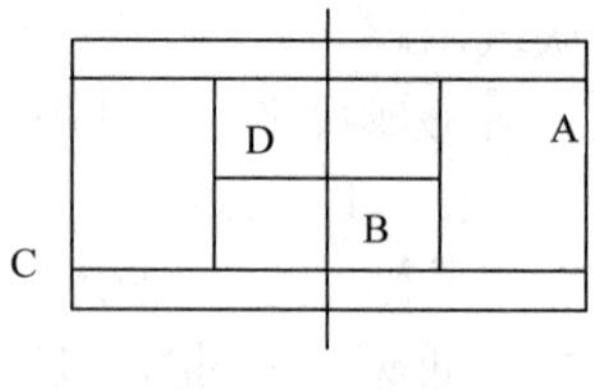

图 10-3-3

2. 发球战术

如果得到选择权，先发球是有利的。让发球好的运动员首先发球，并集中精力把球发好，而不要企图以发球直接得分；要使用稳健的旋转发球，将球发到接球员的反拍区以掌握发球上网的主动权；发球员的同伴应把守好半边场区，等候对方接发球过来而进行截击或高压。

3. 接发球战术

双打接发球几乎是不变的和有计划地向发球员回击，决不应打给网前的对手。如判断对手发球后上网，即应用短低球回击，使对手把球从低处挑起。亦可打两侧斜线球把对手拉开，迫使对手向上回球，这样自己或同伴就可在前场扣杀得分。

在接第二发球时，积极迎上前去，和伙伴同时上网。在接第一发球时也可以这样做，但为了取胜的话，宜在第二发球时抢上网。

如果网前的对手抢网扑杀，则可有以下三种选择。

(1) 把对角抽球再打得凶狠些，但这样打的冒险性和困难较大。

(2) 可打直线球，但若网前的对手不抢网，就等于“自杀”。如果网前的对手移位不当，抢网未成，那么直线球肯定得分。

(3) 挑一个快速高球越过网前对手的头顶。

4. 网前比赛技术

双打目前较多采用的打法是四人上网的战术，即双方都在争取上网的情况下进行比赛。四人同时上网，短兵相接，距离近，速度快，要求高超的技术水平和迅速的灵敏反应。

(1) 站位：双打上网的位置约在离网二到三米处，同伴之间应在各半场中间稍靠中线的位置，这样既可以前进，又便于后退；而且，由于两人比较靠近，严密防止双打中最容易被穿过的“中间球”，不过站位要根据对方击球的方向移动。

(2) 同伴之间配合原则：双打需要高度配合和合作，除了特殊的默契和战术外，一般应该共同遵守以下原则。

- 如球在两人中间，应由正拍击球者回击，这样可以具有更大的进攻性。
- 如球在两人中间，而且是斜线球，应由距离近的运动员去迎击。
- 如挑过来的高球处于两人中间，应由正拍击球者进行高压。
- 如对方接发球回击过来中场的球，应由上网队员争取截击，但发球队员也要做好准备，以防万一同伴漏球时上前弥补。
- 在情况复杂时，同伴之间要互相照应，随时呼叫“我的”或是“你的”，使互相之间及早准备，不致由于双方都不动手而漏球。
- 如上网队员移动位置到左侧或右侧击球，底线的同伴应立即转移位置，弥补场区露出的空隙地带，及时站好位置，不致两人站在同半区内。

(3) 分析双方情况制订战术：赛前对自己和对方都要有足够的估计，针对对方特点和弱点，并根据自己和同伴的技术条件，以己之长攻人之短。在场上进行比赛时，还要机动灵活地作战，及时变换战术，出奇制胜。

5. 底线比赛技术

底线技术在双打中基本上是防守性质的。双打应该争取一切机会上网，但如果真正被压在底线，就只能考虑暂时防守，以伺机进攻和引诱对方失误为主要目的。

(1) 挑高球：运用挑高球迫使上网的对方退居底线，减少进攻威胁(以挑上旋高球较好)。

(2) 回击低(短)而软的球：运用切削球或上旋球破网，使球过网后弹跳很低，导致对方回击落网或回击较高的球，给自己造成进攻机会。这种打法要看当时双方站立的位置而定。如果对方离网很近或者自己站在底线后面较远的地方，都不宜采用，否则容易被对方上步打死或回放短球。

(3) 抽击球：运用平击抽球打直线，凭借较大的力量和较快的速度使球穿过对方中央场区；或者运用上(侧)旋直线球，穿过对方旁边两侧空地，向场外方向跳逸。换言之，要找对方防守上的空隙地带进行突然性的袭击。

总之，双打与单打不同，双打更强调“球感”(即球拍与球接触的体会)，原因是双打比赛打落点比猛力击球得分多。单打战术要求猛抽两角深球，但这种打法在双打中极易被网前的对手阻击。双打中要运用“巧打”，多打落点较好的软球，双方要配合默契，争取在双上网情况下进攻。

思考与练习

(1) 什么是网球运动？你认为网球运动对身体有哪些影响？

(2) 网球运动包含哪些基本技术？

(3) 网球运动包含哪些基本战术？

第十一章 武术运动

第一节 武 术

一、武术概述

武术又称国术或武艺，是中国传统体育项目之一，是中华民族的文化瑰宝。武术具有悠久的历史传统和广泛的群众基础，是我国人民在长期的社会实践中不断积累和丰富起来的一项宝贵的文化遗产。它是我国劳动人民在长期的生活和生产实践中，创造和发展起来的一项民族形式的体育活动。武术的起源可以追溯到原始社会。那时，人类即开始用棍棒等原始工具作武器同野兽进行斗争，一是为了自卫，二是为了猎取生活资源。后来，人们为了互相争夺财富，进而制造了更具有威力的武器。人类通过战斗不仅制造了兵器，而且逐渐积累了具有一定的攻防格斗意义的技能，形成了武术的基本运动和套路。

由于武术简便易行，不受条件的限制，因此深受各种职业、不同年龄群众的喜爱。近年来，武术运动水平不断提高，武术运动已开始走向世界，逐渐成为世界人民所喜爱的运动。

中华人民共和国成立后，武术被作为优秀的民族文化遗产加以继承、整理和发展，并将武术列入正式比赛项目。武术运动内容丰富，流派甚多，按其运动形式可分为套路运动和搏斗运动两大类。通过武术运动可以全面发展身体各项素质，它对提高速度、耐力、力量和灵活性都有着很好的作用，而且对培养勇猛、顽强、果断、机智等优良品质也有着特殊的效果。武术运动中的一些项目，由于其固有特点和在练习中内外结合、神形兼备的方法，故能产生良好的医疗效果，在全民健身运动中，是深受广大人民群众喜爱的项目。武术运动的动作结构有着鲜明的攻防性质，如踢、打、摔、拿、击、刺、挑、扎、架，而且其攻防规律在搏斗、技击中能起重要作用，因此在军事、安保训练中有着良好的实践意义。

二、武术基本功及技术

武术的内容丰富多彩，按其运动形式可分为套路运动和搏击运动。套路运动是武术动作以守攻进退、动静疾徐、刚柔虚实等矛盾运动的变化规律编成的整套练习形式。主要内容包括拳术、器械、对练、集体表演。搏击运动是两人在一定条件下，按照一定的规则进行斗智较力的对抗练习形式。目前武术竞赛中正在逐步开展的有散手、推手、短兵。

1. 武术基本功

1) 手型手法练习

手型手法练习是运用拳、掌、勾三种手型，结合上肢冲、架、推、亮等运动方法，操练上肢手法的基本规律。

(1) 手型。

拳：四指并拢卷握，拇指紧扣食指和中指的第二指节(见图 11-1-1)，拳握紧，拳面平，直腕。

掌：四指并拢伸直，拇指弯曲紧扣于虎口处(见图 11-1-2)。

勾：五指第一指节捏拢在一起，屈腕(见图 11-1-3)。

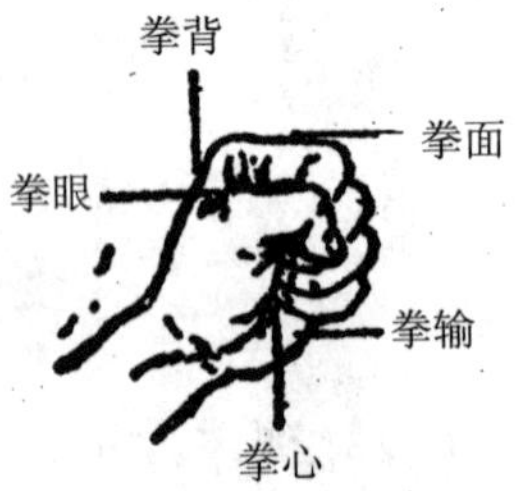

图 11-1-1

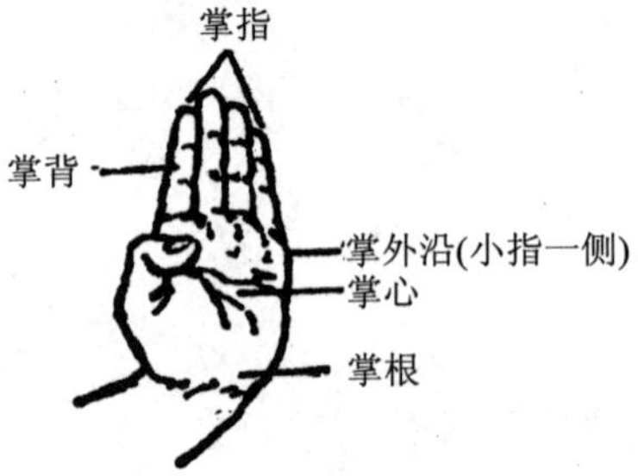

图 11-1-2

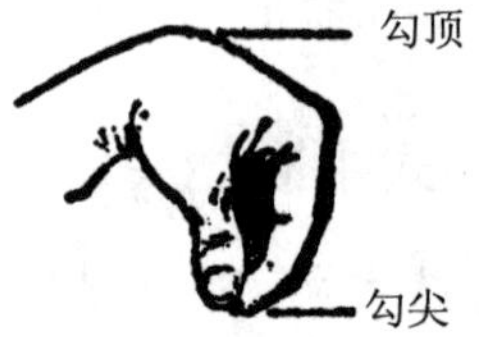

图 11-1-3

(2) 手法。

冲拳：预备姿势——两脚左右开立，与肩同宽，两拳抱于腰间，肘尖向后，拳心向上(见图 11-1-4-1)；动作方法——挺胸、收腹、直腰，右拳从腰间向前猛力冲出，要有寸劲(即爆发力)，转腰、顺肩，在肘关节过腰后，右前臂内旋。力达拳面，臂要伸直，高与肩平。同时左肘向后牵拉(见图 11-1-4-2)。练习时，左右可交替进行。

架拳：预备姿势——与冲拳相同；动作方法——右拳向下、向左、向上经头前向右上方划弧架起，拳眼向下，眼看左方(见图 11-1-5)。练习时，左右可交替进行。要求：松肩，肘微屈，前臂内旋。

图 11-1-4

图 11-1-5

推掌：预备姿势——与冲拳相同；动作方法——右拳变掌，前臂内旋，并以掌根为力点向前猛力推击。推击时要转腰、顺肩，臂要伸直，高与肩平，同时左肘向后牵拉(见图 11-1-6)。练习时，左右可交替进行。要求：挺胸、收腹、直腰。出掌要快速有力，有寸劲；同时还要做好拧腰、顺肩、沉腕、翘掌等动作。

亮掌：预备姿势——与冲拳相同；动作方法——右拳变掌，经体侧向右、向上划弧，至头部右前上方时，抖腕亮掌，臂成弧形。掌心向前，虎口朝下，眼随右手动作转动，亮掌时，注视左方(见图 11-1-7)。要求：抖腕、亮掌与转头要同时完成。练习时，左右手交替进行。

图 11-1-6

图 11-1-7

2) 步型步法练习

步型和步法练习主要是增进腿部的速度和力量，以提高两腿移动转换的灵活性和稳固性。

(1) 步型。

弓步：左脚向前一大步，膝与脚尖垂直。右腿挺膝伸直，脚尖内扣(斜向前方)，两脚全脚着地。上体正对前方，眼向前平视，两手抱拳于腰间(见图 11-1-8)。弓右腿为右弓步；弓左腿为左弓步。要求：前腿弓、后腿绷；挺胸、塌腰、沉髋；前脚同后脚成一直线。

马步：两脚平行开立，脚尖正对前方，屈膝半蹲，膝部不超过脚尖，大腿接近水平，全脚着地，身体重心落于两腿之间，两手抱拳于腰间(见图 11-1-9)。要求：挺胸、塌腰、脚跟外蹬。

虚步：两脚前后开立，右脚外展 45°，屈膝半蹲，左脚脚跟离地，脚面绷平，脚尖稍内扣，虚点地面，膝微屈，重心落于后腿上，两手叉腰，眼向前平视(见图 11-1-10)。左脚在前为左虚步；右脚在前为右虚步。要求：挺胸、塌腰、虚实分明。

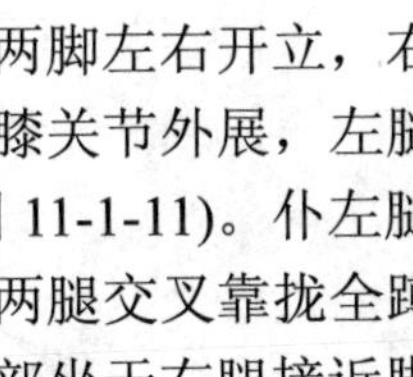

图 11-1-8

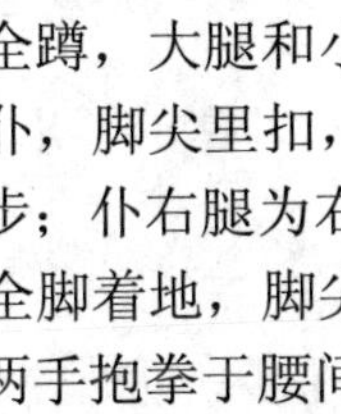

图 11-1-9

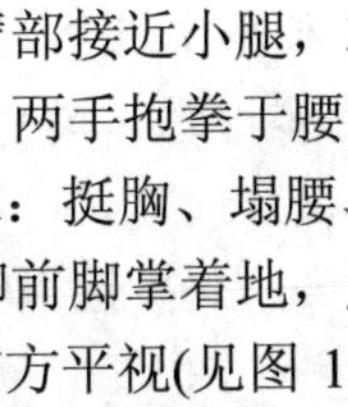

图 11-1-10

仆步：两脚左右开立，右腿屈膝全蹲，大腿和小腿靠紧，臂部接近小腿，右脚全脚着地，脚尖和膝关节外展，左腿挺直平仆，脚尖里扣，全脚着地，两手抱拳于腰间，眼向左方平视(见图 11-1-11)。仆左腿为左仆步；仆右腿为右仆步。要求：挺胸、塌腰、沉髋。

歇步：两腿交叉靠拢全蹲，左脚全脚着地，脚尖外展，右脚前脚掌着地，膝部贴近左腿外侧，臀部坐于右腿接近脚跟处，两手抱拳于腰间，眼向左前方平视(见图 11-1-12)。左脚在前为左歇步；右脚在前为右歇步。要求：挺胸、塌腰、两腿靠拢并贴紧。

坐盘：两腿交叉，右腿屈膝，大小腿均着地，脚跟接近臀部，左腿在身前横跨于右腿上方，左大腿贴近胸部，两手抱拳于腰间，眼向左前方平视(见图 11-1-13)。左腿在前为左坐盘；右腿在前为右坐盘。要求：挺胸、塌腰、两腿靠拢并贴紧。

丁步：并步站立，两腿屈膝半蹲，右脚全脚着地，左脚脚跟掀起，脚尖里扣并虚点地面，脚面绷直，贴于右脚脚弓处，重心落于右腿上，两手叉腰，眼向前平视(见图 11-1-14)。左脚尖点地为左丁步；右脚尖点地为右丁步。要求：挺胸、塌腰、虚实分明。

图 11-1-11　图 11-1-12　图 11-1-13　图 11-1-14

(2) 步法。

击步：预备姿势——两脚前后开立，同肩宽，两手叉腰(见图 11-1-15-1)；动作方法——上体前倾，后脚离地提起，前脚随即蹬地前纵。在空中时，后脚向前碰击前脚(见图 11-1-15-2)。落地时，后脚先落，前脚后落，眼向前平视(见图 11-1-15-3)。要求：跳起空中时，要保持上体正直并侧对前方。

垫步：预备姿势——与击步同；动作方法——后脚离地提起，脚掌向前脚处落步，前脚立即以脚掌蹬地向前上跳起，将位置让于后脚，然后再屈膝提腿向前落步，眼向前平视(见图 11-1-16)。要求：跳起空中时，要保持上体正直并侧对前方。

弧形步：预备姿势——与击步同；动作方法——两腿略屈，两脚迅速连续向侧前方行步。每步大小略比肩宽，走弧形路线，眼向前平视(见图 11-1-17)。要求：挺胸、塌腰，保持半蹲姿势，身体重心要平稳，不要有起伏现象。落地时，由脚跟迅速过渡到全脚掌，并注意转腰。

图 11-1-15　图 11-1-16　图 11-1-17

2. 武术基本组合

1) 弓步与马步组合

动作：弓步推掌—拗弓步冲拳—马步冲拳—并步抱拳。

预备姿势：并步抱拳(见图 11-1-18-1)。

(1) 弓步推掌：左脚向左迈出成左弓步；同时左拳变掌由腰间向前推出成立掌，手指向上，眼看左手

图 11-1-18

(见图 11-1-18-2)。

(2) 拗弓步冲拳：弓步不动，右拳由腰间向前冲出成平掌，同时左掌收回腰间抱拳，两眼平视(见图 11-1-19)。

(3) 马步冲拳：上体向右转体 90° 成马步，右拳收至腰间；同时左拳由腰间向左冲出成平拳，两眼向左平视(见图 11-1-20-1)。

(4) 并步抱拳：左脚收回靠拢，同时左拳收回腰间成并步抱拳(见图 11-1-20-2)。

图 11-1-19

图 11-1-20

2) 五种步型的组合(简称五步拳)

动作：拗步冲拳—弹踢冲拳—马步架打—歇步盖打—提膝仆步穿掌—虚步挑掌。

预备姿势：并步抱拳，头向左转，眼看左前方(见图 11-1-21)。

(1) 拗步冲拳：左脚向左迈出一步成弓步，同时左手向左平搂并收回腰间抱拳，右拳向前冲拳成平拳，目视前方(见图 11-1-22)。

(2) 弹踢冲拳：重心前移，右腿向前弹踢，同时左拳由腰间向前冲拳成平拳，右拳收回腰间，眼视前方(见图 11-1-23)。

(3) 马步架打：右脚落地身体向左转体 90°，两腿下蹲成马步；同时左拳变掌屈膝上架，右拳由腰间向右冲拳成平拳。头部右转，目视右前方(见图 11-1-24)。

图 11-1-21

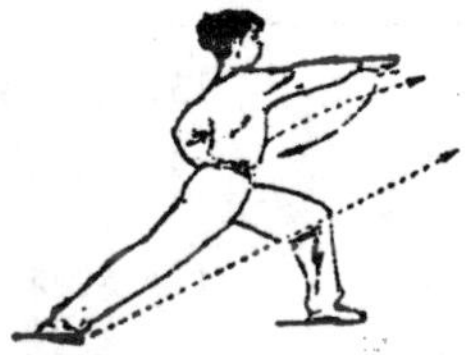

图 11-1-22

图 11-1-23

图 11-1-24

(4) 歇步盖打：左脚向右脚后插一步，同时右拳变掌经头上向左下盖，掌外沿向前，身体左转 90°，左掌收回腰间抱拳，目视右手(见图 11-1-25-1)。两腿屈膝下蹲成歇步，同时左掌向前冲出成平拳，右掌变拳收回腰间(见图 11-1-25-2)。

图 11-1-25

(5) 提膝仆步穿掌：两腿起立身体左转，随即左拳变掌，手心向下，右拳变掌，手心向上，右掌由左手手背上穿出，同时左腿提膝，左手顺势收至右腋下，目视右手(见图 11-1-26)。左脚落地成左仆步，右掌方位不变，左手掌指朝前沿左腿内侧穿出，目视左掌(见图 11-1-27)。

(6) 虚步挑掌：左腿屈膝前弓，右脚向前上方蹬地成右虚步，同时左手向上，向后划弧成正勾手略高于肩，右手由后向上、向前顺右腿外侧向上挑掌，右掌掌指向上高于肩，目视前方(见图 11-1-28)。

收势：两脚靠拢，并步抱拳(见图 11-1-29)。继续练习，动作相同，方向相反。

图 11-1-26

图 11-1-27

图 11-1-28

图 11-1-29

第二节　二十四式太极拳

1955 年国家体委在精简太极拳初稿的基础上，以流传面和适应性最广泛的杨式太极拳为基础，遵循简练明确、易学易练的原则，选择主要内容重新编排修订出简化太极拳。这套太极拳保留了太极拳的传统风貌，突出了太极拳的群众性和健身性。简化太极拳全套由 24 个动作组成，故又称二十四式太极拳。这套太极拳的动作柔和均匀，姿势中正平稳，内容精炼，练习时间为 4～6 分钟，约为传统套路的 1/4～1/3，而且锻炼全面、均衡。因此，老少皆宜，人人可练，易于推广。

(一) 动作名称

1．起势	13．右蹬脚
2．左右野马分鬃	14．双峰贯耳
3．白鹤亮翅	15．转身左蹬脚
4．左右搂膝拗步	16．左下势独立
5．手挥琵琶	17．右下势独立
6．左右倒卷肱	18．左右穿梭
7．左揽雀尾	19．海底针
8．右揽雀尾	20．闪通臂
9．单鞭	21．转身搬拦捶
10．云手	22．如封似闭
11．单鞭	23．十字手
12．高探马	24．收势

(二) 动作说明

1. 起势

(1) 开步站立：身体自然直立，两脚开立，与肩同宽，膝关节微屈，脚尖向前；两臂自然下垂，两手放在大腿外侧；两眼向前平视(见图 11-2-1)。

要点：头颈正直，下颔微向后收，不要故意挺胸或收腹。精神要集中(起势由立正姿势开始，然后左脚向左分开，成开立步)。

(2) 两臂前举：两臂慢慢向前平举，两手高与肩平，与肩同宽，手指张开微屈，指尖向前，手心向下，眼看两手方向(见图 11-2-2)。

要点：两臂前举时，不要提肩、扩胸，手腕先动，两肘微垂，使手臂保持弧度，同时自然吸气。

(3) 屈膝按掌：上体保持正直，两腿屈膝下蹲，同时两掌轻轻下按，两肘下垂与两膝相对；两眼平视前方(见图 11-2-3)。

要点：两手下按时，先动肘，再动手，手指自然张开微屈。下蹲时，屈膝松腰，臀部不可凸出，身体重心落于两腿中间。两臂下落和身体下蹲的动作要协调一致。

图 11-2-1

图 11-2-2

图 11-2-3

2. 左右野马分鬃

(1) 丁步抱球：上体微向右转，身体重心移至右腿上；同时右臂收在胸前平屈，手心向下，左手经体前向右下划弧放在右手下，手心向上，两手成抱球状；左脚随即收到右脚内侧，脚尖点地，眼看右手(见图 11-2-4)。

要点：抱球时，上手离身体约一肘(前臂)距离。上体右转时，以腰带动。

(2) 弓步分掌：上体微向左转，左脚向左前方迈出，右脚跟后蹬，右腿自然伸直，成左弓步；同时上体继续向左转，左右手随转体慢慢分别向左上右下分开，左手高与眼平(手心斜向上)，肘微屈；右手落在右胯旁，肘微屈，手心向下，指尖向前；眼看左手(见图 11-2-5、图 11-2-6)。

图 11-2-4

图 11-2-5

图 11-2-6

要点：双手随转腰沿身体中线上下分掌，上手由下手内侧下按，两臂要保持弧形。上体不可前倾，也不可挺胸倒肩，胸部要宽松舒展。转身时，以腰为轴带动身体，同时后脚脚跟后蹬或脚尖前转使身体转正。分手与弓步动作应同时完成，且速度均匀。做弓步时，迈出的脚应该是脚跟先着地，然后脚掌慢慢踏实，脚尖向前，膝盖不超过脚尖；后腿自然伸直；前后脚沿线的夹角约成 45°～60°，两脚的脚跟要在中轴线两侧，它们之间的横向距离(以动作行进的中线为纵轴，其两侧的垂直距离为横向)应该保持在 10～30 厘米之间。

(3) 后坐抱球：上体慢慢后坐，身体重心移至右腿，左脚尖翘起，上肢动作保持不变。身体左转，左脚尖随转腰向外撇(大约 45°～60°)，随后脚掌慢慢踏实，左腿慢慢前弓，身体重心再移至左腿；同时左手翻转向下，左臂收在胸前平屈，右手向左上划弧放在左手下，两手心相对成抱球状；右脚随即收到左脚内侧，脚尖点地；眼看左手(见图 11-2-7、图 11-2-8、图 11-2-9)。

要点：后坐时，上体保持正直，命门处如同有人用绳后拉，双手相对于身体不动。

(4) 弓步分掌：右腿向右前方迈出，左腿自然伸直，成右弓步；同时上体右转，左右手随转体分别慢慢向左下右上分开，右手高与眼平(手心斜向上)，肘微屈；左手落在左胯旁，肘微屈，手心向下，指尖向前；眼看右手(见图 11-2-10、图 11-2-11)。

图 11-2-7

图 11-2-8

图 11-2-9

图 11-2-10

图 11-2-11

要点：同左野马分鬃，唯方向相反。

(5) 与(3)同，唯左右相反(见图 11-2-12、图 11-2-13、图 11-2-14)。

(6) 与(4)同，唯左右相反(见图 11-2-15、图 11-2-16)。

图 11-2-12

图 11-2-13

图 11-2-14

图 11-2-15

图 11-2-16

3. 白鹤亮翅

(1) 转体抱球：上体微向左转，左手翻掌向下，左臂平屈胸前，右手向左上划弧，手心转向上，与左手成抱球状；眼看左手(见图 11-2-17)。

(2) 虚步亮掌：右脚跟进半步，上体后坐，身体重心移至右腿，上体先向右转，面向右前方，眼看右手；然后左脚稍向前移，脚尖点地，成左虚步；同时上体再微向左转，面向前方，两手随转体慢慢向右上左下分开，右手上提，停于右额前，手心向左后方；左手落于左胯前，手心向下，指尖向前；眼平看前方(见图 11-2-18)。

要点：完成姿势时，胸部不要挺出，两臂上下都要保持半圆形，左膝要微屈。身体重心后移和两手下按要协调一致。

图 11-2-17

图 11-2-18

4. 左右搂膝拗步

(1) 转体侧抱：上体先微向左再向右转；同时右手从体前下落，由下向后上方划弧至右肩外侧，肘微屈，手与耳同高，手心斜向上；左手由左下向上、向右下方划弧至右胸前，手心斜向下；左脚收至右脚内侧，脚尖点地，眼看右手(见图 11-2-19)。

(2) 搂膝推掌：左脚向左前方迈出，上体左转成左弓步；同时右手屈回由耳侧向前推出，高与鼻尖平，左手向下由左膝前搂过落于左胯旁，指尖向前；眼看右手手指(见图 11-2-20)。

要点：两手动作与转腰成弓步要协调一致，右手经耳侧前推时，手腕由直逐渐坐腕，上体不可前俯后仰，要松腰松胯，沉肩坠肘。成弓步时，两脚跟横向距离保持在 30 厘米左右。

(3) 后坐侧抱：右腿屈膝，上体后坐，身体重心移至右腿，左脚尖翘起随转腰微向外撇，身体左转，重心移至左腿；右脚收到左脚内侧，脚尖点地；同时左手向外翻掌，由左后向上划弧至左肩外侧，肘微屈，手与耳同高，手心斜向上；右手随转体向上、向左下划弧落于左胸前，手心斜向上；眼看左手(见图 11-2-21、图 11-2-22)。

图 11-2-19

图 11-2-20

图 11-2-21

图 11-2-22

要点：后坐时，上肢动作保持不变，命门处好像有人用绳子后拽。转腰时，左脚同时外撇，上手与头由身体带动左转。

(4) 搂膝推掌：与(2)同，唯左右相反(见图 11-2-23)。

(5) 后坐侧抱：与(3)同，唯左右相反(见图 11-2-24、图 11-2-25)。

(6) 搂膝推掌：与(2)同(见图 11-2-26)。

图 11-2-23

图 11-2-24

图 11-2-25

图 11-2-26

5. 手挥琵琶

右脚跟进半步，身体后坐，重心转至右腿上；上体半面向右转，左脚略提起稍向前移，变成左虚步，脚跟着地，脚尖翘起，膝部微屈；同时左手由左下向上挑举，高与鼻尖平，掌心向右，臂微屈；右手收回放在左臂肘部里侧，掌心向左；眼看左手食指(见图 11-2-27、图 11-2-28)。

图 11-2-27

图 11-2-28

要点：身体要平稳自然，沉肩坠肘，胸部放松。左手上起时不要直向上挑，要由左向上、向前，微带弧形。右脚跟进时，脚掌先着地，再全脚踏实。身体重心后移和左手上起、右手回收要协调一致。

6. 左右倒卷肱(又名倒撵猴)

(1) 转体举臂：上体右转，右手翻掌(手心向上)经腹前由下向后上方划弧平举，臂微屈；左手同时翻掌向上；眼的视线随着向右转体先向右看，再转向前方看左手(见图 11-2-29)。

要点：右手经腰侧向侧后 45° 方向上举，两手不要在一条线上，应与身体一起成圆弧状。

图 11-2-29

图 11-2-30

(2) 退步推掌：右臂屈肘折向前，右手由耳侧向前推出，手心向前；左臂屈肘后撤，手心向上，撤至腰侧；同时左腿轻轻提起向后(偏左)退一步，脚掌先着地，然后全脚慢慢踏实，身体重心移到左腿上，成右虚步；右脚随转体以脚掌为轴扭正；眼看右手(见图 11-2-30)。

要点：左脚后撤与右手前推同时进行，两手在体前有一交错的过程。左手撤到腰侧时，成高虚步，且右手推到位。前推时，要转腰松胯，两手的速度要一致，避免僵硬。退左脚时略向左后斜伸，退右脚时略向右后斜伸，避免使两脚落在一条直线上。做最后一个倒卷肱时，右脚脚尖外撇的角度略大些，便于接做“左揽雀尾”的动作。

左右四个倒卷肱的要点相同，唯方向相反。

(3) 转体举臂：上体微向左转，左手随转体向后上方划弧平举，手心向上；同时右手翻掌，掌心向上；眼随转体先向左看，再转向前方看右手(见图 11-2-31)。

要点：后手由腰侧上举的同时，前手随前手臂向外旋转而翻掌，前后手心都朝上，眼睛随转体动作看后手。

(4) 退步推掌：与(2)同，唯左右相反(见图 11-2-32)。

图 11-2-31

图 11-2-32

(5) 转体举臂：与(3)同，唯左右相反(见图 11-2-33)。

(6) 退步推掌：与(2)同(见图 11-2-34)。

(7) 转体举臂：与(3)同(见图 11-2-35)。

(8) 退步推掌：与(2)同，唯左右相反(见图 11-2-36)。

图 11-2-33

图 11-2-34

图 11-2-35

图 11-2-36

7. 左揽雀尾

(1) 右臂上举：上体微向右转，同时右手随转体向后上方划弧平举，手心向上；左手放松，手心向下；眼看左手(见图 11-2-37)。

(2) 收脚抱球：身体继续向右转，左手自然下落逐渐翻掌经腹前划弧至右肋前，手心向上；右臂屈肘，手心转向下，收至右胸前，两手相对成抱球状；同时身体重心落在右腿上，左脚收到右脚内侧，脚尖点地；眼看右手(见图 11-2-38)。

(3) 弓步掤臂：上体微向左转，左脚向左前方迈出；上体继续向左转，右腿自然蹬直；左腿屈膝，成左弓步；同时左臂向左前方掤出(即左臂平屈成弓形，用前臂外侧和手背向前方推出)，高与肩平，手心向后；右手向右下落放于右胯旁，手心向下，指尖向前；眼看左前臂(见图 11-2-39)。

要点：掤出时，两臂前后均保持弧形。分手、松腰、弓腿三者必须协调一致。揽雀尾弓步时，两脚跟横向距离不超过 10 厘米。

图 11-2-37

图 11-2-38

图 11-2-39

(4) 转身下捋：身体微向左转，左手随即翻掌前伸，掌心向下；同时右手翻掌，掌心向上，经腹前向上、向前伸至左前臂下方，然后上体向右转，两手下捋，两手经腹前向右后上方划弧，直至右手手心向上，高与肩齐，左臂平屈于胸前，手心向后；同时身体重心移至右腿；眼看右手(见图 11-2-40、图 11-2-41)。

要点：双手前伸时，身体只做微微左转，上体不可前倾。下捋时，臀部不要凸出，两臂随腰旋转走弧线，不可直线回拉双手。左脚全掌着地。

(5) 弓步前挤：上体微向左转，右臂屈肘折回，右手附于左手腕里侧(相距约 5 厘米)，上体继续向左转，双手同时向前慢慢挤出，左手心向后，右手心向前，左前臂要保持半圆；同时身体重心逐渐前移变成左弓步；眼看左手腕部(见图 11-2-42)。

要点：向前挤时，上体要正直。挤的动作要与松腰、弓腿相一致。

(6) 后坐下按：左手翻掌，手心向下，右手经左腕上方向前、向右伸出，高与左手齐，手心向下，两手左右分开，与肩同宽；然后右腿屈膝，上体慢慢后坐，身体重心移至右腿上，左脚尖翘起；同时两手屈肘回收至腹前，手心均向前下方，眼看前方(见图 11-2-43、图 11-2-44)。

要点：后坐时，身体不要后仰，两臂打开在体前屈肘。下按时，身体微微前倾，同时降低重心。

(7) 弓步按掌：上动不停，身体重心慢慢前移成左弓步；同时两手向前、向上按出，掌心向前，眼平看前方(见图 11-2-45)。

图 11-2-40

图 11-2-41

图 11-2-42

图 11-2-43

图 11-2-44

图 11-2-45

要点：向前按时，两臂保持弧度，轻轻向上顶肘，手腕部高与肩平。

8. 右揽雀尾

(1) 转身抱球：上体后坐并向右转，身体重心移至右腿，左脚尖里扣；右手向右平行划弧至右侧，然后由右下经腹前向左上划弧至左肋前，手心向上；左臂平屈胸前，左手掌向下与右手成抱球状；同时身体重心再移至左腿上，右脚收至左脚内侧，脚尖点地；眼看左手(见图 11-2-46、图 11-2-47、图 11-2-48)。

(2) 弓步掤臂：同“左揽雀尾”(3)解，唯左右相反(见图 11-2-49)。

图 11-2-46

图 11-2-47

图 11-2-48

图 11-2-49

(3) 转身下捋：同“左揽雀尾”(4)解，唯左右相反(见图 11-2-50、图 11-2-51)。

(4) 弓步前挤：同“左揽雀尾”(5)解，唯左右相反(见图 11-2-52)。

(5) 后坐下按：同“左揽雀尾”(6)解，唯左右相反(见图 11-2-53、图 11-2-54)。

(6) 弓步按掌：同“左揽雀尾”(7)解，唯左右相反(见图 11-2-55)。

图 11-2-50

图 11-2-51

图 11-2-52

图 11-2-53

图 11-2-54

图 11-2-55

要点和运用方法：同“左揽雀尾”，唯左右相反。

9. 单鞭

(1) 转身侧抱：上体后坐，身体重心逐渐移至左腿上，右脚尖里扣；同时上体左转，两手(左高右低)向左弧形运转，直至左臂平举，伸于身体左侧，手心向左，右手经腹前运至左肋前，手心向后上方；眼看左手(见图 11-2-56、图 11-2-57)。

(2) 丁步勾手：身体重心再渐渐移至右腿上，上体右转，左脚向右脚靠拢，脚尖点地；同时右手向右上方划弧(手心由里转向外)，至右侧方时变勾手，臂与肩平；左手向下经腹前向右上划弧停于右肩前，手心向里；眼看左手(见图 11-2-58、图 11-2-59)。

(3) 弓步推掌：上体微向左转，左脚向左前侧方迈出，右脚跟后蹬，成左弓步；在身体重心移向左腿的同时，左掌随上体的继续左转慢慢翻转向前推出，手心向前，手指与眼齐平，臂微屈；眼看左手(见图 11-2-60)。

图 11-2-56　图 11-2-57　图 11-2-58　图 11-2-59　图 11-2-60

要点：上体保持正直，松腰。完成式时，右臂肘部稍下垂，左肘与左膝上下相对，两肩下沉。左手向外翻掌前推时，要随转体边翻边推出，不要翻掌太快或最后突然翻掌。全部过渡动作，上下要协调一致。如面向南起势，单鞭的方向(左脚尖)应向东偏北(大约为 15°)。

10. 云手

(1) 转身扣脚：身体重心移至右腿上，身体渐向右转，左脚尖里扣；左手经腹前向右上划弧至右肩前，手心斜向后，同时右手变掌，手心向右前；眼看左手(见图 11-2-61)。

(2) 左转云手：上体慢慢左转，身体重心随之逐渐左移；左手由脸前向左侧运转，手心渐渐转向左方；右手由右下经腹前向左上划弧，至左肩前，手心斜向后；同时右脚靠近左脚，成小开立步(两脚距离约 10～20 厘米)；眼看右手(见图 11-2-62、图 11-2-63)。

(3) 右转云手：上体再向右转，同时左手经腹前向右上划弧至右肩前，手心斜向后；右手向右侧运转，手心翻转向右，随之左腿向左横跨一步；眼看左手(见图 11-2-64)。

图 11-2-61　图 11-2-62　图 11-2-63　图 11-2-64

(4) 左转云手：同(2)解(见图 11-2-65、图 11-2-66)。

(5) 右转云手：同(3)解(见图 11-2-67)。

(6) 左转云手：同(2)解(见图 11-2-68、图 11-2-69)。

图 11-2-65

图 11-2-66

图 11-2-67

图 11-2-68

图 11-2-69

要点：身体转动要以腰脊为轴，松腰、松胯，不可忽高忽低。两臂随腰的转动而运转时，要自然圆活，速度要缓慢均匀。下肢移动时，身体重心要稳定，两脚掌先着地再踏实，脚尖向前。眼的视线随左右手而移动。第三个“云手”，右脚最后跟步时，脚尖微向里扣，便于接“单鞭”动作。

11. 单鞭

(1) 丁步勾手：上体向右转，右手随之向右运转，至右侧方时变成勾手；左手经腹前向右上划弧至右肩前，手心向内；身体重心落在右腿上，左脚尖点地；眼看左手(见图 11-2-70、图 11-2-71)。

(2) 弓步推掌：左脚向左侧前方迈出，成左弓步；随转腰移重心，左掌慢慢翻转向前推出，成“单鞭”式(见图 11-2-72)。

要点：与前“单鞭”相同。

图 11-2-70

图 11-2-71

图 11-2-72

12. 高探马

(1) 跟步翻掌：右脚跟进半步，身体重心逐渐后移至右腿上；右勾手变成掌，两手心翻转向上，两肘微屈；同时身体微向右转，左脚跟渐渐离地；眼看左前方(见图 11-2-73)。

(2) 虚步推掌：上体微向左转，面向前方；右掌经右耳旁向前推出，手心向前，手指与眼同高；左手收至左侧腰前，手心向上；同时左脚微向前移，脚尖点地，成左虚步；眼看右手(见图 11-2-74)。

图 11-2-73

图 11-2-74

要点：上体自然正直，双肩要下沉，右肘微下垂。跟步移换重心时，身体不要有起伏。

13. 右蹬脚

(1) 弓步分掌：左手手心向上，前伸至右手腕背面，两手相互交叉，随即向两侧分开并向下划弧，手心斜向下；同时左脚提起向左前侧方进步(脚尖略外撇)；身体重心前移，右腿自然蹬直，成左弓步；眼看前方(见图 11-2-75、图 11-2-76、图 11-2-77)。

(2) 收脚合抱：两手由外圈向里圈划弧，两手交叉合抱于胸前，右手在外，手心均向后；同时右脚向左脚靠拢，脚尖点地；眼平看右前方(见图 11-2-78)。

图 11-2-75

图 11-2-76

图 11-2-77

图 11-2-78

(3) 蹬脚撑掌：两臂左右划弧分开平举，肘部微屈，手心均向外；同时右腿屈膝提起，右脚向右前方慢慢蹬出；眼看右手(见图 11-2-79、图 11-2-80)。

图 11-2-79

图 11-2-80

要点：身体要稳定，不可前俯后仰。两手分开时，腕部与肩齐平。蹬脚时，左腿微屈，右脚尖回勾，劲使在脚跟。分手和蹬脚须协调一致。右臂和右腿上下相对。如面向南起势，蹬脚方向应为正东偏南(约 30°)。

14. 双峰贯耳

(1) 屈膝合掌：右腿收回，屈膝平举，左手由后向上、向前下落至体前，两手心均翻转向上，两手同时向下划弧分落于右膝盖两侧；眼看前方(见图 11-2-81、图 11-2-82)。

(2) 弓步贯拳：右脚向右前方落下，身体重心渐渐前移，成右弓步，面向右前方；同时两手下落，慢慢变拳，分别从两侧向上、向前划弧至面部前方，成钳状，两拳相对，高与耳齐，拳眼都斜向内下(两拳中间距离约为 10～20 厘米)；眼看右拳(见图 11-2-83、图 11-2-84)。

图 11-2-81

图 11-2-82

图 11-2-83

图 11-2-84

要点：完成动作时，头颈正直，松腰松胯，两拳松握，沉肩坠肘，两臂均要保持弧形。双峰贯耳式的弓步和身体方向与右蹬脚方向相同。弓步的两脚跟横向距离同“揽雀尾”式。

15. 转身左蹬脚

(1) 转身扣脚：左腿屈膝后坐，身体重心移至左腿，上体左转，右脚尖里扣；同时两拳变掌，由上向左右划弧分开平举，手心向前；眼看左手(见图 11-2-85)。

(2) 收脚合抱：身体重心再移至右腿，左脚收到右脚内侧，脚尖点地；同时两手由外圈向里圈划弧合抱于胸前，左手在外，手心均向后；眼平看左方(见图 11-2-86、图 11-2-87)。

(3) 蹬脚撑掌：两臂左右划弧分开平举，肘部微屈，手心均向外；同时左腿屈膝提起，左脚向左前方慢慢蹬出；眼看左手(见图 11-2-88、图 11-2-89)。

要点：与右蹬脚式相同，唯左右相反。左蹬脚方向与右蹬脚成 180°（即正西偏北，约 30°）。

图 11-2-85

图 11-2-86

图 11-2-87

图 11-2-88

图 11-2-89

16. 左下势独立

(1) 勾手收脚：左腿收回平屈，上体右转；右掌变成勾手，左掌向上、向右划弧下落，立于右肩前，掌心斜向后；眼看右手(见图 11-2-90)。

(2) 仆步穿掌：右腿慢慢屈膝下蹲，左腿由内向左侧(偏后)伸出，成左仆步；左手下落(掌心向外)向左下顺左腿内侧向前穿出；眼看左手(见图 11-2-91)。

要点：右腿全蹲时，上体不可过于前倾。左腿要伸直，左脚尖须向里扣，两脚脚掌全部着地，左脚尖与右脚跟踏在中轴线上。

(3) 弓步挑掌：身体重心前移，左脚跟为轴，脚尖尽量向外撇，左腿前弓，右腿后蹬，右脚尖里扣，上体微向左转并向前起身；同时左臂继续向前伸出(立掌)，掌心向右，右勾手下落，勾尖向后；眼看左手(见图 11-2-92)。

(4) 提膝挑掌：右腿慢慢提起平屈，成左独立式；同时右勾手变掌，并由后下方顺右腿外侧向前弧行摆出，屈臂立于右腿上方，肘与膝相对，手心向左；左手落于左胯旁，手心向下，指尖向前；眼看右手(见图 11-2-93)。

要点：上体正直，独立的腿微屈，右腿提起时脚尖自然下垂。

图 11-2-90

图 11-2-91

图 11-2-92

图 11-2-93

17. 右下势独立

(1) 落脚转体：右脚下落在左脚前，脚掌着地，然后以左脚前掌为轴向左转动身体，同时左手向后平举抓勾，右掌随转体向左侧划弧，立于左肩前，掌心斜向后；眼看左手(见图 11-2-94)。

(2) 仆步穿掌：同“左下势独立”(2)，唯左右相反(见图 11-2-95)。

(3) 弓步挑掌：同“左下势独立”(3)，唯左右相反(见图 11-2-96)。

(4) 提膝挑掌：同“左下势独立”(4)，唯左右相反(见图 11-2-97)。

要点：右脚落地转体后，脚尖必须稍微提起，然后再向下仆腿。

图 11-2-94

图 11-2-95

图 11-2-96

图 11-2-97

18. 左右穿梭

(1) 丁步抱球：身体微向左转，左脚向左前落地，脚尖外撇，右脚跟离地，两腿屈膝成半坐盘式；同时两手在胸前成抱球状(左上右下)；然后右脚收到左脚的内侧，脚尖点地；眼看左前臂(见图 11-2-98、图 11-2-99)。

(2) 弓步架推：身体右转，右脚向右前方迈出，屈膝弓腿，成右弓步；同时右手由脸前向上举并翻掌停在右额前，手心斜向上；左手先向左下再经体前向前推出，高与鼻尖平，手心向前；眼看左手(见图 11-2-100、图 11-2-101)。

要点：完成姿势面向斜前方(与行进方向约成 30°)。手推出后，上体不可前俯。手向上举时，防止引肩上耸；一手上举一手前推要与弓腿松腰上下协调一致。做弓步时，两脚跟的横向距离同搂膝拗步式，保持在 30 厘米左右。

图 11-2-98

图 11-2-99

图 11-2-100

图 11-2-101

(3) 丁步抱球：身体重心略向后移，右脚尖稍向外撇，随即身体重心再移至右腿，左脚跟进，停于右脚内侧，脚尖点地；同时两手在右胸前成抱球状(右上左下)；目视右前臂(见图 11-2-102)。

(4) 弓步架推：同(2)，唯左右相反(见图 11-2-103、图 11-2-104)。

图 11-2-102

图 11-2-103

图 11-2-104

19. 海底针

右脚向前跟进半步，身体顺势微微左转，然后身体边后坐边向右转腰，重心移至右腿，左脚尖稍稍点地；同时右手随后坐，转体下落，经体前向后、向上提抽至肩上耳旁；左手也随转腰自然向右下落至胸腹前；眼看右手。重心微微下沉，上体向左转正，左脚稍向前落，脚尖点地，成左虚步；随身体左转，右手由右耳旁斜向前下方插出，掌心向左，指尖斜向下；左手向下、向左划弧落于左胯旁，手心向下，指尖向前；眼看前下方(见图 11-2-105、图 11-2-106)。

图 11-2-105

图 11-2-106

要点：右脚向前跟进半步时，上肢保持动作不变。后坐、转腰、动手要同时，上体向左一回转便插右掌。插掌时上体不可太前倾，避免低头和臀部外凸。

20. 闪通臂

上体稍向右转，左脚提起；右手由体前上提，屈臂上举，停于右额前上方，拇指向上，左手自然上提至胸前，然后左脚向前迈出，屈膝弓腿成左弓步；同时右手翻转，掌心斜向上，拇指朝下，架于右额前上方；左手由胸前向前推出，高与鼻尖平，手心向前；眼看左手(见图 11-2-107、图 11-2-108)。

图 11-2-107

图 11-2-108

要点：完成姿势时上体自然正直，松腰、松胯；左臂不要完全伸直，背部肌肉要伸展开。推掌、举掌和弓腿动作要协调一致。弓步时，两脚跟横向距离同“揽雀尾”式(不超过 10 厘米)。

21. 转身搬拦捶

(1) 转身握拳：上体后坐，身体重心移至右腿上，左脚尖里扣，身体向右后转，右手随着转体向右划弧至头上方，左手亦随身体移动上举，眼看右方，然后身体重心再移至左腿上；同时右手握拳随着转体向下经腹前划弧至左肋旁，拳心向下，左掌上举于头前，掌心斜向上；眼看前方(见图 11-2-109、图 11-2-110)。

(2) 上步搬拳：向右转体，右拳经胸前向前翻转撇出，拳心向上，左手落于左胯旁，掌心向下，指尖向前；同时右脚收回后即向前迈出，脚尖外撇；眼看右拳(见图 11-2-111)。

要点：右拳与右脚同时提放。右脚起落时，不要停顿或脚尖点地。

(3) 上步左拦：身体重心移至右腿上，左脚向前迈一步；左手上起，经左侧向前上划弧拦出，掌心向前下方；同时右拳向右划弧收到右腰旁，拳心向上；眼看左手(见图 11-2-112)。

要点：右拳不要握得太紧。右拳回收时，前臂要慢慢内旋划弧。

(4) 弓步冲拳：右腿蹬伸，重心前移，左腿前弓成左弓步；同时右拳向前打出，拳眼向上，高与胸平；左手附于右前臂里侧；眼看右拳(见图 11-2-113)。

要点：向前打拳时，右肩随拳略微向前引伸。沉肩坠肘，右臂要微屈。弓步时，两脚横向距离同“揽雀尾”式。

图 11-2-109

图 11-2-110

图 11-2-111

图 11-2-112

图 11-2-113

22. 如封似闭

(1) 分掌后坐：左手由右腕下向前伸出，右拳变掌，两手手心逐渐翻转向上并慢慢分开回收，与肩同宽；同时身体后坐，左脚尖翘起，身体重心移至右腿；眼看前方(见图 11-2-114、图 11-2-115)。

要点：先动左掌，向右臂下穿出，待两手翻转时再后坐。身体后坐时，避免后仰，臀部不可凸出。左手向前伸出时，应从右肘下方沿小臂向前抹出。两臂随身体回收时，肩、肘部略向外松开，不要直着抽回双手，两手分开微微收回即可。

(2) 弓步推掌：两手在胸前翻掌，向下至腹前，再向上、向前推出，两臂保持弧度。腕部与肩平，手心向前；同时左腿前弓成左弓步；眼看前方(见图 11-2-116、图 11-2-117)。

图 11-2-114

图 11-2-115

图 11-2-116

图 11-2-117

要点：两手向下、向前时都要有轻按的感觉。前推时，肘关节伴随蹬腿轻轻向前方用力。收掌至腹前的动作不可直线收回，两手推出的宽度不要超过两肩。

23. 十字手

(1) 转身分掌：身体后坐，重心移向右腿，左脚尖翘起，身体微向右转，双手随身体移动，眼看右手(见图 11-2-118)。身体继续右转，右脚尖随着转体稍向外撇，左脚尖内扣，成右侧弓步；同时右手随着转体动作向右平摆划弧，与左手成两臂侧平举，掌心向前，肘部微屈；眼看右手(见图 11-2-119)。

要点：以腰带手从脸前向右摆动，眼看右手；重心平移，不要有起伏；脚尖扣转后，均向前。

(2) 收脚合抱：身体重心慢慢移至左腿，右脚尖里扣，向左收回，两脚间距离与肩同宽，两腿微屈；同时两手向下经腹前向上划弧交叉合抱于胸前，两臂撑圆，腕高与肩平；右手在外，成十字手，手心均向后；眼看前方(见图 11-2-120、图 11-2-121)。

要点：两手分开和合抱时，上体不要前俯。站起后，身体自然正直，头要微向上顶，下颌稍向后收。两臂环抱时须圆满舒适，沉肩坠肘。

图 11-2-118

图 11-2-119

图 11-2-120

图 11-2-121

24. 收势

两手向外翻掌，手心向下，两臂慢慢下落，停于身体两侧；眼看前方(见图 11-2-122、图 11-2-123、图 11-2-124)。

图 11-2-122

图 11-2-123

图 11-2-124

要点：两手左右分开下落时，要注意全身放松，同时气也徐徐下沉(呼气略加长)。呼吸平稳后，把左脚收到右脚旁，再走动休息。

第三节 搏击运动

一、搏击运动概述

搏击运动是两人在一定条件下按照一定的规则进行斗智较力的对抗练习形式。目前正在逐步开展的搏击运动有散手、推手、短兵三项。本书主要介绍散手运动。

散手俗称散打，古称“手搏”“卞”“弁”“白打”“角力”“抱手”“相散手”等。由于这种对抗形式是在规定的台子上进行的，因此又称“打擂台”。现代散手是指两人按照一定的规则要求运用各种流派的踢、打、摔、拿等技法，互以对方技击动作为转移的斗智、较技的一种徒手格斗对抗性竞赛项目。

散手既突出地反映了武术的特殊本质——技击性，又明显区别于使人伤残的技击术内容。散手竞赛规则严格规定了后脑、颈部、裆部等为禁击部位。散手的技法是以增强体质、交流技艺、提高技术水平为出发点，以击中对方有效部位得分多少或击倒对手判定胜负。

通过散手锻炼，可以锻炼意志，培养品德，提高人体的速度、力量、灵敏、耐力等身体素质，提高内脏器官的机能，特别是对提高神经系统的灵活性有明显的作用。散手有着较高的表演和欣赏价值，人们在观赏散手表演或比赛时，不仅可以领略搏击格斗的奇招妙术，更能目睹散手运动员斗技斗勇、英武壮烈的场景，品味开拓人生、百折不挠的精神内涵。

二、搏击基本技术

1. 散手技术分类

1) 基本动作

(1) 步法：进步、退步、前疾步、后疾步、上步、撤步、垫步、滑步、跳换步、弹跳步、环绕步等。

(2) 拳法：冲拳、掼拳、抄拳、鞭拳等。

(3) 腿法：踹腿、蹬腿、里合腿、转身外摆腿、勾踢腿、前扫腿、后扫腿、侧弹腿等。

(4) 跌法：前滚翻、后滚翻、鱼跃(前、左、右)滚翻、前倒、(左、右)后倒、前扑等。

(5) 摔法：抱腿前顶摔、旋压摔、抱腿别腿摔、抱腿打腿摔、抱腿过胸摔、夹颈过背摔、插肩过背摔、抱腿过背摔、抱腿摔、抱腿上托摔、抱腿勾踢摔、抄腿勾踢摔等。

2) 基本技术

(1) 防守技术：拍挡、挂挡、拍压、掩肘、内(外)抄、内(外)挂、撤步、下潜摇身、提膝等。

(2) 进攻技术：左冲拳—左(右)踹腿、左冲拳—右里合腿、左踹腿—左右冲拳、左踹腿—右踹腿、左踹腿—左冲拳—右里合腿、左踹腿—左右冲拳—右正腿、左踹腿—右冲拳—左踹腿、左侧弹腿—左右冲拳—左踹腿、左侧弹腿—左冲拳—右里合腿、左侧弹腿—右掼拳—右踹腿等。

(3) 防守反击技术：拍挡掼拳反击、挂挡冲拳反击、拍压腿反击、掩肘里合腿反击、外抄勾踢反击、内抄别摔反击、外挂蹬腿反击、内挂里合腿反击、撤步踹腿反击、提膝冲拳反击等。

2. 散手技术分析

1) 基本动作

(1) 实战姿势：一般分为左手在前的“正架”和右手在前的“反架”两种，运动员可根据习惯选定。

正架动作方法：两脚开立与肩同宽，平行上左步，前后脚的距离稍大于肩；前脚掌稍内扣，后脚跟抬起，脚掌撑地；两膝关节微屈，身体重心在两脚之间。身体侧向前方，含胸收腹。手型要求四指内屈并拢，大拇指横握于食指和中指的第二节指节上。前臂的肘关节夹角在 60°～90° 之间，拳在视线下方，肘下垂，后臂的拳在颌下，上、下臂贴近胸肋部。头稍下低，收下颌，目平视，与前拳上方在一条水平线上；合齿闭唇，前肩提耸(见图 11-3-1)。

正架　　反架

图 11-3-1

(2) 步法：

进步：后脚蹬地，前脚先向前进半步，后脚再跟进半步(见图 11-3-2)。

退步：前脚蹬地，后脚先向后退半步，前脚再退半步(见图 11-3-3)。

图 11-3-2

图 11-3-3

上步：后脚向前迈一步，右脚在前，左脚在后，成反架(见图 11-3-4)。

撤步：前脚向后退一步，右脚在前，左脚在后，成反架(见图 11-3-5)。

图 11-3-4

图 11-3-5

滑步：前腿屈膝抬起，同时右脚跟内扣，脚掌向前擦地滑动(见图 11-3-6)。

跳换步：左右脚同时离地并向右转体，落地后成反架(见图 11-3-7)。

图 11-3-6

图 11-3-7

(3) 拳法：

- 冲拳

左冲拳：由实战姿势开始，右脚蹬地，发力于腰，上体微右转，同时右臂由屈到伸内旋 90°；击打目标后，再外旋 90° 收回原位(见图 11-3-8)。

右冲拳：由实战姿势开始，右脚蹬地，发力于腰，上体微左转，同时右臂由屈到伸内旋 90°；击打目标后，再外旋 90° 收回原位(见图 11-3-9)。

1 2 3

图 11-3-8

1 2 3

图 11-3-9

● 掼拳

左掼拳：由实战姿势开始，上体微向左转，左拳向外、向前、向内成平面半圆形横击，同时发力转腰发力，力达拳面，拳心朝下，臂微屈；击打目标后，左拳收回原位(见图 11-3-10)。

右掼拳：由实战姿势开始，右拳向外、向前、向内成平面半圆形横击，同时上体左转，腰胯发力，力达拳面；击打目标后，右拳收回原位(见图 11-3-11)。

1 2 3

图 11-3-10

1 2 3

图 11-3-11

● 抄拳

左平抄：由实战姿势开始，上体微左转，左拳向外、向前、向内成平面弧形勾击，发力于腰；同时左肘抬起与肩同高，肘关节的角度为 90°；击打目标后，左拳收回原位(见图 11-3-12)。

右平抄：同左平抄，方向相反。

左上抄：由实战姿势开始，上体微左转，左拳略向下，屈臂由下向上勾击；同时腰向左转，发力于腰；击打目标后，左拳收回原位(见图 11-3-13)。

1 2 3

图 11-3-12

1 2 3

图 11-3-13

右上抄：由实战姿势开始，右拳略向下，屈臂由下向上勾击；同时腰向左转，发力于腰；击打目标后，右拳收回原位(见图 11-3-14)。

左斜抄：由实战姿势开始，上体微左转，左拳略向下，屈臂由下向斜上勾击；同时腰向右转，发力于腰；击打目标后，左拳收回原位(见图 11-3-15)。

右斜抄：由实战姿势开始，右拳略向下，屈臂由下向斜上勾击；同时腰向左转，发力于腰；击打目标后，右拳收回原位(见图 11-3-16)。

图 11-3-14

图 11-3-15

图 11-3-16

● 鞭拳

左鞭拳：由实战姿势开始，上体右转，左拳由右后向外、向前横向鞭打，发力于腰，力达拳轮，拳眼向上；击打目标后，收回原位(见图 11-3-17)。

右鞭拳：由实战姿势开始，右脚经左脚后插步，身体向右后转 180°；同时右臂由屈至伸，向外、向前横向鞭打，发力于腰，力达拳轮，拳眼向上；击打目标后，右拳收回原位(见图 11-3-18)。

图 11-3-17

图 11-3-18

(4) 腿法：

● 蹬腿

左蹬腿：由实战姿势开始，左腿提膝抬起，勾脚；当膝稍高于髋时，以脚领先向前蹬出，力达脚跟；也可送髋，脚掌下压，力达脚掌(见图 11-3-19)。

右蹬腿：由实战姿势开始，身体稍左转，左脚跟稍内扣，身体重心移到左腿；同时右腿屈膝前抬，勾脚，以脚领先向前蹬出，力达脚跟；也可送髋，脚掌下压，力达脚掌(见图 11-3-20)。

图 11-3-19

图 11-3-20

● 踹腿

左踹腿：由实战姿势开始，身体重心移向右腿，右脚跟内扣；左腿屈膝抬起与髋同高，脚尖勾起，由屈到伸向侧前踹出，同时展髋，力达脚背；击打目标后，左脚收回原位(见图11-3-21)。

右踹腿：由实战姿势开始，身体左转，左脚跟内扣，重心移至左腿；右腿屈膝抬起与髋同高，脚尖勾起，随后由屈到伸向侧前踹出，同时屈髋，力达脚掌；击打目标后，右脚收回原位(见图 11-3-22)。

图 11-3-21

图 11-3-22

● 里合腿

左里合腿：由实战姿势开始，上体稍右转并侧倾，右脚跟内扣；左膝前领与髋同高，大腿带动小腿，由屈到伸向前横踢，力达脚背，同时展髋；击打目标后，左脚收回原位(见图 11-3-23)。

图 11-3-23

右里合腿：由实战姿势开始，身体左转，左脚跟内扣，重心移至左腿；右膝前领与髋同高，大腿带动小腿，由屈到伸向前方横踢，力达脚背，同时展髋；击打目标后，右脚落地成反架(见图 11-3-24)。

● 转身外摆腿

左转身外摆腿：由实战姿势开始，上右步，重心移至右腿；左脚离地，同时发力于腰，向左后转体 360°，左腿横扫，力达脚掌；击打目标后，左脚落回原位(见图 11-3-25)。

图 11-3-24

图 11-3-25

右转身外摆腿：由实战姿势开始，重心移至左腿，发力于腰，向右后转体 360°；同时右脚离地，随转体向前横扫，力达脚掌；击打目标后，右脚落回原位(见图 11-3-26)。

● 侧弹腿

由实战姿势开始，右脚跟内扣，重心移至右腿；左大腿带动小腿由屈到伸向前鞭打，力达脚背，高不过膝；击打目标后，左脚收回原位(见图 11-3-27)。

1　2　3

图 11-3-26

1　2　3

图 11-3-27

● 勾踢腿

由实战姿势开始，左脚跟内扣，膝外展，重心移至左腿，身体左转 180°；同时右大腿带动小腿向前、向左弧线擦地勾踢，力达脚背；击打目标后，右脚收回原位(见图 11-3-28)。

1　2　3

图 11-3-28

(5) 跌法：

前滚翻：由站立姿势开始，身体下蹲，双手撑地，重心移至两手上；两脚用力蹬地，同时低头屈臂，团身向前滚动，然后双手抱小腿成蹲立，再站起(见图 11-3-29)。

后滚翻：由站立姿势开始，身体下蹲，双手撑地，低头含胸，快速后倒，团身经臀、腰、肩、后脑依次向后滚动，然后双脚触地，双手推掌站立(见图 11-3-30)。

1　2　3

图 11-3-29

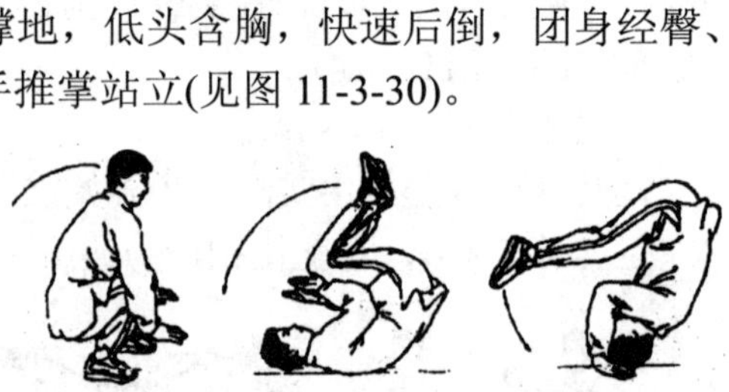
1　2　3

图 11-3-30

(6) 摔法：

抱腿前顶摔：双方由实战姿势开始，一方右脚蹬地，身体下潜上左步，然后两手抱对方双腿膝窝；同时左肩前顶，两手回拉将对方摔倒；动作完成后回原位(见图 11-3-31)。

1 2 3

图 11-3-31

抱腿别腿摔：双方由实战姿势开始，一方右脚蹬地，身体下潜上左步，左手抄抱对方前大腿，右手抄抱其小腿于胸前；右脚跟半步，左脚插在对方的支撑腿后面，然后上体后转用胸下压对方前腿，将对方摔倒；完成动作后回原位(见图 11-3-32)。

1 2 3

图 11-3-32

夹颈过背摔：双方由实战姿势开始；一方上左步，同时左臂夹对方颈部，右手抓住对方左前臂，然后身体右转，右腿跟进半步，臀抵在对方腹前，继而两腿蹬伸、弓腰、头右转，将对方摔倒；完成动作后回原位(见图 11-3-33)。

1 2 3

图 11-3-33

2) 基本技术

防守技术：

(1) 拍挡：由实战姿势开始，左手由外向内横击，同时上体微右转；完成动作后回原位。右手方法一样，方向相反(见图 11-3-34)。

用法：当对方使用后冲拳或后蹬、后踹向己方胸上部进攻时，则用左拍挡防守；当对方使用前冲拳或前蹬、前踹向己方胸上部进攻时，则用右拍挡防守。

(2) 挂挡：由实战姿势开始，右手上提护于右耳廓，肘尖向前，同时上体微右转；完成动作后回原位。左手方法一样，方向相反(见图 11-3-35)。

图 11-3-34

图 11-3-35

用法：当对方使用后掼拳或后里合腿进攻己方头部左侧时，则用左挂挡防守。

(3) 拍压：由实战姿势开始，左手由上向下在腹前拍击，同时上体微右转；完成动作后回原位。右手方法一样，方向相反(见图 11-3-36)。

用法：当对方使用后冲拳或后蹬、后踹进攻己方腹部时，则用左拍压防守；当对方使用前冲拳或前蹬、前踹进攻己方腹部时，则用右拍压防守。

(4) 撤步：由实战姿势开始，左脚由前向后退一大步，同时身体左转 180°；完成动作后回原位(见图 11-3-37)。

用法：当对方使用任何拳法、腿法进攻己方任何部位时，都可以用撤步进行防守。

图 11-3-36

图 11-3-37

(5) 下潜摇身：由实战姿势开始，两腿屈膝，沉胯；同时上体由上向内、向下、向外摇身；完成动作后回原位。向右下潜摇身方法一样，方向相反(见图 11-3-38)。

用法：当对方使用后掼拳进攻己方头部时，则用左下潜摇身防守；当对方使用前掼拳进攻己方头部时，则用右下潜摇身防守。

(6) 提膝：由实战姿势开始，重心移至右腿，同时左腿屈膝提起(见图 11-3-39)。

用法：当对方使用前、后里合腿或侧弹腿进攻己方下盘时，可用提膝防守。

图 11-3-38

图 11-3-39

进攻技术：

(1) 左冲拳—左踹腿：双方由实战姿势开始；一方疾步以左冲拳击打对方面部；随后

垫步以左踹腿踢对方腹部(见图 11-3-40)。要求：出拳要快，拳、腿衔接要协调。拳打是虚，脚踹是实。

1　2　3

图 11-3-40

(2) 左冲拳—右踹腿：双方由实战姿势开始，一方疾步以左冲拳击打对方面部，随后直接以右踹腿踢对方腹部(见图 11-3-41)。要求：出拳要快，右踹腿可以向前也可以向体右侧踹击，以防对方后退改变路线。

1　2　3

图 11-3-41

(3) 左冲拳—右里合腿：双方由实战姿势开始，一方疾步以左冲拳击打对方面部，随后直接以右里合腿踢对方胸腹部(见图 11-3-42)。要求：出拳之前，先用步法逼迫对方向右侧退步，然后用冲拳和里合腿进攻。

1　2　3

图 11-3-42

(4) 左踹腿—左右冲拳：双方由实战姿势开始，一方垫步以左踹腿踢对方腹部，随后直接以左右冲拳连击对方面部(见图 11-3-43)。要求：出腿要快，在左脚落地的同时出拳。

1　2　3

图 11-3-43

(5) 左踹腿—右踹腿：双方由实战姿势开始，一方滑步以左踹腿踢击对方腹部，随后左脚落地，直接以右踹腿踢击对方的胸、头部(见图 11-3-44)。要求：第一腿踹完后，身体重心快速向左转移，以便启动右踹腿。

图 11-3-44

三、搏击基本战术

散手战术，是指根据比赛双方的具体情况，为战胜对方而采取的合理有效的计策。在竞争激烈、错综复杂、变化无常的散手比赛中，双方始终处于发挥与反发挥、限制与反限制、控制与反控制的对抗中，尤其是在双方实力相当的比赛中，能否正确、合理地运用战术是夺得比赛胜利的关键。

战术的制定应首先了解对方属于何种技术类型，其技术动作的优点和弱点是什么，并根据对方的技术特点、心理素质状况等情况，来制定相应的战术，以便充分发挥自己的优势，限制对方的长处，打击对方的短处。一旦预先设计的战术在实施过程中未能奏效或被对方识破，要能够根据当时的具体情况合理而巧妙地变换战术。

(1) 抢攻战术：指没有假动作的直接进攻。当对方体力不足、防守出现漏洞、反应速度下降时运用，可收到良好的战术效果。

(2) 强攻战术：指硬性的快速进攻。运用强攻战术必须具备以下条件：a. 我方素质好、技术全面，但经验不如对方；b. 对方的心理素质差；c. 比赛失分，时间快结束时。

(3) 诱击战术：指先采用各种手段制造对方的错觉，然后实施真实进攻。诱击战术可以在双方实力相当时运用，如故意暴露目标，佯装体力不支，或指上打下、指左打右，真真假假，使对方对虚假动作产生错误的判断后，再加以进攻。

(4) 迂回战术：指利用步法的移动从侧面进攻。这种战术主要用于对付力量大、速度快、擅长正面进攻或者正面防守严密的对手。通过调整、变换与对手的距离和角度，避实就虚，寻找机会从侧面加以进攻。

(5) 制长战术：指限制对方技术优点的打法。这种战术在比赛中应用较多，因为只有了解对方的擅长打法，才能制定战术控制对方，使其不能发挥自己的长处，同时有利于自己的有效进攻，从而保证比赛的胜利。

(6) 制短战术：指针对对方技术薄弱环节而采用的打法。在比赛中，不仅要了解对手的长处，也要了解对方的技术弱点，只有抓住对方的不足，集中力量攻击对方的弱点，才能有更大的取胜可能性。

(7) 下台战术：指使对方下擂的打法。这种战术主要用于对付擂台比赛经验少、训练水平低的对手，或者自己已失分需孤注一掷时采用。运用步法的紧逼迫使对方退向擂台警戒线，然后寻找机会逼击对方下擂；或者自己后退引诱对手进攻，从而借力使对方攻击落空而下擂。

(8) 边角战术：指利用对方在擂边、擂角怕掉擂的心理而采用的打法。当运动员退至警戒线附近时，一般都有怕“失足”掉擂或被对方打下擂台的恐慌心理。这时技术容易出现漏洞，如果抓住时机快速进攻，成功的可能性较大，容易得分。但自己要把握好距离和空间感，以防用力过猛，反而使自己掉擂。

(9) 心理战术：指给对方心理制造不稳定状态，使其不能正常发挥水平的手段。在赛前、赛中，可以采用一些方法和措施麻痹对手，造成对方紧张、急躁、惧怕、气馁、麻痹大意等心理状态，从而不能发挥应有的技战术水平。

第四节 女子防身术

一、女子防身术概述

防身术是当人身受到威胁、侵害时采取的，以保护自己为目的的技击术。女性用于抗暴御侮的技击术，就叫女子防身术。

1. 女子防身术的原则

女子防身术防卫的对象通常是男性。从生理角度来说，女性的体型骨骼较小，力量、速度和耐久力都比男性差，所以需要以智取胜。总的来说，女子防身术有以下两个原则。

(1) 想办法逃跑永远是第一选择。 不论女性多么强壮，功夫多么高强，单独一人面对歹徒都是极其危险的。因此，当女性独自一人出行时，应该加强观察，一旦发现有可疑人员向自己走近时，就要及时逃离现场，并且拿出手机拨打报警电话。

(2) 胆大心细，沉着冷静。在面对歹徒时，一般人由于心理上的恐惧而容易发抖，肌肉发僵，动作呆滞、笨拙，从而错失制服歹徒的有利时机。在这种情况下，正确的做法是沉着冷静，以巧制胜。

2. 女子防身术的特点

女子防身术是从女性身体特点出发，结合遭遇的具体情况而实施的独特的防身术。它不同于传统武术、散打、拳击等擂台上的竞技体育运动，相较之下具有一些独特之处。

(1) 简单实用。女子防身术是一种以迅速摆脱危险境地为目的、尽量以一招制胜来捍卫自身安全的搏斗技术。其技术简洁明快，战术简明实用，而且打击部位明确，要求快、准、狠地击打歹徒，从而实现迅速逃脱。

(2) 科学性。女性想要取得抗击暴力违法犯罪行为的胜利，必须掌握一定的知识和技巧。在模拟训练中，教师应根据女性的身体和心理特点为学生制订训练内容和方法，从学习、训练到实战对抗，循序渐进，由易到难。

(3) 随机应变性。使用女子防身术是为了自我防卫、摆脱危险，因此，在实际搏斗过程中必须运用一切可能用到的技术动作和身边的物品，比如采用脚踢、顶裆、指捏、口咬等方式，利用随身携带的包、梳子、鞋、发卡、雨伞、发胶水以及现场的沙土、砖瓦、木棍等物品，尽最大限度去打击歹徒，以保证自己的安全。

(4) 伪装性。伪装性指女性在搏斗过程中要掩饰自己的防卫动机，甚至利用各种假动作和表情来欺骗对方，趁其不备，出奇制胜。女性在受到侵害时多处于弱势，以硬碰硬很难取胜，如果将计就计，有效地利用女性自身的“弱”的表象，诱敌深入，让对方疏于防范，伺机接近对力，然后抓住时机采用合理、有效的方法进攻，则可能有机会实现速脱，甚至将对方制服。

3. 女子防身术常用技法

(1) 头法：以额头为武器攻击对方，在女子防身术中称为头法。头部虽然分布着大量要害薄弱部位，但头部有坚实的区域，这就是前额。

(2) 拳法：手是最灵活的，在女子防身术中，手的威力最大，而手的攻击形式以拳为主，所以拳是最主要的攻击武器。常见的拳法有直拳、勾拳、劈拳、鞭拳。

(3) 掌法：常见的掌法有插掌、砍掌、撩掌、推掌、平掌、虎爪、掌根。

(4) 肘法：由于肘部的生理结构特点，击打力量较之其他技法(掌法、拳法等)更重、更狠。常见的肘法有顶肘、挑肘、横肘、砸肘、反手横肘。

(5) 膝法：用膝攻击，距离一定要近，因为膝与腿不同，膝比大腿、小腿短了许多，不到位或勉强到位，对方稍微弯腰躬身就化解了。常见的膝法有提膝、侧撞膝。

(6) 腿法：腿法可分为屈伸性腿法和直摆性腿法。直摆性腿法(如摆腿、后扫腿等)难度较大，未经长期特殊练习，不会有较大威力。考虑到女性各方面的条件，女性在自卫时用屈伸性腿法更合适。常见的屈伸性腿法有蹬腿、弹腿、踹腿。

二、危境反击技能

1. 胳膊被抓时的防卫技术

歹徒抓住女性胳膊时，一般都是向自己方向拉扯。此时，歹徒的手腕虎口处空虚无力，被抓者手臂应以歹徒虎口为突破点用力上挑，逃脱歹徒的掌控。

2. 头发被抓时的防卫技术

歹徒抓住女性头发往前拖曳时，一般都是身内拖曳。因此，裆部要害部位便全部暴露，并正处于被抓者面对的方向。这时，被抓者应趁被抓扯俯身向前窜而站立不稳之机，借着抓拉之力的惯性，将膝头高提，以提膝的打法猛撞歹徒裆部。若女性被歹徒抓着头发往前走，女性应以手掌自歹徒后裆猛地插入，使用掏裆法。此外，头发被抓时，女性也可以掌尖顺着歹徒的手臂猛力插击其腋窝。

3. 被从身后抱住时的防卫技术

当女性被歹徒从身后抱住时，若女性的手臂未被抱住，可抬手以反手横肘向后猛击歹徒的太阳穴，也可以反方向折其拇指或小手指，或可用脚跟猛跺其脚面。如果手臂也一起被抱住，可伸手抓、握、提歹徒的裆部。因为是反手掏裆，所以一定要准确。歹徒抱住女性腰际时，其必然弯腰，头部较低，这时女性可猛仰头以后脑击其面部。

4. 单肩被抓时的防卫技术

女性单肩被抓时，可用右手按压住歹徒的手掌部位，左手肘部从上向下用力按压歹徒的肘关节处；也可用右手按压住歹徒的手掌部位，用左手掌拧压歹徒的肘关节处。

5. 双肩被抓时的防卫技术

女性双肩被抓时，歹徒的裆部和腋下全部暴露，女性可用掌尖猛刺歹徒的腋下，也可以抬膝踢歹徒的裆部，还可用拳击打歹徒的肋骨处。

6. 仰卧被压时的防卫技术

当歹徒跨立于女性身体上方，俯身抓、掐、压时，女性可以抬腿蹬击其裆部。如果手臂未被控制住，在较近的距离内可以直接用手指快速戳击歹徒的眼睛，或用掌根自下而上重击歹徒的鼻子，有意想不到的效果。在手臂被控制的情况下，可以用头撞歹徒的鼻梁，抬头要猛。

思考与练习

(1) 简述武术的基本功和基本组合。

(2) 二十四式太极拳的动作名称是什么？

(3) 简述搏击运动的基本战术。

(4) 简述女子防身术的常用技法。

第十二章 健 美 操

第一节 健美操概述

一、健美操的起源与发展

现代健美操于1980年起源于美国。1980年，世界健美操冠军联合会成立。1983年，国际健美操联合会成立。1992年，中国健美操协会正式成立，之后健美操在我国得到大力推广。健美操以其鲜明的韵律感、全面的协调性、广泛的适用性、显著的实效性风靡全球。

二、健美操的概念与分类

(1) 健美操的概念：健美操是在音乐伴奏下，以身体练习为基本手段，以有氧运动为基础，达到增进健康、塑造形体和娱乐目的的一项体育运动。

(2) 健美操的分类：根据练习的主要目的和任务，可将健美操分为竞技健美操、健身健美操和表演健美操；根据练习形式，可将健美操分为徒手健美操、器械健美操和特殊场地健美操；相据性别特征，可将健美操分为女子健美操和男子健美操；根据年龄特征，可将健美操分为幼儿健美操、儿童健美操、少年健美操、青年健美操、中年健美操和老年健美操；根据锻炼部位，可将健美操分为颈部健美操、肩部健美操、臂部健美操、胸部健美操、腹部健美操、腰部健美操、髋部健美操和腿部健美操等。

三、健美操的特点与作用

(1) 健美操具有以下特点：适用于各类人群；健身美体实效性强；具有鲜明的节奏感和韵律感；健身安全性高；在创新中不断发展。

(2) 健美操的作用包括：增进健康，增强体质；塑造健美形体，提高审美能力；缓解精神压力，娱乐身心。

第二节 健美操的基本动作

一、常用上肢动作

1. 手型

在健美操中，手掌随臂的姿态而灵活变化。一般而言，手臂伸展时，手指和手腕随之伸展，手背呈反弓形；手臂弯曲时，手指、手腕放松，从肩至手指成一柔和弧线。恰当地运用各种手型，能使手臂动作丰富多彩、生动活泼。健美操常见手型有以下 9 种。

(1) 并拢式：五指伸直并拢，大拇指微屈，指关节贴于食指旁。

(2) 分开式：五指用力伸直，充分张开，手腕保持一定的紧张程度。

(3) 一指式：握拳，食指或大拇指伸直。

(4) 芭蕾手式：五指微屈，后三指并拢、稍内收，大拇指内扣。

(5) 拳式：握拳，大拇指在外，指关节弯曲，紧贴于食指和中指。

(6) 立掌式：五指伸直，手掌用力上翘。

(7) 西班牙舞手式：五指用力，小拇指、无名指、中指自掌指关节处依次屈曲，大拇指稍内扣。

(8) 花式：在分开式的基础上小指伸直向掌心回弯到最大限度，无名指随小指回弯。

(9) 剑指：大拇指与无名指、小指相叠，中指、食指并拢伸直。

2. 手臂动作

健美操的手臂动作包括举(摆/提/拉)、屈、绕(绕环)等，如表 12-1 所示。

表 12-1 健美操手臂基本动作

动作分类	动作界定	动作变化
举(摆/提/拉)	以肩为轴，臂伸直向某方向抬起并停止在某一部位，活动范围不超过180°	单或双臂的前、后、倒举。其中，双臂既可做相同动作，又可做不同动作；既可同时，又可依次，还可交叉
屈	肘关节产生一定的弯曲角度	包括胸前平屈、肩倒屈、肩上侧屈、肩下侧屈、肩上前屈、腰间屈、头后屈。既可一臂做动作，又可两臂 同时做相同动作，还可两臂依次做相同动作
绕(绕环)	以肩关节为轴，手臂在 180°～360° 的运动为绕；大于 360° 的圆周运动为绕环	单或双臂的前绕、后绕、内绕、外绕、小绕、中绕、大绕。两臂动作既可以同时，又可以依次

二、躯干动作

健美操的躯干动作主要包括头颈部、肩部、胸部、腰部、髋部的动作。综合运用各部位的动作，可以完成躯干的波浪动作。躯干的波浪动作可向前、后、左、右依靠身体各部位依次完成，动作要协调、连贯。

三、基本步法

健美操的基本步伐有 5 类：交替类、点地类、迈步类、抬腿类和双腿类。

1. 交替类

(1) 踏步。两腿原地依次抬起，依次落地，两臂自然前后摆动。落地时，由脚尖过渡到脚跟，踝、膝、髋关节依次有弹性地缓冲。

(2) 走步。迈步向前走时，脚跟先落地，过渡到全脚掌；向后走时则相反。其技术要点基本与踏步相同。

(3) “一”字步。一只脚向前一步，另一只脚并于前脚，然后依次还原。前后均要有并脚过程；每一拍动作膝关节始终有弹性地缓冲。

(4) “V”字步。一只脚向前侧方迈一步，另一只脚随之向另一侧迈一步，成两脚开立，屈膝，然后依次退回原位。两脚间距离略比肩宽，重心落于两腿之间。

(5) 漫步。一只脚向前迈出，屈膝，重心随之前移，另一只脚稍抬起，然后原地落下；或向后撤一步，重心后移，另一只脚稍抬起，然后原地落下。动作要富有弹性，身体重心随之前后移动。

(6) 后踢腿跑。两腿依次腾空后，一脚落地缓冲，另一腿小腿后屈，两臂前后自然摆动。膝、踝关节有弹动地缓冲，落地时由前脚掌过渡到全脚掌着地。

2. 点地类

(1) 脚尖点地。一条腿稍屈膝站立，另一条腿伸出(向前、向后、向一侧)，脚尖点地，然后还原到并腿姿势。支撑腿始终保持屈膝站立，并随动作有弹性地屈伸。

(2) 脚跟点地。一条腿稍屈膝站立，另一条腿伸出，脚跟点地，然后还原到并腿姿势。只可做向前和向侧的脚跟点地。

3. 迈步类

(1) 并步。一只脚迈出，另一只脚随之并拢屈膝点地，再向反方向迈步。两膝保持弹动，重心随之移动，动作幅度和力度可随风格而定。

(2) 并步跳。以右脚起步为例，右脚迈出，随之蹬地跳起，左脚并右脚，并腿落地。身体重心随身体迅速移动，落地时注意缓冲。

(3) 侧交叉步。一只脚向侧迈一步，另一只脚在其后交叉，随之再向侧迈一步，另一只脚并拢，屈膝点地。第一步脚跟先落地，屈膝缓冲，身体重心随脚步快速移动。

(4) 侧交叉步跳。一只脚向侧迈一步，另一只脚在其后交叉，第一只脚再向侧迈一步，另一只脚并拢，同时两脚轻轻跳起，落地屈膝缓冲。第一步脚跟先着地，身体重心快速随着脚步移动而移动，保持膝、踝关节的弹动。

(5) 迈步点地。一只脚向侧迈一步，经两膝弯曲，随之身体重心移至一侧腿，另一腿伸直，脚尖或脚跟点地。重心移动明显，两膝有弹性地屈伸，上体不要扭转。

(6) 小马跳。左腿蹬地跳起，同时右腿向侧迈步落地，随之左腿并右脚点地，随后反方向做一次，动作相同，但方向相反。两脚轻快蹬跳、落地，身体重心随之平稳移动，注意膝、踝关节的弹动。

(7) 迈步吸腿。一只脚迈出一步，另一条腿屈膝抬起，然后向反方向迈步。支撑腿保持屈膝弹动，大腿上抬超过水平，小腿自然下垂细脚尖，上体保持正直。

(8) 迈步吸腿跳。右脚向前迈出一步，之后身体重心跟进，同时左腿抬起，抬起 90°时，两脚起筑。跳起时，上体保持正直，收腹立腰。

(9) 迈步后屈腿。一只脚迈出一步，另一条腿后屈，然后向相反方向迈步。经过屈膝半蹲，支撑腿保持有弹性地屈伸，后屈腿的脚后跟向着臀部。

(10) 迈步后屈腿跳。一条腿侧迈一步，另一条腿向后屈膝，同时两脚起跳，缓冲落地。

两腿跳起时，屈膝脚尖绷直，落地时，两腿膝关节微屈，不宜伸直。

4. 抬腿类

(1) 吸腿。一条腿屈膝抬起，落地还原。上体保持正直，大腿用力上提超过水平，小腿自然下垂。

(2) 吸腿跳。一条腿屈膝抬起，落地还原；另一只脚离开地面，向上跳起。支撑腿保持屈膝弹动，大腿上抬至水平，上体保持正直，注意身体的稳定性。

(3) 摆腿。一条腿稍屈膝站立，另一条腿做摆动。摆腿时，上体顺势前倾、后倾或侧倾。

(4) 摆腿跳。一条腿自然摆动，另一条腿向上跳起，落地时两腿屈膝缓冲。保持上体正直；支撑腿屈膝缓冲，摆动腿抬起时幅度不要过大，且要有控制。

(5) 踢腿。一条腿屈膝站立，另一条腿抬起，然后还原。踢腿时，加速用力且有控制，上体保持正直。

(6) 踢腿跳。一只腿蹬地跳起，另一条腿抬起向前或向侧，然后还原。抬起腿不需要很高，但要有控制，保持上体正直。

(7) 弹踢。一条腿站立(蹬跳)，另一条腿先向后屈，再向前下方弹踢，还原。腿弹出时要有控制，两膝盖紧靠，弹踢腿的脚尖要绷直，上体保持正直。

(8) 弹踢腿跳。两脚起跳，单脚落地，另一条腿小腿后屈，然后小腿前踢伸直。腿弹出时要有控制，保持上体正直。

(9) 后屈腿跳。一条腿站立蹬地跳起，另一条腿向后屈膝折叠，放下腿还原。后屈腿脚跟靠近臀部，支撑腿有弹性地缓冲落地，两膝并拢。

5. 双腿类

(1) 并腿跳。两腿并拢跳起。落地缓冲且有控制。

(2) 开合跳。由并腿跳起，分腿落地，再由分腿跳起，并腿落地。分腿屈膝蹲时，两脚自然外开，膝关节沿脚尖方向弯曲。落地时，屈膝缓冲，脚跟着地。

(3) 弓步跳。并腿向上跳起，前后成分腿姿势落地，接着再向上跳起，并腿落地。落地时，膝关节有弹性地缓冲，分腿落地时双脚尖朝前方，并且基本都在一条线上。

(4) 分腿半蹲跳。两腿分立，屈膝半蹲(大、小腿夹角不小于 90°)，向上跳起，分腿落地屈膝缓冲。

(5) 膝弹动。两腿并拢，膝关节有弹性地屈伸。膝关节由弯曲到还原，还原时膝关节应处于微屈状态。

(6) 踝弹动。两腿伸直或屈膝，踝关节有弹性地屈伸。脚尖或脚跟抬起时，保持身体的稳定性和踝关节的弹性。

(7) 半蹲。半蹲分为并腿半蹲和分腿半蹲，不论哪种，两腿均有控制地同时屈和伸。分腿半蹲时，两腿左右分开稍大于肩，脚尖稍外展，膝关节角度不小于 90°，与脚尖方向一致，上体保持直立。

(8) 弓步。两脚前后分开，平行站立，一条腿屈膝，脚尖与膝垂直，另一条腿伸直，重心落于两脚之间。也可两膝皆屈，后腿的大腿垂直于地面。

(9) 移重心。以两脚开立为初始动作，两腿屈膝下蹲之后，身体向右侧移动重心，右脚全脚掌着地，左脚脚尖点地。身体重心的移动要保持平稳。

第三节　健美操设计

一、健美操动作设计

健美操的动作设计指根据不同种类健美操的目的、特定要求以及相应的规则和规程，创编健美操成套动作。

二、健美操音乐设计

通常情况下，健美操由动作和音乐两部分组成，它们有着自己独特的规律，同时又相互依存、彼此交融。这里所谈及的健美操音乐，仅针对传统有氧健身操及竞技健美操。

(1) 健身操音乐：健身操音乐是在遵循健身操运动规律的基础上产生的。健身操的音乐结构基本保证乐句、乐段的完整，很少出现过渡与连接，通常会把几段不同的音乐结合串联在一起，使其在段落、速度等方面基本保持一致。

(2) 竞技健美操音乐：为了体现运动员的竞技能力并增加艺术效果，激荡感染裁判和观众的心灵，竞技健美操音乐在结构上较为复杂，通常起伏较大。

三、健美操舞美设计

健美操舞美设计是交叉性的综合艺术，它几乎包罗万象，又融为一体。健美操舞美设计通过舞台、布景、音效、灯光、服装、道具、化妆设计等艺术传达手段体现出来。

第四节　健身性健美操的比赛规则

一、规则概述

(1) 比赛内容：规定动作比赛、自选动作比赛。

(2) 参赛人数：规定动作每队 5 人，性别不限，或按比赛规程执行；自选动作可分为个人、双人和集体项目等，性别按规程执行。

(3) 成套动作时间：规定动作的成套动作时间按《全国健美操大众锻炼标准》规定时间执行；自选动作的成套动作时间为 2 分钟～2 分钟 15 秒，计时从动作开始到动作结束。

(4) 音乐伴奏：主办单位提供《全国健美操大众锻炼标准》规定动作音乐并统一播放；自选动作音乐由参赛队自备，音乐文件必须准备 2 份，其中 1 份报到后交大会放音组；自选动作音乐允许有 2×8 拍的前奏，音乐速度不限。

二、成套动作的评分

1. 规定动作评分(10 分制)

规定动作的评分情况如表 12-2 所示。

表 12-2 规定动作评分表

评分因素	内 容	一般/分	较差/分	不可接受/分
表演和团队精神(4 分)	表现力与热情	0.1～0.2	0.3～0.4	0.5 或更多
	队形	0.1～0.2	0.3～0.4	0.5 或更多
	一致性 (每次)	0.1	0.2	0.3
动作完成(6 分)	动作的正确性	0.1～0.2	0.3～0.4	0.5 或更多
	动作不熟练、漏做动作	0.1～0.2	0.3～0.4	0.5 或更多
	身体的协调性	0.1～0.2	0.3～0.4	0.5 或更多
	动作连接	0.1～0.2	0.3～0.4	0.5 或更多
	改变动作或附加动作	0.1～0.2	0.3～0.4	0.5 或更多
	动作充分表现音乐的情绪	0.1～0.2	0.3～0.4	0.5 或更多
	动作和音乐节奏配合准确	0.1～0.2	0.3～0.4	0.5 或更多

2. 自选动作评分(10 分制)

自选动作的评分情况如表 12-3 所示。

表 12-3 自选动作评分表

评分因素	内 容	一般/分	较差/分	不可接受/分
动作设计(集体 3 分/个人 4 分)	主题健康、充满活力	0.1～0.2	0.3～0.4	0.5 或更多
	风格突出、富有创意	0.1～0.2	0.3～0.4	0.5 或更多
	动作类型丰富，动作的转换自然流畅	0.1～0.2	0.3～0.4	0.5 或更多
	服饰选择美观协调	0.1～0.2	0.3～0.4	0.5 或更多
	音乐的选择与动作风格相一致并配合协调，录音质量高、清晰	0.1～0.2	0.3～0.4	0.5 或更多
	充分利用场地和空间	0.1～0.2	0.3～0.4	0.5 或更多
	安全性	0.1～0.2	0.3～0.4	0.5 或更多
	每出现一个不安全动作	0.2		
动作完成(集体 4 分/个人 4 分)	动作完成轻松、准确、流畅	0.1～0.2	0.3～0.4	0.5 或更多
	动作完成能体现所选择主题的风格和特点	0.1～0.2	0.3～0.4	0.5 或更多
	动作与音乐协调一致	0.1～0.2	0.3～0.4	0.5 或更多
	基本姿态和技术正确，动作优美	0.1～0.2	0.3～0.4	0.5 或更多
集体表演和团队精神(3 分)	表现力与热情	0.1～0.2	0.3～0.4	0.5 或更多
	队形	0.1～0.2	0.3～0.4	0.5 或更多
	一致性(每次)	0.1	0.2	0.3
个人表演(2 分)	表现力与热情	扣至 0.3	0.4～0.5	0.6 或更多

三、违例动作

违例动作包括：各种竞技体操和技巧运动的翻转与抛接动作；过度背弓；无支撑体前屈；仰卧翻臀；头绕环和过度头后仰；膝转；足尖起；仰卧直腿起坐、仰卧直腿举腿、仰卧两头起；臀部低于膝关节的深蹲；高难度托举动作。不鼓励做竞技健美操中的难度动作，否则不仅不予加分，对错误动作还会减分。

四、特殊情况

运动员在遇到以下特殊情况时，应立即停止做动作并向裁判长反映，在问题解决后重做，成套动作结束后提出的要求将不被接受：播放错音乐；由于音响设备而出现的音乐问题；由于设备问题而出现的干扰灯光、舞台、会场；其他任何异物进入比赛场地；运动员责任外的特殊情况而引起的弃权。

思考与练习

(1) 健美操有哪些作用?

(2) 简述健美操的上肢基本动作。

(3) 健美操设计包含哪些内容?

第十三章 游泳运动

第一节 游泳运动概述

一、游泳运动的起源与发展

从地球上出现人类的那一刻起，人类的生活就离不开水。人类为了生存，经常跋山涉水；为了捕捉水里的鱼虾，不可避免地要与水打交道；当洪水泛滥时，则要与洪水进行生死搏斗。人类正是在与大自然进行斗争的过程中，逐渐学会了游泳。最初，人类只是简单地模仿水栖动物的姿势与动作，在水中简单地移动，久而久之，便掌握了在水中行动的技能，如漂浮、游动、潜水等，进而产生了各种游泳姿势。1896 年举办的第 1 届现代奥运会将游泳列为比赛项目之一。 第 2 届奥运会增设仰泳、障碍泳和潜泳比赛。第 3 届奥运会将游泳比赛的姿势规定为自由泳和仰泳，比赛距离以“码”为单位。1908 年成立了国际游泳联合会，并制定了国际游泳比赛规则，同时规定比赛距离统一使用“米”为单位。1996 年第 26 届奥运会和 2000 年第 27 届奥运会，游泳比赛项目达 32 项，游泳成为奥运会比赛金牌数仅次于田径的比赛大项。

二、游泳运动的作用

游泳运动可以强身健体、减肥降脂、延缓衰老、减缓压力、磨炼意志。

三、游泳运动主要赛事

现代国际游泳联合会主办的国际高水平游泳赛事主要有奥运会、世界游泳锦标赛、世界杯短池游泳系列赛、世界短池游泳锦标赛等。

我国主办的高水平游泳赛事主要有全国运动会、全国游泳锦标赛和全国游泳冠军赛等。

第二节 竞技游泳的基本技术

一、熟悉水性

1. 站立与水中行走

放松心情，速度平稳，逐渐加速，体会行走过程中身体位置的改变以及如何在行走中保持平衡。

(1) 双手扶池边，面向池壁，沿着池壁侧向行走。

(2) 单手扶池边，面向游泳池的一端，向前、向后行走。

(3) 双手不扶池边，在体侧轻微划水帮助移动和保持平衡。

2. 呼吸

吐气用口和鼻；吸气时主要靠嘴，不要用鼻子。

(1) 闭气练习：浅水区，双手扶池边，弯腰，吸气后下蹲低头使头部完全没入水中，10 秒后起身站立。

(2) 吐气练习：浅水区，双手扶池边，弯腰，将鼻子和嘴没入水中，同时慢慢吐气，眼睛看着水面的波浪。

(3) 呼吸练习：浅水区，双手扶池边，弯腰，吸气后低头没入水中闭气 2 秒左右，用口鼻在水中慢慢呼气，将近吐完气时抬头，在嘴刚露出水面时，用力张大嘴将余气吐出同时吸气。重复吸气、闭气、吐气的连续过程。

3. 漂浮

肩放松，肘伸直，将身体完全舒展，就像趴在床上一样。

(1) 扶池边漂浮：浅水区，双手扶池边，吸气低头，双脚离地，使自己的身体完全放松。肩放松，双手轻轻扶住池边即可。

(2) 抱膝漂浮：浅水区，吸一口气后低头，轻轻蹬离池底(不要跳)，全身抱成一团漂在水面上。双手松开下压水面，抬头挺身直立，两腿伸直双脚向下踩池底，直立。

4. 滑行

肩放松，手臂、腿自然伸直并拢，身体完全舒展，低头看池底。双手伸直扶打水板，深吸气、低头、身体前倾并屈膝，双脚同时蹬池壁(浅水区一只脚蹬地)，两腿并拢向前滑行。

二、蛙泳

1. 腿部动作

(1) 动作要点：蛙泳腿部动作包括收腿、翻脚、蹬夹水、滑行 4 个方面。

① 收腿：屈膝收腿，脚掌沿水面靠近臀部，小腿缓慢收腿，直至两膝与肩同宽，小腿与水面垂直。

② 翻脚：膝关节不动，小腿向外翻转，使脚尖向外，脚掌外翻，由后方看成“W”形。

③ 蹬夹水：小腿带动大腿，向外蹬水紧接着向内夹水。小腿的动作路线是 2 个半圆。在蹬夹水过程中，脚内侧和小腿应当有很大的阻力感。蹬夹水结束时，双腿并拢，两脚成内“八”字形。

④ 滑行：在蹬夹水完成后，两腿放松，保持双腿并拢、两脚尖相对的姿势 2 秒左右。

(2) 陆上模仿包括陆上翻脚练习和池边坐姿模仿。

① 陆上翻脚练习：双腿伸直，勾脚后脚腕外转，即为蛙泳腿动作中的翻脚动作。

② 池边坐姿模仿：眼睛看着自己的腿，按照“收腿、翻脚、蹬夹水、滑行”的步骤进行练习，注意翻脚后要使双腿成“膝关节在内、小腿外翻”的“W”形。

(3) 池边俯卧模仿：趴在池边，双手拿一打水板，使双腿在水中、上半身在岸上。按照动作顺序练习，注意体会脚内侧和小腿是否有很大的阻力感。每次滑行结束，做一次呼吸的模仿动作。

(4) 水中俯卧模仿：双手持打水板，闭气，使自己漂浮起来，按照动作顺序进行蛙泳腿练习。注意换气的时机是在每次滑行结束，吸气低头后再收腿。

2. 手部动作

(1) 动作要点：外划时放松，内划时加速用力，积极前伸，放松滑行。

① 外划：双臂伸直，双手同时边向外、边向后划至比肩略宽，然后屈臂向后下方划水。

② 内划：双手向后划水至肩下时，手掌转向内，双手加速内划，在胸前合拢，两前臂同时夹紧身体。

③ 前伸：双手双臂并拢伸直，伸直的同时低头。

④ 滑行：在前伸结束后，保持双臂并拢、低头放松的姿势 2 秒左右。

(2) 陆上模仿包括陆上站立模仿和池边俯卧练习。

① 陆上站立模仿：站立低头弯腰，双手向前伸直。按照动作顺序进行练习。注意双手在分手向外划水时就抬头进行吸气，在前伸的同时低头闭气、吐气。

② 池边俯卧练习：趴在池边，腰部以上在水中，腰部以下在岸上。按照动作顺序进行划水与呼吸的配合练习。注意体会双手和小臂内侧是否划到水，是否有阻力感。

(3) 水中站立练习：站在浅水区，进行蛙泳手部模仿练习。注意体会双手和小臂内侧是否划到水。划水时会带动身体前进，但要注意避免主动向前迈步。

3. 完整配合

(1) 动作要点：划水腿不动，收手再收腿，先伸胳膊再蹬腿，并拢伸直漂一会儿。

(2) 陆上模仿包括陆上俯卧模仿和池边俯卧模仿。

① 陆上俯卧模仿：趴在地上，按照动作顺序进行练习。跟随口令，“1”划水，“2”收手，“3”收腿，“4”伸手，“5”蹬腿。

② 池边俯卧模仿：把胸部以上放在水里，腿在岸上进行练习，或把腿放在水里，腰部以上在岸上进行练习。口令同陆上俯卧模仿。

(3) 水中练习包括推拉板练习、扶池边练蛙泳配合、憋气配合和分解配合。

① 推拉板练习：双手抓住打水板，全身伸直俯卧水中，抬头吸气的时候肘关节弯曲，把板子拉到胸前，收腿、翻脚、低头吸气时把板子推出去，肘关节快伸直的时候蹬腿。

② 扶池边练蛙泳配合(深水池用)：一只手抓住池边，另一只手和腿练习配合，然后换手再做一遍。

③ 憋气配合：减少了呼吸动作，降低了动作难度，比较容易掌握配合动作。

④ 分解配合：从 3 次蹬腿 1 次划水过渡到 2 次蹬腿 1 次划水，最后完成 1 次蹬腿 1 次划水的完整配合。

三、自由泳

1. 腿部动作

髋部发力，大腿带动小腿。绷脚尖，双脚成内“八”字形。下路用力，上抬放松。打腿要做到幅度小、频率快、动作连贯。

(1) 动作要点：打腿时髋部发力，大腿带动小腿向下打水。打水幅度为30～40厘米。直腿上抬，在脚接近水面时略屈膝关节，由大腿带动小腿向下打水。

(2) 池边练习：臀部以上在岸边，从大腿根部开始放在水里，身体伸展俯卧在池边，练习打水。速度由慢到快，重点体会直腿上抬时髋关节的展开拉伸感。

(3) 水中练习：全身俯卧水中，两手扶住池边或手持打水板，闭气进行打腿练习。肩要放松，腋下要完全伸展开。

2. 手部动作

手开始划动，头开始转动并慢吐气，手出水时头出水，用力吐气并被动式吸气，随着手在空中移动，头随之转动复原。

(1) 动作要点：自由泳手部动作可分为入水及划水、出水及移臂、两臂配合3个方面。

① 入水及划水：手贴近耳朵，在肩的延长线入水。手掌和前臂对准水，沿着身体的中线向后划水至大腿。

② 出水及移臂：手臂划水结束时成直臂，此时略微转肩，提肩提肘，由肩带动肘关节并顺势带动前臂向前移动。

③ 两臂配合：对于初学者，推荐前交叉配合。一手入水伸直时，另一手开始划水，两手在头前有短暂的交接。右手伸直，左手开始划水。

(2) 陆上模仿：站在岸边，弯腰低头。先进行单臂的模仿划水练习，眼睛看着划水的路线是否正确。单臂熟练后，两臂配合练习，逐渐加上呼吸一起练习。 每划水2～3次，呼吸1次。

(3) 水中练习：站在浅水区，面向池壁，双手指尖刚好碰到池壁。练习方法同陆上模仿。

3. 完整配合

身体要保持伸展平直，双臂、双腿并拢伸直，身体要整体转动，不能有侧向的扭动。呼吸是难点，关键在于身体的整体转动配合呼吸，常见的错误是采用蛙泳式的抬头吸气。

(1) 动作要点：自由泳配合为6次打腿、2次划水、1次呼吸，也可采用3次划水、1次呼吸；两臂采用前交叉配合，一手入水伸直时，另一手开始划水，两手在头前有短暂的交接；转头吸气时，该侧的肩也要转动并露出水面，这样有利于呼吸。

(2) 陆上模仿：原地踏步，如同在水中不停顿地打腿。跟随口令，边划水边转头慢吐气；手划至大腿时用力吐气；移臂，眼睛看手，手移至肩平处吸气完毕，随着手入水头复原。

(3) 水中练习包括扶池边练习和两人配合练习。

① 扶池边练习：双手扶池边，打腿让自己浮起来，先练习一侧手臂。以右臂为例，左手扶池边始终不动，打腿帮助漂浮，划右臂配合呼吸。手臂的单臂练习熟练后，可以进行双臂的练习。注意双手在池边处进行交叉。

② 两人配合练习：浅水区，一人练习，一人帮助。练习者打腿漂浮，两臂划水并配合呼吸，同伴在头前拉住练习者一只手，缓慢前进，帮助练习者体会划水和前进的效果。

四、仰泳

1. 腿部动作

直腿下压，屈腿上踢，踢腿要踢直。两脚略并拢，成内“八”字形。

(1) 动作要点：仰泳腿部动作包括下压和上踢两方面。

① 下压：大腿带动小腿直腿下压，大腿停止继续下压后，小腿和脚在惯性的作用下继续下压，当膝关节成135° 左右时，转入上踢过程。

② 上踢：大腿带动小腿用力向后上方做踢水动作，在上踢过程中膝关节和脚不能露出水面，两腿的上下打腿幅度为30～40 厘米。

(2) 陆上模仿：池边仰卧练习。仰卧在池边，臀部以下在水里进行练习。

(3) 水中练习包括水中抱板练习和水中练习。

① 水中抱板练习：双手轻轻抱一打水板帮助身体漂浮，伸展身体仰卧于水中进行练习。

② 水中练习：双手放于体侧，仰卧水中进行练习。此为上一个练习的进阶练习。

2. 手部动作

入水、划水、出水和空中移臂 4 个阶段依次紧密衔接。划水时注意呼吸要有节奏，不能随意呼吸。通常在移臂的时候吸气，在划水时呼气。

(1) 动作要点：仰泳手部动作包括入水、划水、出水及空中移臂 3 个方面。

① 入水：掌心朝外，手臂伸直，小拇指先入水。臂的入水位置在肩的正前方。

② 划水：手臂入水后，上臂贴近身体，手掌和小臂向外下方划水直至手臂划至大腿附近为止。划水过程中手掌不能露出水面。

③ 出水及空中移臂：划水结束时手掌贴近大腿，因此大拇指领先出水。此时注意手臂伸直。移臂过程中保持手臂伸直，当手臂与水面垂直时使掌心向外，手臂贴着耳朵，小拇指先入水。

(2) 陆上模仿包括站立模仿和仰卧池边练习两方面。

① 站立模仿：站在岸边，单臂做划水练习，逐渐过渡到两臂配合。

② 仰卧池边练习：仰卧在池边，右侧手靠近水边，在水中进行练习，然后换方向，左手练习。

(3) 水中练习：二人水中配合练习。同伴坐池边或站在水中，扶住练习者的双腿，帮助其漂浮。练习者仰卧水中做划水练习。

3. 完整配合

身体要保持伸展平直，腰腹挺起来，完全仰卧在水面上，略收下颌。

(1) 动作要点：一手入水时，另一手划水。仰泳配合是 6 次打腿、2 次划水。在练习时可以不考虑打腿的次数，只要记住持续打腿不要停即可。练习时先打腿，当感觉身体漂浮起来并且匀速前进时，再加划水。在划水时腿切记不能停。注意调整呼吸。

(2) 陆上模仿：站在岸边，两腿原地摆动，模仿打腿动作，两臂配合做划水练习。

(3) 水中练习：浅水区，同伴扶住练习者的腰部帮助其漂浮，练习者仰卧水中练习两臂划水配合，逐渐过渡到手腿配合或不需要同伴的帮助。

五、蝶泳

在掌握了蛙泳、自由泳和仰泳技术后，蝶泳技术就相对容易掌握了。蝶泳来源于蛙泳，在技术上，很多地方却和自由泳相似。

1. 腿部动作

两腿并拢伸直，双脚成内“八”字形，腰背发力，大腿带动小腿做“鞭打”打水动作。

(1) 动作要点：略微屈膝成120°～130°，绷脚背对准水，大腿带动小腿向下快速打水。向下打水结束时，大腿直腿上移，在脚后跟刚露出水面时，再次重复向下打水。

(2) 陆上模仿：左手扶墙边站立，右手放于腰部，左脚站立，右脚进行单脚的模仿练习。

(3) 水中练习包括池边练习、俯卧水中练习和打水板练习。

① 池边练习：深水区，双手扶池边，肩部放松，双腿进行蝶泳腿练习。

② 俯卧水中练习：俯卧于水面，双手先放于体侧，闭气，连续打蝶泳腿。注意头部不要入水太深，在水面附近并要保持相对稳定。

③ 打水板练习：双手扶打水板进行蝶泳腿练习，注意肩和头部要保持放松稳定，不能乱晃。

2. 手部动作

划水时抬头吸气。空中移臂时，伴随双臂入水，低头闭气。

(1) 动作要点：双手在肩的延长线上由大拇指领先入水。入水后，双臂和肩继续前伸至腋下完全伸展，双臂高肘抱水在身体下方划向大腿，此时随着划水的进行开始抬头呼吸。双臂沿着身体加速推水至大腿后，顺势小拇指先出水，肘关节保持伸直状态。两臂在水面上前移至入水。伴随双臂在空中移动，低头入水闭气。

(2) 陆上模仿：站在岸上做双臂与呼吸的配合练习。

(3) 水中练习包括浅水站立模仿练习和夹板辅助练习。

① 浅水站立模仿练习：站在浅水区，弯腰低头，进行练习。注意体会双手划水时遇到的阻力。

② 夹板辅助练习：自己双腿中间夹住一块打水板，进行练习。

3. 完整配合

抬头呼吸的时候主要是借助打腿时划水的力量，顺势抬起上身，不要刻意通过弓腰发力来抬上身。2次打腿配合1次划水、1次呼吸。

(1) 动作要点：手入水的时候，配合第一次打腿，在肩部继续前伸的时候，大腿开始上抬。手臂划水到腹部下方时进行第二次打腿。第二次打腿通常是为了帮助身体上升便于抬头换气。

(2) 陆上模仿：准备姿势为直立，两臂上举，一条腿配合划水进行蝶泳配合的模仿练习。

(3) 水中练习：水中扶板练习。单手扶打水板，进行单手和腿配合的练习。双手交替进行。由4次打腿配合1次划水和1次呼吸逐渐过渡到2次打腿配合1次划水和1次呼吸。

第三节　竞技游泳的比赛规则

一、技术规定

1. 出发的规定与犯规判罚

(1) 蛙泳、自由泳、蝶泳、个人混合泳及自由泳接力的比赛必须从出发台出发。仰泳比赛、混合泳接力比赛的第一棒，必须从水中出发。

(2) 运动员在“出发信号”发出前出发，应判犯规。因裁判员的失误或器材失灵而导致运动员抢跳时，不判抢跳犯规。

2. 蛙泳比赛的技术规定

(1) 在出发和每次转身后，运动员可没入水中并可做一次手臂充分向后划至腿部的动作。在出发和每次转身后，运动员可在第一次蛙泳蹬腿动作前打一次蝶泳腿。

(2) 从出发和每次转身后的第一次手臂动作开始，身体应保持俯卧，任何时候都不允许身体呈仰卧姿势。在出发后的整个游程中，动作周期必须是以一次划水和一次蹬腿的顺序完成的。

(3) 两臂的所有动作应同时并在同一水平面上进行，不得有交替动作。除出发和每次转身后的第一次划水动作外，两手向后划水不得超过臀线。

(4) 在每个完整动作周期内，运动员头的一部分必须露出水面。

(5) 两腿的所有动作应同时并在同一水平面上进行，不得有交替动作。在蹬腿过程中，两脚必须做外翻动作。

(6) 在每次转身和到达终点时，两手应分开在水面、水上或水下同时触壁。在触壁前的最后一次划水动作结束后，头可以没入水中。但在触壁前最后一个完整或不完整的动作周期中，头的一部分必须露出水面。

3. 自由泳比赛的技术规定

(1) 自由泳比赛中，可采用任何泳姿。但在个人混合泳及混合泳接力比赛中，自由泳指除蝶泳、仰泳、蛙泳以外的泳姿。

(2) 每次转身和到达终点时，运动员身体的某一部分必须触及池壁。

(3) 在整个游程中，运动员身体的某部分必须露出水面。在出发和转身时，允许运动员身体完全没入水中；出发和每次转身后，在 15 米前(含 15 米)运动员头的一部分必须露出水面。

4. 仰泳比赛的技术规定

(1) 在“出发信号”发出前，运动员应在水中面对出发端，两手抓住出发握手器。禁止两脚蹬在水槽里、水槽上或脚趾勾在水槽沿上。

(2) 除转身过程外，整个游程中应始终呈仰卧姿势，允许身体做转体动作，但必须保持与水平面小于 90°的仰卧姿势，头部位置不受此限。

(3) 出发和每次转身后，运动员潜泳距离不得超过 15 米。在 15 米前(含 15 米)运动员头的一部分必须露出水面。

(4) 转身过程中，运动员身体的某部分必须触壁，运动员必须呈仰卧姿势蹬离池壁。

(5) 运动员到达终点时，必须以仰卧姿势触壁。

5. 蝶泳比赛的技术规定

(1) 从出发和每次转身后的第一次手臂动作开始，身体应保持俯卧，允许水下侧打腿。任何时候都不允许呈仰卧姿势。

(2) 两臂同时摆动和划水，在转身和到达终点时，两手应同时触壁。打腿动作应同时进行，不得交替，不允许采用蛙泳腿动作。

(3) 在出发和每次转身后，允许运动员在水下做一次或多次打腿动作和一次划水动作，这次划水动作应使身体升至水面。出发和每次转身后，在 15 米前(含 15 米)运动员头的一部分必须露出水面。运动员应使身体保持在水面上，直至下次转身或到达终点。

6. 混合泳比赛的技术规定

(1) 个人混合泳必须按照蝶泳、仰泳、蛙泳、自由泳的顺序进行比赛。每种泳姿必须完成赛程 1/4 的距离。混合泳接力必须按照仰泳、蛙泳、蝶泳、自由泳的顺序进行比赛。

(2) 在混合泳比赛中，每一泳姿都必须符合有关规定。在仰泳转蛙泳过程中，运动员应呈仰卧姿势触壁。

二、比赛规定与犯规判罚

1. 比赛规定

(1) 运动员应游完全程才能获得录取资格。

(2) 运动员应始终在其出发的同一泳道内比赛和抵达终点。

(3) 运动员转身时必须按各泳姿的规定触及池壁，不允许在池底跨越或行走，不允许拉分道线。在自由泳项目和混合泳项目的自由泳段比赛中，允许运动员在池底站立，但不得行走。

(4) 比赛中，运动员不得使用或穿戴任何有利于其速度、浮力、耐力的器材和泳装，游泳镜除外。不允许在身上使用任何胶带，除非得到组织委员会(竞赛委员会)指定的医疗机构同意。

(5) 在比赛场地内，不允许进行速度诱导及采用任何能起速度诱导作用的装置与方法。

2. 犯规判罚规定

(1) 游出本泳道阻碍或以其他方式干扰其他运动员者，应判犯规。当所有比赛的运动员还未游完全程前，未参加比赛的运动员如果下水，应取消其原定的下一次的比赛资格。

(2) 运动员抵达终点后或在接力比赛中游完自己的距离后，应尽快离池，如妨碍其他游进中的运动员，应判该运动员(接力队)犯规。

3. 接力比赛规定与犯规判罚

(1) 接力比赛以队为单位，每个接力队应有 4 名队员，每名接力队员在一次接力比赛中只能游其中的一棒。每队可在报名参加比赛的同组运动员中任选 4 人参加接力比赛，在预赛、决赛中参加者可任意调换。接力队必须按提交的名单和顺序参加比赛，否则将被取消录取资格。

(2) 接力比赛如前一名运动员尚未触及池壁，后一名运动员的脚已蹬离出发台，应判犯规。

(3) 接力比赛中，在各队的所有运动员还未游完之前，除了应游该棒的运动员，其他接力队员如果进入水中，应判犯规。

第四节 游泳安全卫生常识与水上救生常识

一、游泳安全卫生常识

1. 选择安全卫生的游泳场地

大学生学习游泳应选择人工游泳场馆，不要到自然水域游泳。人工游泳场馆的管理比较规范，池水经常消毒、排污和过滤，清晰度较高，深水和浅水有明显标志，安全性和卫生情况都较好。

2. 游泳前的准备

游泳前应进行身体检查，患有心脏病、高血压、癫痫、肺结核、传染性肝炎、皮肤病、红眼病、精神病、中耳炎的人，处于发烧状态的人，以及开放性创伤者，都不宜游泳。游泳前还应进行适当的热身，以提高神经系统的兴奋性，增强心血管系统和呼吸系统的功能，增加肌肉的力量和弹性，加快血液循环和新陈代谢，提高身体各关节的灵活性。热身活动对防止抽筋、拉伤也有积极的作用。

二、水上救生常识

1. 实用游泳技术

实用游泳是游泳运动的一种，主要指为了生产和生活需要而进行的游泳活动。通常意义上讲的实用游泳技术指踩水、侧泳、反蛙泳、潜泳、抬头自由泳和着装泅渡等。下面介绍人们在日常生活生产中经常用到的踩水、侧泳、反蛙泳、潜泳和抬头自由泳技术。

(1) 踩水：踩水是一项实用价值较大的游泳技术，其在日常生活上应用较多，如持物过河、通过逆流、救溺水者等。

踩水的基本动作与蛙泳类似，但踩水时身体在水中与水平面的角度比较大，基本接近于直立，头部始终在水上。踩水时，身体直立水中稍前倾，头露出水面，稍收髋，两腿微屈勾脚，两臂胸前平屈，掌心向下，两手划水路线成“八”字弧形。腿和臂的动作配合要连贯，腿与手臂的动作比例为 1∶1，即一般是两腿各蹬夹一次水，或是两腿同时蹬夹一次水，两手做一次划水动作。

踩水时，呼吸要自然，随腿、臂动作的节奏自然地呼吸。用踩水技术游进时，身体要略前倾，腿稍向侧后蹬水，两臂向后拨水。也可以采用侧身向前的技术，这时后腿应较为用力。

(2) 侧泳：侧泳的技术动作自如省力，实用价值很大，水中搬运物品、拖带溺水者等多用侧泳。侧泳时身体侧卧水中，稍向胸侧倾斜与水平面成 10°～15°，头的下半部浸入水中，下面的手臂前伸，上面的手臂置于体侧，两腿并拢伸直、摆动打腿。两臂交替划水(或同时划水)，两腿蹬剪水，呼吸时头稍向侧转动。侧泳两腿蹬剪水一次，两臂各划水一次，呼吸一次。两腿蹬剪水后，在上面的臂划水结束与下面的臂前伸时，应有短暂的滑行动作。

(3) 反蛙泳：反蛙泳的动作比较简单，易操作，游进时由于比较省力故能持久使用。在水中救助溺水者时，可用托枕、双手托颌和托双腋等多种方法用反蛙泳进行拖带运送，因此，该技术在游泳救生工作中起着重要作用。

反蛙泳的完整配合技术有两种。一种是移臂与收腿同时进行，另一种是手划水和腿蹬夹水交替进行，但腿、臂各做一次动作之后身体自然滑行。两臂前移的同时，两腿慢慢收回，边收边分开，两臂将入水时，两腿同时做蹬夹水；然后两臂自然并拢前伸，开始做臂划水动作。划水结束，身体自然伸直滑行。呼吸与臂、腿配合，在两臂入水后稍闭气，两臂划水时用口鼻均匀地呼气，在移臂时用力吸气。

(4) 潜泳：潜泳是在水下游进的一种游泳技术，它的实用价值也很大，如水下搜寻、打捞溺水者、水中沉物及水下工程等，都要采用潜泳。潜泳技术可分为潜深和潜远两种技术。

潜深时头朝下，提臀举腿，两臂做蛙泳伸臂动作，向下伸直，由于两腿的重力作用，使身体潜入水中。入水后，两腿向上做蛙泳腿的蹬水动作，以增加身体下沉速度。当身体达到需要的深度后，通过两臂、头部后仰以及胸部和腰部后屈的动作，使身体由垂直姿势转为水平姿势。

潜远时多在水下用蛙泳游进。在游进中为了避免身体上浮，头的位置应稍低于蛙泳头的位置，头与躯干成一直线。臂划水的幅度要比蛙泳臂划水的幅度小，收腿时屈髋幅度较小。配合动作与蛙泳相同，但是滑行时间稍加延长。

(5) 抬头自由泳：抬头自由泳是在自由泳游进过程中保持头部始终露在水面上。抬头自由泳有助于救生员在接近溺水者时准确捕捉目标，主要用于接近目标时的观察。抬头自由泳的完整配合采用 6∶2∶1 的比例，即 6 次打腿配合 2 次划水和 1 次呼吸，这种配合能保持腿、臂协调，保持身体位置较高，以保证整个配合动作的稳定性。

2. 间接赴救

间接赴救指救生员在岸上发现并经过准确判断，对发生溺水事故正在呼救挣扎的溺水者，采用现场救生器材，如救生圈、救生浮漂、救生杆和其他可用器材，在保证自身安全的前提下，对溺水者进行救助。

3. 直接赴救

直接赴救指救生员对距离较远处发生溺水事故的溺水者，在不能采用救生器材的情况下，救生员入水与溺水者直接接触进行救助。直接赴救是由观察、入水、接近、解脱、拖带(徒手或器材)、上岸(徒手或器材)等技术环节组成的。直接赴救与溺水者直接接触，因带有一定的危险性，故在使用直接赴救技术时，应以保证自己的安全为前提，未经过专业救生技术培训的人，不建议其对溺水者进行直接赴救。

4. 自我救护

(1) 抽筋：游泳时可能出现手指抽筋、小腿与脚趾抽筋、大腿抽筋等情况。发生抽筋时，首先要保持镇静，大声呼救；其次，在水中保持静立，进行自救，主要方法是先反向牵拉抽筋的肌肉，然后进行按摩，抽筋缓解后迅速上岸休息。

(2) 呛水：预防呛水较好的方法是多练习呼吸技术，在未完全掌握的时候不去深水区游泳，并且游泳的时候注意力要集中，避免过度紧张。发生呛水时，要保持冷静，采用踩水技术使身体保持平衡，缓解后上岸休息。

思考与练习

(1) 竞技游泳的基本技术有哪些?各种技术的动作要点是什么?

(2) 游泳前应做哪些准备工作?

(3) 实用游泳技术有哪些?

第十四章 体育舞蹈与其他操舞

第一节 体育舞蹈

一、体育舞蹈概述

1. 体育舞蹈的发展概况

体育舞蹈的开端在12世纪的欧洲，人们以宫廷文化为基础，汲取民间舞蹈的精华并加以规范，形成了在宫廷之中广为盛行的“宫廷舞”。经历了岁月的洗礼，体育舞蹈不断汲取各类舞蹈的精华，逐渐形成了各种流派。其中，标准舞、拉丁舞、团体舞被称为“现代国际标准舞”，由于它们兼有文化娱乐的内涵和体育竞技的双重特点，再加上它们的表演性和技艺性，西方舞蹈界称它们为“体育舞蹈”，很多国家将它们纳入了体育竞技范畴。

2. 体育舞蹈的特点

(1) 规范性。体育舞蹈之所以能在全球推广得益于其规范、完整的舞蹈体系。它是在舞姿、舞步和跳法的基础上加以系统化、规范化、统一化，经过数百年历史的锤炼，经过一代又一代人的加工，最终形成的完整的体系。

(2) 艺术性与观赏性。体育舞蹈是一项融技术与艺术于一体的运动项目，在体育舞蹈的发展历程中，体育舞蹈以其独特的方式向人们展示着它的艺术魅力。体育舞蹈融合舞蹈、音乐、服装、体态美于一体，具有很强的观赏性，是一门真正的艺术。

(3) 竞技性和健身性。体育舞蹈的竞技性表现在其有着高水平的赛事，全球各地的广大舞蹈爱好者互相竞争，用体育舞蹈为国争光。除此之外，体育舞蹈对人体的能量代谢、能量消耗和心率变化都有积极影响，是塑造健康体魄的很好的锻炼方式。

(4) 娱乐性。体育舞蹈是由交际舞发展而来的，它能够不断陶冶人们的心灵，增强人们之间的交流与沟通，同时能够抒发个人的内心情感，给人以身心愉悦的享受。

二、体育舞蹈的基本知识

体育舞蹈按照舞蹈风格和技术结构划分可分为标准舞和拉丁舞，按照比赛项目可分为标准舞、拉丁舞和团体舞。除了分类，学习者还应了解舞程线、方位、角度等基本概念。

1. 标准舞

标准舞由华尔兹舞、维也纳华尔兹舞、探戈舞、狐步舞和快步舞5个舞种组成。其特点是持握规范，步法精确，沿舞程线逆时针方向绕场行进。

(1) 华尔兹舞。华尔兹舞也称“慢三步舞”，它是从维也纳华尔兹舞演变而来的。舞曲节奏为3/4拍的中慢版，舞曲速度为每分钟28～30小节。每小节3拍为一组舞步，第一拍为重拍，第二、三步为弱拍。结合身体的升降、倾斜、摆荡带动舞步的移动，舞步起伏延绵，整个动作高端大气、华丽典雅。

(2) 维也纳华尔兹舞。维也纳华尔兹舞即“快三步”，也被称为“圆舞”，起源于奥地利。舞曲节奏为3/4拍，速度为每分钟56～60小节。每小节为3拍，第一拍为重拍。基本步伐是6拍走6步，两小节为一循环，第一小节为一次起伏。基本动作是左右快速旋转步，完成反身、倾斜、摆荡、升降等技巧。舞曲旋律流畅华丽，节奏轻松明快，动作舒展大方，热情奔放，翩跹回旋。

(3) 探戈舞。探戈舞被称为“舞中之王”，起源于阿根廷。探戈舞曲节奏为2/4拍，速度为每分钟30～34小节。每小节4拍，第一拍为重拍。舞步有快步(Quick，Q)和慢步(Slow，S)，快步为半拍，慢步为一拍，基本节奏为S、S、Q、Q、S。舞曲以切分音为主，带有附点和停顿。舞步顿挫有力，潇洒豪放，身体动作无起伏、无升降、无旋转；表情严肃，有左顾右盼的头部闪动动作。

(4) 狐步舞。狐步舞也称“福克斯”，起源于美国。舞曲节奏为4/4拍，速度为每分钟28～30小节。每小节为4拍，第一拍为重拍，第三拍为次重拍。基本步伐是4拍走3步，每4拍为一循环。舞步也分快、慢步，基本节奏为S、S、Q、Q。以脚踝、脚底、掌趾的动作完成升降起伏。舞步流畅平滑，平稳大方，舞态优雅飘逸，富于流动感。

(5) 快步舞。快步舞起源于英国。舞曲节奏为4/4拍，速度为每分钟48～52小节。每小节4拍，第一拍为重拍，第三拍为次重拍。舞步分快、慢步，基本节奏为S、S、Q、Q、S。舞步组合有跳步、荡腿、滑步等动作。舞曲逍遥，节奏明快，舞态轻松，步法快速多变，轻松灵快，充满活力。

2. 拉丁舞

拉丁舞由伦巴舞、恰恰舞、桑巴舞、牛仔舞和斗牛舞5个舞种组成。其特点是持握相对自由一些，注重人体曲线的展示；步法灵活多变；舞曲节奏感强烈，热情奔放；舞态婀娜多姿；着装浪漫洒脱，男方着上短下长的紧身或宽松装，女方着紧身短裙。

(1) 伦巴舞。伦巴舞起源于古巴，16世纪传入拉丁美洲，有着“拉丁舞之魂”的美誉。舞曲节奏为4/4拍，速度为每分钟28～31小节。每小节4拍，从第四拍起跳，由一个慢步和一个快步组成，基本节奏为Q、Q、S。伦巴舞音乐缠绵抒情，舞态柔媚动人，动作舒展优美，充满浪漫的情调。

(2) 恰恰舞。恰恰舞起源于墨西哥，后传入拉丁美洲，在古巴得到发展。舞曲节奏为4/4拍，舞曲速度为每分钟30～32小节。每小节4拍，重拍在第一拍，4拍走5步，基本节奏为S、S、Q、Q、S。舞曲热情奔放，舞蹈风格活泼，舞步风趣俏皮，动作利落、紧凑。

(3) 桑巴舞。桑巴舞起源于巴西，是巴西一年一度的狂欢节舞蹈，被称为巴西的“国舞”。舞曲节奏为2/4拍或4/4拍，每分钟52～54小节。重拍在每小节的第二拍或第四拍。每小节完成一个基本舞步。基本节奏可以是2步(S、S)、3步(S、Q、Q)、4步(Q、Q、Q、Q)等多种。桑巴舞流动性大，律动感强，起伏强烈，舞步奔放、敏捷，富有强烈的感染力。

(4) 牛仔舞。牛仔舞起源于美国，原是美国西部牛仔跳的踢踏舞，后由于爵士乐的流行，演变成了如今的牛仔舞。舞曲节奏为 4/4 拍，舞曲速度为每分钟 42～44 小节。牛仔舞由基本舞步——踏步、并合步结合跳跃、旋转等动作组合而成。牛仔舞的舞曲节奏快速兴奋，舞姿轻松、热情、欢快，步法自由多变。

(5) 斗牛舞。斗牛舞起源于法国，盛行于西班牙。舞曲节奏为 2/4 拍，速度为每分钟 60～62 小节。音乐雄壮，舞态威猛、挺拔，舞步坚定，发力迅速，动静鲜明，收步敏捷、顿挫。

3. 舞程线

跳舞中为避免互相碰撞，规定跳舞者必须按逆时针方向前进，这个行进线路被称为舞程线。

4. 方位

以舞场正前方(多为乐队演奏台)为基点，定为“1 点”，每顺时针移动 45°则变动一个方位，以此类推，分别称为 2～8 号位。

5. 角度

交谊舞中，舞者旋转的方向有左转和右转，旋转的角度一般分为 45°、90°、135°、180°、225°、270°、315°和 360°。

三、标准舞的基本技术

1. 姿态与握持

(1) 男女单人基本姿势。站立的基本要领是身体必须保持垂直。站立时，身体重心保持在一条腿上 (单腿重心)，这条腿称为支撑腿。动作腿在无重心状态下与支撑腿并拢。如从侧视，身体的垂直线通过头部(耳)、肩部、胯部、膝盖和脚掌中央。

女方的垂直线落地点比男方稍后，在脚弓位。

(2) 双人位置。双人位置有闭式位置(右对右)、侧行位置和并退位置 3 种。

① 闭式位置(右对右)。这是一个基础位置，通常被用在舞蹈的开始。在闭式位置中，女方中段的右侧接触男方中段的右侧，男方和女方的左侧不接触，肩和胯保持平行。

② 侧行位置。这个位置的接触点是男方的右侧和女方的左侧，制造出一个“V”形。当双方都需要朝同一方向向前运动(向着“V”形的开口)时会用到这个位置。不同舞种的侧行位置有所区别。

③ 并退位置。这个位置的接触点是男方的右侧和女方的左侧，制造出一个“V”形。当双方都需要朝同一方向向后运动(向着“V”形的关闭处)时会用到这个位置。

2. 常用技术

(1) 升降。升降包括上升和下降两种技术。

① 上升。上升指脚跟抬离地面，膝关节由曲到直和身体中轴靠舞者内力向上延伸的过程。上升可以分为慢上升和快上升。慢上升可用于华尔兹舞，快上升多用于狐步舞和快步舞。

② 下降。下降指支撑腿脚跟落地延续屈膝动作便于下一步行进的动作过程。即使是通过下降产生的前进与后退，在下降前，身体均处于上升的位置。支撑腿脚跟先与地面接触，

同时动作腿开始向运动方向运动，支撑腿膝关节开始弯曲，带动身体继续下降，同时动作腿继续按动作要领进行或前或后或侧的运动。

(2) 摆荡。摆荡是升降和旋转过程中身体横轴在空间位置的弧线移动。身体横轴成左右方向，在人体中部，与身体纵轴互相垂直。身体横轴是人赖以获得身体平衡的重要部位。在舞蹈中，身体横轴在对抗离心力、防止身体前倾或后仰、重心转移及旋转中发挥着重要作用。

摆荡的目的：使身体引带运动脚定位，运动脚在身体摆荡中跟随身体到达指定的位置。因此，运动脚的运行在身体摆荡时与地面没有实际的摩擦，运行快速而稳定。

摆荡技巧产生的条件如下：

① 摆荡要借助支撑腿的膝、踝、趾的屈伸所产生的身体升降过程实现身体横轴在空间位置的移动。

② 摆荡要借助腰胯的推力和支撑腿向脚底方向用力，实现身体重心从一点到达另一点的弧线转移过程。因此，腰胯及支撑腿的推动力量将决定身体的摆荡幅度。

(3) 倾斜。倾斜指身体的倾斜(侧屈)，可以被定义为朝向或离向动作腿做出的动作。它可以用于实现不同的目的，包括保持平衡、启动、加速、提升舞步的美感等。

倾斜可分为 3 种类型，即技术倾斜、释放倾斜(或断位倾斜)和修饰倾斜。

(4) 反身动作。反身动作是一种身体相对于移动腿产生反向运动，以便引导旋转身体的技术。

四、拉丁舞的基本技术

1. 姿态与握持

(1) 基本姿势。不同的舞种基本姿势也不一样，下面进行具体介绍。

① 伦巴舞和恰恰舞的基本姿势。两腿自然轻松地靠拢站好；提胸、脊椎骨伸直，不可耸肩；任意一条腿向侧跨出一步，支撑重心的另一条腿伸直，并将体重全部移到这条腿上面，以使骨盆可往旁后方移动，因而感觉上重量在支撑腿的脚跟，其膝关节要向后锁紧，骨盆移动的幅度要以不影响上身的姿势为原则。

② 桑巴舞和牛仔舞的基本姿势。两脚自然轻松地靠拢站好；挺胸、腰杆伸直，不可耸肩；任意一条腿向外侧跨出一步，支撑重心的另一条腿伸直，并将体重全部移到这条腿上面，使重量前移至前脚掌，而后脚跟仍不离地板，并且支撑腿的膝盖不可向后锁紧。

③ 斗牛舞的基本姿势。骨盆向前微倾；重量由两个脚掌均匀地承受；当脚伸直时，膝关节不可向后扣紧。

(2) 双人位置。双人位置包括闭式位置、分式位置和扇形位置 3 种。

① 闭式位置。伦巴舞、桑巴舞和恰恰舞中闭握式男女方相距约 15 厘米，且女方略靠男方的右侧。身体重量可以落在任一脚，女方承受体重的腿通常与男方相反。男方右手五指并拢，放于女方肩胛骨处。男方的右手臂轻柔而微屈地拥住女方，其手肘的高度约与女方的胸部相齐。女方的左臂则顺此曲线轻轻地靠在男方右臂的上方，而左手也轻轻置于男方的右肩之上。

② 分式位置。分式位置有 3 种握手方法。男女分开约一个手臂的距离，互相对视。重

心可落在任意一条腿上，女方承受体重的腿与男方相反。双腿正确的位置因进行不同的舞步而有所不同。

握手的方式会因接下来要跳的舞步而异，有下列 3 种握手方式：男左女右、男右女左和男右女右。

③ 扇形位置。扇形位置被用在伦巴舞和恰恰舞中。女方在男方的左侧相隔一个手臂的距离，女方的身体与男方的身体成直角形排列，左腿向后踏出一整步，重心落在左腿上。男方右腿向侧并稍微向前跨出，以支撑全身的重量。女方的右腿向前投射的一条假想的虚线约在男方身体前方的 15 厘米处。

2. 常用技术

(1) 前进抑制步。伦巴舞和恰恰舞当跳某个前进步时要用前进抑制步来改变方向，可能略转或不转。这个动作跟一般的前进走步是不大相同的。跳正常的前进走步在其结束时，重心便抵达该腿，同时准备好往下一步移动。

(2) 延迟走步。在跳某些舞步，尤其是在跳伦巴舞和恰恰舞时，延迟走步是一种很特别的走步动作，其使用的目的在于改变上身和腿部的速度，用来突显旋律的美感。延迟走步有 3 种，即屈膝式延迟前进走步、直膝式延迟前进走步和屈膝式延迟后退走步。

(3) 前进转步。在向前跳而要以转动来改变下一步前进或后退的方向，且不影响原来的上身或臀部动作的情况下，要使用前进转步。这种方向的变换是利用在跳一般的前进走步时逐渐而平均地转到所要转的方向。

(4) 拉丁交叉步。在跳拉丁舞时，一条腿从另一条腿的前方或后方交叉，所完成的腿部位置都是相同的。这种腿部的位置就是所谓的拉丁交叉步。

五、体育舞蹈的比赛规则

1. 体育舞蹈规则简介

体育舞蹈的比赛场地一般为 23 米 × 15 米，比赛场地的地面应当平整、光滑。体育舞蹈比赛主要分为锦标赛、公开赛、邀请赛。

2. 竞技舞蹈评判标准

(1) 基本规则。

① 裁判工作自选手进入比赛位置时开始，只有当音乐停止时方告结束。在整个舞蹈表演过程中，裁判员必须不断地给选手打分并在必要时修正分数，但不得在舞蹈表演结束后修改分数。

② 如果音乐尚未结束而选手停止表演，则其该项舞蹈的分数列最后一位。如果在决赛中发生这种情况，处理同上。

③ 必须在规定的时间内对选手的特定舞蹈表演进行单独评判。考虑任何其他因素，如选手的名气、选手以往的表现或选手在其他舞种中的表现，都是不允许的。

④ 裁判员无须向选手解释评分结果。在比赛过程中或两轮比赛之间，不允许裁判员和任何人讨论参赛选手或他们的表现。

⑤ 对于所有舞种，选手的时值和基本节奏是裁判员打分的首要因素。因此，如果选手重复犯此错误，那么其该项舞蹈的分数列最后一位。

(2) 评判内容。

① 时值和基本节奏。裁判员必须确定选手是否按时值和基本节奏进行表演。“时值”指每一舞步的时间值正好与音乐合拍；“基本节奏”指舞步在规定的时间内完成并且保持舞步之间正确的时间关系。

② 身体线条。身体线条指两位选手作为一个整体，在运动中身体各部位构成的整体效果，应表现出优美的舞姿。

③ 整体动作。裁判员必须确定选手是否准确掌握该舞蹈的风格特点，并且评估选手动作的起伏、倾斜和平衡。

④ 节奏表现力。裁判员必须评估选手的舞蹈节奏表现力。这揭示出选手对舞蹈节奏的感受、理解与适应能力和在舞蹈中对音乐的理解与表现。

⑤ 步法技巧。裁判员必须评估选手正确表现舞步的脚法，如每一步足着点是脚掌、脚跟或脚趾等，以及脚步移动的控制和表达力。

第二节　啦　啦　操

一、啦啦操概述

啦啦操是在音乐伴奏下，通过队员集体完成复杂、高难度的基本手位与舞蹈动作，项目特有的难度动作，以及过渡配合等动作内容，以充分展示团队的高度一致性和高超的运动技术为主要表现方式，并体现运动员青春活力、积极向上的团队精神，努力追求团队最高荣誉感的一项体育运动。

二、啦啦操的起源与发展

啦啦操起源于美国，最早源于球迷为美式足球呐喊助威。啦啦操借助美国职业篮球赛逐渐在全球范围内广泛传播，至今已有 100 多年的历史。

20 世纪 80 年代初，啦啦操开始向世界传播，并建立了统一的啦啦操标准。

现代啦啦操以团队的形式出现，结合了舞蹈、口号、舞伴特技、技巧、叠罗汉、跳跃等动作技术，并配合音乐、服装、队形变化及标示物品(如彩球、口号板、喇叭与旗帜)等要素。

啦啦操运动于 2002 年正式引入我国。2009 年，国家体育总局正式批准开展全国啦啦操联赛官方赛事。从 2013 年起，我国啦啦操联赛开始实行 A 级赛区和 B 级赛区制。

三、啦啦操的类型

啦啦操按照活动目的分为竞技性啦啦操、表演性啦啦操。竞技性啦啦操又可分为舞蹈啦啦操和技巧啦啦操。

舞蹈啦啦操是一项在音乐的伴奏下，运用多种舞蹈元素的动作组合，结合转体、跳步、平衡与柔韧等难度动作以及舞蹈的过渡连接技巧，通过空间、方向与队形的变化表现出不同的舞蹈风格特点，强调速度、力度与运动负荷，展示运动舞蹈技能以及团队风采的体育项目。舞蹈啦啦操包括花球舞蹈啦啦操、爵士舞蹈啦啦操、街舞舞蹈啦啦操和自由舞蹈啦啦操。

技巧啦啦操是在音乐的伴奏下，以跳跃、托举、叠罗汉、翻筋斗、抛接和跳跃等技巧性难度动作为主要内容，配合口号、啦啦操基本手位、舞蹈动作及过渡连接等，充分展示运动员高超的技能技巧的团队比赛项目。

四、啦啦操的技术特点

(1) 啦啦操上肢的发力点在前臂，手臂的36个基本手位均在肩关节前制动，发力速度快，制动时间短，制动之后没有延伸，身体控制精确，位置准确。

(2) 啦啦操的动作内容丰富，所有的手臂动作都必须严格按照36个基本手位的标准来完成，没有固定的基本步法。

(3) 啦啦操的动作重心较低，在做动作的过程中膝关节不完全伸直，保持微微弯曲的状态，重心稳定，移动平稳。

(4) 啦啦操动作的完成干净利落，具有清晰的开始和结束，肢体运动中直线动作曲直分明，弧线动作蜿蜒流畅，具有较高的欣赏价值和艺术价值。

(5) 啦啦操三维空间高低起伏突出，队形变化多样，能够充分利用场地空间。

(6) 啦啦操的音乐风格多样，旋律优美，气氛热烈，节奏快慢有致、强弱有别。

(7) 啦啦操的服装款式各异，绚丽多姿。

五、啦啦操的基本动作

1. 啦啦操的基本手型

啦啦操的基本手型有6种。

(1) 并拢式：五指伸直，相互并拢；大拇指微屈，指关节贴于食指旁。

(2) 分开式：五指用力伸直，充分张开。

(3) 芭蕾手式：五指微屈，后三指并拢、稍内收，大拇指内扣。

(4) 拳式：握拳，大拇指在外，指关节弯曲，紧贴于食指和中指。

(5) 立掌式：五指伸直，手掌用力上翘。

(6) 西班牙舞手式：五指用力，小拇指、无名指、中指自掌指关节处依次屈指，大拇指稍内扣。

2. 啦啦操的手位

啦啦操共有36个基本手位。

(1) 下A：双臂斜下举，分别与脊柱形成30°夹角，拳心紧贴相对。

(2) 上A：双臂斜上举，分别与脊柱形成30°夹角，拳心紧贴相对。

(3) 上V：双臂侧上举，分别与脊柱形成45°夹角，但不能完全张开，应置于双耳斜前方45°，拳心朝外。

(4) 下V：双臂侧下举，分别与脊柱形成45°夹角，且与肩形成45°夹角，拳心朝下。

(5) 加油：双手握拳式胸前击掌，肘关节朝下，双拳略低于下颚。

(6) T：双臂侧平举，但没有完全张开，分别与肩形成30°夹角，拳心朝下。

(7) 短 T：双臂侧平举，于胸前平屈，小臂略低于肩，两拳相对，拳心朝下。

(8) W：双臂侧上举，于肩上平屈，大小臂成 90° 夹角，拳心相对。

(9) 上 L：一臂前上举，与脊柱形成 30° 夹角，拳心朝内；另一臂侧平举，与肩形成 30° 夹角，拳心朝下。

(10) 下 L：一臂前平举，略低于肩，拳心朝内；另一臂侧平举，与肩形成 30°夹角，拳心朝下。

(11) 斜线：一臂侧上举，与脊柱形成 45° 夹角，拳心朝外；另一臂侧下举，与脊柱形成 45° 夹角，拳心朝下。

(12) K：一臂前上举，与脊柱形成 45° 夹角，拳心朝内；另一臂前下举，与脊柱形成 45° 夹角，拳心朝内，两拳拳眼相对。

(13) 侧 K：手臂动作同 K，身体向一侧转动，成后腿弯曲弓步。

(14) 弓箭：一臂胸前平屈，肘关节朝外，小臂略低于肩；另一臂侧平举，与肩形成 30° 夹角，拳心朝下。

(15) 小弓箭。一侧臂平举，与肩形成 30° 夹角，拳心朝下，另一臂胸前屈，肘关节朝下，拳心朝内。

(16) 短剑：一手握拳叉腰，手臂与肩形成 30° 夹角，拳心朝后；另一臂胸前屈，肘关节朝下，拳心朝内。

(17) 侧上冲拳：一手握拳叉腰，手臂与肩形成 30° 夹角，拳心朝后；另一臂侧上举，与脊柱形成 45° 夹角，拳心朝前。

(18) 侧下冲拳：一手握拳叉腰，手臂与肩形成 30° 夹角，拳心朝后；另一臂侧下举，与脊柱形成 45° 夹角，拳心朝下。

(19) 斜下冲拳：一手握拳叉腰，手臂与肩形成 30° 夹角，拳心朝后；另一臂斜下举，与脊柱形成 30° 夹角，拳心朝下。

(20) 斜上冲拳：一手握拳叉腰，手臂与肩形成 30° 夹角，拳心朝后；另一臂斜上冲拳，与脊柱形成 30° 夹角，拳心朝外。

(21) 高冲拳：一臂前上举，与脊柱形成 30° 夹角，拳心朝内；另一手握拳叉腰，手臂与肩形成 30° 夹角，拳心朝后。

(22) R：一臂斜下举，与脊柱形成 30° 夹角，拳心朝下；另一臂侧上举，头后屈肘，肘关节朝外，拳心紧贴后脑勺。

(23) 上 M：双臂侧上举，于肩上平屈，肘关节朝外，手腕向下屈，指尖触肩。

(24) 下 M：双手握拳叉腰于髋部，双臂与肩形成 30° 夹角，拳心朝后。

(25) 屈臂 X：双臂屈肘交叉于胸前，拳心朝内。

(26) 高 X：双臂交叉斜上举于额头前上方，分别与脊柱形成 30° 夹角，拳心朝前。

(27) 前 X：双臂交叉前平举，略低于肩，拳心朝下。

(28) 低 X：双臂交叉斜下举，分别与脊柱形成 30° 夹角，拳心朝下。

(29) X：双臂侧上举，于头后平屈，肘关节朝外，两拳相对，拳心紧贴后脑勺。

(30) 上 H：双臂前上举与肩同宽，分别与脊柱形成 30° 夹角，拳心相对。

(31) 小 H：一臂前上举，与脊柱形成 30° 夹角，拳心朝内；另一臂胸前平屈，肘关节朝下，拳心朝内。

(32) 下 H：双臂前下举，分别与脊柱形成 30° 夹角，拳心相对。

(33) 屈臂 H：双臂屈肘平行收于胸前，拳心相对。

(34) 后 M：双臂屈肘平行向身后伸展，双手握拳收于腰侧，拳心相对。

(35) 前 H(拳心向下)：双臂前平举，与肩同宽，双手握拳，拳心向下。

(36) 前 H(拳心相对)：双臂前平举，与肩同宽，双手握拳，拳心相对。

六、啦啦操的基本套路与编排

1. 啦啦操的基本套路

目前国内的啦啦操规定动作标准是《2016 版全国啦啦操规定动作》。

2. 啦啦操编排的原则

(1) 统一性原则。啦啦操编排的统一性原则指在动作、音乐、服装及道具等方面与啦啦操的主题风格、思想一致。

(2) 安全性原则。在编排啦啦操时，必须根据每一个队员的真实水平，基于安全角度进行考虑，在队员能力范围之内组织编排适合其完成的动作，尽可能避免发生伤害事故。

(3) 创新性原则。创新性原则要求啦啦操在编排过程中要标新立异，突出风格，不但要体现出前瞻性，还要表现出时代感。

3. 啦啦操的编排方法

(1) 变换新颖的队形。啦啦操中常用的队形有几何图形、“十”字形、弧形、直线形及字母形等。

(2) 动作与音乐配合。动作的快慢、强弱、幅度大小及不断变换的队形空间都应紧密配合音乐的节奏。

(3) 创编工作要有主次。在动作编排的初级阶段，要根据队伍的真实情况及表演目标进行创编。编排要掌握主次，按照音乐的快慢、节奏进行编排。

(4) 设计啦啦操口号。设计的口号内容要呼应表演目标与主题思想。

(5) 服装道具的设计与选择。在对啦啦操的服装款式进行设计时，要保证服装、音乐与动作之间的一致性。

思考与练习

(1) 体育舞蹈的分类有哪些?

(2) 简述体育舞蹈对大学生的学习与生活有怎样的意义和影响。

(3) 啦啦操如何分类?

第十五章 跆 拳 道

第一节 跆拳道文化概述

跆拳道是一项源于朝鲜民族的传统武艺，是以拳和脚为主要进攻武器的格斗对抗项目。现代跆拳道源于韩国，是以技击格斗为核心，以修身养性为基础，以磨炼意志、振奋精神为目的的一项竞技体育运动。跆拳道是以脚为主要进攻武器的运动，脚法占到整个动作的70%以上。传统的跆拳道包括套路、兵器、擒拿、摔锁、对练自卫术和其他基本功夫。现代跆拳道只是传统跆拳道的一部分，它技术简单、实用、易学，融搏击、规范、教育于一身。

一、跆拳道的历史

1. 古代跆拳道的产生发展

原始社会生产力极为低下，人们为了生存，必须同自然界的野兽搏斗，本能地产生了各种搏斗的技法。经过漫长的岁月，随着人们强健体魄和本能自卫而产生的搏击逐渐演化为有意识的积极活动，从而产生了朝鲜民族特有的运动形式，也就是古代跆拳道的雏形。直至高丽(始于 918 年)、李朝时代(1392 年—1910 年)民间盛行“跆跟”“手搏”“花郎道”等武艺活动，各王朝都把这种搏斗技能引入军队，作为士兵必修项目，进行严格训练，并作为选拔武官的一种手段。

2. 近代跆拳道的发展

近代跆拳道的发展始于 1910 年，日本侵占朝鲜，许多朝鲜人被迫流浪到中国和日本谋生，因此跆拳道也传入亚洲一些国家。同时他们将跆拳道与中国的武术和日本的空手道融合在一起，进一步提高了跆拳道的实战能力。

3. 现代跆拳道运动的发展

现代跆拳道运动的发展始于 1945 年朝鲜独立后，朝鲜的自卫术再度兴起，因战乱流落海外的朝鲜人也将各地的武技带回本国，和跆拳道融于一体，从而形成了现代跆拳道的体系。当时技击方法很多，名称也较为繁杂，如唐手道、跆跟等。1955 年 4 月 11 日，崔泓熙将军提出了“跆拳”二字，由此，产生了跆拳道。1959 年 9 月 3 日成立了大韩跆拳道协会。1961 年 9 月，朝鲜成立了唐手道协会，后更名为跆拳道协会。1962 年跆拳道被接纳为朝鲜业余体育协会的会员，首次列为全国运动会的正式比赛项目。1966 年 3 月 22 日，由韩国、越南、马来西亚、新加坡、德国、美国、土耳其、意大利、埃及的九个协会在汉城正式成立了第一个国际组织——国际跆拳道联盟(International Taekwondo Federation，ITF)，跆拳道正式进入了国际社会。1973 年 5 月 28 日在汉城成立了第二个国际跆拳道组织——世界跆拳道联合会(The Word Taekwondo Federation，WTF)，金云龙任主席。1980 年，国际奥委会正式承认了世界跆拳道联合会。在短短几十年里，跆拳道这项运动得到迅猛发展。目前世界上约有一百四十多个国家的三千多万人在进行跆拳道的训练。

目前，跆拳道运动已经成为完全独立的国际体育组织和正规的比赛项目，在世界锦标赛、亚洲锦标赛和亚运会上共设有男女各八个级别的比赛项目。跆拳道每两年举办一次世界锦标赛和世界杯比赛。

4. 跆拳道运动在中国的发展

中国跆拳道运动的发展开始于 1992 年。1992 年 10 月 7 日，中国跆拳道筹备小组成立，这标志着我国跆拳道运动的正式开始。

1994 年 5 月，在河北保定举行了首届全国跆拳道教练员和裁判员学习班。1994 年 9 月，在云南昆明举行了第一届全国跆拳道比赛，当时共有 15 个单位 150 多名运动员参加了比赛。

1995 年 5 月，共有 22 个单位 250 多名运动员参加了在北京体育大学举行的第一届全国跆拳道锦标赛，从此，跆拳道运动在中国迅速发展起来。

1999 年 6 月 7 日，在加拿大埃特蒙多举行的世界跆拳道锦标赛上，我国运动员王朔战胜多名世界强手，获得女子 55 公斤级冠军，这是我国运动员获得的第一个跆拳道世界冠军。

2000 年第 27 届悉尼奥林匹克运动会，我国运动员陈中获跆拳道女子 67 公斤以上级冠军。

2004 年第 28 届雅典奥林匹克运动会，我国运动员罗微获跆拳道女子 67 公斤级冠军，陈中获跆拳道女子 67 公斤以上级冠军。

2008 年第 29 届北京奥林匹克运动会，我国运动员吴静钰获跆拳道女子 49 公斤级冠军。

二、跆拳道的礼节

跆拳道练习虽然是以格斗形式进行的，但双方都是以提高技艺和磨炼意志品质为目的的，因此在练习或比赛前后都一定要向对方敬礼，即倡导“以礼始，以礼终”的尚武精神。跆拳道标准礼为鞠躬的自然姿势，腰部前倾 15°，头部下倾 45°，两手握拳贴于双腿两侧。练习者进入场地时，首先向老师敬礼。练习前双方应相互敬礼，练习后再次相互敬礼。

比赛开始前，运动员依照主裁判“立正”“敬礼”令，立正向陪审席行标准礼。运动员依主裁判“向左向右转”的口令，内转相对，立正站好，再依“敬礼”的口令，相互敬礼。比赛结束时，运动员在各自的位置相对站立，依主裁判“立正”“敬礼”的口令，相互敬礼，而后依主裁判“向左向右转”及“敬礼”的口令转向监督官，向监督官行标准礼。

三、跆拳道的级别与段位

区别跆拳道的级别主要从腰带上来看。10 级为白带：表示空白，根本没有跆拳道知识，意味着入门阶段。9 级为白带加黄杠。8 级为黄带：表示大地，草木在大地生根发芽，意味着学习基础阶段。7 级为黄带加绿杠。6 级为绿带：表示草木，成长中的绿色草木，意味着技术进步阶段。5 级为绿带加蓝杠。4 级为蓝带：表示蓝天，草木向着蓝天茁壮成长，意味着进度达到相当高的阶段。3 级为蓝带加红杠。2 级为红带：表示危险，已具备相当的威力，意味着克己和警告对手不要接近。1 级为红带加黑杠。黑带：表示白色的对立，相对白色技术已经熟练，意味着黑暗中也能发挥自身能力。黑带是跆拳道高手的象征，是实力的体现，更是一种荣誉和责任。黑带段位分一段至九段。一段至三段是黑带新手的段位，四段至六段是高水平的段位，七段至九段只能授予具有很高学识造诣和对跆拳道的发展作出重大贡献的杰出人物。

黑带一段以上选手有资格参加全国性比赛，二段以上选手有资格参加国际比赛。选手取得黑带后便有资格担任教练指导跆拳道运动。四段以上称为“师范”，五段以上称为“大师”。四段以上有资格申报国际教练、国际裁判，并有资格担任道馆馆长或总教练。

黑带一段至三段的段位，由中国跆拳道协会或其注册认可的团体分会考核颁发。晋升四段至六段，须由世界跆联(国技院)或国际跆联(ITF)晋级委员会考核。晋升七段至九段，须由 WTF 或 ITF 特别委员会进行评审。

四、跆拳道的精神

跆拳道的精神总结起来是十二个字——礼义、廉耻、忍耐、克己、百折不屈。

五、传统跆拳道与竞技跆拳道的区别

在许多资料中看到跆拳道有肘击、膝撞、摔锁甚至挖眼、踢裆的动作，为什么在正式比赛中又不允许使用这些技术呢？

跆拳道在远古时代就已经产生，当时为了生存、防卫和肉搏战争的需要，产生的一切技术均围绕实战搏斗，动作古朴实用，除了各种蹴技(脚法)、拳技外，还有手刀、擒拿、摔锁等形式，在对敌搏斗中往往收到“一招制敌”的效果。现代人们称其为“自由搏击跆拳道”，也就是“防卫跆拳道”“传统跆拳道”。

跆拳道发展至今，已演变成一种风靡全球的集竞技、防卫、体育为一体的比赛项目。竞赛规则规定不许用手攻击头部，禁用肘法、膝法、摔法、擒拿，严禁攻击下身和后脑，这看似限制了部分技术动作的发挥，却对推动跆拳道的发展产生了巨大的作用。

新规则产生的跆拳道，首先考虑了运动员的安全。因为比赛是为了发展运动员而不是伤残运动员。这也更进一步突出了跆拳道善用腿击、凶猛凌厉、变化多端、潇洒实用的特色，使比赛既紧张激烈又扣人心弦，集竞技性、实用性、欣赏性为一体，既符合奥运会的要求，又相对较安全，深受世界各国体育爱好者欢迎，称为“奥林匹克跆拳道”“竞技跆拳道”“现代跆拳道”。

第二节 跆拳道实战中的姿势站位与基本步法

一、实战姿势

实战姿势分为三种：标准实战姿势、侧向实战姿势和低位实战姿势。

1. 标准实战姿势

左脚在前叫左势实战姿势，简称左势；右脚在前叫右势实战姿势，简称右势。

(1) 动作规格：两脚前后开立与肩同宽，前脚脚尖 45° 斜向右前方，后脚脚尖向正前方，双脚脚跟抬起，膝关节微弯曲，重心在两脚之间；上身自然直立，45° 斜向右前方，双手握拳，左手拳心向下，置于胸前，拳眼向内，右手拳心向内，拳眼向后，置于右侧下颌处；两臂弯曲，上臂靠近两肋；头部直立向前，目视正前方。

(2) 动作要领：两脚分别置于身体中线的两侧；身体自然，肌肉放松；膝关节松而不懈，富有弹性。

(3) 易犯错误：左右脚交叉，重心不稳；全身紧张，肌肉僵硬；重心偏前或偏后，不利于启动；膝关节不弯曲，缺乏弹性。

2．侧向实战姿势

身体完全侧向，前后脚在一条直线上，其他部位同标准姿势。此种实战姿势不利于直接向前的前踢、横踢，但有利于侧踢及其他转身腿法(如后踢、后旋、360°旋风踢)的连接。

3．低位实战姿势

身体姿势同标准实战姿势，只是双膝弯曲加大，重心降低。这种姿势重心低，不易失去重心，但移动相对较慢。

动作解析：标准的实战姿势两脚分别置于身体中线的左右两侧(即右脚站在右侧，左脚站在左侧)，靠近中线，但不能同时站在中线上，更不能交叉，以防脚底支撑面过小，重心不稳；也不能两脚远离中线，以防支撑面过大，重心过稳，不利于迅速移动。双手握拳，左拳往前送，右拳往后撤，身体呈侧向，这样有利于封住胸前空档，右拳在下颌处有利于对头部的保护。肘关节贴近身体，主要是保护人体最薄弱的部位——两肋。左肋下的脾脏和右肋下的肝脏均为较脆弱的脏器，若暴力击打容易破裂造成大出血，因此必须充分保护。两臂所放位置不是固定的，可以一臂垂下或两臂都垂下。两脚之间的距离和重心的高低可根据具体情况进行调整，原则上是在移动时能最快调整好身体重心为准。但这些动作技术的变形必须是在熟练掌握标准动作之后，高水平运动员根据具体实战情况作动作调整时使用，不建议初学者模仿。

二、站位

根据实战中与对手相关的站位关系，站位可分为开式站位和闭式站位。

1. 开式站位

开式站位指和对方身体有相应的站位，即自己的身体前面相对对方的身体前面，包括左势对右势和右势对左势两种形式。

2. 闭式站位

闭式站位指和对方的身体有不相对应的站位，即自己的体前对应对方的体后，包括左势对左势和右势对右势两种站位形式。

三、基本步法

1. 跳换步

由标准实战姿势开始，两脚同时蹬地使身体腾空，空中两脚前后交换，同时转体；落地时身体姿势成另一侧的准备姿势。跳换步的腾空不宜过高，略离地面即可；换步时要拧腰转髋，迅速敏捷，其目的是干扰对方的攻防思路，选择适宜自己进攻的方位和转换自己身体的得分部位使对方不能得分。同时争取反击的空间和时间，马上转入进攻。

2. 前滑步

由标准实战姿势开始，两脚成斜马步；前进时，后脚蹬地，前脚向前滑行，后脚迅速向前跟进，身体保持斜马步不变，可连续进行。

3. 后滑步

由标准实战姿势开始，前脚掌用力蹬地，后腿先退后一步，前脚随即后退，两脚以及身体仍保持原来姿势；若前脚掌蹬地后，后脚沿地向后滑行一步，前脚随即同样向后滑行一步，两脚以及身体仍保持原来姿势。这种步法可以拉开和对手的距离，避开对方的进攻，准备做反击动作。

4. 上步

标准实战姿势开始，两脚成斜马步，后脚蹬地向前迈步，身体侧转成另一侧斜马步，可连续进行，注意拧腰转髋。后蹬地，前脚向前跳跃为前跃步。前滑步和前跃步都属于前进步，是主动进攻时采用的步法。也可用于假动作，配合手臂动作进行，便于快速接近对方。

5. 撤步

从标准实战姿势开始，以后脚前脚掌为轴，前脚抬起向后经后脚内侧向后撤一步，形成和原来相反的实战姿势。后撤步可根据实战需要左右变化，调整与对方的相对距离，准备进行攻击或反击。

6. 前垫步

由标准实战姿势开始，后脚向前脚并拢的同时，前脚蹬地向前迈步，仍成原来的实战姿势。前垫步动作的要点是后脚向前要迅速，不等后脚落定，前脚就要蹬地前移，前脚移动的距离要适当，既能照顾与对方的位置关系，又便于自己后面的连接动作。垫步动作要迅速、轻捷、连贯，要快速接近或远离对方。后面的连接动作要连续迅速，可在垫步过程中做动作，不给对方任何机会。

7. 后垫步

由标准实战姿势开始，前脚向后脚并拢的同时，后脚蹬地向后退步，仍成原来的实战姿势。后垫步动作的要点是前脚向后要迅速，不等前脚落定，后脚就要蹬地后移，后脚移动的距离要适当，既能照顾与对方的位置关系，又便于自己后面的连接动作。后垫步动作要迅速、轻捷、连贯，要快速远离对方。后面的连接动作，无论是防守还是反击，都要连续迅速，可在垫步过程中做动作，不给对方任何机会。

8. 左移步

由标准实战姿势开始，两脚前脚掌同时侧蹬地，离开原来的位置，向左侧移动，离开原来的位置，叫左移步。

9. 右移步

由标准实战姿势开始，两脚前脚掌同时侧蹬地，离开原来的位置，向右侧移动，离开原来的位置，叫右移步。

侧移步的作用是避开对方有力的攻击，移动到对方的侧面，准备进行反击。

10. 弧开步

由标准实战姿势开始，前脚的前脚掌原地蹬踱地面，后脚同时向左(右)蹬地后右(左)跨移一脚，成为和原来准备姿势不同方向的准备姿势。向左跨步为左弧形步(左环绕步)，向右跨步为右弧形步(右环绕步)。

11. 前冲步

由实战姿势开始，后脚迈前一步，身体姿势同时转正，随即前脚向前冲一步仍成为实战姿势。可连续冲几步成实战姿势。前冲步的动作要领是两腿要连贯快速，类似加速冲刺，步幅小、频率快、灵活多变，是主动追击对方的有效步法。连续动作要轻捷快速，给对方造成慌乱。

12. 组合步

组合步是指各种步法之间的不同组合。跆拳道技术在实战运用的过程中，可通过各种步法的运用和变化，有意或无意地组合起来综合运用。运用步法的目的是为了调整距离，使自己的动作更加快速灵活，进而达到进退自如、控制节奏、有效攻击和有效防守的目的。步法的组合应根据实际情况的变化而改变，把攻击和反击的技术与步法紧密结合起来，做到在移动中进攻，在移动中防守，在移动中反击，使步法的运用和拳法、腿法融为一体，成为进攻、防守、反击的有机连接技术，从而达到取得实战胜利的目的。

第三节　跆拳道的基本技术

一、前踢技术

前踢技术是跆拳道腿法中最简单的，同时也是最基础的技术，前踢是横踢的基础。

1. 动作过程

以左势实战姿势为例，右脚向后蹬地，身体重心前移至左脚；右脚蹬地顺势屈膝提起，左脚以前脚掌为轴外旋约 90°，同时，右腿迅速以膝关节为轴伸膝、送髋、顶髋，把小腿快速向前踢出，力达脚尖；踢击目标后右腿迅速放松弹回，向前落地成右势实战姿势。

2. 动作要领

(1) 膝关节上提时大小腿折叠，膝关节夹紧，小腿和踝关节放松，有弹性。

(2) 踢击时顺势往前送髋；高踢时往上送髋。

(3) 提膝达到预定高度一瞬间，大腿突然制动将所有力量和速度全部传至小腿和脚，鞭打出去。

3. 易犯错误

(1) 支撑脚没有踝转。

(2) 踢击腿髋关节没有展开，踢击时膝关节没有朝向正前方。

(3) 直腿上撩，大小腿没有折叠，膝关节未夹紧。

(4) 大腿制动不足，膝关节到达预定高度，大腿没有停止运动而是随脚继续向上。

(5) 踢击目标时向前用力，与推踢动作混淆。

(6) 上体后仰过大，失去平衡。

(7) 击打时脚面没有绷直。

4. 进攻部位

进攻的部位可以是裆部、头部下颏，当对手失去平衡时，亦可攻击其腹部及胸部。

5. 分解教学

(1) 提膝控腿练习。从左势实战姿势开始，右脚蹬地，重心前移至左脚，左脚以前脚掌为支撑点向前蹍转，右脚蹬地屈膝上提膝关节，右脚脚尖绷直，上体略后仰，保持身体平衡，持续 1 min 以上。

要领：支撑脚蹍转幅度必须大于 90°，踢击腿髋关节必须充分展开，提膝后膝关节必须朝向正前方。

(2) 提膝落地练习。从左势实战姿势开始，右脚蹬地，重心前移至左脚，左脚以前脚掌为支撑点向前蹍转，右脚蹬地屈膝上提膝关节，膝关节到达最高点一瞬间，放松右腿向前落地。

要领：支撑脚蹍转，膝关节正对前方，髋关节展开前送，力从脚起，随拧腰转髋的力量传至膝关节。

要求：该练习必须在提膝控腿练习动作动力定型后再开始，否则，形成错误动作之后很难再纠正。该练习既是前踢的分解动作，也可作为直接进攻的武器，也就是膝撞。

(3) 完整前踢练习。该练习必须在前两个练习动作熟练之后再开始。刚开始，整个完整的动作不要用力，也不要求速度，但要求动作的完整性和连贯性。动作动力定型后即可加快动作速度。速度就是力量。

二、横踢技术

横踢技术是跆拳道中最重要最常用的腿法，是一切腿法的基础。

1. 动作过程

以左势实战姿势为例，右脚蹬地，重心移到左脚，右膝关节夹紧向前起腿；左脚前脚掌蹍地外旋 180°以上，右脚膝关节向前抬成水平状态，膝向左侧，当膝关节向左运行至身体前正中线的一瞬间，大腿突然制动，小腿快速向左前横踢出，击打目标后迅速放松收回小腿。右脚向前落地成右势实战姿势。

2. 动作要领

(1) 提膝时大小腿夹紧，直线上提。

(2) 支撑脚外旋 180°，髋关节向前送，身体与大小腿成直线。

(3) 踢击目标的瞬间，头、肩、腰、髋、膝、腿、脚应在同一个竖直平面内。

(4) 严格注意击打的力点在正脚背；踝关节放松，击打的感觉是“鞭打”。

3. 易犯错误

(1) 膝关节不夹紧；大小腿折叠不够；外摆的弧形太大。可采取贴墙练习克服动作错误。

(2) 大腿制动不足；膝关节到达身体前的正中线时，大腿没有停止运动而是随脚继续向左。

(3) 上身太直、太往前、重心往下落。

(4) 踝关节不放松，脚内侧击打(应为正脚背)。

(5) 动作不连贯，中间有停顿，二次发力。

(6) 击打时脚面没有绷直。

4. 进攻部位

可以进攻的部位有腹部、肋部、胸部和头部。

5. 分解教学

(1) 提膝翻髋练习。从左势实战姿势开始，右脚蹬地，重心前移至左脚，左脚以前脚掌为支撑点向前踝转，右脚蹬地屈膝上提膝关节，同时翻髋，右脚膝关节向前抬至水平，膝向左侧，上体略后仰，保持身体平衡，持续 1 min 以上。

要领：支撑脚踝转幅度必须大于 180°，踢击腿髋关节必须充分展开，提膝后膝关节必须翻过来；踢击腿的大腿面与支撑腿及身体必须在同一平面内。

(2) 控腿练习。在提膝翻髋动作的基础上，将踢击腿完全展开，脚伸直，上体略后仰，保持身体平衡。

要领：踢击腿、支撑腿及身体必须在同一平面之内。

要求：该练习必须在提膝翻髋练习动作动力定型后再开始，否则，形成错误动作之后很难再纠正。

(3) 提膝落地练习。从左势实战姿势开始，右脚蹬地，重心前移至左脚，左脚以前脚掌为支撑点向前踝转，右脚蹬地屈膝上提膝关节，同时翻髋，所有动作达到提膝翻髋控腿要求的一瞬间，放松右腿屈膝向前落地。

要领：支撑脚踝转，膝关节正对前方，髋关节展开前送，力从脚起，随拧腰转髋的力量传至膝关节。

要求：该练习亦需在提膝翻髋练习动作动力定型后再开始，否则，形成错误动作之后很难再纠正。

(4) 完整横踢练习。该练习必须在前三个练习动作熟练之后再开始。刚开始，整个完整的动作不要用力，也不要求速度，但要求动作的完整性和连贯性。动作动力定型后即可加快动作速度。速度就是力量。

三、推踢技术

推踢技术与前踢技术有些相似，故学习时，应在前踢技术完全掌握后，最好再学完横踢技术后再进行，这样可以有效避免因动作相似而造成的干扰。

1. 动作过程

以左势实战姿势为例，右脚蹬地，重心前移，左脚支撑，右脚蹬地后大小腿折叠屈膝上提；同时左脚以前脚掌为轴向前踝转 90°，上体略后仰，用右脚脚掌向前迅速蹬推，力点在脚掌，推力向正前方。动作完成后，右膝迅速放松屈膝向前落地，呈右势实战姿势。

2. 动作要领

提膝后尽量收紧膝关节；重心往前移，利用身体的重量为力量；推的时候腿往前伸展、送髋；推的路线水平往前。推踢的攻击目标是腹部。

3. 易犯错误

(1) 收腿不紧，直腿起，容易被阻截。

(2) 上身太直，重心往下落，腿不能水平前推。

(3) 上体过于后仰，重心不能迅速前移，不利于前踢发力和衔接下一攻防动作。

4. 进攻部位

进攻腹部、截击腿部。

5. 分解教学

(1) 提膝练习。同前踢提膝控腿，唯一不同的是，前踢控腿时，脚尖要求绷直，而推踢时，脚尖要求勾起来。

(2) 完整动作练习。该练习必须在前面练习动作熟练之后再开始。初始时整个动作不要用力，不要求速度，只要求动作的完整性和连贯性。动作动力定型后即可加快动作速度并加大力量。

四、后踢技术

后踢是跆拳道所有腿法中最实用的防守反击腿法，具有很好的隐蔽性和很强的杀伤力。

1. 动作过程

以左势实战姿势为例，以左脚前脚掌为轴内旋约 90°，重心移到左脚，上身以头领肩向右旋转 90°，背向目标，同时右腿勾脚屈膝收腿，上提至踢击腿大小腿与上体充分重叠后，右脚迅速向后直线蹬出。动作完成后迅速回缩并向前落地呈右势实战姿势。

2. 动作要领

(1) 起腿后上身与踢击腿大小腿折叠成一团。

(2) 动作延伸，用力延伸。

(3) 转身、踢膝、出腿一次性完成，不能停顿。

(4) 击打目标在正后方。

(5) 转身后目光不能正看目标，只可用余光后望。转动幅度为头转 180°，肩转 90°。

3. 易犯错误

(1) 上身与大小腿不折叠，直腿往上撩。

(2) 转身、踢腿有停顿，不连贯。

(3) 击打成弧线，旋转发力。

(4) 肩部旋转过多，胸部暴露容易被反击。

4. 进攻部位

进攻部位可以为腹部、胸部和头面部。

5. 分解教学

(1) 转身练习。以左势实战姿势为例，以左脚前脚掌为轴内旋约 90°，重心移到左脚，头领肩向右旋转，头部转动 180°，肩部转动 90°，背向目标。

(2) 提膝练习。接上势，右脚勾脚提膝，大小腿与上体重叠。

(3) 踢击练习。接上势，右脚向后直线蹬出后，屈膝落地成右势实战姿势。

(4) 完整动作练习。该练习必须在前三个练习动作熟练之后再开始。刚开始，整个完整的动作不要用力，也不要求速度，但要求动作的完整性和连贯性。动作动力定型后即可加快动作速度，速度就是力量。

五、下劈技术

跆拳道的下劈技术是跆拳道中最具特色的一项技术，也是非常实用且具威力的反击动作。其技术结构简单，但对柔韧性要求较高。

1. 动作过程

以左势实战姿势为例，右脚蹬地，重心前移至左脚，同时，右腿以髋关节为轴直腿上踢，踢击腿与身体折叠，右脚过头达到最高点的一瞬间，借助踢击腿的重力和大腿后群肌肉的回缩力向前下压，同时向前充分送髋，以右脚后跟(或脚掌)为着力点劈击，落地时屈膝成右势实战姿势。

2. 动作要领

腿尽量往高、往头后举，要向前上送髋，重心往高起；脚放松往前落，落地要有控制；起腿要快速、果断；踝关节要放松。

3. 易犯错误

(1) 起腿不够高，不够充分，重心不往高起。

(2) 踝关节紧张，往下压太用力。

(3) 重心控制、腿控制不好，落地太重。

(4) 上身后仰太多，未随重心一起前移。

4. 进攻部位

劈腿的主要攻击部位有头顶、脸部和锁骨。

六、侧踢技术

侧踢主要用来阻挡对方进攻，是跆拳道比赛常用的一个主要防守技术，也是摆踢的基础。

1. 动作过程

以左势实战姿势为例，右脚蹬地屈膝上提，左脚以前脚掌为轴外旋 180°，同时右脚脚尖勾紧快速向右前方直线踢出，着力点在脚跟或脚掌外侧，踢击目标后迅速放松右腿，并屈膝向前落地，呈右势实战姿势。

2. 动作要领

(1) 踢膝时，大小腿、膝关节夹紧，直线向上提起。

(2) 提膝、转体、踢击要协调连贯，一气呵成。

(3) 踢击时要转体、展髋，上体略侧倾。

(4) 踢击目标的瞬间，头、肩、腰、髋、膝、腿、脚应在同一个竖直平面内。

(5) 大小腿直线踢出，原路直线收回。

3. 易犯错误

(1) 大小腿折叠不够，腿部肌肉收不紧。

(2) 踢击时髋关节没有展开，致使肩、髋、踝没有在同一平面内，不是直线踢击。

(3) 动作缺乏弹性，不连贯，直腿回收。

(4) 上体前俯或侧倾过大，踢击无力。

4. 进攻部位

侧踢的攻击部位为腹部、肋部、胸部、头部和面部。

5. 分解教学

(1) 提膝团身练习。以左势实战姿势为例，右脚蹬地屈膝上提，左脚以前脚掌为轴外旋 180°，右膝与上体折叠团身，左脚支撑保持平衡。

(2) 完整动作练习。该练习必须在前面练习动作熟练之后再开始。初始整个动作不要用力，不要求速度，只要求动作的完整性和连贯性。动作动力定型后即可加快动作速度并加大力量。

七、摆踢技术

摆踢也叫勾踢，在实际运用中是迎击对方得分的技术，同时也是后旋踢的准备动作。

1. 动作过程

从左势实战姿势开始，右脚向后蹬地，身体重心前移至左脚，左脚支撑，右腿屈膝提起；左脚以前脚掌为轴，脚跟向外旋转约 180° ，右腿膝关节内扣，右腿向左前方伸出，伸直后用脚掌向右侧用力屈膝鞭打，然后右腿顺势放松，屈膝回收，落回原地成实战姿势。

2. 动作要领

(1) 起腿后右腿屈膝抬过水平，然后内扣。

(2) 右脚要随转体尽量向左前伸展。

(3) 右脚掌向右鞭打时要屈膝扣小腿。

(4) 鞭打后顺势放松。

3. 易犯错误

(1) 提膝后直接向前方伸直右腿，没有做膝内扣动作。

(2) 击打时，小腿和脚没有横向鞭打。

(3) 鞭打后不放松，落地姿势改变。

4. 进攻部位

摆踢的攻击部位为头部、面部和胸部。

5. 分解教学

(1) 屈膝控腿练习。从左势实战姿势开始，右脚向后蹬地，身体重心前移至左脚，左脚支撑，右脚屈膝前提；左脚以前脚掌为轴，脚跟向外旋约 180°，同时，右膝稍内扣。

(2) 击打动作练习。右腿伸膝，向左前方伸直，右脚在屈膝扣小腿动作的带动下，向右用前脚掌做鞭打动作； 右脚鞭打结束后，放松屈膝回收，落回原地成左势实战姿势。

(3) 完整动作练习。该练习必须在前面两个练习动作熟练之后再开始。初始整个动作不要用力，不要求速度，只要求动作的完整性和连贯性。动作动力定型后即可加快动作速度并加大力量。自行练习时可以利用支撑物练习提膝和横向鞭打。

八、后旋踢技术

后旋踢简称后旋，是比赛中常用的动作之一，也是运动员反击对方进攻的主要技术。

1. 动作过程

以左势实战姿势为例，两脚以两脚掌为轴均右旋约 180°，以头领肩身体右转约 90°，两拳置于胸前；上体右转，与双腿拧成一定角度；右脚蹬地将蹬地的力量与上体拧转的力量合在一起，将右腿向后上以髋关节为轴直腿摆起，右腿继续向右后旋摆鞭打，同时上体向右转，带动右腿弧形摆至身体右侧，右腿屈膝回收；右脚落地呈右势实战姿势。

2. 动作要领

(1) 转身、旋转、踢腿连贯进行，一气呵成，中间没有停顿。

(2) 击打点应在正前方，呈水平弧线。

(3) 屈膝起腿的旋转速度要快；重心在原地旋转 360°。

3. 易犯错误

(1) 转身、踢腿中有停顿，二次发力。

(2) 起腿太早，最高点不在正前方。

(3) 上身往前、往侧、往下，失去平衡。

4. 进攻部位

后旋踢的攻击部位为头部和胸部。

5. 分解教学

(1) 勾踢练习。

(2) 完整的后旋练习。后旋踢其实可以简单地理解为转身接勾踢，因此熟练掌握勾踢技术后加转身动作即可完成。

九、前横踢技术

前脚横踢也叫前横踢，是跆拳道比赛中较为常用的技术之一，也是运动员得分的主要技术，主要用于直接进攻或假动作。前横踢与横踢相似，由于用前腿击打，距离对方近，动作较隐蔽，因而很难被对方觉察；缺点是击打力度较小。

1. 动作过程

以左势实战姿势为例，右脚向前垫步，将身体重心移至右腿，同时提起左腿，向前送髋，大小腿稍折叠，绷紧脚面，左膝向内快速弹踢小腿，击打完毕自然向前落地，成右势实战姿势。

2. 动作要领

(1) 后支撑脚一定要配合积极向前移动。

(2) 左小腿要快速向前弹出，尽量增加鞭打力量。

(3) 小腿弹出后，在伸直的瞬间要有一个制动过程，使脚产生鞭打效果。

3. 易犯错误

(1) 没有向前垫步。

(2) 踢击腿的大小腿没有折叠。

4. 进攻部位

前横踢的攻击部位为肋部、胸部、腹部和面部。

5. 分解教学

(1) 前垫步练习。

(2) 横踢练习。

(3) 完整前横踢动作练习。

十、双飞踢技术

1. 动作过程

以左势实战姿势为例，右脚向前垫步，将身体重心移至右腿，同时提起左腿，向前送髋，大小腿稍折叠，绷紧脚面；左脚起跳后在空中用左脚前横踢迅速踢击后，腾空左右脚交换，左脚落地支撑，右脚迅速横踢目标后向前落地，成右势实战姿势。

2. 动作要领

(1) 左腿横踢目标的同时，右脚蹬地跳。

(2) 右脚起跳后迅速随身体左转横踢目标。

(3) 两腿在空中交换，左脚先落地。

3. 易犯错误

(1) 左脚前横踢和右脚起跳时机不同步，或早或晚。应该先利用踢击沙袋练习左脚横踢同时右脚起跳的动作，熟练后再做右腿横踢。

(2) 左脚前横踢和右横踢之间时隔过长。可利用原地左脚前横踢起跳右横踢空击练习，加快出腿和起跳的速度。

4. 进攻部位

双飞踢的攻击部位为肋部、胸部、腹部和头部。

5. 分解教学

(1) 前横踢练习。做左势前垫步后，左腿向前做前横踢攻击目标。

(2) 完整动作练习。左腿向前做前横踢攻击目标，右脚同时起跳，在空中顺势交换两腿。简单来说，双飞踢也就是前脚横踢接后脚横踢，因此只要前脚横踢和后脚横踢都熟练掌握，这个技术便显得很容易。

十一、旋风踢技术

转体 360°旋风踢简称旋风踢，简单来说，也就是后转身 360°后接横踢，是跆拳道比赛和实战中常用的技术。旋风踢主要用于中远距离击打对手。

1. 动作过程

以左势实战姿势为例，左脚内扣，身体以头领肩向右后180°转体，同时右脚由后面向左脚左侧前方跨出一步；右脚落地的同时左腿随身体继续右转向右后摆起，此时身体已转动360°，左脚蹬地起跳，顺势在空中用左横踢击打对方腹部及后头部，右脚落地支撑。

2. 动作要领

(1) 转体动作要迅速果断，左脚内扣时脚跟对敌。

(2) 右脚随身体右转向后右侧摆起时不要太高，以能带动身体旋转起跳为宜。

(3) 左脚蹬地起跳，身体腾空，但不过膝，目的是快速旋转出腿。

(4) 左脚横踢时，右腿向下落地，要快落站稳，即横踢目标的同时右脚落地。

3. 易犯错误

(1) 左脚内扣落地角度不足，使后面的动作难以完成。

(2) 转体、摆腿、起跳动作不连贯，动作幅度过大。

(3) 左腿横踢没有利用转体轻跳的顺势力量，打击力度不够大。

4. 进攻部位

旋风踢的攻击部位为头部和胸部。

5. 分解教学

(1) 横踢练习。

(2) 转身上步练习。先练习原地转身，右腿要主动配合转动。

(3) 转身接横踢练习。

(4) 完整的后旋练习。

思考与练习

(1) 跆拳道的精神是什么？

(2) 跆拳道的基本步法有哪些？

(3) 跆拳道的踢腿技术有哪些？